现代基础教育研究

RESEARCH ON MODERN BASIC EDUCATION

第五十九卷

Vol.59 July 2025

现代基础教育研究

2025年7月25日出版

执行编辑:王中男,孙　珏,张雪梅,张　曼

Research on Modern Basic Education

Vol.59   July 2025

CONTENTS

(Main Articles)

科学与工程教育：历史、挑战与中国路径

李　晔

（上海师范大学，上海 200234）

摘　要：全球科学与工程教育经历了从学科分野到深度整合的转型过程，但始终面临认识论差异、课程目标分立、教学方法冲突等结构性挑战。中国立足本土实际，创新性提出"科学与工程教育"的融合路径，通过政策引领、课程重构与评价改革，形成了"大概念统整""阶梯式培养"等特色模式。研究揭示，我国通过国家课程标准制度化整合框架，依托数字化赋能与多主体协同机制，有效破解了师资培养、资源分配等实践难题。未来需进一步强化教师跨学科能力建设，完善评价体系，推动教育高质量发展，为全球 STEM 教育提供中国方案。

关键词：科学与工程教育；STEM 教育；课程整合；中国方案；跨学科教学

与国际上广泛推行的 STEM 教育不同，中国更适合采用科学与工程教育融合的特色发展路径，着重强调科学原理与工程实践的深度结合。这一选择既符合我国基础教育分科教学的传统特点，又能更好地服务于建设科技强国的战略目标。然而纵观发展历程，科学与工程教育的整合仍然面临诸多挑战。科学教育注重理论知识的系统传授，而工程教育则强调实际问题的创造性解决，二者在教学目标、方法和评价上都存在显著差异。在我国教育实践中，这种矛盾具体表现为课程设置的分割、师资能力的局限以及考试评价的单一化。本文旨在系统梳理科学与工程教育的历史发展脉络，深入分析其面临的理论与现实挑战，并探讨具有中国特色的融合发展路径。这一研究不仅有助于完善我国科技创新人才培养体系，也能为全球教育改革提供有益参考。

一、历史发展：科学与工程教育融合发展的三阶段历程

从 20 世纪 80 年代的学科萌芽，到 21 世纪初政策驱动的体系化建设，再到当前加强融合的创新实践，科学与工程教育的发展历程既反映了全球科技竞争格局的演变，也体现了教育理念的深刻变革。国际经验表明，科学与工程教育的整合并非简单的课程叠加，而是涉及教育目标、教学方法和评价体系的全方位重构。在这一演进过程中，中国逐步从国际经验的"跟跑者"发展为具有本土特色的"并行者"，形成了独特的政策路径与实践模式。

1. 学科萌芽与政策驱动期（1980—1999 年）：学科分野下的尝试融合

20 世纪 80 年代至 20 世纪末，科学与工程教育的融合初现端倪。在全球科技竞争加剧的背

作者简介：李晔，上海师范大学副校长，教授，博士生导师，博士，主要从事科学与工程教育学、高等教育管理、教师教育研究。

下,美国率先提出 STEM 概念,试图整合科学、技术、工程和数学教育,以应对经济转型与人才需求的变化。然而,这一时期的工程教育在基础教育体系中仍处于边缘地位,科学教育则延续了传统的知识传授模式,二者的深度融合尚未真正展开。[①] 1986 年,美国国家科学基金会(NSF)在《本科科学、数学与工程教育》报告中首次提出 SMET (Science 科学,Mathematics 数学,Engineering 工程,Technology 技术)概念,旨在强调这四个领域在人才培养中的协同作用。由于 SMET 一词的发音容易引发歧义,NSF 最终将其调整为 STEM。[②] 这一术语的调整不仅是名称的变化,更反映了美国政府对科技教育整合的迫切需求。

20 世纪 90 年代,随着全球化进程加速发展,美国逐渐意识到自己在科技领域的领先地位正受到新兴经济体的挑战。1990 年,美国科学促进会(AAAS)发布《面向全体美国人的科学(Science for All Americans)》,首次提出"科学素养"应包含对技术与工程的理解,这为后续 STEM 教育的发展奠定了基础。[③] 然而,此时的工程教育仍被视为科学的附属品,而非独立的学科领域。在这一阶段,美国的工程教育实践主要集中于高等教育领域,基础教育中的工程内容几乎空白。于是,美国实施"项目引路计划"(Project Lead the Way)等试点项目,尝试在高中阶段开设工程课程[④],但其覆盖面有限,且多被视为职业教育的延伸,而非通识教育的一部分。

在课程设置方面,美国于 1996 年颁布的《国家科学教育标准》将科学内容划分为物理科学、生命科学等传统学科,工程内容仅作为标准中"科学与技术"的附属部分出现。这种课程架构反映了"科学优先"的价值取向,工程被界定为科学原理

的应用场景。[⑤] 与此同时,美国的技术教育课程虽包含工程设计元素,但多聚焦于手工艺制作,缺乏对工程思维的系统培养。教学实践中的割裂更为明显。科学教师普遍采用"假设—验证"的教学模式,而工程教师则倾向于"设计—迭代"的方法。美国教育协会 1998 年的调查显示,全美仅有少数科学教师会在教学中引入工程设计项目,而这些项目多停留在制作模型的层面,未能深入整合科学探究。[⑥]

这一时期科学与工程教育的整合仍处于萌芽阶段。尽管政策层面开始重视跨学科教育的重要性,但实践中的割裂问题依然突出。科学教育的主导地位使得工程教育难以独立发展,而课程、教学和评价体系的差异进一步加剧了二者的分野。总体而言,这一阶段的探索为后续的整合奠定了基础,但也揭示了深层次的结构性挑战。

2. 学科体系化与标准建设期(2000—2019 年):整合范式的确立与挑战

21 世纪的第一个十年期间,全球科学与工程教育发展进入关键转型期。这一时期最显著的特征是各国采取国家课程标准的形式,在政策层面上确立了科学与工程教育融合的合法性地位,并且很多国家开始构建系统化的实施框架。美国这一时期的课程改革具有标杆意义。2011 年发布的《K—12 科学教育框架》首次将"科学与工程实践"作为并列的维度,明确提出学生应该同时掌握科学探究和工程设计两类实践能力。这一框架突破了传统科学教育中工程仅作为应用环节的局限,确立了工程思维的独立教育价值。[⑦] 2013 年,在此基础上颁布的《下一代科学标准》更具革命性,它采用"三维度"整合模式(科学与工程实践+学科核心概念+跨学科概念),将工程实践与科学

① National Research Council, *Technically Speaking: Why All Americans Need to Know More about Technology*, Washington, DC: National Academies Press, 2002, pp. 11-24.

② M. Sanders, "STEM, STEM Education, STEM Mania", *The Technology Teacher*, Vol. 68, No. 4(2009), pp. 20-26.

③ F. J. Rutherford, A. *Ahlgren Science for All Americans*, Cambridge, MA: Oxford University Press, 1990, pp. 143-145.

④ S. Brophy, S. Klein, M. Portsmore, C. Rogers, "Advancing Engineering Education in P-12 Classrooms", *Journal of Engineering Education*, Vol. 97, No. 3(2008), pp. 369-387.

⑤ National Research Council, *National Science Education Standards*. Washington, DC: National Academies Press, 1996, pp. 233-243.

⑥ S. Brophy, S. Klein, M. Portsmore, C. Rogers, "Advancing Engineering Education in P-12 Classrooms", *Journal of Engineering Education*, Vol. 97, No. 3(2008), pp. 405-431.

⑦ National Research Council, *A Framework for K-12 Science Education*, Washington, DC: The National Academies Press, 2011, pp. 276-298.

实践有机融合。① 欧洲方面,欧盟委员会 2010 年启动"欧洲 STEM 能力中心"建设项目,在 27 个成员国推广整合型 STEM 课程。英国 2013 年修订的国家课程将"设计与技术"升级为必修科目,并特别强调其与科学课程协同的教学。② 德国则通过"MINT 行动计划"(MINT 为德语,是 STEM 的对应词),在中学阶段推行项目式学习,要求科学课程中工程实践内容占比不低于 30%。③

2014 年,美国国家教育进展评估委员会(NAEP)首次开展"技术与工程素养"测评,开创性地采用情境化任务评估学生的工程实践能力。④ 经济合作与发展组织在 PISA2015 中新增"协作问题解决"测试,其框架主要受到 STEM 整合理念的影响。然而,评估体系仍存在明显缺陷,导致现有 STEM 测评工具对工程思维实施的过程性评价不足。

综上,这一阶段确立了科学与工程教育整合的政策框架和理论基础,但在实施层面仍面临三大挑战:一是课程整合的深度不足;二是尚未健全教师跨学科能力培养体系;三是缺乏有效的整合效果评估工具。

3. 学科深化与前沿拓展期(2020 年至今):融合创新与高质量发展

近年来,全球科学与工程教育发展已进入深度整合阶段,呈现出认知科学引领、智能技术驱动、评价体系革新等显著特征。这一阶段的变革不仅体现在教学内容与方法的更新,更反映在基础教育范式的整体转型。

认知神经科学的研究成果为科学与工程教育的融合提供了新的理论基础。麻省理工学院(MIT)媒体实验室通过脑成像技术发现,4—7 岁儿童在执行工程任务中前额叶皮层的激活程度与其后续工程问题解决能力存在显著相关性。这一发现促使美国国家科学院在 2023 年修订学前 STEM 标准时,首次将"系统思维萌芽"纳入关键发展指标。⑤

人工智能技术的快速发展正在重塑科学与工程教育融合的实施形态。斯坦福大学研发了工程学的生成式 AI 技术系统(Engineering Copilot),能够实时分析学生的工程设计草图,并提供符合科学原理的改进建议。在实验教学领域,德国卡尔斯鲁厄理工学院开发的"量子工程元宇宙"平台,利用扩展现实(XR)技术实现了量子计算实验的虚拟操作。这些技术创新不仅提升了教学效率,而且突破了传统实验室的空间和时间限制。

评价体系的革新是本阶段的另一个重要特征。美国教育考试服务中心的工程思维评价项目通过分析学生在计算机辅助设计过程中的操作特征,建立了工程创新力的预测模型。2023 年,联合国教科文组织成立的"全球 STEM 教育观测站"建立了统一的监测指标体系。⑥ 与此同时,经济合作与发展组织(OECD)在 PISA 2025 科学框架中新增了"工程伦理决策"测评维度,采用情境判断测试来评估学生的技术伦理意识。⑦ 这种基于过程的动态评估方法正在改变传统的科学与工程教育成果导向评价模式。

中国在这一时期实现了从"跟跑"到"并跑"的转变。2021 年"双减"政策出台后,教育部等十八部门联合印发《关于加强新时代中小学科学教育工作的意见》,首次明确要求"加强科学教育与工

① NGSS Lead States, *Next Generation Science Standards*, Washington, DC: The National Academies Press, 2013, pp. 144-179.

② UK Department for Education, National Curriculum in England,载 https://www. gov. uk/government/collections/national-curriculum, 最后登录日期:2025 年 5 月 16 日。

③ KMK. MINT-Aktions Plan,载 https://www. kmk. org/fileadmin/Dateien/pdf/Eurydice/Bildungswesen-engl-pdfs/support_and_guidance. pdf, 2012,最后登录日期:2025 年 5 月 16 日。

④ The National Assessment Governing Board, Technology and Engineering Literacy Framework for the 2014 National Assessment of Educational Progress, 载 https://www. nagb. gov/content/dam/nagb/en/documents/publications/frameworks/technology/2014-technology-framework. pdf, 最后登录日期:2025 年 5 月 16 日。

⑤ National Science Board, Explorations in STEM PreK-12 Education Final Report, 载 https://www. nsf. gov/nsb/publications/2023/ESKE_final_report. pdf,最后登录日期:2025 年 5 月 16 日。

⑥ UNESCO, Technology in Education: A Tool on Whose Terms, 载 https://unesdoc. unesco. org/ark:/48223/pf0000385723, 最后登录日期:2025 年 5 月 16 日。

⑦ OECD, PISA 2025 Science Framework, 载 https://pisa-framework. oecd. org/science-2025/,最后登录日期:2025 年 5 月 16 日。

程技术的融合"。① 2022 年颁布的义务教育课程标准在初中物理中新增"工程实践与创新"模块，在初中化学中设置"基于真实情境的项目学习"，进一步增强了科学与工程融合的力度。

二、学理争议：科学教育与工程教育整合的理论困境与实践挑战

从认识论层面看，科学教育植根于实证主义传统，追求对客观规律的发现与验证；而工程教育则立足于实用主义哲学，强调在约束条件下的问题解决与创新设计。② 这种本质差异导致二者在课程目标、教学方法和评价体系等维度产生结构性矛盾，即便在政策层面确立了整合框架，教师仍面临难以兼顾"科学严谨性"与"工程实践性"的困境。③ 中国教育情境的特殊性在于，长期形成的分科教学传统与强调标准化测试的评价体系，进一步增加了这种整合的难度。下文将深入剖析理论分歧与实践挑战，为探索可行的整合路径奠定基础。

1. 认识论层面的根本分歧

科学教育与工程教育植根于截然不同的知识传统和思维范式。科学教育的认识论主要源自实证主义的哲学传统。自 19 世纪科学教育制度化以来，其核心目标始终是帮助学生理解自然世界的客观规律。这种认识论强调通过受控实验和系统观察来验证假设，追求具有普遍性的真理陈述。科学教育界明确将"理解科学的本质"列为基本目标，反映了这种实证主义取向。在教学方法上，科学教育通常采用"假设—验证"的线性模式，如经典的控制变量实验设计，这种还原论思维将复杂现象分解为孤立变量进行研究。④

相比之下，工程教育的认识论基础更接近实用主义哲学。工程往往被认为是在约束条件下设计解决方案的创造性过程。这种认识论不追求普遍真理，而是着眼于特定情境中的问题解决。因此，工程思维的本质特征是在不确定条件下做出最优决策的能力。在教学设计上，工程教育采用"需求—迭代"的非线性过程，如典型的工程设计循环（定义问题—头脑风暴—原型制作—测试改进）。这种系统论思维要求综合考量可行性技术、经济成本和社会影响等多重因素。⑤

这两种认识论范式的差异在实践中表现为多重矛盾。科学教育强调实验的严格控制和变量的精确隔离，而工程教育则处理现实问题中无法消除的噪声和约束条件。⑥ 科学教育研究者倾向于发现基于实验控制的量化研究，而工程教育研究者则更关注设计过程的质性分析。这种学术传统的差异进一步加强了两大领域的隔阂，成为科学与工程教育深度整合必须面对的理论难题。

更深层的矛盾体现在价值取向上。科学教育评价通常以概念掌握的准确性为标准，而工程教育更看重解决方案的实用性和创新性。这种差异在评估学生作品时尤为明显：科学教师会关注实验报告中的变量控制是否严谨，而工程教师则更看重设计方案的可行性和创造性。美国《下一代科学标准》试图通过科学与工程实践的整合来调和这种矛盾，但实施评估显示，教师对这两类实践的评价标准仍存在显著分歧。⑦

认识论分歧还体现在知识组织方式上。科学知识通常按学科逻辑（如物理、化学、生物）纵向组织，而工程知识则按问题领域（如环境工程、电子工程）横向整合。⑧ 这种结构性差异给课程整合带来巨大挑战，例如在开发跨学科单元时，教师往

① 中华人民共和国教育部等十八部门：《关于加强新时代中小学科学教育工作的意见》，载 https://www.moe.gov.cn/srcsite/A29/202305/t20230529_1061838.html，2022，最后登录日期：2025 年 5 月 16 日。

② R. A. Duschl, "Science Education in Three-part Harmony: Balancing Conceptual, Epistemic, and Social Learning Goals", *Review of Research in Education*, Vol. 32, No. 1(2008), pp. 268-291.

③ C. J. Harris et al., "NGSS Teacher Preparation", *Journal of Science Teacher Education*, Vol. 26, No. 3(2015), pp. 263-282.

④ J. Osborne, "Teaching Scientific Practices", *Journal of Science Teacher Education*, Vol. 25, No. 2(2014), pp. 177-196.

⑤ L. Katehi, et al. *Engineering in K-12 Education*, National Academies Press, 2009, pp. 86-92.

⑥ S. Brophy, S. Klein, M. Portsmore, C. Rogers, "Advancing Engineering Education in P-12 Classrooms", *Journal of Engineering Education*, Vol. 97, No. 3(2008), pp. 369-387.

⑦ C. J. Harris et al., "NGSS Teacher Preparation", *Journal of Science Teacher Education*, Vol. 26, No. 3(2015), pp. 263-282.

⑧ C. M. Cunningham, G. J. Kelly, "Engineering Education", *Journal of Engineering Education*, Vol. 106, No. 1(2017), pp. 27-47.

往难以平衡学科知识的系统性与工程问题的综合性。[①]

2. 课程整合的实践困境

纵观科学与工程教育的发展历程，从 20 世纪 80 年代的学科分野到 21 世纪初的整合尝试，课程层面的实践困境始终是制约深度融合的关键瓶颈。这些困境既源于两类学科固有的认识论差异，也在历史演进过程中被教育制度性约束不断强化。

在学科萌芽期，科学课程与工程课程的目标分立已初见端倪。美国 1996 年《国家科学教育标准》将工程内容归入"科学与技术"附属范畴的做法，反映了早期"科学优先"的价值取向。这种定位在政策驱动期开始受到挑战，2013 年，《下一代科学标准》虽然将科学与工程实践并列，但目标表述的差异依然显著：科学维度强调建构解释，工程维度则侧重设计解决方案。这种分立在我国 2022 年新课标不同课程、相近主题的要求中得到了表现：物理学科要求"理解能量守恒定律"，而通用技术课程则强调"设计节能装置"，二者缺乏实质性衔接。

课程目标的整合困境本质上源于两类学科不同的发展轨迹。科学教育自 19 世纪制度化以来，始终以培养理论认知能力为核心；而工程教育在 20 世纪末才进入基础教育体系，其职业导向传统导致对实践能力的侧重。这种历史路径依赖使得当前多数整合课程仍停留在主题关联层面，很少有项目实现目标层面的深度耦合。[②]

教学时间需求的矛盾也日益凸显出来，比如，科学探究需要 3—4 课时完成变量控制，工程设计则需 6—8 课时进行迭代优化。[③] 这种矛盾在智能化时代又出现了新的表现形式。虚拟实验平台虽能压缩科学探究时间，但工程设计的实体操作需求仍难以被替代。

评价体系的冲突随历史发展而不断演变。在标准化测试主导时期，科学教育的纸笔测验与工程教育的操作评价完全割裂。NAEP 2014 年推出的"技术与工程素养"测评虽尝试整合，但科学维度的选择题占比仍达 70%。[④] 中国近年开发的"工程素养测评系统"虽引入眼动追踪等新技术，但对"创新性"等软指标的测量仍不完善。

从深层次来看，这种不可通约性源自历史形成的评价文化差异。科学教育评价要求准确性，追求标准答案；而工程教育强调创新性，重视多元路径。为此，OECD 在 PISA2025 中新增了工程伦理维度，可能为破解这一困境提供新思路。

三、中国路径：从政策到实践的本土化探索

在全球 STEM 教育快速发展的背景下，中国立足本土教育实际，创造性地提出"科学与工程教育"融合的发展路径，体现了鲜明的理论自觉与实践创新。这一选择是对国际 STEM 教育理念的批判性吸收，更是基于中国教育发展阶段特征的理性调适。从认识论层面看，强调科学与工程的二元融合，既规避了 STEM 概念中技术与数学边界模糊带来的实践困惑，又突出了工程思维作为科学认知重要补充的独特价值。从实践维度来审视，这种聚焦模式契合我国分科教学传统与工程人才培养的现实需求，为破解课程整合、师资培养等全球性难题提供了新思路。本部分将系统阐述这一本土化路径的理论逻辑、实践创新与未来挑战。

1. 政策驱动：科学与工程融合的制度化探索

中国科学与工程教育的融合发展，呈现出显著的政策引领特征。与西方国家自下而上的实践探索路径不同，我国通过系统化的政策设计，逐步构建具有中国特色的科学与工程教育融合体系。

① L. A. Bryan, T. J. Moore, C. C. Johnson, G. H. Roehrig, G. H, *"Integrated STEM Education"*, In C. C. Johnson, E. E. Peters-Burton, & T. J. Moore（Ed.）STEM Road Map: A Framework for Integrated STEM Education, London: Routledge, 2016, pp. 23-37.

② L. A. Bryan, T. J. Moore, C. C. Johnson, G. H. Roehrig, G. H, *"Integrated STEM Education"*, In C. C. Johnson, E. E. Peters-Burton, & T. J. Moore（Ed.）STEM Road Map: A Framework for Integrated STEM Education, London: Routledge, 2016, pp. 23-37.

③ S. Brophy, S. Klein, M. Portsmore, C. Rogers, "Advancing Engineering Education in P-12 Classrooms", *Journal of Engineering Education*, Vol. 97, No. 3(2008), pp. 369-387.

④ The National Assessment Governing Board, Technology and Engineering Literacy Framework for the 2014 National Assessment of Educational Progress, https://www.nagb.gov/content/dam/nagb/en/documents/publications/frameworks/technology/2014-technology-framework.pdf, 2014.

这一制度化过程既体现了教育改革的顶层设计智慧,也反映了我国教育治理的独特优势。

在政策演进历程上,我国科学与工程教育的融合大致经历了三个关键阶段。2010 年之前科学与工程教育主要处于自然分离状态,仅在综合实践活动课程中有所体现。2011—2017 年是探索期,随着《义务教育课程标准(2011 年版)》的实施,"技术与设计"开始作为独立模块出现在课程体系中。从 2017 年至今则是深化期,《义务教育小学科学课程标准》首次设立了"技术与工程"领域①,标志着科学与工程教育的融合进入制度化发展阶段。政策体系的构建呈现出明显的层级性特征。在国家层面,2017 年颁布的《义务教育小学科学课程标准》开创性地将"技术与工程""物质科学""生命科学"与"地球与宇宙科学"并列为四大领域,要求"学生能针对具体情境提出设计方案并制作模型"。这一突破为后续改革奠定了制度基础。2022 年,义务教育课程方案和课程标准进一步强化了这一取向,在物理、化学、生物等学科中均增设了工程实践要求,如物理学科的"工程实践与创新"模块占比达到 12%。②

在政策工具运用上,我国采取了多元化的推进策略。标准引领是最基础的政策工具,通过国家课程标准的修订,确立了工程教育的合法地位。项目驱动是重要补充,教育部通过启动"STEM 教育实验区""智慧教育示范区"等项目,推动地方开展融合实践。资源保障是关键支撑,中央财政专项投入持续增长,2023 年同比增长达 45%,重点支持实验室建设与教师培训。③这种"标准+项目+资源"的多重政策组合,形成了强有力的制度保障体系。

在政策创新上,我国探索出了若干特色做法。其一是学科渗透模式,即在科学课程中嵌入工程实践要求,如初中物理课程要求"运用简单机械原理解决实际问题"。其二是课程统整模式,开发跨学科的"科学与工程"主题学习单元。其三是评价创新,部分地区尝试将工程实践能力纳入学生综合素质评价。这些创新既吸收了国际经验,又充分考虑了我国的教育实际。

在政策实施机制上,我国形成了多主体协同推进的格局。教育行政部门负责顶层设计和政策制定,教研机构提供专业支持,高校参与课程开发和教师培训,企业提供实践案例支持。这种"政—研—校—企"协同机制有效整合了各方力量,为政策落地提供了组织保障。

当前,政策体系仍面临若干挑战,需要通过持续的创新来应对。首先是政策协同问题,科学与工程教育的融合涉及多个部门,需要进一步加强统筹协调。其次是区域差异问题,不同地区在资源条件、实施能力等方面存在较大差距。最后是评价改革滞后问题,现有的考试评价体系尚未充分体现工程思维的要求。同时,我国科学与工程教育融合的政策发展正在呈现三个趋势:一是从碎片化探索走向系统化设计,构建更加完整的政策体系;二是从注重硬件建设转向关注内涵发展,提升融合质量;三是从单一教育领域拓展到多部门协同,形成更大的政策合力。这些趋势将推动我国科学与工程教育融合走向更深层次、更高质量的发展阶段。

2. 资源保障:师资培养与条件配置的系统化支撑

科学与工程教育的深度融合离不开系统化的资源保障体系。资源保障的目的是塑造科学教育和中小学生科学探究的新生态,搭建一个庞大而真实的"行动者网络"④,从而基于"大科学""大工程"的思路,将科学的严谨性和工程的行动性加以深度结合。作为连接政策设计与课程实施的关键环节,资源保障在师资培养、教学条件配置等方面发挥着基础性支撑作用。我国通过构建多层次的教师发展机制和智能化的教学环境,为科学与工程教育的整合提供了有力支持。这一保障体系的建设既体现了国家对创新人才培养的战略投入,

① 中华人民共和国教育部:《义务教育小学科学课程标准》,北京师范大学出版社 2017 年版。
② 胡卫平:《为培养科技创新后备人才创建高质量义务教育科学课程》,《全球教育展望》2022 年第 6 期,第 67-74 页。
③ 中华人民共和国教育部等十八部门:《关于加强新时代中小学科学教育工作的意见》,载 https://www.moe.gov.cn/srcsite/A29/202305/t20230529_1061838.html,2022,最后登录日期:2025 年 5 月 16 日。
④ 杨帆,万昆:《"双减"时代科学教育的行动者网络变迁与师资培养》,《广西师范大学学报(哲学社会科学版)》2022 年第 6 期,第 69-78 页。

也反映了教育现代化的内在要求。

在师资培养方面，我国地方院校正在建立"职前—职后"一体化的专业发展路径。职前培养阶段，上海师范大学在科学与工程教育融合的师资培养领域做出了开创性探索。作为全国首个由建筑工程学院开设科学教育（师范）专业的高校，上海师范大学打破了传统师范培养的学科壁垒，构建了"工程学科支撑+教育学赋能"的特色培养模式。这一创新实践通过课程体系重构实现了深度整合，形成了多学院、多学科共建、共培、共创的教学科研融合平台。由建筑工程学院主导开设的"结构力学与科学实验设计""环境工程与STEM课程开发"等跨学科课程，为培养具备跨学科教学能力的未来中小学科学教师，提供了主导课堂变革的直接体验。上海师范大学的实践为破解科学与工程教育师资供给瓶颈提供了可复制的制度创新样本。职后培训方面，依托"国培计划"实施专项工程，对大量在职科学教师进行"双新"培训，其中"工程实践教学能力"成为核心模块。

教学条件的智能化升级是资源保障的另一重要维度。2020年以来，中央财政投入专项资金支持中小学"智慧实验室"建设，集成虚拟仿真（VR）、增强现实（AR）等技术，突破了工程实践的空间限制。上海市闵行区开发的"科工融合实验平台"，通过模块化实验箱和数字孪生技术，使学生能同步完成科学原理验证与工程方案优化。农村地区则开设"5G+智慧教育"试点，共享城市优质资源，如四川省建立的"远程工程设计协作系统"，让乡村学生可参与跨校工程挑战赛。[1] 这些技术创新不仅缩小了城乡差距，更拓展了科学与工程教育融合的教学形态。

3. 课程整合：从"认知困境"到"深度耦合"

我国科学与工程教育的课程整合正在经历深刻的范式转型。这一转型以认知科学理论为基础，以国家课程改革为引领，形成了系统化的整合路径。本部分将从理论基础、实践模式和支撑体系三个维度，深入分析这一转型过程的内在逻辑与实践创新。

课程整合的目的是解决科学教育与工程教育认知逻辑无法相互嵌合的问题。理论基础主要来

自学习科学的最新进展。工程融入科学教育，既可以为工程教育领域注入持续发展的人才储备，也可以增强学生的创新意识。[2] 知识的获得是一个主动建构的过程，而科学与工程教育的整合为学生提供了概念建构与实践应用的双重机会。通过大概念统整课程内容，可以优化学生的认知资源分配，提高学习效率。

"大概念"统整模式是课程整合的核心策略。这一模式围绕"系统与模型""能量转换""结构与功能"等跨学科概念重构课程内容体系。例如，小学阶段通过"大概念统整"（如"能量转换"），设计"桥梁承重实验"，同时教授物理原理（力学）与工程设计。在初中物理学科中，将"简单机械"的原理与工程"结构设计"任务有机结合，学生既能理解杠杆、滑轮等科学原理，又能运用这些原理解决实际问题。这种整合超越了简单的内容叠加，实现了概念理解与实践应用的辩证统一。

认知发展阶段理论指导下的阶梯式整合是另一个重要特征。根据皮亚杰的认知发展理论，小学阶段侧重具象化工程任务，通过"桥梁承重""简单机械"等活动培养工程思维萌芽。中学阶段则转向复杂问题解决，要求运用科学原理完成系统性工程设计，如综合运用热学、电学知识设计能源利用方案。高等教育阶段强调真实情境中的创新实践，体现课程整合的最高形态。

具体来说，我国课程整合实践呈现出多元创新特征。在小学阶段，科学课程通过设计简单机械装置等活动，培养学生的工程思维基础。这些活动强调观察、测量和简单设计，与儿童具体运算阶段的认知特点相契合。课程设计注重趣味性和生活化，如通过设计校园节水装置，将科学概念与工程实践自然结合。

中学阶段的整合更加系统深入。物理课程中的"工程实践与创新"模块要求学生完成从问题定义到方案优化的完整工程设计流程。化学课程通过"基于真实情境的项目学习"，如设计净水系统，促进学生对化学原理的深入理解和应用。这种整合既保持了学科知识的系统性，又强化了工程实践能力。中学阶段引入"双师制"（科学教师+工程导师），是一种将科学教育和工程教育加以融合的

---

① 郑永和，等：《智能技术在科学教育中的运用：研究现状、关键方法与发展趋势》，《中国教育信息化》2023年第9期，第3-11页。

② 刘华，张祥志：《我国K-12工程教育现状及对策分析》，《教育发展研究》2024年第4期，第67-71页。

可行模式,在合作开发诸如"净水系统设计"等项目时,融合了化学(污染物分解)与工程(过滤装置迭代)的知识体系,也解决了单科教师知识有限的问题。通过项目化学习,具有科学和工程学习背景的学生需要综合运用多学科知识解决复杂工程问题。① 例如,在智能制造相关课程中,学生既要掌握自动化科学原理,又要完成机器人系统设计,实现科学认知与工程实践的高度融合。

　　数字化赋能是课程整合的重要创新点。虚拟实验平台通过模拟高风险工程场景,拓展了实践教学的边界。智能辅助系统可实时分析学生的设计方案,从科学原理角度提供改进建议。这些技术创新既解决了资源限制问题,又提升了教学效果。未来发展趋势主要体现在三个方面:整合将更加注重高阶思维培养,超越表层的内容关联;数字化转型将创造新的整合空间和可能;家校社协同将拓展课程实施场域。这些趋势将推动课程整合向更高质量发展。

四、结语

　　中国科学与工程教育的融合发展,走出了一条具有鲜明本土特色的创新之路。从政策层面的顶层设计到基层实践的创新突破,从理论研究的逐步深入到实践模式的日益丰富,我国科学与工程教育的整合已经形成了系统化的推进路径。

　　当前,我国科学与工程教育的融合发展正处于关键时期。新一轮科技革命和产业变革对人才培养提出了新的要求,教育数字化转型创造了新的发展机遇。面向未来,我们需要进一步深化理论研究和实践探索,重点突破教师队伍建设、评价体系改革、区域均衡发展等关键问题。特别要注重发挥我国教育体制优势,强化政策协同和资源整合,构建更加完善的融合发展生态。

Science and Engineering Education: History, Challenges and Chinese Pathways

(Shanghai Normal University, Shanghai, 200234)

Abstract: Science and engineering education worldwide has shifted from disciplinary separation to deep integration, yet continues to face structural challenges, including epistemological conflicts, divergent curricular objectives, and incompatible teaching methods. Grounded in local realities, China has proposed an innovative pathway of combining "science and engineering education", featuring policy guidance, curriculum restructuring, and assessment reforms with a unique model of "tiered cultivation under big idea integration". The study finds that China's institutional integration framework through national curriculum standards, supported by digital empowerment and multi-stakeholder collaboration, can effectively address practical challenges like teacher training and resource allocation. Future efforts should focus on enhancing teachers' interdisciplinary capacities, improving evaluation systems, and advancing high-quality development of education to contribute China's solutions to global STEM education.

Key words: science and engineering education, STEM education, curriculum integration, China's solutions, interdisciplinary teaching

---

　　① 中华人民共和国教育部:《关于加快建设高水平本科教育全面提高人才培养能力的意见》,载 https://www.moe.gov.cn/srcsite/A08/s7056/201810/t20181017_351887.html,最后登录日期:2025年5月16日。

新质基础教育的内生逻辑与生态建构

王　健，刘　畅

（上海师范大学 教育学院，上海 200234）

摘　要： 新质基础教育的核心在于重塑教育价值逻辑，推动育人范式从知识传授迈向素养涵养，从静态灌输转向动态生成。面向新质要求，教育体系需在课程内容、教学方式、评价机制与育人路径等方面完成系统重构，建构以能力为导向、以技术为支撑、以协同为特征的新型教育生态。同时，实践落地依赖于教师教育的角色重塑与教育治理的生态更新，通过产教融合、数智赋能与制度联动，为教育供给侧改革注入持续动力。

关键词： 新质基础教育；技术赋能；教育范式转型；新质教师教育；教育生态重构

当前，全球范围内以人工智能、大数据、物联网等前沿技术为先导的新一轮科技革命风起云涌。这轮新兴技术浪潮不仅引发了社会生产方式的变革，更孕育了以创新驱动、智能引领、融合发展为特征的新质生产力形态。这一全新生产力模式以知识密集、技术密集、创新密集为特征，真实地推动着社会生产各领域实现战略转型与结构升级。在这一时代背景下，国家提出了以新质生产力为核心的发展理念。面向新质生产力的内在要求，基础教育需要在战略定位、育人目标、课程内容、教学方式、社会协同机制等多方面主动求变，使得教育范式由知识传递迈向素养培育，由传统经验导向走向数据驱动与技术赋能。新质基础教育的提出，正是对这一系统性变革的回应，体现了基础教育在生产方式跃迁与教育现代化进程中的前置作用。从新质生产力的跃迁逻辑、教育职能的功能转型以及教育发展阶段的演进趋势三个维度出发，可揭示新质基础教育生成的历史必然性与现实紧迫性，亦可为其理论建构与实践展开提供坚实的论证基础。

一、新质基础教育的生成逻辑：生产力跃迁与教育价值重构

1. 新质生产力的倒驱机制：技术迭代与产业重构的挑战

第四次工业革命以人工智能、大数据、云计算、物联网、区块链与智能制造为技术之维，被称为新质生产力，其不仅带来传统生产工具与劳作方式的重塑，更深层次地激荡了经济结构、社会形态与知识体系的根基。新质生产力以内嵌数字逻辑为底色，以智能算法为运行枢纽，以高素养、复合型之人才为动能之源，勾勒出一幅面向未来的生产力画卷。新质之"新"，不仅在于工具之新，更

作者简介： 王健，上海师范大学教育学院教授，教务处处长，博士生导师，博士，主要从事教师教育与基础教育改革研究；刘畅，上海师范大学教育学院博士研究生，主要从事教师教育研究。

在于理念之变、结构之转与生态之和。

在如此历史大变局和新质之变中,基础教育的传统职能边界也在不断拓展,其肩负的角色已经不仅限于知识的继承与基础技能的传授,更成为国家创新体系与人力资本结构重塑的战略支点。新质生产力的发展对基础教育提出了双重要求:一方面,它要求教育系统在内容供给、能力培育、方式创新等方面实现结构性升级;另一方面,它推动教育系统作为"软性基础设施"嵌入国家创新体系与产业生态系统的核心之中。[1] 换言之,基础教育不仅要为未来社会提供具备技术素养、数字素养、系统思维与跨界整合能力的创新型人才,更要承担起激发学生"问题意识""自我生成能力"与"开放性认知结构"的育人使命。[2]

新质基础教育在这一背景下应时而生。它强调以教育内容的动态重构、教学方式的智能转型、学习过程的个性化适配与教育资源的协同共享为主要路径,建构面向未来社会的新型教育生态。[3] 在这一生态中,教育不再是孤立的封闭系统,而成为链接社会、产业、技术与人的开放平台,其发展逻辑亦从"以学科为中心"转向"以能力为导向""以素养为核心",并最终指向人类潜能的最大化激发与社会生产系统的协同进化。新质基础教育的建构与实践,既是对未来教育范式的主动回应,也是基础教育从"支撑型系统"向"驱动型引擎"转化的标志性体现。

2. 教育现代化的战略转向:从支撑系统到创新引擎

在回应新质生产力的倒驱机制基础上,我们更需审视基础教育在国家战略架构中的功能跃迁,尤其是由"支撑型系统"走向"创新引擎"的深层转变。教育现代化不仅是国家现代化的重要组成部分,更是基础性支柱与价值性引擎。[4] 基础教育作为教育系统的起点与核心基础,不仅承载着知识启蒙与能力奠基的功能,更在国家治理、社会整合与文化传承中发挥着不可替代的制度性作用。在"教育—国家—社会"三元结构中,基础教育通过制度化的组织学习机制、标准化的课程实施体系与普遍性的国民育人实践,为国家社会结构的再生产与代际传递提供了基础保障。它是社会运行的"制度底盘",更是国家现代化的"软性基础设施"。[5]

从功能主义的视角来看,基础教育实际上具有三重战略性功能:一是通过国家意识的培育与文化规范的内化,支撑国家治理体系的合法性基础,构成"文化国家建构"的核心机制;二是通过教育公平为基石的教育机会与资源的分配机制缓解社会不平等,实现社会正义与系统稳定的双重目标;三是通过素养导向的课程改革实现立德树人、培智育能,为国家经济系统培育具有复合能力与适应力的未来公民与创新主体。

新质生产力所提出的"高质量发展""智能化跃升""创新驱动主导"等核心理念,不仅昭示着国家生产方式现代化的跃迁路径,也深刻反映出新质生产力对教育现代化系统结构升级的时代呼唤。基础教育需要响应这一呼唤,从"学科知识中心"转向"核心素养导向",从"统一知识灌输"转向"个性化能力生成",从"静态管理逻辑"转向"动态协同机制",以实现对新质生产力结构逻辑的制度性承接与育人功能的结构性变革。

3. 基础教育的内生动力:从规模扩张到质量跃升

而在功能定位演进的基础上,基础教育内部发展逻辑也正在从外延扩张走向内涵质量跃升,其内生变革动能正是新质基础教育理念生成的土壤与动力。现阶段,我国基础教育的发展脉络已由普及为纲的外延扩张步入质量为本的内涵跃升。基础教育不再将"有学上"作为首要目标,而是把重心转向"上好学、育好人"这一核心追求。这不仅标志着教育公共服务在实现广泛覆盖方面取得了阶段性的重要成果,更体现出教育系统在体制机制层面,对民族复兴的伟大事业和时代赋

① 魏小红:《教育现代化与国家创新体系融合路径研究》,《教育发展研究》2023 年第 9 期,第 12-19 页。
② 张华:《学习革命与未来教育:从知识接受到能力生成》,《华东师范大学学报(教育科学版)》2022 年第 2 期,第 5-14 页。
③ 杜宁华、刘宝存:《数字教育生态构建与智能化教学转型》,《现代远距离教育》2023 年第 4 期,第 45-53 页。
④ 王建军:《教育现代化的逻辑进程与时代使命》,《教育研究》2021 年第 5 期,第 4-14 页。
⑤ 刘云杉:《教育与治理现代化的逻辑互动》,《华东师范大学学报(教育科学版)》2019 年第 4 期,第 19-26 页。

予的育人使命所做出的深刻回应与积极担当。在国家大力推进转型升级、新质生产力加速发展的时代背景下，基础教育的供给也必须顺应时代召唤，从"量的满足"向"质的重构"转变，从"单一均衡"迈向"多元适切"。

新质基础教育的提出，既顺应了时代发展的潮流，又满足了教育自身变革的需求。在这场深刻的教育变革中，核心要义在于从传统的知识传授模式向素养涵养模式转变，从应试导向的教育理念向发展导向的教育理念转型，一场触及教育本质的深层变革正在悄然推进。与此同时，评价机制、教学组织以及师生关系等教育领域的重要方面，也在这股变革的洪流中不断重构其外在形态与内在精神。

在这样的治理逻辑中，教育从被动适应走向主动塑造，从封闭体系迈向开放生态，由部门独唱转向多元共鸣，由静态管理跃升为数据驱动、动态反馈的生命型治理。从某种层面上可以说，新质基础教育既是国家意志的战略落点，又是教育自我革命的内生脉动。它不仅指向资源与结构的深度优化，更昭示着教育思想、制度范式与实践机制的整体跃迁。其最终旨归是构建一个面向未来、服务国家、回应个体与社会共生共长的现代教育新环境。

二、新质基础教育的理论内核：概念框架与特征解析

1. 新质基础教育的定义与内涵

新质基础教育是适配新质生产力发展而确立的当代教育发展新范式，它的根本任务不止于传统意义上的知识更新与教育技术改良，更在于通过教育系统的结构性重构与功能性跃迁，为社会培育具备系统观念、创新能力、自适应性能力的复合型人才。这一理念的提出，标志着教育价值逻辑的深层次转型——从"工具性价值"的被动服务，走向"生成性价值"的主动塑造。[①]

新质基础教育的终极目标，是推动整个教育系统朝着高质量、自适应且能协同进化的生态体系不断前行。这一过程不仅是对新质生产力发展

所做出的系统性应答，更是一场涉及教育本质、育人逻辑以及制度空间的深度重塑与重大革新。基础教育在其中不再是社会结构的维持者，而是社会转型、制度创新与知识更新的重要前驱机制。在厘清新质基础教育的核心定义之后，进一步探讨其"动态性""智能性""协同性"等特征，有助于全面理解其与传统教育模式的本质差异与演进趋势。

2. 核心特征：动态性、智能性、协同性

新质基础教育与新质生产力之间并非工具性的线性配合，而是一种结构性、内在性的双向生成关系。两者之间的紧密耦合是教育系统对社会生产方式变革的深层回应，也体现了"天地之大德曰生"的文明逻辑。在技术驱动的时代浪潮中，教育作为"育人"之本，其根本仍在于"成己成物""兼善天下"。基础教育的使命已从保障入学机会转向提供具有战略穿透力的人才支撑。当新质生产力要求以科技创新为核心、以人力资本为引擎时，基础教育也需回归"为天地立心，为生民立命"的本源，承担主动培育创造性人才的战略任务。此时教育不再是附庸性的功能工具，而成为支撑国家转型的结构性力量。

在育人目标上，传统"知行合一"理念有了新的诠释。新质基础教育不再只满足于向学生灌输规范性知识，而是聚焦素养的整体建构：理性思维、技术理解、协作能力与社会责任并重。这一转变正阐释《论语》中"君子不器"之意，即教育的本质是培养能应变而不固守、通达而不局限的人。

在课程内容上，也要逐步打破过去那种学科封闭、割裂现实的课程逻辑。新质基础教育致力于推动知识与现实的动态对话，将大数据、人工智能等技术范式引入课堂，使"温故而知新"的学习路径转化为面向未来的"以用启知"的知识生成。在此过程中，教育内容不再只是"传承之书"，更成为"生成之流"，连接社会、技术与个体的多重维度。

在路径与生态层面，教育与产业、科技、社会间的界限也在日益消融。新质基础教育倡导"校社产"联动育人，借助科研项目、企业实践、跨界课程等途径，推动"书本教育"向"真实问题解决"转

---

① OECD, *The Future of Education and Skills 2030：OECD Learning Compass 2030*, Paris：OECD Publishing, 2019.

变。这种教育形态暗合中华优秀传统教育文化中的"格物致知,诚意正心"的实践精神:教育不仅是内省修身之道,更是躬身践行之道,是"身修而后家齐、国治、天下平"的现实路径。

一言以蔽之,教育与生产力的契合并非形式上的呼应,而是结构性的共演。当基础教育在战略导向、育人逻辑、知识体系、教学模式与协同路径上完成深度互嵌,它便真正成为新质生产力的前置系统与催化引擎。如此,教育之道方能在"新"与"质"的张力中,打通人本与科技、历史与未来的脉络。

三、新质基础教育的实践进路:技术赋能与生态协同

1. 战略功能升级:基础教育与国家创新体系深度嵌合

基础教育作为国民教育体系的起点,正在迎来由内而外的战略重塑,日益承担起支持国家创新体系和社会结构变革的前沿使命。面向未来,基础教育被寄予厚望:不仅要奠定全体公民的基本素质底座,更需孕育具有创造潜质与系统思维的新型人才,成为国家结构性竞争优势的源泉之一。

这一深层变革的实现路径,离不开教育机制的协同推进。课程组织需跳脱知识堆砌的框架,构建以真实问题驱动、以实践活动支撑的认知迁移场域;教师不再囿于传授者的角色,而转型为学习共同体的建构者与认知发展的激活者;评估方式则需打破对静态量化指标的依赖,发展出能够反映学生探究力、协同力与变革潜能的多维度成长性评价模型。教学设计、师资培训与学习环境的协同改革,应形成有机联动的变革网络。

在新质生产力驱动的发展图景中,基础教育正被嵌入国家创新结构的核心枢纽,其制度创新与技术融合的推进成效,日益成为衡量教育系统适应性与前瞻性的关键标尺。教育要素的重新编排与功能再定位,正持续激发出结构性变革的强劲动力,为社会发展提供源源不断的战略支撑。

2. 素养目标聚焦:高阶能力培养成为价值内核

在新质基础教育的发展愿景中,育人的核心方向已发生根本转变。面对技术变革和社会结构重塑的时代背景,教育所要塑造的不再是静态的知识掌握者,而是具备系统性认知能力和复杂环境适应能力的未来公民。

围绕这一方向,教育内容体系也在重构之中。高阶能力的培养成为主轴,其核心不在于零散技能的堆砌,而是强调认知统整与行动能力的协同发展。创新思维、批判性思维、复杂问题解决能力、跨学科迁移能力与数字素养,构成新质基础教育能力谱系的关键支点。[①] 这些能力并非被动适应技术革命的附属品,而是顺应新质生产力对复合型人才结构性要求的内生回应。

能力的生成机制也随之更新。教育不再依赖填鸭式的知识传授,而是通过真实世界中的项目实践、情境式协作与技术介入,建构任务驱动与问题导向相结合的学习场域。结构化项目的推行、多模态交互平台的融入,使得学生在解决复杂问题的过程中完成了从知识吸收向能力内化再到素养跃迁的连续性生成。育人方式的变革,推动基础教育由单点提升转向复合建构,由静态传授转向动态生成。

这一教育过程的成效并不以传统的测试成绩为终点,而是以个体的成长轨迹和价值实现作为核心参照。能力是否转化为素养,素养是否内嵌于人格结构,成为衡量教育质量的关键标尺。关注学生"成为什么样的人",而非仅仅"获得多少知识",体现了从教育工具理性向价值理性的转轨,也为新质基础教育注入了深层的人文关怀与制度前瞻。

3. 课程内容革新:前沿技术融入学科知识图谱

在新质生产力重构社会结构与技术逻辑的背景下,课程体系的设定不再服务于现有岗位和知识储量,而是为应对尚未出现的问题情境、适应动态演化的技术生态提供认知准备。因此,基础教育课程亟须建立一种能够引领认知更新与问题重构的生成性机制,而不是停留于传统知识归档与封装的工具。

---

① H. Jang, "Identifying 21st Century STEM Competencies Using Workplace Data", *Journal of STEM Education*, Vol. 16, No. 1 (2015), pp. 24-28.

围绕这一认识转型，知识内容的组织原则亟须完成根本性转换。课程体系应突破以学科为边界的静态架构，转向以真实问题为中心的能力生成逻辑。人工智能、大数据、区块链、物联网与算法治理等新质技术要素，不应仅作为"知识延伸"置于课外或选修课程中，而应内嵌于基础课程的核心结构之中。例如，STEAM教育、创客教育、编程与计算思维的教学不再是锦上添花的附加，而是构成学生科技理解力、系统性思维与创新能力的关键知识母体。[①] 这意味着即便是小学数学，也应引导学生在理解数理逻辑的同时，初步建立数据意识与建模能力。

课程的实际推进机制则需以开放性结构取代线性知识框架，通过"学习任务群"的单元组织方式实现内容重构与跨界融合。在实践中，课程不仅要融入新兴技术的现实案例，还应引导学生置身于复杂社会问题情境中，在项目式、任务式的学习活动中建构技术与人文之间的关联。与此同时，技术课程不应止步于技能训练，而应进一步深化到技术运行机制、原理体系乃至其背后的伦理与社会效应，使学生形成对技术社会的批判性理解与价值判断。[②]

衡量课程重构是否达成育人目标，不应再依赖标准化考核的静态指标，而应关注知识是否真正转化为学生的问题意识、创新潜能与迁移能力。课程是否能够激活学生对未来情境的预测性思维，是否促使其具备从复杂技术图景中提炼洞察力、建构意义结构，成为衡量改革有效性的关键尺度。这种"即时供给—结构内化—未来投射"的知识更新机制，标志着基础教育课程体系由知识承载体向认知生成场的深度转变。

4. 教学方式转型：智能技术驱动的个性化学习生态

在新质基础教育所描绘的教学图景中，真正发生变化的并不仅是技术手段的更新，而是教学逻辑与运行机制的系统性改写。教学不再是线性推进的"传授链条"，而被重构为一个以智能感知为基础、动态适配为特征的复杂生态系统。在这一系统中，教育不再试图通过统一节奏与标准路径覆盖异质化的个体，而是努力在每一位学生的成长轨迹中实现精准共振。

这一教育生态的内核并非停留在表层的信息化手段，而是以重新组织"教学—学习"关系为核心。智能课堂的建设不再只是设备的堆砌，而是以数据洞察替代经验判断，建构可视、可调、可进化的教学机制。借助学习轨迹的数据追踪、知识图谱的个性推送与算法驱动的认知分析，教学变得既具适应性，又具有生成力。[③]

教学行为的转变也体现在对学习方式的根本重塑上。自适应学习与个性化路径的出现，意味着知识不再是教师提前封装好的答案，而是与学生当下的兴趣、能力与节奏共构而成的"正在生长的体系"。学习的主轴由"标准服从"转向"路径协商"，由"灌输内容"转向"激发可能"。学生不是在课程中被塑造，而是在课程中共创、在问题中生长。[④]

对这一转型成效的判断也不能依赖传统的分数逻辑。静态的评价方式难以刻画动态学习的全貌。新质基础教育倡导的是一种发展性、多元化、过程型的评价视角，它关注的不仅是"学了多少"，更在意"生成了什么"，以及"能走多远"。学习成果被嵌入成长历程之中，成为驱动个体不断前行的内在引擎。这种从反馈中进化、在生成中调适的教学机制，正成为教育系统高质量发展的关键支撑。

5. 产教协同创新：跨界融合育人的机制探索

新质基础教育的系统重构并不止步于课堂内部的教学改革，更将视野拓展至教育体系的外部边界。在教育与社会深度互动的背景下，其转型目标指向一种开放性更强、资源更流动、边界更模

① 赵勇：《STEM教育与跨学科素养培养》，《电化教育研究》2021年第5期，第27-34页。

② C. E. Hmelo-Silver, "Problem-Based Learning: What and How do Students Learn?", *Educational Psychology Review*, Vol. 16, No. 3 (2004), pp. 235-266.

③ D. Ifenthaler, & J. Y. K. Yau, "Utilising Learning Analytics for Study Success: Reflections on Current Empirical Findings", *Technology, Knowledge and Learning*, Vol. 25 (2020), pp. 625-640.

④ W. Holmes, M. Bialik, & C. Fadel, *Artificial Intelligence in Education: Promises and Implications for Teaching and Learning*, Boston: Center for Curriculum Redesign, 2019.

糊的育人生态。在这一逻辑中,学校不再是封闭的知识发生地,而是成为协同创新的枢纽单元,是产业链、创新链与人才链深度耦合的重要节点。①

支撑这一新图景的是对育人内容与组织机制的重新架构。面对新质生产力引发的技术浪潮与知识更新节奏,传统的教育内容更新路径已难以满足学生对前沿世界的理解需求。因此,亟须构建"教育—企业—科研"三元联动机制,以此为支点,打通教育与社会系统的双向循环路径。这一机制不仅回应了产业对人才能力结构的现实诉求,更成为教育系统维持知识活性与前沿感知能力的制度支撑。②

在实践路径上,这种协同机制表现为多层次、多主体的联合构建:在学校层面,探索设立嵌入式校企创新实验室,让企业真实的研发环境成为学生探究与创造的实践场域;在区域层面,建设集聚式教育科技融合园区,打破教育机构与科技企业之间的组织壁垒,实现平台共建、场景共享、人才共育的深度融合;在课程与教师发展层面,引入企业一线技术人员参与课程内容设计与教师专业研修,使课程实现从理论到应用的动态演化。③新质基础教育正是在这一系统循环中获得了面向未来的生长动能,也为教育体制从静态配置走向动态进化提供了结构性支撑。

四、新质基础教育的发展保障:教师教育转型与生态治理创新

1. 新质教师教育:角色重塑与能力迭代的体系优化

新质人才培养催生新质基础教育,新质基础教育革新的关键则在于教师教育的转型变革。在这一逻辑链条里,"强教"和"强师"相互嵌套、动态促进与交互共生。④

新质基础教育对适变性人才的渴求,实则要求中小学教师群体挣脱"教书匠"的固有标签,蜕变为教育生态中的"认知架构师"。新质基础教育

形态下的中小学教师的核心能力,必须经历深刻的三重转变:首先是技术穿透力的重塑。在智能工具深度嵌入认知活动的当下,教师不能仅满足于工具的表面操作,而要将 AI 协作、数据洞察与跨平台交互,真正内化为教学设计的底层能力。其次是系统诊断力的升级。面对项目化学习中不断演变的认知网络,教师必须突破传统单向评价的桎梏,练就精准识别思维断点、预判认知跃升的"教育神经图谱"构建能力。最后是价值引导力的强化。在技术与人性的博弈中,教师要化身伦理困境中的"认知导航仪",在算法偏见与人文价值的交锋中,为学生校准价值判断的坐标。

而作为教师培养供给侧的教师教育体系革新,则需要紧扣上述三重转变的内核。以往师范院校到职后进修体系的分段式教师培养模式,被"实践—反思—重构"的螺旋上升体系所取代。师范生要提前走进真实的学校变革现场,在临床实践的"课堂田野"中积累具身认知;而教育理论课程要转变为"问题反应堆",应该围绕基础教育中的真实教学冲突和问题情境展开深度的诊断,寻觅解决的路径;而技术的实训也要与教学设计、认知科学深度融合。也就是说,我们应当立足新质生产力的发展要求和数智时代背景,将教育家精神融入教师培养培训全过程,不断提升教师创新教育能力,并通过新技术、新基建、新生态的建设来推进新质教师教育变革,从而实现支撑新质基础教育的教师角色重塑与能力迭代的供给体系优化。

2. 生态治理创新:产教融合之中孕育新质力量

在传统教育生态中,教育沉浸于经典的吟咏与理性的追索,而产业奔波于利润的更迭与效率的竞逐,两者仿佛被截然区分于理想与现实、思维与物质的两极。然而,当科技革新成为世界演进的基本节奏,当社会结构和职业谱系不断重构,教育与产业的各自为政已无法满足新时代对复合型人才的深切召唤。破除二元对立的坚冰,通过生态治理的范式创新,建立产教相融的桥梁,已不再

① 王继新:《教育现代化背景下的教育生态系统构建》,《电化教育研究》2020 年第 6 期,第 10-16 页。
② L. Leydesdorff, "The Triple Helix: An Evolutionary Model of Innovations", *Research Policy*, Vol. 29, No. 2 (2000), pp. 243-255.
③ OECD, *Career Readiness and Employer Engagement: OECD Future of Education and Skills 2030*, Paris: OECD Publishing, 2021.
④ 王健、张皓、赵文清:《新质教师教育:驱动机理、内在逻辑及实践路径》,《教师教育研究》2025 年第 2 期,第 23-30 页。

是可选项，也不仅仅是高等教育和职业教育的专属范式，而是基础教育改革走向深水区的必然选择。

当前新质生产力已然成为基础教育改革的驱动机制，促使教育系统向开放型知识生态与智能型学习范式演进。因受到内容滞后、学科割裂等问题制约，传统的基础教育课程体系难以适应技术快速迭代的需求，应通过产教融合机制引入前沿的技术场景与实践学习平台，以重塑基础教育的育人模式与生态。基础教育可以把高新产业端的真实问题转化为独特的教学资源。譬如，可以在数学课中嵌入数据分析相关案例，在科学课程中引入最新的智能制造场景，让学生通过解决实际问题（或观摩实际问题的解决）来理解技术的逻辑；还可以通过校企共建"创新实验室"或"项目工坊"等方式，推动基于真实任务的学习。建议建立基础教育教师（尤其是科学与工程教育相关科目教师）与企业技术人员之间的双向互聘机制；建构校企协同的培训机制与跨机构教研协作体，通过技术赋能促进教师的专业发展，进而推动基础教育领域的实践型课程体系重构。需要强调的是，该转型过程需要建构政策导向机制、校企共生机制与教育主体能动机制的协同体系，从而实现通过构建教育产业共同体推动知识价值链与产业价值链的深度融合。

The Internal Logic and Ecological Construction of New-Quality Basic Education

WANG Jian, LIU Chang

（College of Education, Shanghai Normal University, Shanghai, 200234）

Abstract: The essence of new-quality basic education lies in reshaping educational value logic and reorienting education paradigms from knowledge transmission to literacy cultivation and from static knowledge transmission to dynamic competency cultivation. To meet new-quality standards, educational systems must reconstruct curriculum content, instructional design, assessment mechanisms, and educational pathways to build a new educational ecology that is ability-oriented, technology-supported, and collaboration-driven. The successful implementation requires a redefined role for teacher education and an updated governance ecology, driven by cross-sector integration, digital empowerment, and institutional synergy to fuel a responsive and sustainable reform of educational supply systems.

Key words: new-quality basic education, technological empowerment, educational paradigm shift, teacher education transformation, restoration-based education

《现代基础教育研究》

第59卷，2025年7月 （Research on Modern Basic Education） Vol.59, Jul. 2025

栏目导语：上海中学创始于1865年的龙门书院，2025年正值建校160周年。作为首批上海市教委直属的实验性示范性高中，上海中学始终坚持素质教育，深化五育融合，将固本铸魂、立德树人的资优生德育放在首位，形成了独具特色的"高立意育德、高思辨育智、高互动育才"的课程教学体系。"三高"教学促进了上海中学高质量教育体系的形成，成为我国普通高中优质教学范式，凸显学科育人与学生思维品质的提升，为推动"双新"实施和创新人才早期培养做出了重要的贡献。本刊特推出"上海中学教学改革30年：高立意、高思辨、高互动"专栏，该专栏由上海中学校长、上海市教育功臣冯志刚和一线学科教师撰写的四篇文章组成，分别围绕优质教学范式的校本实践、高思辨思维能力的培养、人工智能与高质量作业等主题进行实践提炼和理性思考。同时，本刊特约基础教育一线教育名师名家就教学改革服务教育强国等主题赐稿，激荡思想、贡献智识，为教育强国建设提供不竭动力。

普通高中提升教学质量的优质教学范式探究
——上海市上海中学"高立意、高思辨、高互动"教学的30年实践

冯志刚

（上海市上海中学，上海 200231）

摘　要：全面夯实学生核心素养，促进教师教学效能，大力加强普通高中优质教学范式探究，提升普通高中的教育教学质量，成为办强办优基础教育、深化教育综合改革不可或缺的一环。"高立意、高思辨、高互动"教学作为普通高中优质教学范式，推动了教学对象、教学内容、教学方式、教学机制、教学评价的整体革新，凸显学科育人与学生思想境界的提升，强调教学内容与教学形式的内在统一，建构高中阶段教学学术系统，促进课堂教学与数字、智能技术的融合，促进学生学习主动性、教师学科功力持续提升与学校扩优提质的持续发展。

关键词：优质教学；教学范式；"高立意、高思辨、高互动"教学

中共中央、国务院印发的《教育强国建设规划纲要（2024—2035年）》指出，要统筹推进"双减"和教育教学质量提升，强化学校教育主阵地作用，全面提升课堂教学水平。①普通高中作为衔接基础教育与高等教育的桥梁与纽带，在筑牢人才基石、赋能学生未来发展上起重要作用。走出"题海战术"，真正做到"减负增效"，全面夯实学生核心素养，促进教师教学效能，大力加强普通高中优质教学范式探究，提升普通高中的教育教学质量，成为办强办优基础教育、深化教育综合改革不可或

作者简介：冯志刚，上海市上海中学校长，特级校长，数学正高级教师，主要从事学校治理与高质量教育教学研究。

①　中共中央 国务院：《教育强国建设规划纲要（2024—2035年）》，载 https://www.gov.cn/gongbao/2025/issue_11846/202502/content_7002799.html，最后登录日期：2025年5月3日。

缺的一环。现结合上海市上海中学(以下简称"上海中学")"高立意、高思辨、高互动"教学(以下简称"三高"教学)的 30 年实践，阐述如何建构新时代普通高中提升教学质量的优质教学范式。

一、优质教学范式内涵与教学新范式的构建要素

范式(Paradigm)一词源自希腊文名词 Paradeigma，意为"模式、范例和例子"。教学范式属于教育学领域的概念，它基于一定的教育理论，对教学的基本要素与过程、教学管理、运行机制、实践操作、效能评价等进行描述、解释，旨在指导教师的教学实践与学生的学习发展。[①] 在此，我们给予优质教学范式的描述性定义是指向教师高品质教学思维发展与学生核心素养提升的高质量教学形态，基于素质教育与优质教育理论，在教学实践活动中所形成和运用的、有利于促进教学质量提升的具有典型意义和普遍指导作用的教学模式或教学样式。优质教学范式的理论基础是我国素质教育的推进与深化。借鉴兰祖利(S. Renzulli)、里斯(M. Reis)关于优质教育开发学生潜能的观点[②]，优质教学范式强调融通中外，扎根中国。

优质教学范式是一种具有中国特色的教学论标识性表达，它凸显我国基础教育优质均衡发展的要求，又具体落实到教学改革过程中，强调本土为基，映鉴世界，实践为本，自主创建，体系为方，彰显价值。[③] 优质教学范式的产生是基于现实教学问题的解决，必然要破解"加课时""重复训练"提升学生成绩，忽视学生学习主动性，忽视学生学科学习个性与潜能开发等"应试教育"与"题海战术"困局，指向素质教育的长效实施。因此，学校探索素质教育视野下的教学新范式，要明晰优质教学范式的要素构建，持续提升学校教育教学质量，达成育人的目标。

指向优质教学的教学新范式构建，应考虑五个要素：1. 明晰教学目标。指向学生的全面而有

个性的发展，形成学生的高素质、强潜能。2. 重组教学内容。根据学生的发展特点，让教师与学生一起组成知识建构的共同体，促进教学内容的重构。3. 选择教学方式。以学生感兴趣的内容来引导他们自主学习、主动学习、合作学习与探究学习。4. 创生教学机制。引导教师在教学过程与实践操作中，将教学变革的要素(包括教学目标、教学内容、教学方式、教学技术等)融合成一个完整的统一体，产生从"他变"到"自变"的自适应创生机制。5. 革新教学评价。形成一个内在的能指导学生可持续发展的综合评价体系。

指向优质教学的教学新范式构建，需要根据时代的要求与学生的特点进行长期实践探索，形成师生共同认可的价值导向与教学行为。基于学校教学实践的教学研究与教师研修是围绕教学新范式的产生与完善而逐步推进的，也要经历一个长期实践的探索过程。

二、"三高"教学新范式成型与优质教学要素分析

1. "三高"教学新范式的产生历程

1999 年发布的《中共中央国务院关于深化教育改革全面推进素质教育的决定》强调，"寓德育于各学科教学之中""减轻中小学生课业负担已成为推行素质教育中刻不容缓的问题""改变课程过分强调学科体系、脱离时代和社会发展以及学生实际的状况""积极推进教学改革，提高课堂教学的质量"。[④] 全面推进素质教育要求，对普通高中课堂教学改革提出了减负增效的新期望。从 1995 年国家实施"双休日"开始，上海中学大力推进与课程改革匹配的教学模式变革，酝酿并逐渐形成"高立意、高思辨、高互动"教学雏形。作为上海市 1988 年第一期课程改革基地学校、1998 年第二期课程改革基地学校，上海中学在 1999 年率先开展上海市实验性示范性高中建设规划，正式提炼了"高立意、高思辨、高互动"教学范式，并进

① 李爽，林君芬：《互联网+教学：教学范式的结构化变革》，《中国电化教育》2018 年第 10 期，第 31-38 页。
② 兰祖利，里斯：《丰富教学模式：一本关于优质教育的指导书》，华东师范大学出版社 2000 年版。
③ 张姝，朱艳，李森：《中国特色教学论标识性概念构建的逻辑框架与实践构想》，《新华文摘》2025 年第 7 期，第 125-128 页。
④ 中共中央 国务院：《关于深化教育改革全面推进素质教育的决定》，中发[1999]9 号，1999 年 6 月 13 日。

行了长达近 30 年的实践探索。

高立意意蕴教师在通晓学科结构的基础上，高屋建瓴地把握学科教学内容，深入挖掘教育内容中隐含的思想精髓与思维高度，注重学科德育、德智交融。高思辨意蕴教师在教学内容重组与方式选择中注重启迪学生的智慧，激活学生的内在学习需求，促进学生对所学的内容进行批评性思考，提升思维的首创性与灵活性。高互动是让学生积极主动地参与教学过程，在感兴趣的学习领域进行深入研讨。其中高立意是导向，高思辨是纽带，高互动是手段。为了发展学生的"高素质、强潜能"，"三高"教学鼓励学生在夯实基础的同时，逐渐发现自身的志趣。

"三高"教学模式伴随着国家素质教育政策走向深入与学校课程改革持续深化而不断完善。1995—2008 年是"三高"教学的全面成型期，重点破解学生思想境界提升、教学德智交融等问题，全面挖掘教学内容的学科思想与高度；揭示与素质教育匹配课程教学内容中隐含的科学思想，把握学科前沿与方向；并且以"三高"促进学生优良学风、学法和学力的养成。[①] 2008—2015 年是"三高"教学的提升完善期，重点破解高中生创新素养培育中教学内容选择、教学方式突破与教育技术平台搭建的难题，及时更新与补充教学内容，让学生的发展找到有效的载体，有效地引导学生参与教学过程，促进教与学的思维互动。2015—2025 年是"三高"教学的验证深化期，对标世界一流研究型创新型学校，研制国家新课程新教材的学校实施方案(2017 年开始)，将教学方式变革与创新人才自主培养模式相匹配，形成以"三高"为核心的教学学术系统，强化高立意的思想深度、高思辨的内容厚度、高互动的技术赋能宽度。

2."三高"教学要素塑造与创新

上海中学"三高"教学范式，强调向课堂教学要质量，做到教学目标的明晰、教学内容的重构、教学方式的变革、教学机制的创新及教学评价的完善。"三高"教学范式的要素突破，体现以下五个方面。

(1)"三高"教学目标指向高素质、强潜能

"三高"教学旨在培养学生的高素质、强潜能。

高立意凸显立德树人的高度，把握学科思想，指向思想境界的提升；高思辨培养学生独立思考能力、探究能力和批判性思维，重在创新思维培育；高互动强化学生根据自身的兴趣与潜能特点，找到适合自己的探究空间、发展个性与优势潜能的匹配。"三高"教学孕育学生的高阶思维，在知识建构中生成新的理解与共识，在意义对话中夯实学科核心素养，凸显思维的批判性与深刻性、跳跃性与缜密性等特质。学生在教师的引领下增强"自主、理解、内化、探究"的学法，养成主动、严谨、踏实、创新的学风，内化基础厚、能力强、潜力大的学力，实现自身发展的高素质、强潜能。

(2)"三高"教学内容与课程图谱的一致性

根据学生的特点与国家对人才的素养要求，上海中学重构教学内容，推进国家课程的校本化实施，体现在两大部分：其一，是根据资优生的特点，对国家课程(包括必修与限定性必修课程)进行内容重组、深化、拓展，形成 14 门学科的教学纲要，明确各门学科在高中学习各个阶段需要夯实的基础、必学与拓展的内容、评价的方式与标准等，做到"通晓学科、知晓结构、指导建构、探究理论"，并且根据不同时期的课改要求及时更新。其二，充分考虑时代发展知识更新速度快、学生兴趣爱好广泛、个体优势潜能不同等特点，从德育、学习领域、优势潜能三方面构建可选择、持续更新的课程图谱。学校整合、优化提供 500 多门课程科目，引导学生志趣能匹配。

(3)"三高"教学方式与形态的多模态推进

在"三高"教学范式的引领下，各学科教师把握"高立意育德、高思辨育智、高互动育才"的思考，推进诸如大单元、任务群、结构化、演绎式、组合型、学科群、跨领域、串联组等多样教学方法。"三高"教学在各学科落实中呈现探索方式与形态的多模态。譬如，思想政治学科强化情境与议题式教学，推进综合性、活动型的课程设计；语文学科注重学习任务群建设，以"语言积累梳理与探究"基础研究群与"使用性阅读与交流""文学阅读与写作""思辨性阅读与表达"拓展任务群来引领学生学习；数学学科强调结构体现大单元观念，渗

---

① 杨德广：《文化视角中的教育创新》，上海人民出版社 2005 年版，第 222 页。

透数学文化，在知识迁移、应用关联中实现能力螺旋上升；英语学科实践英语学习活动观，依托多模态语篇，开展单元整体教学设计，推进立足本土文化的项目式学习。[1]

（4）"三高"教学内在运行机制的动力供给

上海中学瞄准"课堂增效"与"素养培育"双重目标，形成教学相长、具有强大动力供给的内在运行机制。"三高"教学内在运行机制主要体现在四个方面[2]：其一，情境—陶冶机制。教师创设情境，激励教与学产生相应积极行为，如化学教学注重创设工业生产情境、"绿色化学"情境、爱国主义情境、食品健康情境、跨学科情境、实验探究情境六大情境引导学生解决问题的能力和形成正确的价值观。其二，启发—激活机制。教师主动利用教学环境，进行富有启发意义的教学设计与教学实践，激活学生内在学习需要，促进有意义的学习，如生物教学引导学生开展人类常见遗传病的调查分析。其三，主动—探究机制。引导学生主动发现现实问题，进行主题式自主探讨，如地理学科推进人文地理项目式研学。其四，领会—发现机制。学生在教师引导下发现问题，尝试自主与合作探究。如通用技术教学开展"智能产品设计"，引导学生制作"智能鱼缸""开合式桥梁"。

（5）优质教学评价的革新：综合分层与"三线坐标"评价系统的创设

在教学质量评价上，上海中学整合数字技术和智能技术，建立"三线坐标"评价系统。"三高"教学评价让学生借助智能化评价平台，精准了解自身感兴趣的学科领域，发展潜能与个性。从1999年开始，学校推出综合分层评价系统。"综合"强调全面评价学生德智体美劳各方面（通过平台上的质性材料与量化数据反馈），给予较为客观的结论；"分层"是指集成绩、情感、态度等多目标的等级评价。2021年，学校结合国家必修课程与限定必修课程、选修课程、学生优势潜能，开发课程学

习，体现学生"志、趣、能"匹配的"三线坐标"评价模型。借助各类质性材料与量化评价进行智能追踪，学生既能认识自身个性化知识构成，又能明确志趣能匹配的指向性领域，促进他们做出专业或生涯选择。[3]

三、"三高"教学范式实施的路径探索

优质教学范式只有主要创新点、突破点，才能产生良好的育人效能。

1. 凸显学科育人与学生思想境界的提升

"三高"教学将学科育人放在首位，引导学生正确认识学科思想与方法，形成育人与育能的结合。"三高"教学关注学科德育的无痕衔接。高立意注重揭示课程内容中隐含的科学思想；高思辨强调学生核心素养提升，特别注重学生对学科领域的志趣潜能开发与情感态度价值观达成；高互动强调自主能力、合作探究精神，师生深度交流。这对教师的学识、修养、内涵、品性、视野、境界、学科素养、意识和能力也提出了挑战[4]，与当代弘扬的"启智润心"等教育家精神一致。如语文教师为凸显语文的科学性与人文性统一，促进阅读结构要素广度与深度的平衡，尝试将《物种起源》的"复述"、《中国建筑史》的"结尾"与《乡土中国》的"后记"进行比较分析，实现课程育人价值。[5]

2. 强调教学内容与教学形式的内在统一

高中阶段的优质教学范式不能只考虑教学方式、教学手段的变化，更应关注教学对象的共性与个性，既要每一位学生德智体美劳全面发展，又要关注适合学生个性、潜能开发的知识学习，促进学生个性化知识构成以及基于自身知识构成的创新思维、创新人格的养成。高立意在强化学科德育的同时，从理性的层面探索将教学内容与教学方式联系起来的结合点；高思辨在于以教学内容的重构来启发学生思维，激活学生内在学习需求；高

① 冯志刚：《纳新固本：普通高中"双新"视野下学科教学校本纲要导引》，上海教育出版社2023年版，第1—76页。
② 唐盛昌，李英：《"三学三高"教学模式的探索》，《上海师范大学学报（哲学社会科学版）》2004年第9期，第19—24页。
③ 冯志刚，张泽红：《志存高远：普通高中资优生发展指导》，上海教育出版社2024年版，第389—405页。
④ 王厥轩：《校长思考，至少要比社会发展提前十五二十年——对话唐盛昌校长》，载《浇灌上海》，上海辞书出版社2010年版。
⑤ 冯志刚，张泽红：《润物细无声——学校学科德育与中华文明渗透课例研究》，上海教育出版社2024年版，第36—37页。

互动强调围绕教学内容变革,让学生积极参与教学过程,体现师生高效率的认知、情感等方面的交流。由此可见,教学内容是学生潜能开发与个性发展的载体,脱离内容仅谈教学方式的改革就如无根之木。①

3. 建构以"三高"教学为核心的学术系统

"三高"教学的学术系统建构,强调教师不写空洞文章,注重基于实践开展教学学术探究,引导教师将教学学术融入课堂教学中。学校要求各学科教师深化"三高"教学的实践探索,强化课例研究,视教学为学术,开展教学对话。②高立意关注对话主题的深刻性,高思辨关注对话思维的复合性,高互动关注对话形式的多向性。以"三高"教学为核心的学术系统,推动教师直面教学真问题,基于学校教学特色开展教学研讨与教研组建设;引导教师参与学校创新实验室建设、教学纲要编写、课程体系建构;高校与中学合作组成研修共同体等。各学科教师敢于跳出学科界限,重新审视教学内容,实现教学内容的学科内重组、跨学科整合、超学科融合的进阶,产生重构教师专业能力的教学学术智慧,如基于学术共同体的教学研究力提升,深度融合数字技术的教学设计力增强等。③

4. "三高"教学与数字、智能技术的融合

上海中学大力推进数字技术与课程教学的整合,建构科技、工程、技能、艺术等方面100余个现代化创新实验室(如脑科学与人工智能实验室、智能工程实验室、现代分析测试中心等),建设基于统一数字基座的智慧校园信息系统,更新常规教室的电子白板、黑板等硬软件,通过技术载体实现教学内容重构、学习方式重构、教学手段重构以及评价方式重构。④

四、提升教学质量的优质教学范式应用

优质教学范式应用于学校,可以直接体现在

学生成长上,也可以体现在学科教师专业成长以及学术能力上,还可以反映在学校整体改革与教学质量持续提升上。

1. 优质教学范式应用促进学生成长:达成"四个有利于"

"高立意、高思辨、高互动"教学带来了学生学习方式的"四个有利于":有利于学生对学科知识的全面、清晰、深刻的理解,有利于发展学生相关的学科能力,有利于促进学生探索、研究的学习态度,有利于培养学生积极主动、进取创造的情感。"三高"教学极大地推进了学生的主动学习,培养了学生的问题意识和创新意识,引导学生在奠定宽而厚实的基础上逐步形成未来发展的指向性领域与志趣聚焦。⑤由于课堂教学质量提升,学生有更多的时空在课余发展个性、开发优势潜能,学习的自主性与合理利用空间的能力持续增强。

2. 优质教学范式应用促进教师专业素养持续提升:优化"三力五学"

优质教学范式的应用,引导教师研究教育对象,创造性地落实国家课程要求,主动进行教学内容的重组,开发基于教育教学实践的研究,持续提升教师专业素养。"三力"提升,是指教师持续提升"知晓学科、通晓结构、知识重构、指导建构"的学科功力;把握学科发展趋势,提升基于实践开展探究的教学研究力;推进教学内容更新、教学方式重组与数字技术整合的教学设计力。教师"五学"增强是指"学识"特质注重专业知识与理论素养的齐飞,"学能"特质注重教学技能与探究能力的增长,"学长"特质注重专业方向与专长培育的同向,"学术"特质注重实践经验与学术研究的结合,"学思"特质注重教学反思与价值唤醒的融合。⑥

3. 优质教学范式应用促进学校扩优提质:基于实践研究的氛围营造

优质教学范式的应用,不仅促进学校自身的教学质量提升,而且形成的教学实践智慧得到广

① 冯志刚,刘茂祥:《唐盛昌优质教育改革思想与实践研究》,《现代基础教育研究》2013年第4期,第77页。
② 冯志刚:《创设普通高中教学学术的生长土壤》,《现代教学》2020年第4A期,第4-6页。
③ 冯志刚:《打破框框:"双新"视野下高中课堂教学尝试》,上海教育出版社2024年版,第1-4页。
④ 唐盛昌:《转型中的教育:面向智能社会的创新人才早期培育》,上海教育出版社2025年版。
⑤ 唐盛昌:《新质量观引领下的学校教育创新》,《中国教育学刊》2009年第3期,第29-32页。
⑥ 冯志刚:《大学与中学合作下普通高中研究型教师特质的生长》,《现代基础教育研究》2021年第1期,第12-16页。

泛传播，会引导学校扩优提质并在同类学校产生影响。"三高"教学不仅使上海中学的教学质量30年来始终保持领先，而且形成了研究型、创新型的文化氛围，产生了一系列经得起实践与验证的教学学术成果，如从2018年开始学校陆续出版了《打破框框》《纳新固本》等"龙门书院·上海中学"书系学术成果；学校从2020年到2025年持续推进"三高"教学全国性展示，连载公开出版科学教育等专题研究成果，教师基于教学实践研究在核心专业期刊上发表上百篇高质量的学术论文。

综上，优质教学范式的成型需要长时间的探究、验证，需要持续加强国际与国内比较研究，立足学生特点持续开展教育教学实践探究，进一步探索教育强国视野下可资借鉴的高质量教学体系，展现具有国际视野与中国特色的普通高中教学改革范式广泛应用的价值。

Exploring Excellent Teaching Paradigms for Enhancing Teaching Quality in Regular Senior High Schools: A 30–Year Practice of "High Aspiration, High Thinking, High Interaction" at Shanghai High School

FENG Zhigang

(Shanghai High School, Shanghai, 200231)

Abstract: Improving students' overall core competencies and teachers' instructional effectiveness, and exploring excellent teaching paradigms in regular senior high schools to enhance education quality has become an indispensable part of building a stronger and better basic education and deepening comprehensive education reform. "High aspiration, high thinking, and high interaction", as an excellent teaching paradigm for regular senior high schools, has driven the overall innovation for teaching subjects, and in teaching content, methods, mechanisms, and evaluation. It highlights subject–specific education and the elevation of students' intellectual and moral standards, emphasizes the intrinsic unity between teaching content and form, constructs an academic system for senior high school teaching, and promotes the integration of classroom instruction with digital and intelligent technologies, thereby enhancing student initiative in learning, teacher expertise, and schools' sustainable development of high–quality teaching.

Key words: quality teaching, teaching paradigm, teaching with "high aspiration, high thinking, high interaction"

第 59 卷，2025 年 7 月

《现代基础教育研究》
（Research on Modern Basic Education）

Vol.59, Jul. 2025

"高思辨"视域下普通高中议论文写作教学实施

胡居魁

（上海市上海中学，上海 200231）

摘　要： 在议论文写作教学中培养学生的思辨能力，需要切实可行的实施路径。文章聚焦议论文写作中常见材料占有不足、命题意图理解浅显、论证逻辑的线性与内容单一等问题，提出以"对话思维"推动问题解决，实现"高思辨"的建议。其一，与社会现实对话，反思完善既有材料，立足多元、动态的社会情境，准确判定事物价值；其二，与命题人对话，在矛盾情境中厘清观点的适用范围与边界；其三，与自身对话，在自我质疑与重构中，丰富思考维度，实现认知的深化。

关键词： 高思辨；议论文写作；路径；对话

一、引言

思辨，是对既有思维活动进行反思与辨析的思考过程，往往被称作"批判性思维"。着力培养学生的思辨能力，已被明确纳入语文课程标准与学校教学要求的关键议题之中。《普通高中语文课程标准（2017 年版 2020 年修订）》设计了 18 个学习任务群，"思辨性阅读与表达"是其中的第 6 个学习任务群。该任务群"旨在引导学生学习思辨性阅读和表达，发展实证、推理、批判与发现的能力，增强思维的逻辑性和深刻性，认清事物的本质，辨别是非、善恶、美丑，提高理性思维水平"。[1]

在新课程新教材实施过程中，面对资优生的培养，上海市上海中学提出了"高立意、高思辨、高互动"的教学要求。其中，"高思辨"作为学生的高阶思维能力，具有全面分析、严密推理、批判性思考、深刻洞察等多个特征。在高中语文教学中，议论文写作教学与"高思辨"有较为紧密的联系。本文立足于课堂教学实践，探寻议论文写作教学"高思辨"的实施路径。

二、"高思辨"与议论文写作的双向赋能

1. 关注"高思辨"，回归议论文理性内核

选择在议论文写作教学中落实"高思辨"的一个重要原因，便是双方理性特质的契合。议论文的目的是以理服人，理的深度取决于个体的思维水平。而"高思辨"恰恰指向个体的高阶思维，关乎问题的深层次思考，这无疑能够满足议论文对理的诉求。语言文字是思维的外化，议论文写作教学中对"高思辨"的关注，正是透过了语言文字的表层，抓住了议论文的理性内核。

2. 在问题解决中推进"高思辨"的实现

议论文写作对表达的逻辑性与深刻性有较高要求。在构思过程中，学生需要经历"占有材料—提炼观点—逻辑架构"等思考过程，分析、评估材料，不断打磨观点，在此过程中，观点得以深化，思

作者简介： 胡居魁，上海市上海中学一级教师，硕士，主要从事中学语文教学研究。

[1] 中华人民共和国教育部：《普通高中语文课程标准（2017 年版 2020 年修订）》，人民教育出版社 2020 年版，第 19 页。

辨能力得以提升。

那么,如何实现"高思辨"呢?笔者以为,应聚焦议论文写作中的问题解决,在问题解决的过程中学生习得思考的方法,打磨自身观点,搭建通往"高思辨"的桥梁。议论文写作并非学生个人单向度的观点输出,而是社会现实、命题人、学生三者之间的有效互动,在此过程中,经常会遇到如下问题:其一,占有材料时,因视野狭隘导致材料不足、情境单一,最终造成观点品质低下;其二,对题干理解浮于表层,探寻不到命题人意图,无法对高质量的问题展开深入思考;其三,学生在行文时,思维呈现线性,写作内容显示单一,对同一观点简单重复陈述。笔者认为,解决以上问题可实现思辨能力的有效训练,有助于"高思辨"的实现。

三、议论文教学"高思辨"的实施路径

1. 与现实对话,在多元情境中进行价值判断

材料占有的广度影响表达的深度,而这一点在实际教学中往往被忽视。这便要求学生广泛占有材料,立足现实,拓宽视野,夯实深度表达之基。

上海议论文写作试题的特点为占有材料提供了便利。不同于具体事件的探讨,上海高考议论文试题以抽象概念构成题干核心,它高于现实,指向现实生活具体材料的占有。从多年前的"预测""被需要",到近年的"认可度"均可还原到现实情境中,便于学生结合现实进行思考。

当视野狭隘、材料不足、无法有效展开思考时,学生便可借助对既有材料的重新审视,以反思与评估来实现视野的拓宽,从而获得较为中肯的观点。譬如,笔者曾让学生结合如下三则材料的提示,完成文章写作。

(1)据说,游戏"王者荣耀"用户注册数已经超过2亿人次。在中国,每7个人中,就有一个玩过"王者荣耀"。

(2)谁若游戏人生,他就一事无成。——歌德

(3)游戏是儿童最正当的行为,玩具是儿童的天使。——鲁迅

以上三则材料,谈论的核心词是"游戏"。材料(1)谈论的是具体游戏"王者荣耀",意在表明其用户群体庞大;材料(2)与(3)谈论的是"抽象"游戏,"一事无成"对游戏持否定态度,而"最正当""天使"则肯定游戏行为。综上所述,材料所谈对象是游戏,它既包括抽象的游戏,也包括具体的游戏,对游戏可以持肯定态度,也可持否定态度。

单纯地就"游戏"概念进行思考,无法有效展开讨论,若将其还原到现实情境中,则可较好地解决这一问题。为保证学生更好地运用材料提炼出较为合理的观点,教师设置了如下教学环节,并得到学生反馈,具体如下:

环节1:将"游戏"还原到现实情境中,列举日常生活中常见的游戏,并总结游戏的价值。

生:(1)常见游戏:战争与文明、红警 OL、三国杀、和平精英、QQ飞车、英雄联盟、原神、植物大战僵尸、扫雷、谁是卧底。

(2)价值:放松身心,提升竞技水平、智力水平。

环节2:对所列举游戏进行归类,补充完善游戏类别,进一步总结游戏的价值。

生:(1)游戏类别:

策略类:战争与文明、红警 OL、三国杀

竞技类:和平精英、QQ飞车、英雄联盟

角色扮演:原神

益智类:植物大战僵尸、扫雷、谁是卧底

模拟驾驶类:三维导师

体育类:篮球、足球

棋牌类:象棋、围棋、斗地主、打麻将

团建游戏:成语传真、扮时钟、无敌风火轮

答题闯关:答题争上游

(2)价值:获得知识,获取技能,增强团队合作意识,强身健体,磨炼意志品质。

环节3:反思所列举的游戏是否存在时空局限,补充完善并分析总结游戏的价值。

生:(1)古代游戏:曲水流觞、飞花令、投壶、蹴鞠、促织。

(2)价值:古代游戏中具有鲜明的阶层分野,如曲水流觞、飞花令等,为社会上层人士的专属,普通民众囿于自身文化水平难以涉足。而当下的游戏用户数如此众多,表明当下游戏领域是平等的表现,是社会进步的体现。

环节4:聚焦当下时代,与游戏相关的领域有哪些?结合相关领域的诉求,总结游戏价值。

生:(1)游戏相关领域:经济领域(如游戏公司)、文化领域(如 NBA 所承载的个人英雄主义文

化)、精神领域(如放松且无畏前行的游戏精神)等。

(2)价值:观点一:在全球化大背景下,文化日益成为国家软实力的核心要素,被各国重视。但是,各国文化保守主义与排外倾向也显露端倪,给我国的文化传播带来了阻碍。游戏可承载文化传播的重任。一方面,作为"世界语言",游戏可突破地理限制,实现全球玩家的实时互动,促进文化交流。另一方面,游戏通过视觉、听觉和交互设计,便于玩家身临其境地体验不同文化,进而为文化接受提供了可能。

观点二:当下科研工作者面临巨大压力,科研结果的不确定性,科研指标的精细、繁重,均使得科研之路崎岖难行。在此情境下,更需要一种游戏的精神,以好奇、放松、无畏的状态投入其中,重拾科研的乐趣。

以上环节的设置,一方面,是让学生不断突破既有材料,形成对自我认知不断反思与完善的意识,提升思辨能力。另一方面,也让他们总结出占有材料、分析问题的方法——材料的占有,应努力跳出同类材料的局限,关注不同类别的材料;打破时空局限,关注历时和共时的材料;在共时平面上,关注相关的多个领域。而最终的目的是让学生站在不同的情境下,对事物的价值进行评判,因为价值判断的最终标准是社会背景,而材料恰恰是还原社会背景的重要方法。

2. 与命题人对话,在情境中为观点设适用限度

"高思辨"要求学生聚焦高质量问题,在此基础上展开思考、探究。议论文审题中的"高思辨"便是要突破题干的表层信息,把握命题人的意图,在此基础上,与命题人展开富有成效的对话。

(1)聚焦思辨点,明辨特殊与一般情境的联系

优秀的议论文题目往往注重矛盾情境的构建,以此来激起认知冲突,引起思维碰撞,让学生在对立冲突中实现思维品质的提升。"矛盾信息或问题情境可成为认知冲突的触发因素"[①],引导学生在审题过程中,关注题目中的关键词及其相互关系,把握题干中的思辨点,运用好这些认知冲突的触发器,有助于突破对题目的表层认知,开展高

质量对话。如作文题:"观念和习惯相当程度地决定了一个人走得有多远。对此,你怎么看?"在审题时,可以有如下发现:

其一,题干主要讨论的是"观念"和"习惯"对"一个人走得有多远"的决定性作用,在写作时,首先应回应这一问题,分析为何如此,这便是题干的表层信息。

其二,题干中的关键词"相当程度",表明在特定情况下,"观念"和"习惯"无法对"一个人走得有多远"发挥作用。把握这一点,分析为何如此,可以带来说理层次的推进。

由此,前后两点产生了矛盾冲突。接下来,便要回应在这一矛盾冲突中,"观念"和"习惯"是否还有重视的必要,如果有,原因是什么。

通过分析,我们会形成这样一种认识,囿于特定的时代背景,某些个体可能拥有合理的观念、良好的习惯,但无法带来"走得远"这样实际的结果,故而,观念和习惯并非万能,个体前行的远近并非简单地由自身的观念和习惯决定。即便如此,也不能否定观念和习惯的意义。从更长的时间维度来看,这些个体良好的观念、习惯可能会指引后来者继续前行,走得更远。

题干中的一些表程度的词往往是思辨的触发点,关注这些词语,便于写作的充分展开。更重要的是,与这些词语紧密相关的是一种思维方式,即在某种普适性道理之外,还存在一些特殊情况。需要注意的是,较好地处理特殊情况,不仅不会有损于自己的观点,反倒会更有说服力。

(2)深挖隐含态度,重审观点适用的领域

通常来说,题干中所传递的信息不限于字面意思,还包含命题人隐含的态度。因而,思辨点的把握不应停留于题干字面的含义,而应把握文字背后的意图,深挖观点的倾向性,如此方可展开富有意义的对话。审题时,题干中一些不合常理之处或极端的表达,往往会成为深入思考的切入点。譬如,2023年上海春考作文题:

有人说,所有重要的东西在很早以前就提到过了。你是否认同这一观点?请写一篇文章,谈谈你的认识和思考。

面对这一问题,很多学生把讨论要点聚焦在

---

① 陈琦,刘儒德:《当代教育心理学(第2版)》,北京师范大学出版社2007年版,第128页。

"所有"一词上,指出并非所有重要的东西在很早以前就提到过了。这种观点当然是对的,题干强调"所有",当然有其问题。不过,在这一想法的指引下,其结果便是列举一些例子,证明有些重要的东西在很早以前未被提及,这样的论述很显然没有价值,仅仅止步于此,题目的设置便也失去了意义。

看到这一题目时,我们会觉得题干中的看法是不合理的。既然看法不合理,何以被有些人提起呢? 这便是本题的矛盾之处。由此,我们首先要思考在何种情况下,前句的观点是成立的。一个合理的解释便是"所有"在此处不是强调所有事物,而是一种夸张的表达,意在传递对"古"的重视态度,即前人对很多重要的东西都已提及,应懂得从中汲取经验。与之相对,现实情境中,很多人可能沉溺于自认为重要之事,为之洋洋自得,殊不知古人早已提及。

在此基础上,针对这一态度,我们再展开思辨。很多重要的东西在前人那里都有提及,是否意味着当下人的所作所为就没有意义了呢? 强调注重前人经验固然是合理的,但是,过度强调前人经验的可贵,否定当下人的所作所为,又是一种泥古、媚古的看法。由此,可得出结论:应从前人看法中汲取经验,但这并非对当下人所作所为的否定。当下人的所作所为、生活,并非对前人的复制。很多东西虽被前人提及,但在不同时代背景下,又必定会有新的理解与创造,故而个体应勇于承担属于自己的使命。语句中的不合情理处或极端化的论述,恰恰是个体态度的强烈表达机会。抓住看似不合理之处细致推敲,把握文字背后的态度并充分对话,可带来思考的深入。

3. 与自身对话,在质疑重构中促进认知深化

(1)巧设假想敌,突破线性思维

在围绕核心问题进行写作的过程中,很多学生思路狭窄,难以突破原有框架进行多维度的探讨。在此时,可设置假想敌,对自身观点提出质疑,然后再对质疑部分进行回应,由此丰富思考的维度以及观点的深度。如以下案例:有人说:"人生最美好的东西应该是希望,而不是现实。"请写一篇文章谈谈你的思考。对这一问题,有学生认可题干中有些人的看法。由此,在行文中着重阐述相比于现实,希望为何更美好,论述也颇有条理。

其一,希望是个体对某一事物寄托的美好愿景、期望。现实是客观存在的事实。相较于现实的缺憾、烦琐,希望是我们在内心中构建起理想桃源,美好而纯粹。

其二,希望,作为个体主观想象的美好愿景,突破了现实的局限,指引了前行的方向,给予个体抵御现实困境的勇气。在直面困境的前行途中,个体生命获得了真切的存在,生命意义得以呈现。

学生从两个方面论述了希望的美好之处。就概念自身来说,希望有其美好、纯粹之处,现实则捉襟见肘;在现实的困境中,希望还能够带来诸多正向影响。由此,我们让学生反思:上述论述中存在怎样的局限? 假设存在反对者,会提出何种反对意见? 针对反对意见,你如何回应?

通过分析可以发现,前文对于现实的描述用了一些负面的词语,如"缺憾""烦琐""局限""困境",这些词语共同指向了现实的不足。显然,现实并非完全黑暗,也存在美好的瞬间。与现实的缺陷不足相比,希望当然美好,但是当现实足够美好时,希望的美好何在?

据此,我们让这位学生继续回应质疑,并形成了如下论述:

难道只有在不美好的现实面前,希望才显得美好吗? 当现实已经足够美好,希望是否还有其存在的价值呢? 答案当然是肯定的。实际上,无论现实如何,希望永远应该是更美好的东西。此时的希望,已不仅仅是一种简单的美好念想,而成为一种人生取向,象征一种始终不为现实所累,亦不安于现实的精神追求。希望的美好在于其超越了现实的物质层面上的浅层次满足,而以永不停息地向远方追寻的精神状态为生活源源不断地注入活力。它不再是虚无的美好,而因为充实丰盈了我们的精神境界而显示出实质的美好。所以说,人生最美好的东西应该是希望。

通过分析质疑,我们找寻到自身观点的缺陷,进而跳出原有桎梏,从一个新的角度思考问题。这不仅丰富了文章的层次,也在一个崭新的高度上实现了对问题更深入的探索。

(2)找寻情境限制,摆脱空洞无物

在回答"为什么"这一问题时,与原有观点对话,可达成对问题认知的深化。同样,在文章写作

的最后回答"怎么做"这一问题时,对话同样有其用武之地。

在文章的最后,很多学生在谈怎么做时,普遍存在的问题是言之无物,停留在对前文观点的简单重复上。譬如,"希望、现实哪个更美好"这一问题,最终的做法便是要立足当下的社会现实追寻希望。面对不同的问题,最终的写法却基本相同,仅仅是表达行动的意愿。那么,为何会存在这种空洞无力的表达,如何才能避开这一问题呢?

事实上,空洞无力的做法主要还是由于缺乏具体情境。当面对的问题较为泛化,甚至是不存在亟待解决的问题时,相应的做法便无法具体化与富有针对性。此时不妨去问自己,当个体具备行动的意愿后,可能会遇到哪些问题以及如何解决。为此我们要求学生主动设置相关情境,根据情境要素为自己的行为设限,总结归纳可能存在的问题,而后针对性地提出解决问题的办法。

以"希望、现实"这一问题为例,在现实社会中,个体总是在外部环境中追寻希望,因而,可以发现在追寻希望的过程中,涉及外部环境、希望、追寻希望的个体等要素。针对前面这些要素,可以进一步细化。如外部环境要素中,包含追寻希望所必需的现实基础、他人的看法与评价等,并且

外部环境最大的特点就是充满变数。围绕以上要素,设想可能存在的问题,并得出应对的方法。

问题及做法一:希望在确立过程中,其来源可能并非是个体自身的真实诉求,而是外部环境中他人的期待或外界的压力。这便会导致追寻希望过程中个体动力的不足。因而,个体需要明确自身的真实诉求,确定希望与自身的诉求一致。

问题及做法二:个体立足于社会现实追寻希望,而社会现实充满变数,若缺乏对社会现实因素的感知和良好应对,希望可能无法实现。因此,个体在追寻希望时,需保持对外部社会环境的敏锐感知,提升自身的应变能力。同时,也应保持开放的心态,勇于接受外部世界的不确定性。

与最初的做法相比,有了情境限制的做法未必一定带来希望的达成,但它们是追寻希望过程中不可或缺的一环。它避开了面面俱到的空洞,在某一点上做到了深入。

从认识、反思表达的空洞,再到设置情境,为自己的思考设置障碍,最后提出新的解决办法,如此,对话得以实现。需要注意的是,这一过程中的思辨并非聚焦观点的反复打磨,而是侧重于设限。这也启示教师在运用对话这一工具时,需要灵活应对具体教学情况。

Implementing Argumentative Writing Instructions in Senior High Schools from the Perspective of "Higher-order Thinking"

HU Jukui

(Shanghai High School, Shanghai, 200231)

Abstract: To cultivate students' higher-order thinking skills in argumentative writing instructions requires practical implementation pathways. This paper addresses such common problems in students' writing as inadequate discussion of the material, shallow understanding of writing prompts, and a linear pattern in reasoning logic or monotonous discussion in writing. It proposes the use of "dialogical thinking" to solve these issues and realize "high-order thinking". Specifically: firstly, having a dialogue with real-world contexts to reflect on and refine existing materials and and assess the value of events within dynamic, pluralistic social situations; second, engaging in a dialogue with the prompt creator to clarify the scope and boundaries of viewpoints in conflicting situations; third, engaging in internal dialogue to enrich one's thought and achieve deeper cognition through self-questioning and reconstruction.

Key words: higher-order thinking, argumentative writing, pathway, dialogue

从知识传授向思维培养转型的高中数学高思辨课堂

张　甲

(上海市上海中学,上海 200231)

摘　要:高思辨能力是数学核心素养的重要组成部分,指向分析、评价、创造等高阶思维。在高中数学教学中体现高思辨,要关注学生高思辨能力的提升,改变"重解题技巧、轻思维发展"的现状。高思辨对学生数学学习及思维发展具有一定的意义,高中数学教学可从教学目标设定、教学方法选择、教学情境创设、评价体系构建等方面实施具体路径,促进数学课堂从"知识传授"向"思维培养"转型,以期为提升高中数学教学质量、培养学生高阶思维能力提供参考。

关键词:高中数学;高思辨;教学策略;数学核心素养

一、高中数学教学中高思辨的内涵与现状

《普通高中数学课程标准(2017年版2020年修订)》明确提出"培养学生逻辑推理、数学建模、批判性思维等核心素养"。[①]数学作为一门逻辑性、抽象性极强的学科,在培养学生高思辨能力方面具有独特作用。高思辨能力不仅有助于学生深入理解数学知识、解决复杂数学问题,还能为其未来的学习和生活奠定坚实的思维基础。然而,当前高中数学教学中仍存在重知识传授、轻思维培养,学生思辨能力发展不足等问题,制约着学生理性思辨能力的形成与发展。因此,本研究关注"问题驱动—深度探究—多元评价"的高思辨教学策略,以几何、概率统计、计数原理等模块的教学实践为例,从教学目标设定、教学方法选择、教学情境创设、评价体系构建等方面提出具体实施路径,以此促进数学课堂从"知识传授"向"思维培养"转型。

1. 高中数学高思辨教学、学生高思辨能力的内涵与价值

高思辨是指学生在数学学习过程中,能够对数学概念、原理、方法进行深入分析、质疑、推理、论证和创新,形成批判性思维、创造性思维和系统性思维。它要求学生不满足于掌握表面的知识,而是主动探究知识的本质,能够发现问题、提出问题并解决问题,在思维碰撞和反思中不断提升思维的深度和广度。

高思辨促使学生深入剖析数学知识的内在逻辑,避免机械记忆,从而更准确、全面地理解数学概念和原理。例如,在学习函数概念时,通过思辨探讨函数的本质属性,分析不同函数表示方法的优缺点,学生能够对函数概念有更深刻的认识。面对复杂数学问题,具备高思辨能力的学生能够从多个角度思考,尝试不同的解题方法,灵活运用知识。而在解决数列综合问题时,学生通过深入分析数列的规律、通项公式与求和公式之间的关

作者简介:张甲,上海市上海中学一级教师,主要从事中学数学教学研究。

① 中华人民共和国教育部:《普通高中数学课程标准(2017年版2020年修订)》,人民教育出版社2020年版。

系,从而保证解题的效率和准确率。

具备高思辨能力的学生能够突破常规思维模式,提出新颖的观点和方法,还能在学习过程中主动思考,逐渐形成自主学习的能力,为终身学习奠定基础。

由此可见,高思辨教学可以重构课堂生态,将数学知识转化为思维发展的载体,有助于破解"高分低能"的困境,培养适应未来社会的创新型人才;落实数学学科育人价值,发展理性精神与科学态度;推动教师专业成长,从"知识传授者"转向"思维引导者"。

2. 当前高中数学教学中思辨能力培养的现状

其一,教学目标重知识、轻思维。学生思维相对浅层化,习惯于机械套用公式,缺乏对数学本质的追问。例如,三角函数公式、导数公式等常被要求"死记硬背",而非通过几何意义或代数变换引导学生理解其来源。学生容易形成"记忆依赖",缺乏对数学本质的理解,面对复杂问题时难以灵活变通。同时,教师在制订教学目标时,将重点放在数学知识的传授和技能的训练上,缺少关于学生思辨能力培养的明确目标,导致教学过程中过于强调知识的记忆和解题技巧的训练,而忽视了推导过程和逻辑背景,导致学生缺乏深入思考和思辨的机会。

其二,教学方法单一。传统的讲授式教学方法仍占主导地位,教师在课堂上以讲解为主,学生被动接受知识,缺乏主动参与和思辨的空间。教师常通过"题型分类"教授解题技巧,导致学生依赖固定步骤,一旦遇到新题型,就会束手无策。解析几何中,学生可能熟练使用"联立方程求交点"的套路,但无法理解几何图形与代数方程之间的深层联系,抑制创造性思维,削弱独立分析问题的能力。

其三,教学评价片面。教学评价单一化,过度依赖标准化测试,忽视思维过程的动态评价。教学评价多以考试成绩为主,侧重于考查学生对知识的掌握程度,对学生思辨过程、思维品质等方面的评价较少。学生更关注"如何做对"而非"为何正确",导致对数学严谨性的忽视,批判性思维难

以发展。因此,这种片面的评价方式无法全面反映学生的学习过程和思维发展水平,不利于学生思辨能力的培养。[①]

二、高中数学推进学生高思辨能力发展的对策

高中数学教学体现高思辨,重在把握高中数学学科特质。现从三个方面进行实践诠释,认识高中数学如何在深度探究中体现高思辨,促进学生数学思维能力的提升。

1. 强化逻辑性:优化教学目标,融入高思辨要求

数学教师在制订教学目标时,应将高思辨能力的培养纳入其中,明确不同教学内容所对应的思辨能力培养目标。例如,在"立体几何"教学中,除了设定让学生掌握空间几何体的结构特征、表面积和体积计算等知识目标外,还应设定培养学生空间想象能力、逻辑推理能力和批判性思维等思辨目标。通过分析几何体之间的关系,学生能够质疑和验证一些几何结论,从而提升思辨能力。

例如,引导学生"如何证明异面直线的公垂线段存在且唯一"这一问题时,笔者设计了这样的思辨过程:

思辨1:公垂线段如何定义?思辨2:存在性的证明使用构造法还是借助向量工具计算?思辨3:唯一性的证明使用方程思想还是借助反证法?思辨4:证明过程中使用了已经学过的哪些立体几何公理和定理?思辨5:如果使用向量工具,该如何将问题转化?

在教师的引导下,学生通过对此问题的抽象化分析,进行多重思辨,深刻体会了转化与化归的数学思想。在构造的过程中体现了创造性思维,在反证法的使用中体会了数学证明的抽象、综合、逻辑严密性以及跨领域知识的应用。思辨5是拓展题,体现了数学思维中的高维度思辨能力。

首先,学生需要进行抽象建模与符号化表达,将几何问题代数化:将三维空间中异面直线的位置关系转化为向量参数方程,需通过符号系统抽象描述几何对象;借助向量内积条件刻画公垂线段的数学定义,将"垂直"这一几何性质严格转化

① 史宁中:《数学思想概论(第1辑):数量与数量关系的抽象》,东北师范大学出版社2008年版。

为代数方程,体现了从直观几何到代数语言的跨越,展示了抽象条件的形式化能力。

其次,学生从中体会了多领域知识的综合运用,将线性代数与几何结合:通过建立线性方程组求解参数 t 和 s,涉及矩阵行列式的计算,将几何问题转化为线性系统的解的存在性与唯一性问题,体现了跨领域工具的综合应用。利用向量叉积的几何意义和混合积的非零条件说明两直线异面的本质,学生深刻理解向量工具,感受向量运算的深层意义。

再次,学生理解唯一性证明的关键步骤:通过分析方程组的系数矩阵行列式,因其非零(方向向量不共线)得出解的唯一性,这一过程需严格验证每一步的逻辑前提(如异面直线的定义、混合积非零的意义),感受演绎推理的严谨性。最后学生将代数解(唯一的 t 和 s)还原为几何对象(公垂线段 PQ),并论证其长度是最短距离,需通过二次函数最小化或几何直观验证。这一过程展现了数学学习中多角度验证结论的思辨习惯,学生真正体会到逻辑推理的严密性。

最后,异面直线的存在性本身依赖三维空间的自由度,其公垂线段的构造需突破二维平面的直观限制,体现了对高维空间结构的抽象想象。最短距离的优化思想为:将公垂线段解释为两直线之间的最短路径,隐含微积分中极值问题的思想,展示了从几何直观到优化理论的思维跃迁。学生在这一过程中理解了混合积的几何意义:混合积不仅保证直线的异面性,还体现公垂线段的唯一性,从而深刻洞察数学对象的内在联系。

这一证明通过抽象建模、多领域融合、严密逻辑、空间想象与数学本质的挖掘,将直观的几何问题转化为代数系统的解,再回归几何解释,全程体现了数学思维的高阶特征:抽象与具体的辩证统一(从几何到代数再回到几何);工具与直觉的协同作用(向量运算与空间想象结合);局部细节与全局结构的关联分析(行列式非零与唯一性的关系)。最终,这一过程不仅证明了公垂线段的存在唯一,更展示了数学思维中从问题提出到工具选择,再到逻辑验证的完整思辨链,这也是高思辨的核心体现。

2. 凸显创新性:教学方式多元,激发学生思辨活力

数学教学的高思辨,需要综合运用多元的教学方式,激发学生的思辨活力,引导他们在教学过程中形成创新思维。

(1)探究式教学,重在思维进阶

教师提出具有启发性和探究性的问题,引导学生合作交流,以自主探究活动促进思维进阶。例如在"指数函数"教学中,教师提出"指数函数的增长速度与底数有怎样的关系?如何通过实际问题体现这种关系?"等问题,让学生通过计算、观察、分析数据,自主探究指数函数的性质,在探究过程中锻炼思辨能力。再如在"圆锥曲线光学性质"教学中,提供激光笔与凹面镜,要求学生通过实验发现椭圆"焦点入射光线反射后汇聚于另一焦点"的现象,进而推导其代数证明。让学生感受数学实验与猜想验证。

问题1:从一副去掉大小王的 52 张扑克牌中随机抽取一张牌,用 A、B 分别表示"取得的牌的面数是 10"和"取得的牌的花色是红桃"这两个事件。A、B 是独立的吗?

问题2:

①掷一颗骰子,事件"结果是偶数"与事件"结果是奇数"是独立的吗?

②掷黑、白两颗骰子,事件"两颗骰子的点数和为 7"与事件"两颗骰子中至少有一颗的点数是 1"是独立的吗?

教师在解答这两个问题时,应引导学生如何将具体问题进行抽象建模与数学符号化表达。教师先要引导学生将人物能力量化为概率值,建立事件独立性的数学表达式 $P(A \cap B) = P(A)P(B)$,实现从直观到符号的跨越,强化数学语言的凝练性与普适性。这两个例子选自课本例题和随堂练。引导学生通过验证 $P(A \cap B) = P(A)P(B)$ 来判断事件 A、B 是独立的,并追问学生如何不通过计算就能判断事件是否独立,让学生感知利用独立性充要条件的优势,体会数学的科学性和规范性,逐步形成严谨的逻辑思维能力。

之后开展交流研讨:按顺序独立地抛两颗骰子,定义三个事件 A、B、C:事件 A 是"两颗骰子点数之和为 9",事件 B 是"第一颗骰子点数为奇数",事件 C 是"第二颗骰子点数为偶数",问:事件 A、B、C 两两之间是独立的吗?事件 A、B、C 是互

相独立的吗?

笔者设计问题链,要求学生通过定义法 $P(A \cap B)=P(A)P(B)$ 和经验判断法(事件是否互相影响)验证独立性。例如,在"有放回摸球"与"无放回摸球"的对比中,学生需通过逻辑推理得出独立性是否成立,体会独立性的多维度验证。

通过讨论"三个事件独立"与"三个事件两两独立"的区别,学生需分析独立性定义的深层逻辑,从而通过复杂情境的辨析,突破直觉的限制,理解数学概念的严谨性。三个事件的独立性有一定的难度,教师直接讲效果不佳,因此在问题2的基础上设计一个具体的例子,让学生利用合情推理结合计算、探究,主动发现结论是否成立。教师可以继续追问学生缺少第四个式子为什么会出现三个事件两两独立但是不互相独立的原因。再通过波罗梅奥环(Borromean Rings)让学生感知生活中的确有类似的事例,体会数学与生活的联系,从而激发学习兴趣。

(2)问题驱动式教学,关注思维深度

高中数学教学应以实际问题或数学问题为驱动,让学生在解决问题的过程中关注思辨的深度。例如,在学习"概率"时,教师可引入"抽奖活动中的概率问题",引导学生思考抽奖规则、中奖概率等,通过分析问题、建立数学模型、求解和验证,培养学生的思辨能力和应用数学知识解决实际问题的能力。

上海迪士尼乐园抽抱抱龙的游戏规则为:游戏玩家获得5枚游戏币,每次将1枚游戏币从最上方投入图中的面板(独立重复试验),5次投放完毕后,至少有4枚掉入有效凹槽才能得到抱抱龙。假设每个币掉入有效凹槽的概率都是2/7(7个凹槽有2个有效)。问:抽中抱抱龙的概率是多少?

笔者在教学设计中融入容斥原理、无穷等比数列求和等知识,解决"至少有一事件发生"的概率问题,展示数学工具的综合应用能力。同时,问题驱动式教学可以让学生熟悉概率的计算。通过直接分类讨论计算和考虑对立事件的两种解答方式,学生体会"正难则反"的想法和容斥原理的思想,感知生活中有趣的独立重复试验,先通过数学计算再做决策,学会成为一个思维缜密的理性的人。

(3)推进辩论式教学,注重思维辨析

针对一些有争议的数学问题或观点,教师可以组织学生进行辩论。学生在辩论过程中需要收集论据、进行逻辑推理、反驳对方观点,从而有效提升思辨能力。例如在"概率的基本性质"教学中,设计两难问题:"抛掷一枚均匀硬币10次,已连续出现9次正面,第10次出现反面的概率是否更大?"引导学生辩论"独立事件"与"赌徒谬误",理解数学概率与直觉的差异。教师需要引导学生思考:

甲与乙约定谁先胜 s 局,便赢得全部赌注。但在甲胜 $a(<s)$ 局,乙胜 $b(<s)$ 局时,因故中止,若每局甲获胜的概率是 p,问赌注怎样分才合理?如何直接按获胜局数分配是不合理的,那需要考虑哪个量?如何计算?

本题是课本例题的推广形式,作为课后的思考与拓展。课本的例题和习题是三局两胜或者五局三胜,对于资优生,要引导他们敢于提出问题推广问题,并完成证明。概率论是重要的数学分支,分赌注其实还可以引出概率论中的一个重要概念:数学期望。通过对于分赌注问题的介绍,不仅使本章内容首尾呼应,还为接下来期望等内容的学习做了铺垫,又让学生感知数学文化,了解概率论的起源,鼓励他们在生活中也要学会发现问题,合情猜想,严谨求证,形成动态的数学观。值得一提的是,在分配问题中,笔者引入期望值法和夏普利值法,将概率计算与经济伦理中的"公平性"结合即概率论与博弈论的结合,体现数学工具在解决跨领域问题中的协同作用,让学生感受跨学科融合与数学工具综合运用的重要性。

3. 彰显批判性:创设思辨情境,引导广度思考

高中数学教学体现高思辨,要注重创设思辨情境,引导学生进行深度思考,彰显思维的批判性。这种情境的创设,应包含以下几个方面。

(1)创设生活情境

结合生活实际创设数学情境,让学生感受到数学与生活的紧密联系,激发他们的思辨兴趣。在"函数与方程"章节中可以选取案例"套餐选择中的分段函数",创设情境:

比较两家通信公司的套餐资费,公司A:月租30元,包含100分钟通话,超出后每分钟0.5元;公司B:无月租,每分钟0.8元。数学目标:建

立分段函数模型,分析通话时长与费用的关系。思辨引导:如何用数学表达式描述不同套餐的资费规则?通话多少分钟时两家公司费用相同?若用户每月通话时间波动较大,如何选择更划算?结合家庭实际通话数据,设计个性化套餐方案。

生活情境的创设不仅是习得数学知识的载体,更是培养批判性思维和问题解决能力的桥梁。通过真实问题驱动,学生能深刻地理解数学的实用性与创造性,最终从"学数学"转向"用数学思考"。

(2)创设认知冲突情境

与学生已有认知相冲突的问题情境可以引发学生的认知矛盾,促使他们深入思考。例如,在学习"函数的奇偶性"时,给出一些特殊函数,如 $f(x)=0$(定义域关于原点对称),让学生判断其奇偶性。这种与常规函数不同的情况会引发学生的认知冲突,从而激发学生深入探讨函数奇偶性的本质。探究过程可以从具体的幂函数着手,由幂函数图像的对称性抽象概括出"函数的图像关于 y 轴成轴对称"这一条件的等价表达形式,并给出完整的探究过程,引导学生体验从几何直观到数学符号语言的表述再到严格论证的过程,感受数学证明的严谨性和规范性。教师可以组织自主探究、小组讨论等教学活动,启发学生归纳并表达出奇函数的概念,体会函数奇偶性概念定义的合理性。教师还可以借助微视频向学生介绍函数奇偶性概念的形成与发展,通过数学史彰显数学中的理性精神及德育价值,促进学生数学抽象、直观想象和逻辑推理等核心素养的发展。

(3)创设开放性问题情境

开放性情境可以鼓励学生从不同角度思考,或者对于经典问题给予思辨拓展。

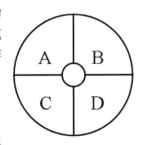

(2008 全国 I)如图,一个环形花坛分成四块,现有 4 种不同的花供选种,要求在每块花坛里种 1 种花,且相邻的 2 块种不同的花,则不同的种法总数为_____。

学生利用分类讨论或者容斥原理均可解出答案是 84。接下来笔者引导学生考虑如何改编,从而得到如下改编题:

原创问题:把正方体 $ABCD-A_1B_1C_1D_1$ 的八个顶点用四种不同的颜色染色,要求同一条棱的两个端点颜色不相同,一共有_____种染法。

学生很快发现依然可以使用容斥原理,先把上边 ABCD 四个点染好,有 84 种染法,再考虑下边四个点,利用容斥原理,得方法总数为 2652。然后笔者引导学生继续推广,于是我们得到了一道全国决赛难度的好题:

将正 n 棱柱 $A_1A_2\cdots\cdots A_n-A_1'A_2'\cdots\cdots A_n'$ 的各顶点用 4 种颜色染色,相邻的两顶点颜色不能相同,有多少种不同的染色方法?

这个问题具有一定的难度,不容易解决。然而学生经过类比推理结合转化与化归的数学思想,使用多个递推数列最终将其完美解决,实属不易。开放性问题情境的本质是将数学从"解题工具"还原为"探索世界的语言"。通过设计充满不确定性的真实任务,学生不仅能理解数学概念,更能在试错、辩论、重构中形成科学家思维——这种能力远比记住公式更重要,它是应对未来复杂挑战的核心素养。

注重深度探究的教学设计往往通过"抽象建模—逻辑验证—跨域融合—哲学追问—实践创新"的完整链条,将数学知识转化为思辨能力:从局部到整体,通过单一事件独立性的学习,延伸至复杂系统的概率分析;从工具到思想,超越公式应用,引导学生探索数学规则的伦理与哲学内涵;从课堂到现实,以真实案例为载体,培养解决实际问题的综合素养。这种教学模式不仅契合数学核心素养的要求,更通过思辨过程激发学生的创新意识与批判精神,体现了高思辨的核心价值。

三、多元评价:以关注思辨过程为重点完善数学教学评价体系

在高中数学教学中,评价方式要体现"高思辨",需突破传统以答案正确性为核心的单一模式,转向关注学生思维的深度、广度与创新性。高思辨评价鼓励探索多元路径,接纳不确定性,追踪思维节点,凸显逻辑链条,强调知识迁移与综合应用能力,引入同伴互评、自我反思、技术分析。具体实践可以通过以下几种方式。

1. 以多元化评价主体引导思辨过程

除了教师评价外,引入学生自评、互评等多元评价。学生自评可以让其反思自己的学习过程和思维方法,发现并改进问题;学生互评能促进学生之间的交流和学习,从不同角度认识自己的优势与不足。以多元评价引导反思批判,教师可以使用多种过程性评价工具。比如,在思维导图上梳理"函数与导数"概念网络,标注逻辑关系与易错点;或者形成错误案例分析表,针对导数极值求解中的典型错误(如忽略不可导点),学生互评并撰写修订建议。

2. 过程性评价与结果性评价共同推进思辨发展

除了关注学生的学习成绩,教师更注重对学生学习过程中思辨表现的评价。过程性评价记录学生在课堂讨论、小组合作、问题解决等活动中的思维过程、参与度、创新性等,通过课堂观察、学习档案袋等方式,全面反映学生的思辨能力发展情况。

3. 定性评价与定量评价相结合进行思辨总结

在定量评价的基础上,增加定性评价。教师对学生的思辨过程进行详细描述和分析,肯定优点,指出不足,并提出改进建议,帮助学生明确努力方向,促进思辨能力的提升。此外,教师可以引导学生进行反思性写作。

高思辨导向的评价体系本质是将数学课堂转化为"思维孵化器",让隐性思维显性化、直觉思维理性化、碎片思维结构化。教师不仅能评估学生"是否理解",更能诊断"如何理解"与"为何如此理解"。这种评价范式的革新,正是数学教育从"知识传递"跃迁至"思维进化"的关键阶梯,也是培养学生解决复杂问题能力的必由之路。

A Shift from Knowledge Transmission to Thinking Development: High-Level Thinking in Senior High School Mathematics Teaching

ZHANG Jia

(Shanghai High School, Shanghai, 200231)

Abstract: High-level thinking ability is a vital component of mathematical core literacy, encompassing higher-order cognitive skills such as analysis, evaluation, and creation. To show high-level thinking in senior high school mathematics teaching, it is essential to cultivate students' high-level thinking skills and to move beyond a focus on problem-solving techniques, which ignores students' cognitive development. Based on a clear understanding of the significance of high-level thinking for students' mathematical learning and cognitive growth, this paper proposes specific implementation strategies, including setting clear instructional goals, selecting appropriate teaching methods, designing meaningful scenarios, and constructing evaluation systems. These strategies aims to shift math instruction from "knowledge delivery" to "thinking cultivation", thus enhancing overall teaching quality and students' high-level thinking skills.

Key words: senior high school mathematics, high-level thinking, teaching strategies, mathematics core literacy

《现代基础教育研究》

第59卷，2025年7月　　　　　　　　（Research on Modern Basic Education）　　　　　　　　Vol.59, Jul. 2025

高中英语个性化作业的高质量设计

沈天圆

（1. 华东师范大学 教育学部，上海 200062；2. 上海市上海中学，上海 200231）

摘　要：生成式人工智能在自然语言处理、知识整合、创造性表达方面的优势，为高中英语作业的个性化设计提供了新的可能性。在日常教学中，作业设计是教学目标与学习评价的桥梁，通过大模型的"预训练—生成—优化"的模式，人工智能可基于学情分析，结合单元大概念整体规划，构建多层次的个性化作业，更好地满足学生差异化的学习需求。研究发现，生成式人工智能可提升作业设计效率和质量，促进学生英语学科核心素养的发展。

关键词：生成式人工智能；高中英语；个性化作业设计；单元设计；差异化教学

2022 年，教育部颁布《教师数字素养标准》[①]，明确指出要强化教师运用数字技术开展教育教学优化、创新与变革的能力。近年来，人工智能技术的迅猛发展在教育领域引发了深刻变革，尤其在教育数字化转型的背景下，越来越多的教师开始在教学设计、学习评估和个性化学习支持等领域引入生成式人工智能工具。本研究从问题、含义、模式与实例展开讨论——AI 工具何以为作业设计提供更加个性化的设计，聚焦生成式人工智能在高中英语单元作业设计中的应用价值。

一、作业设计面临的挑战与人工智能的适用性

当前高中英语作业设计面临诸多挑战，例如，缺乏对不同学生需求的考虑，作业形式和内容趋于同质，缺乏多样性和创造性，难以激发学生兴趣，加之作业总量偏大且难度"一刀切"，从而降低了作业有效性。[②] 且现有作业多以巩固课本知识和应对考试为导向，忽视了培养语言运用能力和思维品质等课程目标。这些问题使不少学生对英语作业感到厌倦，学习动机显著下降。国内研究显示，高一学生普遍存在内在学习动机不强、过度依赖外在奖励的现象，学习动力的提升困难。[③] 国外研究表明，作业动机是

作者简介：沈天圆，华东师范大学教育学部博士研究生，上海市上海中学一级教师，主要从事英语课程与教学研究。

① 中华人民共和国教育部：《教育部关于发布〈教师数字素养〉教育行业标准的通知》，载 https://www.moe.gov.cn/srcsite/A16/s3342/202302/t20230214_1044634.html，最后登录日期：2025 年 6 月 20 日。

② 杜鹃，刘跃兴：《基于多元智能理论的高中英语"菜单式"作业设计》，《教育进展》2024 年第 1 期，第 246-247 页。

③ 熊汇丹：《基于学生的访谈视角对高一学生英语学习动机现状的分析》，《教育进展》2025 年第 2 期，第 598-603 页。

影响学生学习投入度与学习效果的重要因素。① 可见,如何通过改进作业设计来激发学生兴趣、提高学习动机,已成为高中英语教学需要深入探究的课题。

近年来,人工智能在教学设计中的应用研究逐渐增多,国内外的教育领域都在探索如何利用 AI 帮助教师快速、高效地完成教学与作业设计。相比传统作业设计局限于教师个人经验,生成式人工智能能够快速产出丰富、多样的学习内容,满足不同层次学生的需求。教师可以借助生成式人工智能根据学生特点定制作业任务,实时提供提示与反馈,增强学习的针对性和趣味性。② 此外,生成式人工智能还可减轻教师繁重的作业批改负担,使教师从重复性的事务中解放出来,可以更专注于高价值的教学活动。因此,教师经验与生成式人工智能的有机结合有望破解现有个性化作业设计的难题。

二、基于生成式人工智能的作业个性化设计特征

根据《普通高中英语课程标准(2017 年版)》,高中英语教学需围绕学科核心素养组织学习活动,教师应通过科学设计课堂活动和课后作业,引导学生在真实情境中运用语言、发展思维品质和文化意识。③因此,英语作业设计应充分体现课程标准精神,既要巩固语言知识技能,又要着眼于学生高阶思维和综合运用能力的培养。④ 换言之,作业不仅是检测知识掌握的工具,更是实现课程目标、落实"立德树人"根本任务的重要载体。

基于生成式人工智能的英语作业个性化设计,是指教师运用生成式人工智能,根据学生不同的英语水平和学习需求来定制化地设计作业内容的一种教学实践。其核心在于人工智能能够生成难度适宜的练习和辅导内容,实现差异化教学,弥补大班教学中教师难以及时顾及每位学生的不足。⑤ 将人工智能的强大生成能力与教师的专业判断相结合,打造既符合课程目标又契合个体差异的作业体系。

具体而言,这种作业设计应具有三类主要特征:第一,因材施教,分层定制。教师可以借助人工智能快速生成难度分级的练习题目或任务情境,确保基础薄弱的学生有适合其水平的作业,中等程度的学生有拓展提升的空间,学有余力的学生有更富挑战性的任务。这种分层设计满足了不同学生的发展需求,体现了新课标所倡导的差异化教学理念。第二,菜单选择,兴趣导向。借鉴"菜单式"作业思想,教师设计出多种类型的作业任务,如阅读理解、词汇应用、文化探索、项目研究等,由学生根据自身兴趣和目标自主选择完成。第三,共同创作,迭代优化。教师可以让人工智能生成初步的作业材料或参考答案,然后师生共同对其进行评审、修改和完善。通过人机协同的反复打磨,最终形成高质量的个性化作业内容。⑥ 可见,"AI+作业设计"并非简单地让机器替代教师布置作业,而是发挥人工智能辅助创意和反馈的优势,由教师主导将其融入科学的教学设计之中。这一新概念突出了以学习者为中心和人机协同创新的特点,是对传统作业设计范式的变革性延伸。

三、预训练—生成—优化(P—G—O)作业设计模式的构建

为了有效将生成式人工智能应用于作业设计,本文提出构建"预训练(Pre-training)—生成(Genera-

① E. Akioka, & L. Gilmore, An Intervention to Improve Motivation for Homework, *Australian Journal of Guidance and Counselling*, Vol. 23, No. 1(2013), pp. 34–48.
② 李海峰,王炜:《生成式人工智能时代的学生作业设计与评价》,《开放教育研究》2023 年第 3 期,第 31–39 页。
③ 中华人民共和国教育部:《普通高中英语课程标准(2017 年版)》,人民教育出版社 2018 年版。
④ 陈凤鹏,康钊:《核心素养视角下作业设计的意蕴与优化策略》,《教育进展》2024 年第 5 期,第 88–94 页。
⑤ 吴砥,李环,陈旭:《人工智能通用大模型教育应用影响探析》,《开放教育研究》2023 年第 2 期,第 19–25 页。
⑥ 李海峰,王炜:《生成式人工智能时代的学生作业设计与评价》,《开放教育研究》2023 年第 3 期,第 31–39 页。

tion)—优化(Optimization)"与逆向设计理论相结合的作业设计模式。逆向设计理论(Backward Design)强调以终为始,首先明确期望的学习成果,然后据此设计评价证据,最后规划具体教学活动。[①]在教学活动中,将作业设计融入单元整体设计中,将其作为单元教学的重要部分,是优化作业质量的重要策略。

教师根据逆向设计理论将作业设计分为三个阶段:预期学习成果阶段、确认可接受的证据阶段、日常学习活动阶段。在第一阶段,教师输入具体单元教学需求交由人工智能的预训练环节,人工智能理解并构建作业设计基础,从而生成第二阶段需呈现的分层化学习证据。教师通过对学生综合能力的评估,将迭代的教学意见再交由人工智能优化,获取新一轮的反馈设计,并根据之前优化的学习证据完成对第三阶段日常学习活动的设计,巩固学生在课堂上习得的核心概念(见图1),并加以循环获得更优的设计。

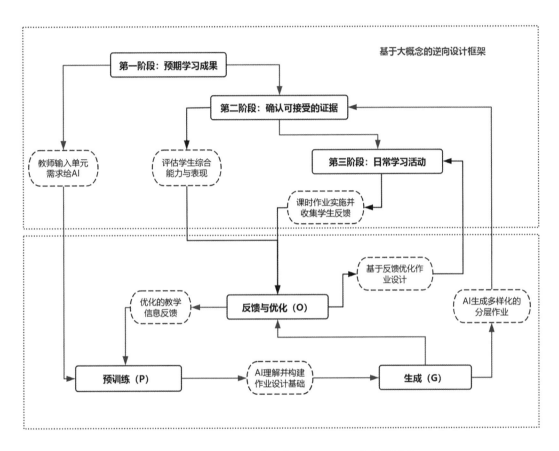

图 1 基于逆向设计与人工智能辅助的 P—G—O 作业设计框架

在预训练环节,教师需对人工智能进行定向训练,让它更适配当前教学情境。例如,提前将课程目标、核心词汇表、背景知识提要、评估方法、差异化教学策略等输入系统,详细说明本班学生的英语水平和作业期望,以使其生成内容更加贴合实际需求。这一过程可使人工智能更好地理解教学内容与学生情况,为后续作业生成奠定基础。

在生成环节,在预设条件下教师利用人工智能自动生成初步的作业素材或题目方案。此时需特别关注个性化作业中的多层次难度设计的目标是否完整体现。教师可依据学生的语言基础和认知能力,将作业划分为"基础、中等、挑战"三个层次,并借助生成式人工智能快速生成各层次相应的任务。

在优化环节,教师需结合自身专业知识对人工智能生成的作业内容进行评估和完善,如果发现人工

---

① G. Wiggins, & J. McTighe, Understanding by Design, ASCD, (2005).

智能输出偏离要求,教师应及时调整提示词或参数让其重新生成,人机协同对作业进行二次加工和优化改进。例如,若生成的阅读材料中信息量过大、语言偏难,教师可据学生反馈对材料进行删减和词汇替换,如果生成的习题过于简单,教师则要求增加复杂度或情境应用。在此阶段还应注意人工智能能否为学生的作业提供充足的选择,通过"菜单式"的选择策略给予学生对作业内容和形式的一定自主选择权,以调动其内在动机。

四、英语个性化作业高质量设计的实践案例

在沪教版《普通高中教科书英语必修第一册》第一单元"Our World"教学中,教师使用 ChatGPT 通过 P—G—O 模式,围绕单元主题"世界与多元文化"进行作业设计。这既兼顾学生在词汇、语法与语篇上的语言水平差异,也让学生在思考多元文化的话题中培养批判性、创造性思维,从而实现语言学习与人文素养的同步提升。

1. 预训练

在预训练环节,教师向 ChatGPT 输入基本信息。例如,班级内约有 30% 的学生阅读能力较强,有兴趣探究文化问题,约有 50% 英语水平中等的学生需要一定指导,另有 20% 的学生仍需更多词汇支持。希望在问题设计上区分基础理解题,分层设计阅读任务,或需要与跨文化话题相结合的写作任务等,教师将部分学生以往的作业上传系统以用于标记学情,并向 ChatGPT 提出作业类型与难度的期待。

2. 生成

通过之前的提示,ChatGPT 后续生成了结合教学与学生特点的多样化、分难度层次的作业方案(见表 1)。教师从这些候选材料中筛选、组合或微调,形成个性化作业清单,对于语言基础较弱的学生,保留更基础的题目及提示;对于能力更强的学生,则提供开放性或跨学科的探究任务。例如,基础理解题"影片中的主人公来自哪些地区? 你认为这些地区的日常生活有何异同?"跨文化思辨题"从影片中选择一个场景,讨论该场景中的文化冲突或差异",同时,ChatGPT 还提供了 3—5 个常见词汇与表达,以帮助词汇量不足的学生顺利完成思辨题。

表 1　基于 P—G—O 模型的单元作业方案——以"Our World"为例

作业模块	目标	P—G—O
阅读与互动	1.加强学生对多元文化主题的理解与思考	P:在预训练时提供班级阅读水平、影片主题和希望分层设计的问题类型;
	2.训练学生的阅读与信息提取能力	G:人工智能自动生成若干难度区分的阅读理解题与思辨问题;教师选取适合学生的部分;
		O:学生作答后,教师可将学生的常见错误点或有价值的观点输入 ChatGPT,获得更深入的讨论提示或纠错建议,从而完善后续教学
词汇与语法	1.夯实关键词汇与语法(如现在进行时被动语态)	P:输入单元词汇清单和语法重点,让 ChatGPT 按"基础巩固""进阶运用"两个难度生成题目;
	2.促使学生在真实情境中灵活运用语言形式	G:人工智能输出选择题、填空题、翻译等综合任务,供教师筛选和组合;
		O:教师将学生出现的常见词汇和语法错误发给 ChatGPT,让其自动归纳并生成相关练习

（续表）

作业模块	目标	P—G—O
听说练习	1.发展听力与口语表达能力 2.利用跨文化话题设计真实情境，增强合作与沟通	P：说明希望就"跨文化活动策划"设计听说任务，并输入学生口语水平参考； G：ChatGPT自动产出对话示例、角色卡片与可能的口语问题集； O：学生完成口语练习并将语音上传至ChatGPT，以获取常见语言问题的改进示例
写作任务	1.强化书面表达与思辨能力 2.将"世界与自我"的思考融入文本创作	P：向ChatGPT说明写作目标、篇幅限制与难度层次，如部分学生只需简单描述个人生活，有能力的学生需做跨文化对比； G：ChatGPT输出写作提纲、常用表达、参考过渡句等，区分基础层与提升层需求； O：学生完成后，可将作文输进ChatGPT，请其给出语法、逻辑与思路改进建议；教师针对班级整体需求再做点评
文化焦点	1.开阔学生的国际视野，增强对多元文化的包容与理解 2.鼓励学生主动探索跨文化差异与联系	P：输入计划关注的国家或文化要点，让ChatGPT产出图片描述与文字说明； G：自动分出"简单辨识题"和"深度探究项目"两种层次，并附可查询资源； O：完成后，教师可根据学生的作业成果（如海报或视频）向ChatGPT请求进一步延伸主题或提供本地化案例，满足高阶需求学生的学习欲望

3. 优化

在优化阶段,学生完成作业后,教师首先利用工具对作业内容进行初步智能分析与反馈,如识别并修正语法错误、词汇拼写、逻辑衔接等常见问题,以提高反馈效率。随后,教师再针对人工智能提供的分析结果进行人工复核与补充,对作业中明显的知识漏洞和理解偏差给予针对性的指导建议。此外,教师还可借助人工智能快速归纳和提炼表现优秀的作业案例,帮助学生理解作业的优异标准,从而在班级范围内有效推广优秀的学习成果。

对语言基础薄弱的学生,教师可借助工具整理出常见错误清单,并制订个性化的巩固练习方案,逐步提升其基础能力。对于表现优异或兴趣突出的学生,教师则可依托人工智能推荐的延伸阅读材料或跨学科的学习资源,激发学生对该主题更深层次的探究兴趣。此外,人工智能还能根据学生作业中反映的薄弱环节,自动生成相应的专题练习或知识梳理资料,辅助教师更精准地实施个性化教学干预。

通过这种方式,反馈优化环节有效融合了人工智能高效智能与教师专业判断的优势,真正实现了对学生个体差异的精准响应,持续提升学生的作业质量和整体学习体验。

五、反思

本研究围绕高中英语作业的个性化设计,探讨了生成式人工智能为教学所提供的助力路径。通过对作业设计困境的分析可以看出,满足学生多样化学习需求已成为英语作业改革的必然要求。生成式人工智能以其强大的内容生成和交互能力,为个性化作业设计注入了创新动力。尤其值得注意的是,在生成式人工智能赋能下,作业的形态正在从传统的统一书面练习,转变为融合对话、创作、探究于一体的多元化学习任务。这不仅使不同层次的学生都能各展所长,也使英语作业真正成为发展学科核心素养的有力抓手。

尽管生成式人工智能赋能的个性化作业设计展现了诸多优势,但在实际应用中也暴露出一些问题和挑战,需要我们理性看待并积极应对。首先,生成内容的准确性问题不容忽视。本案例中,教师在审阅生成的背景信息时,发现人工智能在提供信息时出现了事实性错误和幻觉现象。如果教师缺乏相关背景知识或疏于核实,学生可能接触到不准确的内容,从而产生误导。对此,教师在使用人工智能生成素材时需进行真实性校验,重要数据引用权威资料来源,必要时须进行多方比对。其次,教师的人工智能素养有待提高。在案例实施过程中,有教师反映不知如何精调指令、难以判断人工智能反馈的有效性等问题。这表明当前部分教师对生成式人工智能的使用仍缺乏足够的了解和实践。因此,学校应开展针对教师的人工智能应用培训。同时鼓励教师在教学研究团队中分享人工智能赋能教学的经验,加强同伴互助,共同提升专业素养。

High-Quality Design of Personalized English Homework in Senior High Schools

SHEN Tianyuan

(1. Faculty of Education, East China Normal University, Shanghai, 200062; 2. Shanghai High School, Shanghai, 200231)

Abstract: The advantages of generative AI in natural language processing, knowledge integration, and creative expression provide new opportunities for personalized homework design in high school English instruction. In daily teaching, homework design serves as a bridge between teaching objectives and learning assessment. Through the "pre-training-generation-optimization" framework of large language models, and based on learning situation analysis and combined with unit-level conceptual planning, AI can construct multi-level personalized homework that better meets students' differentiated learning needs. The research shows that generative AI can improve homework design efficiency and quality and support the development of students' core English competencies.

Key words: generative AI, high school English, personalized homework design, unit design, differentiated instruction

"双新"视域下学校课程教学支持体系的区域性探究

李文萱

（上海市徐汇区教育学院，上海　200231）

摘　要：推进基础教育阶段学校育人方式变革，新课程新教材高质量的实施是关键。高质量既需要国家与市级层面的解读、转化，又需要作为行政辖区的区域层面对基层学校落实"双新"要求的引领、激活与支持。"双新"视域下学校课程教学支持体系的区域性实践，应研制国家课程的校本化实施指导工具，开发"双新"实施的学科教学指导工具，创生教学评一体化的课堂教学与评价指导工具，建立区域教师整体提升的教研修协同机制，促进区校联动的资源开发与共享技术平台创设。

关键词：新课程新教材；学校课程教学；区校联动；支持体系

为了推进基础教育阶段学校育人方式的变革，我国普通高中与义务教育阶段的学校分别从2017年、2022年实施新的课程方案与课程标准。与新课程实施要求匹配，中小学各学科也在陆续实施新教材，"新课程""新教材"的实施被称为"双新"实施。"双新"高质量的实施，既需要国家与市级层面的解读、转化，更需要作为行政区划的区域层面对基层学校落实"双新"的引领、激活与支持。"双新"视域下学校课程教学的区域性支持存在一些需要解决的难题，主要表现为区域缺乏对"双新"实施的系统规划与整体布局，区域学校及学科各自为政、发展不均衡；学校课程方案与学科建设缺乏系统设计与有效实施，课程育人不充分；教师基于学科核心素养的教学意识与能力脱节，以学为中心的课堂转型不到位。

《义务教育课程方案（2022年版）》在"课程实施"部分提出了科学规划课程实施、深化教学改革、改进教育评价、强化专业支持、健全实施机制五个方面的要求[①]；《普通高中课程方案（2017年版2020年修订）》在"课程实施与评价"部分提出了科学编制课程标准与教材、合理制定课程实施规划、切实加强学生发展指导、大力推进教学改革、努力完善考试评价制度、充分开发与利用课程资源六个方面的要求。[②]其中，除科学编制课程标准与教材属于国家及省级教育行政部门的管理范畴之外，义务教育与普通高中的课程方案在制定课程实施规划、深化教学改革、加强教师教学与学生发展指导、改进教育评价、统整课程实施资源等方面都有相应的实施要求。基于此，区域层面的学校课程教学支持体系应当在这几个方面取得突破。

上海市徐汇区教育学院（以下简称"徐教院"）作为连接国家课程的区域实施与学校实践的教研机构

作者简介：李文萱，上海市徐汇区教育学院原院长，正高级教师，特级校长，徐汇区教育学会会长，主要从事学校管理与教师专业发展研究。

① 中华人民共和国教育部：《义务教育课程方案（2022年版）》，北京师范大学出版社2022年版，第13-16页。
② 中华人民共和国教育部：《普通高中课程方案（2017年版2020年修订）》，人民教育出版社2020年版，第10-13页。

与桥梁纽带,为推进基于国家课程方案与课程标准的区域转化进行了 10 多年的探索,承担了上海市哲社教育学项目"基于课程标准教学的区域性转化与指导策略研究"和区域深化课程教学改革 1 号工程"高品质优化基于核心素养的区域课改实践体系",持续完善迭代国家课程高质量校本化实施的区域支持体系。笔者将结合在徐汇区教育学院担任院长期间推进的改革实践,分析如何在"双新"视域下推进学校课程教学支持体系的区域性建构。

一、研制国家课程的校本化实施指导工具

美国学者古德莱德的课程层次理论将课程从抽象理念到具体实践划分为五个递进层次:理想的课程、正式的课程、领悟的课程、运作的课程、经验的课程。[①]从理想的、正式的课程到领悟的、运作的、经验的课程,需要一个转化支持过程。从国家课程到学校课程的实施,区域层面的国家课程校本化转化与指导尤为重要。"双新"的实施,首先需要从区域层面指导学校做好课程实施规划,明确国家课程实施的方向与要求,推进国家课程的校本化实施,研制国家课程的校本化实施指导工具,构建全布局、全支架、全链条的区域学校课程教学支持系统。

1. 形成提升国家课程区域落实力的整体架构

国家课程校本化实施指导的关键和意义是将理想的课程转化为实践的课程,即课程能够适合区域学校学生特点,符合区域实情与学校实际,促进教学的高效能提升。这需要从区域层面整体思考落实国家课程的制度、机制、工具支架,思考落实国家课程的技术、研修、评价,注重区域支持体系的提炼与建构,强化学校实施国家课程的规划、计划、手册,实施国家课程单元教学设计与改进的方案,注重整体建构、实践优化、检验提炼、推广应用,注重区校联动、协同推进、校本自主、研修支撑。区域推进国家课程校本化实施,应建构包含教学、学习、研修、评价以及推广的链条式、一体化协同支持系统,整体思路如图1 所示。

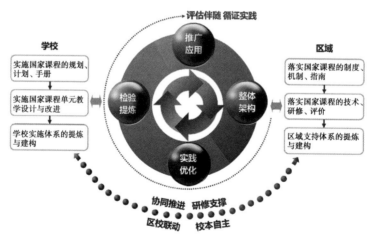

图 1　区域推进国家课程校本化实施的支持系统构建整体思路

2. 研制学校课程实施方案思考框架与内容模板

区域指导国家课程校本化实施的载体是学校课程实施方案研制。区域指导学校课程实施方案的制定,要具有系统性思想。以课程校本化实施为核心,系统思考实践的环境、基础、条件,统筹规划学校整体工作;要整体研究课程校本化系统,分析各相关要素之间的内在关系和影响,寻求各要素之间动态平衡的观念。徐教院把握新课程以学生核心素养培育为导向,实现从知识本位向素养本位、从"以教为中

---

① 俞建芬,周福盛:《课程层次视域下的教师课程理解:内涵、价值与启示》,《课程教学研究》2018 年第 10 期,第 17-19 页。

心”向“以学为中心”的转变,注重“课程育人”与“区校协同”理念的贯彻,深入挖掘学校课程实施方案制定的育人导引,明确学校的主体地位,形成了可资参照的学校课程实施方案思考框架与内容模板(见表1、表2)。按照区域研制的学校课程实施方案思考框架和内容模板,不同学校可以根据具体的校情学情,编制学校课程实施方案,体现区域指导性与学校自主性的结合。①

表1 学校课程实施方案思考框架

领域	要点	具体内容
一、课程	1. 构建“立德树人”、五育并举的学校课程体系	
	2. 选修课开设,即特色课程建设	
	3. 五育融合实施,强化实践性学习经历	
二、教学	4. 推进教学改革	单元教学设计
		教与学方式
		作业
	5. 优化学生发展指导	
三、评价	6. 探索考试评价改革	学业评价
		活动表现评价
		综合素质评价
四、管理	7. 创新组织管理	组织架构
		选课走班
		学术认定
		质量保障
		课程制度
五、研修	8. 校本研修	突出全面育人
		加强关键环节
		创新研修方式
六、环境	9. 开发课程资源	实验室
		场馆
		图书
		课例
		……
	10. 信息化融入课程教学	

表2 学校课程实施方案内容模板

板块	内容
一、编制依据(回答“为什么”)	1. 背景现状:政策分析、SWOT分析
	2. 办学理念:办学传统、理念提炼
	3. 培养目标:针对国家培养目标的强化和补充
二、课程设置(回答“是什么”)	1. 课程体系:结构示意图、类别学分示意图
	2. 科目设置:各科目周课时安排、一日活动安排
	3. 特色课程:结构示意图、类别学分示意图
三、实施建议(回答“如何做”)	1. 课程建设:方向、路径、抓手、重点项目
	2. 发展指导:方向、路径、抓手、重点项目
	3. 教学改革:方向、路径、抓手、重点项目
	4. 评价改革:方向、路径、抓手、重点项目
四、实施保障(回答“如何做”)	1. 组织领导:组织架构、工作机制
	2. 校本研修:开放性、针对性、实践性
	3. 环境建设:环境、资源、技术

3. 研制用于指导学校课程实施方案的评价标准

区域指导学校开展国家课程校本化实施的表达要遵循一致性原则,包括推进学校办学理念与课程理念的内在一致性;办学目标、培养目标、课程目标与办学理念的内在一致性;课程行为、教学行为、管理行为、研修行为与办学理念的内在一致性;课程评价、教学评价、学习评价与办学理念的内在一致性。为此,区域指导学校要研制用于指导学校课程实施方案的评价标准,这个评价标准可以引导学校课程实施方案制定过程中的“各要素内在一致性”,以此达成课程实施效能的最大化。研制用于指导学校课程实施方案的评价标准,推进区域学校课程及各方面工作的理念、行为和评价的一致性程度,以此来决定课程校本化实施的效度。徐教院研制了由“规范性、专业性、导向性、创新性”4项一级指标以及7项二级指标和33个观察点及配套数据采集分析工具构成的《中小学(幼儿园)学校课程建设评估方案》,用于引领区域学校课程建设与完善动态评估与调适。需要强调的是,支架工具的应用是在研修过程中展开的。

① 李文萱:《提质增效,区域教研的作为——以上海市徐汇区国家课程的区域性转化行动为例》,《基础教育课程》2022年第1A期,第23-30页。

只提供支架不开展专题研修与指导,研制课程实施方案是达不到预期目标的。研修目的是区域学校在研发使用工具的过程中将解决课程教学问题与提升教师育人素养进行融合。

二、开发"双新"实施的学科教学指导工具

课程教学内容是内化学生核心素养的不可或缺的载体,区域教研要引导教师在学科教学中领悟课程标准以及对新教材进行教学内容重组、转变教学方式等,这就需要开发用于指导学校推进教学改革的学科教学指导工具。这种工具既要把握国家课程方案、各学科课程标准与新教材实施的要求,又要面对不同类型的区域学校共性特点,思考差异性的师资素养、学生潜能、教学资源、办学传统和发展目标,形成教学指导规范与实施规范,促进区域教学质量整体提升。以下从两个方面进行学科教学指导工具的建设。

1. 基于"关联"与"统整"的思想开发《学科教学指南》

推进"双新"要求的区域转化与指导,就需要搭建基于国家课程方案与学科课程标准的脚手架,统整优化各种课程资源,理顺并完善从课标到课堂的专业支持通道,探寻区域层面的系统性转化与指导策略,促进课堂教学转型。这就需要探寻课程标准的区域转化关联因素,从区域层面开发有利于教师在教学中统整学科思想、学科结构、学科内容、学科方法的《学科教学指南》。《学科教学指南》的研制,要注重引导教师通过学科教学与统整,促进学生形成正确价值观、必备品格和关键能力,夯实他们核心素养。

徐教院运用"关联"和"统整"的思想,由学科教研员带领教师团队建构"学年—学期—单元"的学习目标与评价目标体系,提供单元教学设计与实施样例,为学校展开教学提供指引。《学科教学指南》包括导言、单元规划、目标体系与评价要点、单元教学设计与实施等内容。在单元整体教学设计方面,依据学科核心素养、内容要求与学业要求,结合学情,整合目标、内容、评价、任务、活动、资源等要素对某一单元进行整体设计,设计模型如图2所示。

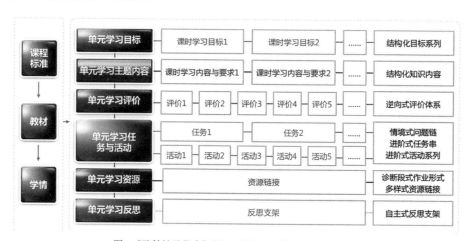

图2 《学科教学指南》引领下的单元整体教学设计模型

2. 注重"应用"与"创新"的《学科教学手册》编制

《学科教学指南》的形成,有利于教师从整体上理解国家课程标准转化到学校实施的要求,但真正落实到课堂,让学生夯实学科核心素养与理解学科本质,还需要编制一套注重学校教学应用与创新的《学科教学手册》。指导学校编制以校为本的《学科教学手册》,要注重学科核心素养对学科本质的凝练,蕴含课程的思想性、科学性、时代性、系统性、指导性;关注学生学习过程,创设与生活关联的、任务导向的真实情境,促进学生开展自主式、合作式、探究式学习。《学科教学手册》的内容既要关注义务教育与高中阶段教育的学科教学衔接,又要关注教学改革智慧生成、选择和重组教学内容。

对于学校来说，不能摒弃已有的优秀教学传统与特色，而应当结合新教材实施的教学要求进行整合与创新，形成新的教学改革智慧。各学科教研员指导学校教研组参照区域《学科教学指南》和《学科教学手册》提供的模板，由教研组长组织本校教师编制并落实《学科教学手册》。《学科教学手册》的内容要素应包括学科学期总目标与单元教学计划、单元目标与课时目标、单元教学与作业设计及课时设计样例等。

在"双新"教学实践中，学校根据自身发展的特点创造性地实施《学科教学指南》和《学科教学手册》，不同学科可以根据学科核心素养落实的要求，对新教材进行大单元、任务群、结构化、演绎式、组合型、串联组等多种教学探索。需要注意的是，《学科教学指南》和《学科教学手册》在运用过程中要匹配两大操作流程工具：一是单元规划流程，二是将课程目标具体转化为教学与评价目标的流程。单元规划流程包括四项主要内容，即确定学业水平、细化学业表现、梳理学习内容与设计学习任务；课程目标到教学目标指向多重转化，同时将学科核心素养要求和学业质量标准转化为具体学习目标与评价目标。

三、创生教学评一体化的课堂教学与评价指导工具

区域指导学校的国家课程校本化转化与实施，需要创生教学评一体化的课堂教学与评价指导工具，即建立教学评一体化的课堂教学调适模型，搭建促进教学循环改进的课堂教学评价框架，制订具有区域指导意义的学业质量综合评价方案。

1. 建立教学评一体化的课堂教学调适模型

"双新"实施在教学评价上的一个重要突破是强化考试评价与课程标准、教学的一致性，促进教学评有机衔接，以评促教、以评促学。区域对学校的整体支持，需要建立一个促进教学评一体化的课堂教学调适模型。这种课堂教学调适模型应指向学生核心素养培育，基于学习逻辑，以终为始，评价伴随课堂学习全过程，在教师的引导下，学生主动调控学习进程、调适学习状态、反思学习结果。教学评一体化的课堂教学调适模型建构，要引导学生关注真实问题情境，通过本学科和跨学科的知识学习去解决问题。徐教院在指导区域学校开展课堂教学改革中，建立"三主动（主动调适、主动调控、主动反思）"课堂教学模型（见图3）。区域内的学校教研组可以根据学校实际进行充实与完善，开展教学范式的探索。

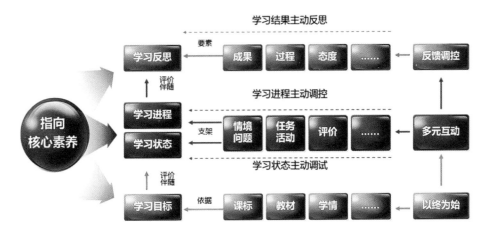

图3 指导区域学校的"三主动"课堂教学模型

2. 搭建促进教学循环改进的课堂教学评价框架

区域对学校的课堂教学评价指导，应注重聚焦学生学习的过程，引导教师把握单元教学的整体性、关联性与进阶性，建构有利于教学循环改进的课堂教学评价框架。这种评价框架的指导性在于引导教

师持续优化教学方法,探索实现教学方法优化动态组合的策略;改进教学评价,构建多元、重学、求实、动态的课堂教学评价体系;努力找准学科教学的关键症结,集聚同学科乃至跨学科教师智慧,进行同题异构、同课异构,落实学生学习的主体地位。徐教院聚集区域学科骨干力量的智慧,研制并实施由教学目标、过程和效果以及学习方式的思辨性、活动的体验性、资源的丰富性等要素组成的《课堂教学评价框架》,开发并实施"要素关联、工具支持、样例示范和应用迁移"四环节的教学循环改进流程。

3. 制订具有区域指导意义的学业质量综合评价方案

区域层面把握学校教育教学质量监控,需要在国家标准与地区要求基础上,结合区域实际与学校特点,制订具有区域指导意义的学业质量综合评价方案。这种评价方案着力推进指向学科核心素养的教学评价体系的优化,可以引领从"双新"实施到《学科教学指南》《学科教学手册》运用的主动性以及教学评的一致性。制订指向核心素养的学业综合评价方案,需要从区域层面注重研制教学质量标准,完善区域教学质量保障体系,指导学校建立以校为本的教学质量保障体系,落实学业质量评价。徐教院采取学生学业质量检测、问卷调查、循证研究等方式,研制并实施《中小学学业质量综合评价方案》,包括"身心健康、学习品质、生涯规划"3 个一级指标。通过对学生的学业、身心、健康等进行质量检测、视导调研,学校逐渐树立了正确的质量观,转变育人方式。

四、建立区域教师整体提升的教研修协同机制

在区域对学校课程教学的支持体系中,区域教研机构发挥"枢纽"功能,在校际、区校之间形成研修连通,加强对区域研训员与学校教师的研修,促进区校两级教研修协同推进。

1. 强化教研机构研训员"双新"实施转化引领力

区域教研的专业指导,需要研训员提升自身专业能力。在"双新"实施上,研训员作为区域学校教师的教师,首先自身要加强学习与培训。研训员在推进"双新"转化实施的过程中,应做到"三要":要提升自身的思维品质,做学习知识、创新思维的模范践行者,才能引导学校教师做学生学习知识、创新思维的引路人;要常研常新,促进教育政策、理论转化为学校教育实践行动,推进基于学校教育实践问题解决的实证研究;要强化教研机构的"学术张力",让研训员在基于学校实践探究问题解决中成长,承担教育学院的区域转化、指导与服务功能。徐教院对区域研训员提出了能力提升的六大模块,具体体现为教育理念提升、教学素养提升、学校课程开发、研究能力提升、教育质量检测以及培训内容更新。其中,在教学素养提升方面,研训员要积极应对人工智能时代带给学校课程教学的冲突与挑战,提升运用与整合数字技术、智能技术的能力。

2. 建立区域教师整体提升的教师关键能力结构模型

针对高质量实施"双新"的要求,整体提升区域教师实施"双新"的能力,区域针对教师"双新"实施胜任力优化研修体系,应注重提升五个方面的能力:课程设计能力,注重对课程设计、课堂实施、学生评价、技术资源等进行诊断与调适的能力;课堂实施能力,将教学设计与学习场域建立实际关联,组织深度学习的能力;学生学习评价能力,对学生学业进行诊断、分析、评价和指导的能力;信息技术应用能力,运用各种数字技术与资源进行学习、交流和教学等一系列教育行为的能力;教师系统反思能力,对上述能力的发展进行诊断、调适持续改进的能力。徐教院基于目标与问题导向,构建了区域教师关键能力结构模型(见图 4)。课程设计能力是基础,课堂实施能力是核心,学生学习评价能力是支点,信息技术应用能力是支撑,系统反思能力是源动力。五项能力相互关联,有机整合,构成教师关键能力结构模型。每项能力分解为若干要点和对应的研修目标,结合研修内容,开展针对"痛点"的系列化、结构化、分层分类的研修。

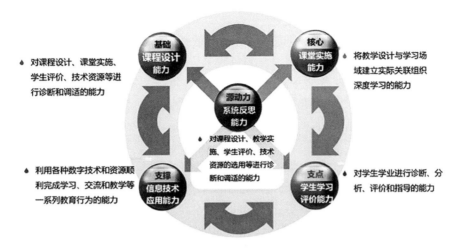

图 4 区域教师关键能力结构模型

3. 构建教研训一体化的区域教师研修模式与创生机制

区域对学校支持的所有工具开发,都需要通过区域教师研修将愿景变成行动。区域支持学校教育教学质量提升,应构建教研修一体化的区域教师研修模式与创生机制,让教师培养从"自流"状态走向"驾驭"状态,促进培养的常态化、持续化、最优化发展,持续构筑人才高地。区域教师研修模式构建与创生机制,既要求教师能够主动根据外在环境的变化进行研修内在体系的调整,又要努力通过研修机制的创设,持续促进教师发展的内在动力与热情。徐教院构建了区域"三位一体(教研修一体化)、四元协同(教学实践、研修课程创生、教学研究、教师培训协同推进)"的教师研修模式,并按照目标定向和问题导向,通过教研修一体化和区校联动,针对课程实施中的真问题,让教师亲历"问题—学习—研究—实践—反思—提升"的过程;推动研修课程建设从"单向传递"走向"多向合作建构",并在推广应用中迭代发展。主要有三大策略:一是构建教师能力发展连续体。组建多类型、多层次的研修共同体,增强各类团队之间、区域与校本之间的"同质"与"异质"多向联动,教师在参与不同团队研修中承担不同角色;创设各种任务环境,整合既有经验并建构新经验,在综合体验中促进关键能力的发展。二是聚焦问题并持续改进。针对教学中的问题开展研讨,为问题的解决提供工具支架;样例示范,实践跟进,在任务驱动中加深理解;在概括提炼、反思改进、迁移应用中建构新经验,提升关键能力。三是从经验中形成智慧。以课程创生为纽带,挖掘教师的经验,对处于散点片状的个体经验进行聚合与提炼、结构化加工,教师在亲历新知识、新经验的萃取孵化中,实现关键能力的进阶。[1]

五、促进区校联动的资源开发与共享技术平台创设

随着现代数字技术、人工智能技术运用于学校,借助数字技术与人工智能技术平台共享数字资源、强化基于共享技术平台的培训与自主学习,也是推进学校整体发展与深化区域教师研修应思考的内容。

1. 持续加强区校联动的课程实施资源多样化开发

"双新"视域下区域学校课程教学支持体系需要强化区校联动,不断丰富课程实施资源。区域学校课程教学支持体系可以通过组建学科中心组、区域大教研组、校级备课组、项目基地校、学科工作坊、学科基地、名师工作室等多类型、多层次的研修共同体,创设多样的"院校合作项目",推进教育学院与学校课程实施资源的多样化开发。教师在参与不同团队研修中承担不同角色,既是资源使用者,也是资源提

---

① 李文鲁:《增强课程标准操作性与适应性的区域策略》,《基础教育课程》2019 年第 1 期(上),第 25-31 页。

供者,课程实施资源与研修资源同步创生,共研共建共享。

区域教育学院或教研机构的联动能够吸纳更多具有前沿性和探索性的研修课程,注重教育教学研究成果的课程转化,多元吸纳课程资源,引进国内外精品教师研修课程,助力研训员与基层学校教师的专业研修。区教育学院也需要加强与高等院校、教科研单位以及专业培训机构合作,借鉴企业先进培训理念,有针对性地引入培训者、学校教师专业发展研修项目与资源开发,提升需求诊断能力、方案设计能力、课程开发能力、教学实施能力、团队研修组织能力和绩效评估能力等。

2. 建设区域培训、研修与资源应用的共享技术平台

学校课程教学支持体系的区域性实践,需要借助良好的现代技术平台增能,以目标引领方向,技术融合实践,助力课程教学支持体系。开展数据驱动的智能化教学系统的研制,建设与开发相应技术平台和应用软件。促进技术平台上的资源共享与应用是未来教师专业发展与提升的基本载体。徐教院充分认识到现代技术的强大作用,建立了教研修一体化的数字化信息系统,整合了培训、研修、管理与资源等功能。系统不仅可以共享教师的区域研修课程资源,而且将区域教师在区域转化工具支撑下分成若干个基于数字平台联动的"学科工作坊",制订《学科工作坊管理办法》,由学科工作坊的领衔人带领学员开展教学研讨、学术沙龙、课题研究等活动,为区域教师专业成长搭建广阔平台。

"双新"视域下推进区域学校课程教学支持体系建构的持续完善与实现区域学校教育"扩优提质"、深化育人方式变革是一项复杂的系统工程,还需要从教育强国建设的追求出发,持续推进育人方式变革的探索,进一步探索区域教师关键能力发展规律,不断创新研修机制,为区域整体育人方式变革提供强有力的课程教学指导服务支撑。

A Regional Exploration of School Curriculum and Instruction Support Systems from the Perspective of the "New Curriculum and New Textbook" Initiative

LI Wenxuan

(Shanghai Xuhui District Education College, Shanghai, 200032)

Abstract: Promoting the transformation of education methods in basic education hinges on the high-quality implementation of the New Curriculum and New Textbook initiative. Achieving this quality demands not only interpretation and understanding at the national and municipal levels but also the leadership and activation from administrative regions to guide grassroots schools in their curriculum and instruction reforms to meet the "New Curriculum and New Textbook" requirements. Regional practices for school curriculum and instruction support systems under this initiative should include developing guidelines for local implementation of national curricula, creating subject-specific instructional guidance tools for "New Curriculum and New Textbook" implementation, and pioneering integrated teaching-learning-assessing tools for classroom instruction and evaluation. Furthermore, these practices should establish collaborative teaching and research mechanisms for the overall improvement of regional teachers and foster resource development and technology sharing platform through district-school collaboration.

Key words: New Curriculum and New Textbook, school curriculum and instruction, district-school collaboration, support system

《现代基础教育研究》

第59卷,2025年7月 　　　　〈Research on Modern Basic Education〉　　　　Vol.59, Jul. 2025

"科文互融"引领特色高中课程建设

陈　勇,谢　敏,王　凡

(上海市西南位育中学,上海 200233)

摘　要:特色高中课程建设是学校打造办学特色、提升教育质量的关键。文章以 X 中学为例,探究如何在时代需求和发展目标引领下,以"科文互融"为核心理念,构建体现科学链与人文链深度融合的"欹器"课程生态,以此推动科学教育与人文教育的深度融合。学校通过三类课程的协同设计,探索多样化的实施方式,致力于为学生创设全面发展、科文并重的学习环境,培养兼具科学精神与人文情怀的时代新人。

关键词:特色高中;科文互融;课程建设

为应对时代挑战,国家高度重视基础教育改革发展。2023 年 5 月,教育部等十八个部门联合发布《关于加强新时代中小学科学教育工作的意见》,为新时代中小学科学教育指明了方向。[①]同年 8 月,教育部等三部门发布了《关于实施新时代基础教育扩优提质行动计划的意见》,要求"推动普通高中多样化发展,建设一批具有科技、人文、外语、体育、艺术等方面特色的普通高中,积极发展综合高中"[②],将科技置于优先发展地位,彰显了国家对特色高中建设,特别是科技与人文特色高中建设的高度重视。在此背景下,探索如何将科学教育与人文教育深度融合,培养兼具科学技术应用与创新能力,以及人文理解与社会责任感的综合型人才,对于特色高中课程建设而言意义重大。本文以 X 中学为例,深入剖析其在"科文互融"引领下特色高中课程建设的内涵、生成逻辑和实践路径,以期为特色高中课程建设实践提供借鉴。

一、"科文互融"引领特色普通高中课程建设的基本内涵

1. 特色定位:科学与人文互融

"科文互融"作为一种教育理念和实践模式,是指科学教育与人文教育的深度融合,以人文为底蕴,

基金项目:上海市推进特色普通高中建设项目,上海市提升中小学(幼儿园)课程领导力行动研究项目(第四轮)(项目编号:202303);2025 年度上海市教育科学研究项目"数智时代中学生学习方式变革的课堂教学实践研究"(项目编号:C2025252)。

作者简介:陈勇,上海市西南位育中学校长,正高级教师,特级教师,主要从事学科管理与课程建设研究;谢敏,上海市西南位育中学高级教师,主要从事学校教学管理研究;王凡,上海市西南位育中学一级教师,主要从事高中政治教学研究。

① 中华人民共和国教育部:《关于加强新时代中小学科学教育工作的意见》,载 https://www.moe.gov.cn/srcsite/A29/202305/t20230529_1061838.html,最后登录日期:2025 年 5 月 19 日。

② 中华人民共和国教育部、国家发展改革委、财政部:《关于实施新时代基础教育扩优提质行动计划的意见》,载 https://www.moe.gov.cn/srcsite/A06/s3321/202308/t20230830_1076888.html,最后登录日期:2025 年 5 月 19 日。

锚定科学教育重点,凸显科学教育优势,打破学科壁垒,实现知识、思维、实践和价值观的有机统一。

一是知识互融,构筑全方位认知架构。破除科学和人文知识各自孤立的传统模式,运用跨学科整合手段,深挖多维度知识内涵,形成全新的知识逻辑框架,构筑富有活力的全面认知架构。二是思维互融,搭建综合性思维桥梁。突破单一教育衍生的局限思维模式,借由科学与人文思维的深度互融,构建兼具综合性与创新性的高阶思维体系,提升创新创造能力,增强应对复杂多变环境的适应能力。三是实践互融,筑牢知行合一的坚实根基。在解决实际问题中,不仅聚焦科学维度,寻找行之有效的方案,而且考量社会影响和伦理价值,使实践更具可行性与可持续性,推动个人发展与社会发展有机统一。四是价值观互融,共筑协同性价值生态。着力塑造健全的价值理念,既能秉持科学探索的求真态度,又怀有深厚的人文伦理关怀,始终做到科学精神与人文关怀并重。

2. 创生发展:课程与特色协同

特色课程建设可以通过三种方式实现创新发展。一是志趣导向:构建多元课程体系。以国家课程为基,以校本课程为拓,构建多维立体的特色课程图谱,聚焦涵盖科学、人文等多个学科交叉领域,设计丰富多样的融合课程内容。深入调研学生兴趣爱好,满足学生个性化发展需求,制订精准的课程计划,将学生的兴趣点转化为学习的内驱力,激发科学求知热情。二是实践为本:打造特色实践平台。坚持问题驱动,借助社会性科学议题、科学技术与社会模式、项目式学习等载体,开展多样化科文融合实践活动,组织科文互融知识竞赛、跨学科协作课题、科技政策与科学伦理及创新活动等,鼓励学生参与实践体验,在实践中深化科学与人文综合性思维运用,提升创新能力。三是资源助力:整合优质教育资源。积极与高校、科研机构、企业等建立合作关系,利用实验室、名师等资源,拓展学生学习空间。构建家校社生协同育人机制,争取家长、社区和社会各界的支持,为特色课程实施创造良好环境。

3. 质量提升:变革育人的方式

科文互融不是简单的知识叠加,而是通过重构课程生态,使学生在解决真实问题时,既能像科学家一样思考,又能像人文主义者一样关怀,成为德智体美劳全面发展的社会主义建设者和接班人。因此,科学教育与人文教育的互融对普通高中课程建设具有多维度的革新作用。一是课程目标。破除传统教育中科学与人文二元对立现象,通过建构主义理论将科学素养与人文素养整合为统一的课程目标,强调培养学生具备科学理性与人文情怀的完整人格,使其在认知发展中实现工具理性与价值理性的辩证统一。二是课程内容。依据知识生产模式 III 理论,打破科学与人文学科的知识边界,推动课程内容从分科走向综合,进一步聚焦学科交叉领域探索,进而建立跨学科知识框架,形成新的知识生产范式,为学生认知发展提供更丰富的可能性空间。三是教学方式。采用社会性科学议题,将科学学习置于真实的社会文化情境中。运用项目式学习和教师协作教学等策略,从方法论层面确保科学探究与人文反思的同步发生,从而助推学生深度学习。四是评价体系。借鉴多元智能理论,将科学思维的严谨性与人文关怀的敏锐性纳入统一的评估体系,重视学习过程中学生认知方式与价值观念的协同发展评价细则,为课程目标实现提供保障机制。

二、"科文互融"引领特色高中课程建设的生成逻辑

1. 逻辑起点:特色高中建设内在动因与时代要求

在特色高中建设的过程中,X 中学洞察时代发展趋势和自身办学理念,明确了"科文互融"的课程建设方向,这源于以下三个方面的原因:一是科技创新人才的迫切需求。现代社会发展对高素质科技创新人才的需求日益迫切,这对科学教育提出了更高要求,也为特色高中建设指明了方向。二是科学与人文融合的育人趋势。科技与文化是推动社会进步的两大重要力量,只有将科学教育与人文教育深度融合,才能培养出适应未来挑战的综合型人才。三是"适位育人"理念的深化实践。学校始终坚持"凝炼中和位育学校文化,激发每个学生成长自觉"。为将理念转化为实践,学校探索特色高中建设之路,致力于面

向全体学生，提供精细化、个性化的培养方案，让每位学生都能找到适合自己的发展路径，充分释放潜能。因此，学校以"科文互融"引领特色高中课程建设，既是顺应时代发展潮流的必然选择，也是学校自身办学理念的深化和发展，更是对社会需求的积极回应。

2. 逻辑过程：科学素养与人文素养融合路径探索

为顺应时代发展对人才培养提出的新要求，学校立足自身办学理念，对"科文互融"进行了校本化诠释（见图1），将其凝练为："以科启文，以文润科"的融合教育哲学，培养兼具科学理性与人文关怀的未来建设者。

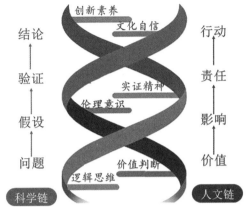

"科文互融"双螺旋由科学链和人文链两条互补主链构成，构建了科学素养与人文素养、协同发展的"螺旋上升"理论框架。科学链的进阶路径围绕"问题→假设→验证→结论"，从形成对客观世界理性认知方式的逻辑思维，到培养基于证据的求真态度和可验证的实证精神，进阶到突破既有框架的创造性问题解决；人文链的递进路径围绕"价值→影响→责任→行动"，从建立对事物意义的评价标准和选择依据的价值判断，到形成对行为规范和社会责任的伦理意识，再到培育对文化传统和价值共识的文化自信。两链在认知、方法和价值层面实现耦合，助力学生全面发展。

图1 "科文互融"双螺旋模型

3. 逻辑归宿："科文互融"的"欹器"课程生态重构

"科文互融"的课程建设并非只是课程内容的革新，更重要的是重构整个课程生态系统，为培养兼具科学素养与人文素养的综合型人才提供肥沃土壤。X中学以中和思想显化于外的"欹器"①为喻，构建了独具特色的学校课程生态系统，如图2所示。

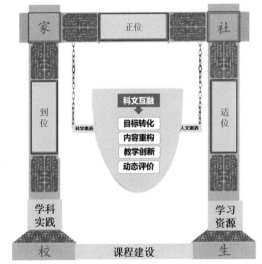

"轴"——科学素养与人文素养：如同欹器的两侧支点，科学素养和人文素养构成课程生态的稳固基础，为学生的全面发展提供支撑和方向。科学素养培养学生的理性思维、探索精神和实践能力；人文素养则塑造学生的道德情操、审美情趣和人文关怀。两者相辅相成，缺一不可。

"器"——科文互融：如同欹器的容器，科文互融是课程生态的核心，是国家课程校本化实施的内核，将目标转化、内容重构、教学创新与动态评价四维融合，赋予其丰富的内涵和价值。学校将科文互融贯穿于课程教学，体现在

图2 X中学"欹器"课程生态图

课程建设、学科实践、学习资源等方面，并通过"家、校、社、生"四位一体的协同育人机制，构建多维度的"科文互融"课程生态。

"位育"——"正位、到位、适位"：学校的"欹器"课程生态追求的是一种动态平衡的状态，即"位育"。"正位"是指科学教育与人文素养并重，避免偏颇；"到位"是指科文互融要深入课程教学的各个环节；"适位"是指要根据时代发展和学生需求不断调整课程内容，使课程生态始终充满活力。

---

① 欹器是中国古代的一种器皿，它具有一种奇特的性能"虚则欹，中则正，满则覆"，故古人常置之座右，以为借鉴，被孔子引申为"持满戒盈"的为人哲学。

三、"科文互融"引领特色高中课程建设的实践路径

1. 目标引领:确定务实科学行动指南

为确保目标既能体现"科文互融"的先进理念,又能切实指导课程设计与教学实践,X中学在目标制订过程中遵循以下原则:一是紧扣"科文互融"核心内涵,确保目标指向科学素养与人文素养的深度融合;二是立足学生发展需求与时代要求,使目标具有现实意义和育人价值;三是兼顾科学性与可操作性,避免目标过于宏大空泛或琐碎具体,力求在顶层理念与具体教学之间形成具有引领性的行动纲领。基于此,学校将"科文互融"的理念与"欹器"生态观相结合,确立以下核心目标:

(1)育人目标整合化

核心是培养兼具科学理性精神与人文关怀素养的时代新人,超越单一能力或知识的培养,致力于学生知识、能力、情感态度价值观的全面发展,最终实现工具理性与价值理性的内在统一。

(2)课程体系融合化

重点在于构建打破传统学科壁垒、体现科学与人文深度融合的课程内容体系。这不仅包括特色校本课程的开发,也涵盖国家课程的校本化实施,体现跨学科、综合性与实践性。

(3)学习方式综合化

关键是创设促进学生主动探究、深度思考、合作学习的教学情境与模式。通过引入项目化教学、社会性科学议题等教学法,学生在解决真实复杂问题的过程中,同步提升科学探究能力与人文反思能力。

(4)学习生态动态化

基础是营造支持"科文互融"的校园文化氛围与物理环境,并积极整合校内外优质资源,构建一个开放、多元、互动、可持续发展的"欹器"式课程生态系统,保障目标的有效达成。

2. 守正创新:协同设计三类课程体系

(1)科学类课程融合人文之美

学校在科技类课程建设中,将人文之美融入其中,构建了"特色必修、特色选修、特色增强"三类课程体系。例如:在物理学科中融入"技术人文"主题,引导学生思考科技伦理、科技责任等问题,在领略技术精妙的同时,培养学生的社会责任感和工程关怀意识;特色必修课程帮助学生了解科学的基本概念,激发他们对科学的兴趣和求知欲,感受科学探索的乐趣;特色选修课程鼓励学生动手实践,体验科技的魅力,并将所学知识与日常生活相结合,观察科技在生活中的应用,并尝试运用科技解决实际问题,感受科技创造的惊喜;特色增强课程鼓励学生走出课堂,参与科研项目和创新竞赛等活动,将所学内容应用于实际问题中,提高解决问题的能力,并体会工程实践的意义,树立科技向善的信念。

(2)人文类课程融汇科学之真

学校在人文类课程建设中,注重引导学生运用科学思维和方法探究人文现象背后的规律,培养学生的理性精神和批判性思维能力。例如,在历史课程中,引导学生运用史料分析、逻辑推理等方法,探究历史事件的真相,培养学生的思辨能力和历史唯物主义观点,并理解科学技术对人类历史进程的影响。学校以"科文互融"为特色指引,构建了三个层次的人文课程体系:必修课面向所有学生,奠定人文底蕴基础;部分选修课针对部分学生,进阶提升他们在人文领域的深度兴趣和能力;少数选修课针对少数学生,持续性强化人文素养的培育与内化。

(3)综合类课程融通科文之善

学校依托综合实践活动、科普教育和特色课程,引导学生在实践中感受科技的魅力,培养学生的实践创新能力和工程责任感。例如,学校积极开展科学月活动、科学作品展览、科学知识竞赛等,将科学活动融入日常教学,激发学生的学习兴趣和科学探索精神;组织学生参与投石机设计与制作比赛、废旧电器拆解与回收项目等工程项目,将书本的科学知识与实际问题相结合,培养学生的工程实践能力和社会

责任感。此外，学校还大力推进数字化转型，建设智慧课堂和个人学习记录平台，聚焦科技人才早期培养，鼓励学生运用科技知识服务社会。

3. 点线面结合：探索多样化的实施方式

(1)点：聚焦课堂，打造“适位课堂”范式，落实课程建设

学校以“中和位育”理念为指导，构建“适位课堂”教学范式，并将“科文互融”的理念渗透到备课、上课、作业、辅导、评价等教学环节中。例如，教师在备课时注重挖掘教材中蕴含的技术人文因子，设计能够激发学生人文思考的教学目标，体现科文浸润的课程理念；在课上，科学类学科教师会创设丰富的工程情境，将科学与人文有机结合，将科文互融落实在课堂教学中；在作业方面，鼓励学生进行科学相关内容的工程实践和研究性学习，体现课程与实践的结合。

(2)线：串联学科，推动跨学科学习能力，开展学科实践

学校鼓励教师开展“科技与人文”“科学与生活”等跨学科主题式学习和项目式学习，并将科学社会考察融入其中。例如，各学科教师根据考察地点，设计融合科学探究与人文体验的课程目标和活动，并制作实践单，引导学生以小组为单位开展活动实践，促进他们对科学与人文的思考；此外，学校还组织学生开展“社区环境调查”“设计未来城市”等项目，引导学生运用科学思维和人文视角分析问题、解决问题，将科学知识应用于社会实践，并体现工程关怀。通过这些精心设计的学习体验，学生可在实践中提升科学探究能力、批判性思维能力、合作能力、沟通能力以及对社会的工程关怀，从而实现全面发展。

(3)面：拓展平台，构建科文融合环境，深化学习资源建设

学校打造多维度、立体化的科文融合学习资源体系，突破课堂教学的局限，充分利用校内外资源，为学生提供丰富多样的学习机会。其中，学校打造了以“极课”大数据平台、“智慧课堂”以及“钉钉”数字化办公平台为核心的数字化教学资源平台，并与国外多所中学建立合作关系，开展学生互访交流活动，开设科学类国际课程，拓展学生的国际视野。学校重视资源建设与育人机制的深度融合，不断拓展学习边界，将丰富的资源转化为学生成长成才的助力。

4. 内外联动：创设四位一体育人机制

(1)家长参与，形成育人合力

学校组织“家长榜样进校园”“跟着父母去上班”等活动，邀请在科技行业工作的优秀家长走进课堂，分享职业经验和人生感悟，帮助学生拓宽视野，树立科学志向。此外，学校还搭建家长校友联盟平台，引进复旦大学、上海交通大学等著名高校优秀校友资源，为学生提供职业规划指导，助力学生成长成才。

(2)学校统筹，拓展学习边界

学校注重实践育人，积极与高校、科研机构、企业等合作，构建多元共建模式。学校与上海交通大学、上海市人工智能研究院等高校、科研机构合作开发科创课程，建立学生社会实践基地；组织学生参与科技竞赛、志愿服务等活动，以及到企业参观学习、实习实践，让学生在实践中培育工程实践素养。

(3)社区支持，共建育人环境

学校积极与社区建立合作关系，充分利用社区资源开展科学教育活动。例如，学校与漕河泾科技园区联动，为学生提供职业体验课程，帮助他们了解科技发展前沿和职业前景；与上海市科学教育电影制片厂和田林街道办事处合作共建科普课程，组织学生走访社区，以多样化的科技传播方式服务社会发展。

(4)学生主体，激发自主发展

学校始终坚持学生主体地位，鼓励学生积极开展科学探究，激发学生的学习兴趣和自主发展能力。学校建立了进阶式科学类社团，为学生提供多元选择，激发科学求知热情；学校通过“W课题”和“i探究”等项目式学习，引导学生进行微课题研究，在实践中深化对科学技术的理解和应用，提升实践能力；学校组织学生参加青少年科技创新大赛、机器人竞赛等，激发学生的创新潜能。

5. 评估反思：促进改进与经验的升华

（1）成效评估：检验育人价值

通过阶段性评估观察，"科文互融"课程实践已初显成效。学生层面，综合分析与问题解决能力得到提升，学习兴趣与内驱力获得激发；教师层面，跨学科教研常态化，促进了专业成长和教育理念更新。这些成效初步验证了"科文互融"在促进学生全面发展和教师专业提升方面的育人价值与实践可行性，为后续改进提供了事实依据。

（2）实践反思与结论：凝练关键要素促改进

为了深入反思实践过程中的得失，学校凝练出推动"科文互融"特色高中建设的关键结论：课程生态重构的成功要素包括清晰的理念模型指导、灵活多样的载体支撑、协同联动的育人机制保障以及与之匹配的多元评价体系。

（3）模型印证与优化方向：深化认识指导实践

实践探索有效验证了"攲器"课程生态和"双螺旋"模型的实践指导价值。"攲器"课程生态为构建平衡、开放的课程环境提供了有效指导；"双螺旋"模型则为科学链与人文链的耦合实践提供了清晰指引。与此同时，评估反思也揭示了实践深化过程中面临的关键挑战与优化方向，例如，如何精细化评估"双螺旋"耦合效果的，如何持续维持"攲器"课程生态的动态平衡以及如何有效开发特色评价工具等。这些基于实践反思的关键问题，正驱动着学校在实践中不断深化认识，积极寻求改进路径，丰富"科文互融"教育理念的实践内涵。

"Integration of Science and Humanities" Leading Specialized High School Curriculum Development

Chen Yong, Xie Min, Wang Fan

(Shanghai Southwest Weiyu High School, Shanghai, 200233)

Abstract: The construction of specialized high school curriculum development is key to building a school's distinctive educational identity and improving the quality of education. Taking X Middle School as an example, this paper explores how, guided by contemporary needs and development goals, the school adopts "integration of science and humanities" as its core philosophy. It constructs a "Qiqi" (tilting vessel) curriculum ecosystem that deeply blends scientific and humanistic elements, promoting the profound integration of science and humanities education. Through the collaborative design of three types of courses—science, humanities, and interdisciplinary—the school explores diverse implementation strategies and established a four-in-one education mechanism to create a learning environment that fosters students' comprehensive development and balances science and humanities. The goal seeks to cultivate well-rounded students with both scientific spirit and humanistic values in the new era.

Key words: specialized high schools, integration of science and humanities, curriculum construction

指向高中生自主学习能力培养的
学校支持体系构建

施忠明

（上海市吴淞中学，上海 201900）

摘　要：高中阶段的学生具备了开展自主学习的技术、心理、意志品质基础，但在实践中也存在自主学习意识不强、动力不足、支持不够等问题。针对主要运用单一思维方式培养并试图改造和重塑学生自主学习能力的弊端，文章在整体分析高中学生自主学习能力影响因素的基础上提出用系统论视角建构学生自主学习的学校支持体系的整体思路。基于这一思路，研究以上海市吴淞中学的实践为基础，提出学校支持学生自主学习能力培养的三维路径。

关键词：高中生；自主学习；支持体系

培养学生自主学习能力，提升学生自主学习水平，一直是教育学和心理学等相关领域持续关注的热点命题。自主学习能力作为一种涵盖"能学、想学、会学、坚持学"[①] 的综合能力，既要以学生身心发展水平作为基础，也要以学生相应的学习内驱力、精神意志以及与之匹配的学习方法作为保障。高中生正处于从"未成年"到"成年"的过渡阶段，虽然具备自主学习的主客观条件，但容易受到外部因素的影响而导致学习效率降低，因此，构建培养学生自主学习能力的学校支持体系显得尤为关键。

一、高中生自主学习能力培养的问题审视

"自主"的理念在教育教学的历史演进中由来已久，然而"自主学习（Self-Regulated Learning，缩称 SRL）"作为一种清晰成熟的理论，被正式提出大致始于 20 世纪 80 年代。从我国的现实情况看，自世纪之交的第八次基础教育课程教学改革至如今高中、义务教育正在推行的"双新"改革，尽管每一阶段的主题各有差异，但是"转变学生学习方式，强调学生在学习过程中自主性与能动性的发挥"是教学改革贯穿始终的命题。

整体而言，学习自主学习能力的培养应该涵盖不同学段，而且每一学段的培养重心应该有所不同。高中生身心成长日渐成熟，对学习的感悟和经历愈加丰富，已掌握一定的学习方法，形成了相应的意志品质，因而具备开展自主学习的充足条件。同时，这一时期的学生正处于确立世界观、人生观、价值观的重要时期，容易受到外部环境的影响而导致学习效率低下，由此，这一时期对学生进行自主学习能力的

基金项目：2023 年上海市教育科学研究项目"培养自主学习者：基于'双新'落实的高中优质课堂模型建构与实践研究"（项目编号：C2023170）。

作者简介：施忠明，上海市吴淞中学校长，中学高级教师，主要从事教育管理与数学教学研究。

① 庞维国：《论学生的自主学习》，《华东师范大学学报（教育科学版）》2001 年第 2 期，第 78-83 页。

培养尤为关键。从实践的层面看,高中生的自主学习能力培养依然存在诸多问题。笔者曾从"自主学习意识、自主学习毅力、自主学习能力"等维度对上海市吴淞中学共计 1288 名高中生进行过自主学习主题的问卷调查。调查显示,高中生自主学习的意识整体上普遍较弱,特别是"学生学习动机"维度的表现尤为严重。同时,从自主学习的水平与状态来看,具有较高自主学习意识、能力、水平的"高自主学习型"学生占比仅为 25%[①],这进一步凸显了高中生缺乏自主学习意识和内生动力,也彰显有效引导高中生提升自主学习意识和能力的现实性与必要性。

随着"双新"实施的深入,学校普遍重视学生自主学习能力的培养,然而在培养学生自主学习力的过程中,学校普遍采用单因素视角分析问题和建构路径。这一方面体现为没有充分考虑自主学习能力作为一种综合能力所体现的认知、意识、价值、动机等层面,缺少有效激发学生自主学习意识和动机的方法;另一方面体现为只注重学生自身内部因素,忽视了这种能力和素养养成的外部系统性支持,特别是缺少学校层面的制度、文化、路径等系统性支持。

二、高中生自主学习能力培养的影响因素及变革需求

"自主学习者"普遍被认为是指那些有能力管理自己的学习并在实现其学习目标中发挥积极作用的人。[②] 由此延伸,高中生自主学习能力可以被理解为在没有外部压力、约束、引导的前提下,通过"自我意识、自我驱动、自我管理、自我评估"开展独立学习和思考,获取知识和技能,具备促进自我完善和问题解决的综合能力。具备自主学习能力的高中生能够主动设定学习目标,寻找学习资源,制订学习计划,并能够反思和调整学习策略来优化学习效果。学生自主学习能力的培养是一个由个体心理、方法路径、支持体系等多因素共同作用的复杂过程。按照美国心理学家齐莫曼(Zimmerman)的理解,当学生在元认知、动机、行为三个方面都是一个积极的参与者时,其学习就是自主的。[③] 还有研究认为,影响自主学习的要素包括内在因素(如自我效能感、已有知识、元认知过程、目标、情感等)、行为因素(如自我观察、自我判断、自我反应等)、环境因素(社会环境和物质环境)等。[④] 此外,新技术的运用也构成了学生自主学习能力培养的考量因素。

根据对现有研究的梳理,融合对高中生自主学习的观察反思,笔者认为,高中生自主学习能力培养的影响因素主要包括内部因素与外部因素。两种因素蕴含不同的指标和具体表现(参见表 1),由此构成高中生自主学习能力培养的系统性影响因素,也蕴含培养高中生自主学习能力的路径和方法。

表 1　高中生自主学习能力培养的影响因素及其具体表现

因素	指标	具体表现
内部个体因素	个体动机	对学习内容有浓厚兴趣,主动探索新知识
		有明确的目标意识,并愿意为之付出努力
		遇到困难的时候表现出解决问题的勇气和坚持
	自我效能感	对自己有能力完成学习任务有强烈的信心
		愿意挑战有难度的学习任务
		对失败的归因更加倾向于自身努力程度而非能力不足
		能够从学习中获得成就感与幸福感

① 施忠明:《高中学生自主学习的类型、特征与教学建议》,《上海教育科研》2025 年第 5 期,第 76-83 页。

② B. J. Zimmerman, "Self-regulated Learning and Academic Achievement: An overview", *Educational Psychologist*, Vol. 25, No. 1 (1990), pp. 3-17.

③ B. J. Zimmerman, "Become A Self-regulated Learner", *Contemporary Educational Psychology*, No. 11(1986), pp. 307-313.

④ 庞维国:《自主学习理论的新进展》,《华东师范大学学报(教育科学版)》1999 年第 3 期,第 68-74 页。

(续表)

因素	指标	具体表现
	性格特质	自律性强，能够主动抵御手机、游戏等诱惑 开放性强，愿意尝试新的方法 责任心强，对自己的学习负责，主动承担学习任务 持之以恒，不轻言放弃
	元认知能力	能有效评估自己的学习基础、过程和效果 能自主监控学习的过程，及时发现并主动纠正问题 能够根据自我认知与反馈调整学习计划
	方法运用	掌握时间管理、笔记整理、课后复习等的基本方法 能根据不同的学习任务选择合理的学习策略 定期归纳反思并调整学习方法 合理利用网络资源和信息化学习工具 有效辨别信息真伪，避免不良、虚假、无用信息的干扰
外部支持因素	环境与文化	适宜学习的环境和氛围 鼓励、支持和信任的文化，特别是对错误的包容 引领保障学生自主学习的制度、契约 给予学生学习的积极情感关注和支持
	技术与方法	给予自主学习方法的指导和反馈 注重在课堂教学中培养学生自主学习能力
	资源与平台	提供图书馆、在线平台等资源和保障 家校社的有效联动

不论是关于学生自主学习能力培养实践模型的建构，还是学校普遍采用的高中生自主学习能力培养策略，最根本还在于通过改变学生自身来帮助他们建构自主学习能力体系。然而，从高中生的身心发展特点而言，这一时期的学生心智发展已经趋向成熟和稳定，往往很难在短时间内"重塑"性格特征和自主学习品质；再从教育改革发展的整体趋势看，新时代学校正在从"选拔适合教育的学生"转型为"打造适合学生的教育"，全面育人的价值得到凸显。在这样的趋势下，为了提升高中生的自主学习能力，我们要通过系统性设计为学生个性化地发展自主学习能力提供稳定的保障与支持。特别是学校层面，要着眼高中生自主学习能力的系统性影响因素，形成促进学生自主学习能力结构性提升的环境与文化、技术与方法、资源与平台等支持系统。

三、学校支持高中生自主学习能力培养的"三维"体系

从系统论的观点出发，在分析和解决问题的过程中，要立足整体视域把握事物发展规律、利用系统思维分析事物内在机理，运用系统方法处理事物发展矛盾。[1] 基于此观点，我们可以将高中生自主学习能力的培养视作一个内外因交互作用的复杂系统。其中，学生"个体动机、自我效能感、元认知、性格特质、方法运用"等属于内部因素，"环境与文化、技术与方法、资源与平台"属于外部因素，这种内外部的整体联动构成了支持学生自主学习能力提升的完整系统。对于学校而言，着重聚焦外部支持体系的建构，依托课堂、教学、评价、管理、文化等层面的整体组织与开发，为学生自主学习能力提升提供多维度支持。

1. 以"学习工约"建构自主学习能力培养的环境与文化支持

在影响学生自主学习能力的诸多因素中，自主意识、自我效能感等因素对学生学业成绩的影响尤为突

① 郭滇华、杨春芳：《系统论视阈下教育现代化发展政策调适体系构建》，《行政管理改革》2021年第4期，第69-76页。

出[①]，而自主意识和自我效能感首先需要一种适宜于自主学习的环境与文化。教育是一种涵盖高度契约精神的社会性活动，契约的核心是责任，意指"行为主体对在特定社会关系中承担任务的自由确认和自觉服从"[②]，从某种意义上说，学生自主学习正是对教育契约和责任的现代性重构。基于这样的认识，上海市吴淞中学创造了"学习工约"，以此建构学生自主学习能力培养的环境与文化支持。"工约"本质上是一种基于教育契约精神的学校实践性转化。"工"是载体，指具体实践性任务，如阅读、实验、写作、发明创造等，强调实践应用，鼓励学生将所学习的知识应用于真实问题的解决，培养学生的自主学习能力和灵活运用所学知识的能力。"约"是核心，指师生基于平等诚信而达成的学习约定，体现了教与学过程中的契约精神。"学习工约"明确师生权责，通过"学前签约"与"学后确认"的双阶段协议，引导学生对学习目标、过程及成果做出承诺。"学习工约"不仅是形式规范，更是对学生自我管理与责任意识的培养，助力其在学习过程中形成目标导向的规划能力和持之以恒的学习毅力。学校以此为契机，满足学生的不同学习兴趣与发展水平的需求，推行分层任务设计、弹性作业选择及个性化资源利用，形成一种鼓励和引导学生自主学习的文化。

2. 以"自主力课堂"建构自主学习能力培养的技术与方法支持

高中生自主学习能力的培养不能脱离学习活动而独立存在。课堂作为学生学习的主要场所，应该成为培养学生自主学习能力的主阵地。"引入不同类型有关自主学习的元素和干预措施"[③]，建构有效支持学生自主学习的新型课堂，为学生自主学习能力的培养提供稳定、持续的技术与方法支持，这是高中"双新"改革中学生自主学习意识激发与能力提升的关键。

从技术和方法层面看，高中生的自主学习可以分解为动机与目标、策略与监控、合作与批判、整合与应用、坚持与创新等维度，对于技术与方法的培养，关键是要帮助学生建构关于自主学习的实践性知识体系，这种实践性知识体系的核心不是学生对于自主学习"知道了什么"，而是在具体的学习情境中学会"如何做"。对于学生而言，掌握实践性知识无法脱离具身感知和体验，要让学生在具体的场景中，通过丰富的感知、模仿、演绎，形成一种与身体和精神交融的习惯。[④]这一过程中尤为重要的是，学生基于真实学习场景而质疑、思考、探究、辨析和创造。由此，笔者认为，要从技术和方法层面对学生自主学习能力的培养提供支持，不能仅靠教师讲授静态知识，还要在真实的课堂教学场景中注重学生的实践与感知，让学生在具体的行动中掌握自主学习的技术与方法。由此，学校提出以"提问、思考、辩论、实践、创造"五大要素整合课堂教与学的过程，打造"问、思、辩、行、创"为特质的"自主力"课堂(见表2)，形成一种前后关联、彼此影响、相互促进的系统，整体提升学生自主学习的内驱力、自控力、思辨力、整合力和创造力。

表2 "问、思、辩、行、创"要素与学生自主学习力培养的关系对应表

要素	作用	输出目标	对应自主学习要素
问	激发问题意识	明确学习方向，形成内在动机	动机与目标
思	独立分析与反思	发展元认知，构建个人理解	策略与监控
辩	多元观点碰撞	深化理解，培养批判性思维	合作与批判
行	知识整合与实践应用	形成系统认知，提升迁移能力	整合与应用
创	创新实践与输出	实现知识内化，强化学习毅力	坚持与创新

自主学习能力的培养需要有效的教学设计和引导，同时也要给予学生足够的自主学习实践空间，建构一种适宜于学生自主学习的课堂教学新样态。现代汉语中，"样态"主要是指事物的整体存在方式、表

---

① 张佳妮：《自主学习策略如何影响学业成绩？——基于四川省2153名高中毕业生的调查研究》，《教育科学研究》2024年第7期，第44-51页。

② 程东峰：《责任论》，中国林业出版社1994年版，第14-15页。

③ G. Effeney, A. Carroll, N. Bahr, "Self-regulated Learning: Key Strategies and Their Sources in a Sample of Adolescent Males", *Australian Journal of Educational & Developmental Psychology*, No. 13(2013), pp. 58-74.

④ 克里斯托夫·武尔夫：《实践性知识的再发现：身体、模仿和表演》，《北京大学教育评论》2018年第4期，第1-11页。

现形式和发展规律。教学样态通常被理解为教学过程中的具体表现形式和风格,它涉及教学方法、教学内容、教学目标以及教学环境等多个方面。从"自主力"课堂的建构出发,上海市吴淞中学通过课堂教学样态的创新,打造适应高中学生自主学习能力培养的新型课堂,让学生在学习的过程中体会和掌握自主学习的策略与方法。

以"多线融合型"课堂教学为例,教师会引导学生进行质疑并提出一个好问题,通过问、思、辩、行、创的综合运用来实现复杂问题的解决,这一课堂教学样态包括三个阶段:由问引思的起始阶段,以思促辩的发展阶段,以辩促思、以行促创的深化阶段。教师在教学中预设问题、生成问题和探索深层问题,引发学生开展辩论,促进思维碰撞和知识内化。"多线融合型"课堂教学样态强调学生的主体地位,采取问题驱动和讨论的方式,培养学生的自主学习意识、批判性思维和解决问题的能力,形成完整而高效的自主学习闭环。

3. 以"技术赋能"建构自主学习能力培养的资源与平台支持

《教育强国建设规划纲要(2024—2035年)》明确提出,要"大力实施国家教育数字化战略","以教育数字化开辟发展新赛道、塑造发展新优势",这意味着数字化转型赋能课堂教学改革,创新课堂教学的资源支持和实践样态,具有重要理论和实践价值。[1]从学生自主学习能力的培养看,信息技术的介入能够为学生提供自主学习的设计、引导与实践帮助,丰富学生的自主学习认知、技能和方法;能够根据学生的最近发展区匹配不同的学习资源,提升自主学习过程中的效能感;能够通过有效的监督和反馈增强学生学习过程中的责任感,帮助学生自主自信地完成任务[2];能够为学生提供更多样化的学习空间、学习资源和学习支持,让学生在线上线下联动的空间内有效整合、分析、运用信息,实现更高效能的自主学习。在具体实践中,学校可以通过如下方法建构技术赋能的新型学习空间:其一,推进在线课程开发和互动学习社区建设,在线课程平台(如MOOCs等)可以提供丰富的课程资源和学习路径,让学生根据自己的兴趣和需求有选择地学习。根据学生的学习记录和兴趣,智能推荐系统可以推荐适合他们的课程和资料,实现个性化学习。在线学习社区能够使学生分享学习经验、交流问题以及合作完成项目,从而促进自主学习的社会化。AI辅助工具可以帮助学生解答疑问,提供即时反馈,增强学习互动性。其二,开展数据分析与学习追踪,利用大数据分析技术追踪学生的学习进度和效果,及时发现他们学习中的困难和瓶颈,为其定制辅导和提供支持。同步引导教师有效获得和分析关于课程效果和学生需求的反馈,进而优化教学内容和方法。其三,开发移动学习平台和人工智能辅助学校系统,学生可以不受时间和地点的限制,随时随地学习,更好地利用碎片化时间。人工智能辅助学校系统根据学生的学习表现和反馈,通过大数据分析动态调整教学内容和难度,提高学生的学习动力和参与度,从而实现因材施教。

四、高中生自主学习能力培养的总结反思

从目前相关研究来看,自主学习表现为一种学生自发、自为、自控、自省、自创的深度学习过程,这一过程需要学生主动理解、批判、迁移与应用知识,形成积极的情感态度价值观。[3]从某种程度上说,过去关于高中学生自主学习能力的培养,多是基于这种主观层面的个体因素进行的思考与建构,其本质是力求改变和重塑学生。然而对于身心发展已经相对成熟和稳定的高中生而言,还需要建构支持和保障他们自主学习的良好教育生态。

从文化与环境来看,学生自主学习的发生需要一种开放、包容、民主的课堂文化和环境。这种文化和环境的建构不仅对于课堂自身的变革具有积极价值,而且能够产生"以文化人"的作用。本质上,课堂之中

① 谢幼如:《数字化转型赋能高质量课堂:逻辑要义、实践向度与典型样态》,《中国电化教育》2023年第9期,第50-58页。
② 钟志贤,谢云:《基于信息技术的自主学习》,《中国电化教育》2004年第11期,第16-18页。
③ 兰岚:《课堂教学中深度学习的整体性建构》,《教育理论与实践》2022年第32期,第46-49页。

文化环境的建构过程与人的发展过程存在一种"生动的循环"关系[①],学生通过在特定文化场域中的理解与认同、反思与批判、觉醒与自信,能够形成独特的信仰、风格、能力。文化和环境不是强加给学生的,而是学校以"工约"建构一种基于实践的师生共同认可并遵守的教育契约关系。这既是一种有效的实践路径,也是一种独特的文化气质,能够更好地以外部文化环境的创设来激发学生的内在学习意识和动力。

从技术和方法的角度看,学生的自主学习能力是一种在实际运用中得以表现出来的综合素养。这种素养需要实践来检验,也需要有效可行的技术和方法的支持。为学生提供自主学习能力培养的支持体系,关键要让学生在学习过程中明白怎样去做,帮助他们建构自主学习的实践性知识体系。长期以来,受制于实用主义思潮,实践性知识往往被视作完全个体的、零散的、情境化的,其公共性维度一直被遮蔽。[②]本研究从实践性知识的公共性入手,建构自主力课堂,打造新型课堂样态并设计科学的评价体系,引导学生在真实的课堂中实现自主学习。

从资源与平台的角度看,自主学习需要学生更加主动、更多时间、更趋开放的参与,这种学习往往要超越传统的静态的课堂,超越单一的学习模式,需要更加开放的空间、更加多样的资源和更加先进的技术作为支撑。信息技术的变革为学生自主学习的资源与平台建设提供了更多可能,如何通过在线课程资源的开发、人机互动学习模式的建构、精准的学习资源匹配、学习能力的数字化评估等,让学生的自主学习以更加科学、有序、可视化的方式呈现,这无疑是一个更具有挑战性和持久性的探究命题。

The Construction of School Support System for Cultivating Students' Autonomous Learning Ability in Senior High Schools

SHI Zhongming

(Shanghai Wusong High School, Shanghai, 201900)

Abstract: Although high school students possess the technical, psychological and volitional foundations for autonomous learning, challenges such as weak autonomous learning awareness, low learning motivation and inadequate support persist. This paper critiques the drawbacks in the traditional approach to cultivating high school students' autonomous learning ability, which mainly relies on singular cognitive approaches and attempts to "transform and reshape" students. Drawing on systems theory, it analyzes the influencing factors of students' autonomous learning and proposes a holistic view of constructing a system supported by the school for cultivating students' autonomous learning ability. Based on this idea and the practice in Wusong High School, a "three-dimensional" pathway is outlined for fostering students' autonomous learning ability with school support.

Key words: high school students, autonomous learning, support system

---

① 郭元祥,刘艳:《论课堂教学中的文化育人》,《课程·教材·教法》2020年第4期,第31-37页。

② 马陆一首,黄友初:《教师实践性知识合法性的遮蔽与解蔽——兼论职前教师教育"二元范式"的突破》,《教师教育研究》2025年第1期,第7-12页。

《现代基础教育研究》

第 59 卷，2025 年 7 月　　　　　　　（Research on Modern Basic Education）　　　　　　　Vol.59, Jul. 2025

上海新高考改革十年探索：制度争议与路径重构

李钊辉

（上海师范大学 招生办公室，上海 200234）

摘　要：随着上海高考改革 10 年的实践，许多制度性争议问题逐渐显现，包括"合格考"和"等级考"割裂、等级赋分的标准量化、选考制度博弈和综合素质评价使用等问题。通过梳理招生政策文本，对比和借鉴国内外标准化考试经验，分析学业水平考试、等级赋分制度和综合素质评价的科学性与局限性，以及争议的成因，提出合并"合格性"与"等级性"考试、分类细化等级赋分、全面开放选考、绘制考生学业成长动态画像和学科能力矩阵等方案，为进一步深化高考改革和创新人才选拔提供借鉴。

关键词：新高考改革；等级赋分制度；综合素质评价；学科能力矩阵

一、上海新高考改革的缘起

高考作为我国规模最大、覆盖面最广的标准化人才选拔制度，以统一命题统一考试为框架，以"分数面前人人平等"的刚性规则为依据，以考试录取过程的标准化全流程管控为手段，通过程序正义、机会均等机制保障，达到最大的社会公平。2014 年，《关于深化考试招生制度改革的实施意见》出台，打响了素质教育与应试教育的深层博弈战，开启了我国招生考试制度深化改革新时代。[①]

新一轮高考改革旨在突破"唯分数论"的传统选拔模式，构建更加科学、多元的评价体系。上海采用"3+3"模式，除了语数外 3 门基础必考科目，在高中学业水平考试中根据学生意愿和高校专业要求，从物化生政史地 6 门科目里自选 3 门选考科目，可形成 20 种组合，以此来取消文理分科，实现学科特长与专业发展的精准对接。

高考是整个基础教育的指挥棒。《中国高考评价体系》明确指出，高考的核心功能是"立德树人、服务选才、引导教学"，目的是要从根本上解决"为什么考、考什么、怎么考"三个考试原点问题，以及"培养什么人、怎样培养人、为谁培养人"三个教育根本问题。[②]从高校人才选拔的机制设计来看，高考发挥着基础教育质量监测与高等教育资源分配的双重功能。作为连接基础教育与高等教育的关键环节，高考的考试内容与评价标准直接塑造着基础教育的生态格局。但在实际操作过程中指挥棒功能异化，始终在素质教育和应试教育之间摇摆。新高考改革要遵循教育规律，摆脱"考什么教什么学什么"的机械循环，

作者简介：李钊辉，上海师范大学招生办公室主任，工程师，硕士，主要从事高校招生制度与政策研究。

① 中共中央 国务院：《国务院关于深化考试招生制度改革的实施意见》，载 https://www.gov.cn/zhengce/zhengceku/2014-09/04/content_9065.htm，最后登录日期：2025 年 4 月 23 日。

② 中华人民共和国教育部：《中国高考评价体系》，载 https://www.moe.gov.cn/jyb_xwfb/gzdt_gzdt/s5987/202001/t20200107_414611.html，最后登录日期：2025 年 4 月 23 日。

让教育回归到培养"人"的本质。

二、新高考制度争议

1. "合格考"和"等级考"割裂的争议

"合格考"+"等级考"双轨制的设计目的是区分基础与选拔,包含评价体系的双重属性。"合格考"强调基础性,成绩分合格与否,用于高中毕业考核。而"等级考"侧重选拔性,等级赋分后纳入高考总分用于高校录取。许多学生和教师都潜意识地认为"合格考"是"应付性考试","等级考"才是高中学习的目标。这种割裂"合格考"和"等级考"的观念既否认了教育目标的一致性,也违背了知识建构的连续性,对高中教育造成不良后果。

第一,加剧应试思维,学生基本素质下降。"合格考"科目覆盖面广,几乎囊括了除艺体类的所有学科,是为了让高中生具备基本的学习素养。割裂两者会强化"等级考"的重要性,使得除"等级考"之外的所有学科都被轻视和边缘化,导致学生的知识面狭窄,跨学科思维欠缺,这与素质教育目标相悖。

第二,形成知识断层,学校偏离育人目标。"合格考"是基础,"等级考"是进阶,两者在教育评价中存在递进关系。在教学中只注重"等级考",容易忽视基础知识的掌握,导致知识断层,难以建立系统的知识体系。学校会将优质师资、教学时间等资源全部倾向于"等级考"科目,严重背离课程设计初衷,退回到"唯分数"的应试教育老路。

2. 等级赋分的标准量化的争议

等级赋分制度是新高考改革的一个创举。通过考生在每个科目内的百分比排位对应固定分值,将原始分转换为等级分,使不同科目之间分值可比,见表1。

表 1 上海市等级赋分对照表

上海市等级赋分表										
评价等级	A+	A	B+	B	B-	C+	C	C-	D+	D	E
所占比例	5%	10%	10%	10%	10%	10%	10%	10%	10%	10%	5%
换算分值	70	67	64	61	58	55	52	49	46	43	40

上海赋分规则简单、直观、易理解。将选考科目的原始成绩按全市排名划分为 11 个等级,每个等级对应固定分值,相邻两级分差均为 3 分,最低 40 分,最高 70 分。若某考生化学原始分 62 分,全市排名前 17%,则属于 B+等级,直接赋分 64 分(无须公式换算,见表 1)。但等级赋分在实际操作中一直存在几个较大的争议问题。

(1)跨学科比较的辛普森悖论

辛普森悖论指探究两种变量(比如物理组和历史组)是否具有相关性的时候,会分别分组研究,在分组比较中都占优势的一方,在总评中有时反而是失势的一方。[①]假设物理考生整体能力都高,有 50% 的人都在 90 分以上,而历史只有 5% 的人在 90 分以上,物理 90 分的考生等级为 C+(55 分),历史 90 分的考生等级为 A+(70 分)。从分组来看,物理组整体占优,平均分远高于历史组,但比较两组内同样 90 分的考生,整体占优的物理组内的考生最终等级赋分反而低。

等级赋分依据相对性评价原理,通过统一规则(如固定等级比例)比较不同个体在不同群体中的相对位置来评价学生的表现。从宏观上确保规则一致性和学生在该群体中的相对水平,符合程序公平的要求,保障学科之间平衡。但高考作为选拔性考试,其目的是选拔绝对能力较强的,而非相对排名更优的考生。相对位置容易受群体能力影响,无法准确反映学生个体的真实能力水平,在不同学科之间比较

---

① 科普中国:《辛普森悖论》,载 https://baike.baidu.com/item/辛普森悖论/4475862,最后登录日期:2025 年 4 月 23 日。

的公平性上存在理论硬伤。跨学科比较会受到群体依赖性的干扰且高度依赖考生群体的能力分布。一旦出现跨学科能力错位，就会导致跨群体比较失真。程序公平与结果公平不可避免产生割裂，制度最终只能是"程序公平优先于结果公平"的妥协设计。

（2）等级赋分与能力水平的公平性质疑

从严格的同分排序机制可以看出，高考是选拔性考试。参考上海市的同分排序原则"第1位序，比较语文加数学两门合计成绩高低……"①，共有6个位序比较。同分排序参考位序越多，意味着录取时竞争淘汰越激烈。由此可以看出分分计较也不足以说明高考竞争的残酷性。高竞争性对等级赋分制度的公平性产生质疑。

第一，质疑顶端区间的公平性。考试的区分度是招生录取中衡量考试有效性和考生排位的核心指标，考试一般呈正态分布，顶端考生人数相对较少，分数更具离散性，分差相对其他区间要大。将前5%的考生全部统一赋为最高等级，导致原始分差距被完全抹平。例如，考生甲（原始分98分）与考生乙（原始分88分）均属前5%，等级赋分后均为70分，两者的能力差距被制度性掩盖。

第二，质疑临界点效应的公平性。当排位处于两个等级交接点的考生可能因微小的原始分差异遭遇赋分断崖。例如考生甲原始分85分（排名在35%，B级）；考生乙原始分84.5分（排名在36%，B-）；两者能力水平接近，仅0.5分的原始分差异导致赋分后相差一个等级（3分）。等级分差越大，公平性质疑越强烈。

等级赋分制与选科制互相协调配合，它摒弃了原始分数的单纯累加，其目的是消除各科因学习难度和考试难度差异造成的分数"不等值"现象。②其合理性并无争议，而是应用在选拔性考试中，原始分转换为等级分之后是否精确，精确到什么程度，一直是争议的焦点。③要想真正满足科学选才与招考公平的双重目标，就要实现"相对公平"与"绝对能力"的平衡。

3. 选考制度博弈的争议

从博弈论的角度，选考本质上是高考分数和学科兴趣满足度之间的权衡。因此，出现了按得分能力选科还是按兴趣爱好选科的焦虑。当然会有少部分考生可以兼顾两者，但大部分考生为了提高升学概率，只追求分数最大化。在具体实践中遭遇过三类博弈。

（1）考试时间先后的博弈

在上海高考改革初始，地理和生物选考人数暴增。研究发现，当时的地理和生物的"等级考"可在高二完成。为了分散考试压力，在高三有更多的时间复习语数外，很多考生选择高二考地理和生物，致使这两科的考生人数激增。据上海市教育考试院统计，2017年参加秋季录取人数中地理的人数29628人，居第一，选考生物的为24175人，居第二。从选考组合看，含地理生物两科组合的人数规模都处于前列。

（2）物理的性价比博弈

2017年上海和浙江都遭遇了物理选考人数骤降至不足30%，部分学校甚至出现"弃物理潮"。原因是考生在选科前，都会预判各科目学习所需要花费的时间成本和获得高分的机率，即性价比博弈。物理因难度高、竞争激烈，成为"低性价比"科目。从客观上分析：第一，天赋门槛高。物理学科内容抽象化、理论化、公式定理繁多并相互关联，相对其他科目需要更强的抽象思维和数学能力。这种客观存在的现实特质是物理学科被弃的重要原因之一。第二，性价比不高。与其他科目相比，物理学科较高的门槛也导致在同等的时间投入内获得的效果较低。第三，群体风险高。因"学霸"大多数都偏爱选择物理科目，但等级赋分依赖排名而非绝对分，这可能让其他高中生担心成为"炮灰"而选择退出，进一步加剧了物理学科的竞争，形成"恶性循环"。

---

① 上海市教育考试院：《上海市2024年普通高等学校招生志愿填报与投档录取实施办法》，载 https://www.shmeea.edu.cn/page/02200/20240402/18313.html，最后登录日期：2025年4月23日。

② 边新灿：《21省份新高考方案综合分析与思考》，《课程·教材·教法》2022年第1期，第131—139页。

③ 冯安然，崔浩，刘济良：《新高考改革的实际困境及其应对》，《教学与管理》2024年第12期，第99—103页。

（3）均衡型考生盲选中的博弈

大部分高中为了让学生有更多的高考准备时间,要求必须在高二前确定选考科目,个别高中还会再提前。这意味着学生在还未清晰了解学科时就要做出选择。对于有学科特长、目标明确的学生相对容易,但对于各科能力水平平均,能力均衡的学生,提早选科就是剥夺了对其他科目的选择权和对最终专业录取的选择权(选科对应专业录取)。选考制度改革的目的是要促进兴趣导向选科,但实际上却对均衡型考生形成制度性排斥,迫使其不得不进行盲选。盲选过程除了考虑以上两类博弈外,还充斥着各种博弈。有"田忌赛马"式的,通过预测当年高考各科目的报考人数和高校招生计划来确定选考科目;还有各种"无厘头"式的,如通过抓阄随机指定科目等。

以上说明当分数成为高中教育的唯一目标时,选科便从"兴趣探索"异化为"分数博弈"和"利益驱动"。

4. 综合素质评价使用的争议

综合素质评价(以下简称"综评")作为高考体系中的重要参考,未能充分实现其设计初心。主要归结为以下问题:

（1）客观性评价缺乏对比性

综评内容的量化形式还是以罗列原始信息为主。大致可分为 3 类数据:第一类,有意义但不可比。在学业成绩板块罗列了每门课每学期的成绩。但是成绩的比较仅限于同一张试卷,不同学校的课程成绩并无可比性。第二类,可比较但无意义。在品德发展板块罗列了志愿者服务时长。虽然志愿服务 100 小时与 50 小时的时长信息可比较,但其内涵的爱心值比较是毫无意义的。第三类,主观性评价雷同。在指导教师评语等主观性评价内容,极易受个人偏好或利益驱动影响,更难统一量化。教师都会因学生升学压力持"宽松评价"态度。

（2）与升学挂钩的功利化扭曲

评价一旦和升学挂钩,就具有了高利害和高风险属性,在很多方面都会因功利化扭曲而失真。例如,综评中的"创新精神与实践能力"板块是研究性学习成果体现,对普通高中生而言,标准高、难度大,主要考查高中生的探究和科研能力。但笔者连续 3 年随机抽取查看每年报考本校春考的 50 位学生的综评报告,发现从重点高中到普通高中,基本上人人都有相关的论文和研究课题。粗看之下可喜,改革达到超预期目标,每位学生都具有科研能力和成果。细想之下无奈,经调研部分高中,大多是以班级分组,每组 10—20 人,学校给定某个课题,由教师带队组织集体写论文或做课题,最后呈现在组内每位考生的成果栏中,并且每年的课题十分类似甚至相同。这种"高中主导,教师设计型"的科研模式,从范围上达到"全体覆盖",从效果上达到"全有科研"。从社会影响上滋生出一批帮助高中生完成科研报告的机构。政策文本强调的"过程性评价"与"个性化成长"目标一旦与升学的刚性约束挂钩,就不可避免地扭曲并催生出功利化策略,学生创新能力培养目标实际上被架空。

综上问题,虽然综评是想用未加工的原始数据客观展示学生的综合能力,但是不同群体、不同量化、不同内涵的样本不具备可比性,再加上升学的高利害特性,"仅有客观性而无对比性"的综合素质评价只能在高考中"走过场"。

三、上海高考制度改革的路径重构

上海新高考改革整体的方案框架"两依据、一参考"已得到社会普遍认可。基于 10 年改革实践,对上述制度性争议进行分析和探索,这些问题的解决需要在现有框架下对制度进行重构。可在四个方面进行调整,每个方面的内容相互之间既可关联执行,又可独立推进。

1. 合并"合格性"与"等级性"考试

对于两考合并,更准确的表达应该是用"等级考"替代"合格考"的功能。这种替代合并方案在上海新高考改革伊始,早已在语数外三门主科中实施。上海市教育委员会印发的《上海市普通高中学业水平考试实施办法》明确规定,"参加春考或秋季高考的高中在籍学生可用春考或秋季高考语文、数学、外语成绩替代相应科目的合格性考试成绩"。[①] 完全可以借鉴语数外科目的替代经验,推广至所有选考科目。

第一,从横向上对比两者的命题要求,在学业水平合格性考试命题要求中提出:"着眼于学科核心素养的考查,既突出重点,又注意覆盖面……重视考查学生综合运用所学内容分析和解决问题能力,有助于培养学生创新精神和实践能力。"[②] 对比高考命题要求提出"要加强关键能力、学科素养和思维品质考查,引导创新能力培养。注重考查基础知识、基本技能、基本方法"[③],发现两者要求十分趋同,既重基础,又求创新。

第二,从纵向上对比近7年来的高考命题要求。通过查阅从2019年至今的《关于做好普通高校招生工作的通知》中的针对命题要求内容。2019—2022年,较多地强调减少死记硬背。这种表达容易给人一种错觉:高考不注重记忆性基础知识积累。但从2023年开始有了明显转折,专门提到要加强基础性知识和必备知识。到了2025年,不仅强调基础知识,还包括基本技能和基本方法。[④]这些变化说明对夯实基础知识与选拔高阶能力是系统性的有机关联。

通过对比分析,两者的考试目标趋同。从实现角度,可通过"基础+高阶"的模块化试卷设计,前部分以知识性、基础性考核模块为主,替代合格性考试功能;后部分以创造性、高阶性考核模块为主,替代等级性考试功能,既保证基础教育的质量底线,又为高校录取选拔提供差异化依据。

"合格考"作为高考体制内的重要考试部分,并不会因为被轻视而没有考试负担。"高考压力不是一种总量固定的压力,而是一个可以无限裂变的变量。其并不随着分散设计而减少,相反分散至哪一阶段,就引发哪一阶段的高度重视,并由此而增加学生的学业负担与考试压力。"[⑤]压力主要与考试场次有关。合并后,每年减少6门考试,真正为基础教育减负迈出实质性的一步。

2. 分类细化等级赋分

等级赋分制度构建"分类考量、细分等级、原始分辅助参考"策略,使其更具兼容性。

第一类,实现以基础模块得分替代合格性考试。等级赋分制度在学科内通过群体排名弱化题目难易波动对个体的影响。在学科之间通过等值相对评价削弱各学科之间的难度差异,解决科目之间的相对平衡。这一特性与合格性考试目标十分吻合。以试卷中的基础模块分数为依据,设定合格分值作为判断是否达到毕业的条件,恰好能满足现有的合格性考试功能,解决了两考合并的合格性考试替代方案的可行性操作。

第二类,细化现有的等级赋分作为高考录取依据。从技术层面上,引入平滑赋分算法,以缩小等级分差。可借鉴浙江省的优化方案,2021年开始使用等比例线性转换并调整最小分差,从原先的3分改为1分。等比例线性转换根据考生原始分所在区间的相对位置计算赋分,在确保分数与原始分排名严格对应基础上,使赋分结果随原始分变化保持连续性,更贴近考生真实水平。有原始分的因素介入可适当缓解辛普森悖论影响。分差缩小也减少分数跳跃,细化了高分段分布,降低了临界点效应的不公平性。

第三类,有限范围内公布考生原始分。原始分是考生学术能力的直接体现,在高水平大学的自招考

① 上海市教育委员会:《上海市普通高中学业水平考试实施办法》,载 https://edu. sh. gov. cn/xxgk2_zhzw_zcwj_02/20210713/419a144572d84632aa884eeaf2722c49. html,最后登录日期:2025年4月23日。

② 上海市教育委员会:《上海市教育委员会关于公布2025年上海市普通高中语文、数学和外语3门科目学业水平合格性考试命题要求的通知》,载 https://edu. sh. gov. cn/xxgk2_zdgz_jcjy_02/20241204/c1c99a1f5ef843feaaa116ffd093c47c. html,最后登录日期:2025年4月23日。

③ 中华人民共和国教育部:《教育部关于做好2025年普通高校招生工作的通知》,载 https://www. moe. gov. cn/srcsite/A15/moe_776/s3258/202502/t20250219_1179639. html,最后登录日期:2025年4月23日。

④ 中华人民共和国教育部:《教育部关于做好2025年普通高校招生工作的通知》,载 https://www. moe. gov. cn/srcsite/A15/moe_776/s3258/202502/t20250219_1179639. html,最后登录日期:2025年4月23日。

⑤ 刘希伟:《关于浙江新高考改革的若干思考》,《教育与考试》2016年第3期,第29-33页。

试中,入围考生的等级分基本都是满分,无法分辨其真正水平。如能参考原始分,可以让评委清晰地对比考生的学科能力。建议考试主管部门在有限的考试范围内按需把考生原始分开放给高校作为辅助参考。既确保在高考改革大框架下各学科的平衡,又可以让自主招考更公平和科学。在国际考试实践中早有先例,像英国 A-Level 考试:学生可通过官方平台 Edexcel Online 下载成绩单,其中明确标注原始分(Raw Marks)和标准分(UMS)。

等级赋分利用原始分转化成学科内相对竞争力的标准化值,实现弱化卷面分差异对总分的影响,引导学生意识到相对竞争力比绝对分数更重要,促使其以兴趣为导向选科。因为"兴趣不仅是学习的起点,更是维持长期学习行为的内在驱动力。当学习者对材料产生情感联结时,他们会主动投入时间与精力,形成'学习—反馈—强化'的良性循环"。[①]从根源上改变"绝对分至上"的功利导向,从分数竞争回归到学习本身。

3. 全面开放选考

全面开放选考科目,让考生可选择参加所有 6 门科目的等级性考试。等分数出来后,根据各科等级分及专业选科要求,自选 3 科纳入高考总分。

新高考选考制度的初衷是从原来文理捆绑到兴趣驱动的制度突破。在传统高考中,文理科对立,考生的自我认知固化。"文科生"只能在政史地中选择 1 门,"理科生"只能在物化生中选择 1 门,致使专业也被强行标上文科或理科二元对立的标签。这种对立使文理间产生学科壁垒,破坏了知识的整体性,导致学生知识结构狭窄、学科思维固化。选考制度就是要打破壁垒,通过其多样性组合实现了根据兴趣跨文理选科。但各类选科博弈依旧存在。为解决选考的时间博弈,2021 年的《学业水平考试实施办法》把生物地理的考试时间改到高三统一进行。为解决物理博弈,教育部出台选考科目指引,用理工农医类专业强制捆绑物理和化学来增加选择人群。为解决过早盲目选科中的博弈,就要全面放开选科,让考生有充分的自由选择权。全面放开后会出现两种情况:一是针对明确 3 门选考科目的考生,等级选考时,只参加确定的 3 门等级考。其结果与现有政策完全一致。二是针对均衡型考生,对 6 科都比较有兴趣或者对其中 4 科有兴趣而无法做出选择时,就可以先不着急选定科目,参加想考核的所有科目的考试,等出分后,根据分数、兴趣和专业要求自选 3 科。

全面放开选考有效解决了考生盲选问题,充分展现高考的开放性和包容性。高考改革的未来发展之路并非仅满足多数人的诉求,而在于悉心回应少数人乃至每一个体的独特需求,即对个体的尊重,这也体现出社会文明的进阶与跃升。

4. 绘制学业成长动态画像和学科能力矩阵

(1)基于综合素质评价绘制学业成长动态画像

综合素质评价要真正发挥作用,应该充分体现其评价的过程性。综评应该在现有的客观固态数据之上建立动态发展趋势图,展示学生的发展变化过程。由于综评数据的可比性不强,评委在参考时更侧重从数据的变化趋势中寻找突破。综评信息想要有效应用于高考录取中,不能是客观数据堆砌,而要展示其过程性的特质,即数据的动态发展趋势。因此,未来改进方向是基于 AI 技术赋能,绘制学生学业成长动态画像,完整记录从入学到毕业包括考试、活动、科研等的全过程学业轨迹。通过大数据分析整合,对其学科特长、性格特征与思维特质等属性做出判断,为个性化评价和高校选拔提供技术支撑。

(2)基于高质量命题构建学科能力矩阵

"今后应系统开发学业水平考试成绩的诊断功能,生成不同学科诊断报告,帮助招生院校及专业院系辨别考生是否具备学科特长和创新潜质。"[②]该观点十分具有前瞻性,为今后高校自主选拔人才提供了新视野,更为命题改革方向提供了新路径。绘制考生学科能力画像,需基于高质量命题,可在考试命题中构建由信息摄取、知识迁移、逻辑思维、实际应用、思维创新五维评价体系。试卷中的每一道试题对

① B. S. Bloom, *All Our Children Learning*, New York: McGraw-Hill, 1981, p. 67.

② 刘玉祥:《上海高考改革四十年历程回顾与未来展望》,《中国考试》2024 年第 12 期,第 1-10 页。

应一维或多维的属性值,把所有题的各属性值之和加权叠加,并以直观的能力雷达图展示,便形成学科能力五维可视化图谱。当所有学科的能力画像有机融合形成多维能力评价矩阵时,一份详尽的考生能力诊断报告便可出炉。学生可以从中了解自己的能力特长和缺陷,结合兴趣爱好,选择适配的专业;高校可以在招生中针对不同专业特性,对某学科的不同维度的能力单独提出要求,选拔合适的人才。

《教育强国建设规划纲要(2024—2035 年)》提出"分类推进高校改革发展"战略①,高校人才培养定位的精准化与特色化需求也日益凸显。这种基于学生能力的评价方式完美契合"分类考试、综合评价、多元录取"的招生改革方向,真正做到用能力素养打破应试惯性,从标准化筛选转向个性化选拔。其深刻意义不仅是评价方式的变革,更是教育价值观的彻底转向:从"分数至上"到"育人为本",从"单一竞争"到"差异发展"。

A Decade of Exploration in Shanghai's New Gaokao Reform: Institutional Controversies and Pathway Restructuring

LI Zhaohui

（Admissions Office, Shanghai Normal University, Shanghai, 200234）

Abstract: After a decade of reform in Shanghai's New Gaokao, several systemic institutional controversies have emerged, including the disjunction between qualification examinations and rank-based graded examinations, the quantitative standardization of the graded scoring system (rank-based percentile grading), strategic selection within the elective examination system, and the application of comprehensive quality evaluation. Through a review of admission policy documents and a comparison with domestic and international standardized testing experiences for use as reference, this paper analyzes the scientific rationale and limitations of the academic proficiency examinations, graded scoring system, and comprehensive quality evaluation, as well as the root causes of these controversies. Proposed solutions include merging qualification and graded examinations, refining graded scoring criteria, fully opening elective testing options, constructing dynamic academic progression profiles, and subject ability matrices for students. These recommendations aim to deepen the reform of Gaokao and innovate talent selection mechanisms.

Key words: New Gaokao reform, graded scoring system, comprehensive quality evaluation, subject ability matrix

---

① 中共中央 国务院：《教育强国建设规划纲要(2024—2035 年)》,载 https://www.gov.cn/gongbao/2025/issue_11846/202502/content_7002799.html,最后登录日期：2025 年 4 月 23 日。

教育督导数据治理:概念内涵、指标模式与实践探索

傅　彦 [1],王绯烨 [2],蔡真妮 [2]

(1. 上海市教育督导事务中心 教育督导部,上海 200042; 2. 华东师范大学 考试与评价研究院,上海 200062)

摘　要:教育督导领域实施数据治理是大数据时代教育现代化的应有之义。通过梳理教育督导数据治理的概念内涵、对比国内外教育督导数据治理的指标框架和模式体系,发现我国区域教育发展督导指标主要关注优质和均衡发展,学校发展性督导指标还需侧重过程和个性表现因素,可以借鉴国外循证治理的数据探索新模式,改善我国传统教育督导的短板问题。分析当前实践探索的案例经验和问题,发现从业人员素养、采用的硬件软件以及所处的运作体制是三个主要影响因素,建议从多源数据收集和处理原则的遵循、系统框架的构建以及制度体系和人员队伍的建设三个方面来建设教育督导数据治理路径。

关键词:教育督导;数据治理;概念内涵;指标模式;实践探索

随着 AI 技术、云计算、大数据等新兴信息技术在社会各领域的融合与应用,数据治理成为智能化时代人们的共识。2021 年,教育部提出新时代以信息化支撑教育治理体系与治理能力现代化[①],教育数据治理成为教育管理领域学界研讨和实践探索的热点与重点。作为教育管理的重要内容和我国的一项基本教育制度,教育督导是促进国家教育高质量发展、实现国家教育目的的重要保障。在当前信息化时代,借助大数据技术的最新发展,在教育督导领域实施有效的数据治理,成为弥补传统督导工作不足、优化教育督导模式、改进评估手段、提升教育督导科学性和公信力的必然选择。

本文将围绕教育督导数据治理的概念内涵、指标模式和实践探索三个方面进行梳理和总结,以期为教育督导数据治理提供一定的参考和借鉴。

基金项目:2024 年度国家社会科学基金教育学一般项目"教育强国视域下区域名师工作室的影响机制和成效提升研究"(项目编号:BGA240084)。

作者简介:傅彦,上海市教育督导事务中心教育督导部干部,主要从事教育督导实践研究;王绯烨,华东师范大学考试与评价研究院副教授,博士,主要从事教育评价与教育领导力研究;蔡真妮,华东师范大学考试与评价研究院科研助理,硕士研究生,主要从事教育评价研究。

① 中华人民共和国教育部:《教育部关于加强新时代教育管理信息化工作的通知》,载 https://www.moe.gov.cn/srcsite/A16/s3342/202103/t20210322_521669.html,最后登录日期:2025 年 5 月 20 日。

一、教育督导数据治理的概念内涵

1. 教育督导

教育督导包括县级以上人民政府对下级人民政府落实教育法律、法规、规章和国家教育方针、政策的督导，以及县级以上地方人民政府对本行政区域内的学校和其他教育机构教育教学工作的督导。教育督导"在督促落实教育法律法规和教育方针政策、规范办学行为、提高教育质量等方面发挥着重要作用"。[①] 长期以来，我国教育督导的职能一直聚焦在督政和督学两个方面，直到 2014 年发布的《深化教育督导改革转变教育管理方式的意见》中，首次将"评估监测"列为教育督导的一项重要职能[②]，2020 年发布的《关于深化新时代教育督导体制机制改革的意见》要求继续强化教育督导的督政、督学和评估监测三大职能。[③]

2. 教育数据治理

国际数据管理协会指出，数据治理是指通过行使权利和进行控制，管理数据资产的活动集合。[④] 我国学者后续提出，数据治理通过流程设定和权责划分，依托数据管理的技术、过程、标准和政策，围绕数据开展一系列工作，提升数据质量，服务组织各层决策。[⑤] 鉴于此，教育数据治理是指，基于教育领域大数据资源的物理基础，通过数据挖掘和机器学习等技术，实现从抽样学习到全体数据学习的转变、从强调高密度知识学习到价值吸收知识学习的转变，从而获得有价值的知识，构成教育领域数据治理的基本模式和核心机制。[⑥]

3. 教育督导数据治理

目前国内外文献虽未明确提出教育督导数据治理的概念定义，但现有研究中已有"智慧教育督导""教育督导信息化"等表述。智慧教育督导指利用大数据、人工智能等信息技术，整合、共享、建立教育督导相关数据、资源和指标模型库，将其融入教育动态监测、信息研判、可视化智能决策等环节，从而形成科学、高效、多方参与的教育督导新生态。[⑦] 教育督导信息化被视为将通信、网络、大数据、人工智能等信息化手段引入教育督导的全过程，从而实现教育决策、教育对象分析、教育监测、教育评价等方面的信息化、科学化与智能化，以构建高品质教育体系，提升教育质量，实现教育公平。[⑧]

结合已有文献，教育督导数据治理可视为教育督导基于跨部门、多模态的教育数据资源，督导信息采集、监督、检查、评估和反馈指导全流程，通过前沿数智技术，实现科学化、自动化、高效化的数据善治。教育督导数据治理有助于克服信息应用不充分、评估过程繁琐低效、督导结果不够科学公正等问题[⑨]，对更新教育督导评估理念、优化评估模式、改进评估手段、重塑评估机制具有重要意义。

二、教育督导数据治理的指标模式

教育督导数据治理中的数据来源于评估监测，督导指标体系则是决定教育督导数据治理质量的关键。目前，我国已基本建成督政、督学和评估监测三位一体的教育督导体制机制，其中，督政指分级督导地方各级政府履行教育职责；督学指督导学校提升教育质量；评估监测指为建立统一

① 中华人民共和国教育部：《中共中央办公厅 国务院办公厅印发〈关于深化新时代教育督导体制机制改革的意见〉》，载 https://www.moe.gov.cn/jyb_xxgk/moe_1777/moe_1778/202002/t20200219_422406.html，最后登录日期：2025 年 5 月 20 日。

② 国务院教育督导委员会办公室：《深化教育督导改革转变教育管理方式意见》，载 https://www.gov.cn/guowuyuan/2014-02/18/content_2614066.htm，最后登录日期：2025 年 5 月 20 日。

③ 中华人民共和国教育部：《中共中央办公厅 国务院办公厅印发〈关于深化新时代教育督导体制机制改革的意见〉》，载 https://www.moe.gov.cn/jyb_xxgk/moe_1777/moe_1778/202002/t20200219_422406.html，最后登录日期：2025 年 5 月 20 日。

④ DAMA, *Guide to the Data Management Body of Knowledge*, New Jersey, US. : Technics Publications, LLC. , 2009, pp. 5-47.

⑤ 张宁，袁勤俭：《数据治理研究述评》，《情报杂志》2017 年第 5 期，第 129-134 页，第 157 页。

⑥ 张培，夏海鹰：《教育领域数据治理的基本思路与实践路径》，《现代教育技术》2020 年第 5 期，第 19-25 页。

⑦ 张生，孙睿，曹榕，等：《基于需求图谱分析的智慧教育督导发展策略研究——以国家智慧教育督导平台建设的实践为例》，《中国远程教育》2023 年第 6 期，第 39-48 页。

⑧ 王迎军，吕霄霄：《教育治理信息化的区域探索与实践》，《中国教育信息化》2023 年第 4 期，第 92-98 页。

⑨ 雷励华，张子石，李志昊，等：《数据驱动教育优质均衡督导评估研究》，《电化教育研究》2022 年第 12 期，第 39-45 页。

管理、多方参与的教育评估监测机制提供科学依据。① 显然，督政和督学指向督导对象和任务，而评估监测则是监督和指导职能下的方式和手段。② 因此，从评估监测的指标体系角度了解目前督政、督学的现状问题，是深化大数据时代教育督导体制机制的重要方式之一，亦是各国政府、学者和教育实践者关注的重点所在。就指标体系而言，其构建的指标框架和采用的模式体系是其运行的关键所在。

1. 教育督导的指标框架

(1)区域教育发展督导指标主要关注优质和均衡发展

以义务教育均衡发展督导为例，我国义务教育监测制度经历了以"普九"验收为主的制度萌芽、以学界研究和地方摸索为主的制度探索、以差异系数模拟计算为手段的基础均衡监测、以内涵质量为目标的优质均衡监测四个阶段。③ 由基础均衡迈向优质均衡过程中，出台了一系列中央文件及其地方衍生文件。最新的 2021 年《教育部办公厅关于开展县域义务教育优质均衡创建工作的通知》，对县域内义务教育优质均衡的具体实施框架进行了更为详细的勾画。④ 然而，这些政策文件不是严格意义上的指标框架，更多的是原则性要求，可以作为研制具体督导指标框架的依据。

基于相关政策文件，我国学界亦对义务教育优质均衡的测评框架构建进行了尝试。姚继军以江苏省为例，构建了"义务教育普及与巩固、优质义务教育资源均衡配置、城乡间义务教育优质均衡发展、学校间优质均衡发展"四个方面内容的义

务教育优质均衡发展评估体系。⑤ 史根林等人则构建了以教育机会均衡、资源配置均衡、教育结果均衡、教育投入和教育公共服务均衡为一级指标的义务教育优质均衡发展指标体系。⑥ 该体系的特点是关注过程性评价，还关注义务教育经费和资产管理的绩效。尹玉玲构建的义务教育优质均衡发展指标体系包括教育资源配置、政府保障程度、学校办学条件、社会参与程度和学生成长状况 5 个一级指标和 48 个二级指标⑦，其特色在于关注达标率，部分指标凸显地方特色。

上述研究为深入了解区域教育优质均衡发展提供了借鉴，但仍存在一些不足之处。首先，已有研究对区域办学理念、学校文化的关注不足，导致区域学校同质化严重；其次，现有的测评指标对区域优质课程的关注还较为笼统，缺乏对优质课程制订与实施的过程性指标的衡量；最后，对社会认可度的测量不能仅停留在达标阶段，而应达成人民群众的满意度指标。

(2)学校发展性督导指标还需侧重过程和个性表现

具体到学校层面，学校作为一个集合行政与教育、教与学、连接人才培养与社会需求的系统，督导指标对学校的发展有重要的引导作用。在国际上，英国作为欧洲最早建立督导制度的国家，具有 180 多年的督导经验，教育督导被视为政府和教育管理部门最优先考虑的事项。⑧ 英国最新颁布的《教育督导框架》(Education Inspection Framework for September 2023)涉及教育质量、行为和态度、个人发展、领导与管理四个一级指标。⑨ 再如

① 中华人民共和国教育部：《中共中央办公厅 国务院办公厅印发〈关于深化新时代教育督导体制机制改革的意见〉》，载 https://www.moe.gov.cn/jyb_xxgk/moe_1777/moe_1778/202002/t20200219_422406.html，最后登录日期：2025 年 5 月 20 日。

② 马效义：《教育督导职能的内涵、影响要素及发展走向》，《教育测量与评价》2017 年第 8 期，第 20-23 页，第 30 页。

③ 杨令平，司晓宏，魏平西：《浅议义务教育监测制度的发育》，《教育研究》2018 年第 12 期，第 87-93 页。

④ 中华人民共和国教育部：《教育部办公厅关于开展县域义务教育优质均衡创建工作的通知》，载 https://www.moe.gov.cn/srcsite/A06/s3321/202112/t20211201_583812.html，最后登录日期：2025 年 5 月 20 日。

⑤ 姚继军：《省域义务教育优质均衡发展量化测度指标体系的构建——以江苏省为例》，《教育发展研究》2012 年第 22 期，第 15-19 页。

⑥ 史根林，邱白丽：《支点和着力点的选择——对县域义务教育优质均衡发展评估指标设计的思考》，《教育理论与实践》2013 年第 4 期，第 17-20 页。

⑦ 尹玉玲：《面向 2035 义务教育优质均衡发展指标体系构建——北京的探索》，《首都师范大学学报(社会科学版)》2020 年第 1 期，第 178-188 页。

⑧ 顾娇妮：《指向改进的英国学校督导研究》，上海师范大学博士学位论文，2021 年，第 17 页。

⑨ The Office for Standards in Education, Education Inspection Framework for September 2023, 载 https://www.gov.uk/government/publications/education-inspection-framework/education-inspection-framework-for-september-2023，最后登录日期：2024 年 12 月 26 日。

影响力较大的荷兰《初等教育督导框架》(*Inspection Framework Primary Education 2021*)，主要从教学过程、学校环境和氛围、学习结果和学校管理以及质量保障和愿景四个方面来对学校进行督导。①

在我国地方层面，不同省市在面对学校的督学上也做出了特色探索。浙江省 2018 年将小学教育质量综合评价指标分为学生发展与学生成长环境两大方面。学生发展指标包含品德行为、学业水平(学业达标、高层次能力和实践创新)、学习品质(学习动力和学习策略)、兴趣爱好、身心健康(运动健康、同伴关系和自我认知)5 个维度共 10 个指标；学生成长环境指标系列包含教师(职业认同、教学方式和师生关系)、学校(学校教学管理和教师研修发展)、家庭(家长参与和亲子关系)和区域(含学业均衡、学业负担、教师对学校满意度和家长对学校满意度)4 个维度共 10 个指标。②

英国和芬兰教育督导框架的鲜明特征在于：首先，对教育过程(特别是课程实施、教师教学)制定了详细的要求。其次，教育结果不仅关注学生成绩，更强调学生未来就业及成为社会公民所必需的技能和素养。最后，注重如学校愿景、学校氛围等体现学校个性差异的指标。相比之下，我国督导的关注点集中在教育的终结阶段。因此，我国在完善现有学校发展性指标框架的方面，一方面需要强调过程指标，关注教师在教育教学过程中对学生发展的支持，如对学生学习习惯的培养、学习态度的养成、学生期望的塑造、学习氛围的引导等；关注学校在日常工作过程中对教师的支持，如教师在学校中的人际关系、职业认同、心理倦怠、评估压力、专业发展平台或机会等因素。另一方面则需要在结果因素上侧重个性表现指标：学生方面，需侧重对学生品德、学生个性化的素养表现等未来就业能力和人格品质指标的关注；学校方面，可以将校长领导力、学校的个性化发展等个性化指标纳入指标框架。

2. 教育督导的模式体系

(1)国外循证治理正结合数据探索创新

近年来西方国家在"循证治理"(Evidence-based Governance)的逻辑下不断创新教育督导方式，表现为督导通过严格的形式、程序及社会科学方法开展循证督导，并重视验证督导框架、方法及证据来源的信度、效度，以增强评价功能的专业性。此外，得益于信息技术的优势，越来越多的国家采用基于风险的督导模式(Risk-based Inspection)以减轻学校负担并提高督导效率。荷兰依据学校董事会年度报告、学生成绩、潜在不足迹象的三大风险要素及教育督导框架，分析监测学校教育质量，对存在风险的薄弱学校加强督导，对优质学校减少督导频次。③

(2)我国传统短板可经由数据治理改善

相比之下，中国教育督导模式存在一些传统短板。表现如下：在行政检查配以适量监测评价的督导方式下，评估的权威性受到限制。学校数据资料大多未经第三方评估，现场专家难以在短时间内判断其客观性；此外，缺乏权威机构的数据指标使得评估结果的真实性受到质疑，而现有教育督导评价指标体系在指标设置上存在外显性评估条目偏多、内涵性条目偏少等问题。④这会导致评估结果只能反映评估对象的某一方面，无法全面展现评估对象的整体情况；也会导致督导结果较为刻板，缺乏个性化。另一个主要问题则涉及督导结果的公开与运用不充分。当前向社会公开教育督导结果时，存在公开内容不完整、公开渠道与方式缺乏统一的问题。部分地区的督导结果公开不充分，既无法满足社会对教育的高度关注与期盼，也影响社会力量的有效监督和反馈。⑤

对此，如何从督导数据收集的真实性、督导框架构建的科学性、督导方法应用的便捷性和督导结果使用的多样性等方面对中国教育督导进行变革，成为我们关注的焦点，而数据治理的理念与方

① Inspectorate of Education, Ministry of Education, Culture, Science, *Inspection Framework Primary Education 2021*, 载 https://english.onderwijsinspectie.nl/，最后登录日期：2024 年 12 月 26 日。

② 王旭东：《新时代教育督导体制机制：(监测+评估)+(督学+督政)》，《未来教育家》2020 年第 6 期，第 51-54 页。

③ 武向荣：《国际比较视野下中国特色教育督导研究》，《教育学术月刊》2022 年第 12 期，第 57-64 页。

④ 王旭东：《新时代教育督导体制机制：(监测+评估)+(督学+督政)》，《未来教育家》2020 年第 6 期，第 51-54 页。

⑤ 方胜强：《推进我国县级教育督导的现实挑战与路径选择》，《教育理论与实践》2023 年第 23 期，第 16-19 页。

法,则为此提供了切入口。

三、教育督导数据治理的实践探索

学者普遍认可教育督导领域实施数据治理的重要性,并从理论层面强调数字化时代对教育督导的作用效果和影响因素。[①] 但在实践层面,对教育督导数据治理的实践探索开展的实证研究屈指可数。通过梳理上海、山东、北京和江苏等典型实践案例,总结分析当前教育督导数据治理存在的现实问题和成因,以期提出可能路径。

1. 案例呈现

上海市于 2022 年建立市级教育督查工作平台。平台系统采用督政业务、督学业务、督导工具等模块架构方式,在推进区政府教育履职评价、年度监测、义务教育优质均衡省级督导评估、学前教育普及普惠省级督导评估、责任督学挂牌督导、专项督导、督学资格人员管理等方面,发挥数字化助力高效督导的重要功能。

山东省淄博市于 2019 年建成教育督导信息管理平台,贯通市政府、区县政府以及学校三个层面的教育领域数据信息,确保定期的数据更新和分析成为常态。平台系统在评价区县政府教育职责、推进区县义务教育优质均衡发展工作和管理责任督学的挂牌督导三个方面发挥作用,市级层面会依据区县和学校定期更新的数据,及时计算差异系数,不定期对数据所反映出的问题进行分析并提出整改意见。[②]

北京市通州区通过建设教育督导室网站、教育督导信息管理应用平台、责任督学微信群以及"通州教育督导"微信公众平台等措施,拓宽了教育督导参与多主体,实现了教育督导多流程的信息化运作。当地专职、兼职督学对接市级教育督导机构,极大地提升了市、区教育督导机构、人员的沟通联动;网站、平台以及新媒体的应用实现了

督导工作的精细化管理,充分推动教育督导建设信息化的进展。[③]

江苏省苏州市教育质量监测中心自 2017 年起逐步梳理和规划监测数据分析标准和规范,建设区域教育质量监测数据分析系统,形成了一个安全、可信和高质量的数据处理和保障体系。该系统包含"功能模块、算法支撑和保障体系"三个层级,经过"建立项目、导入数据、清理数据、分析质量、计算分析、推送数据"六个流程环节,具体涉及数据资产管理、数据脱敏系统、数据质量控制、数据存储安全、数据传输安全和病毒主动防御等多个算法模块。[④]

2. 问题表现

目前教育督导数据治理尚处起步阶段,在整体运行中仍存在不少问题。

在准备阶段,技术伦理和数据安全问题经常遭到忽视。由于教育督导数据治理对数据获取的要求较高,因此,如何界定其权限与责任便是首要问题。技术伦理与数据安全问题是教育督导数据治理得以开展的基础条件,具体表现为学生及家长担忧自己隐私被泄露,以及他们对教育督导数据治理所必需的数据收集相对排斥。[⑤]

在实施过程中,数据收集、处理、存储以及分析环节都存在不足。当前数据收集与处理的技术标准还未建立,导致数据采集异源异构,数据质量参差不齐,产生初始数据失真的"数据陷阱"和标准规则失范的"数据野马"问题;教育应用软件多采用单一主体、单一功能角度的设计导致功能数据冗余重复;数据存储标准的不统一造成深度挖掘分析现有数据的动力不够。[⑥]

在结果反馈环节,督导结果的使用还未达到最大效益。制度建设仍存在很大进步空间;不少区县存在重督轻导或督多导少的问题;正向激励政策运用不足,约谈是督导结果处理最常用方式;对未来可

① L. B. Ismail, P. U. Omar, "An Important Role of Educational Supervision in the Digital Age", *The International Journal of Counseling and Education*, Vol. 3, No. 4(2018), pp. 115-120.

② 王迎军,吕霄霄:《教育治理信息化的区域探索与实践》,《中国教育信息化》2023 年第 4 期,第 92-98 页。

③ 仲玉维:《加强教育"智慧督导"建设 北京城市副中心教育发展的新要求——专访北京市通州区教育督导室主任李少杰》,《中小学信息技术教育》2018 年第 5 期,第 36-38 页。

④ 沈健,罗强:《数据治理下的区域教育质量监测数据分析系统探究》,《中国教育信息化》2023 年第 4 期,第 77-85 页。

⑤ 任楚丽:《大数据背景下教育督导信息化建设路径探究》,宁波大学硕士学位论文,2022 年,第 8 页。

⑥ 温晓川,李伟:《数据治理驱动基础教育均衡优质发展》,《中国教育信息化》2023 年第 2 期,第 123-128 页。

能出现的问题进行监测预警更是少见。①

3. 成因分析

分析得知，教育督导数据治理受到从业人员素养、采用的硬件设备和配套软件算法以及运作体制等因素的制约。

第一，教育督导相关人员的数据治理素养有待提升。首先，反映在其数据治理意识的欠缺。因时间和精力成本较高，督导人员、学校领导和教师面对教育督导数据治理时不想做也不愿做。②其次，体现在从业人员的数据治理专业技能薄弱。目前督导从业人员的平均年龄较大，利用新兴信息技术，在平台开发与使用上还存在不少障碍。对此，亟须第三方机构参与平台开发与使用培训。同时，教育督导自身队伍也需加入新鲜血液。

第二，相关技术设备和配套软件算法存在一定的缺失。硬件方面，不仅是通过问卷等形式收集的数据，还包括教学过程中接入相关设备形成的过程性数据，甚至可以包括配戴设备收集到的数据。而当前教育督导数据治理使用的技术设备还处于初级阶段，多采取构建数据平台、发放问卷的方式，多样的设备在收集多模态数据方面的功能远未实现。软件方面，功能的实现上都还远未达到期望的水准，诸如督导数字平台的移动化、伴随化、多功能化；利用大数据快捷自动化的优势，建立辅助决策的数据可视化智能系统，并通过内置模型工具，实现数据结果的准确有效表达；利用计算机进行动态、分析与调研，实现智能预警。③

第三，教育督导数据治理运作制度不够健全。首先，教育督导机构缺乏独立性和权威性。当前，在实际中许多教育督导机构与教育管理部门存在隶属关系，教育督导机构是教育管理部门的下级职能部门，因此，其是否能够独立自主地对上级政府教育管理部门开展督政，还无法形成一致意见。其次，教育督导数据治理运作中存在共享障碍。

教育业务数据平台管理分散，垂直管理为主的业务系统与横向管理为主的行政系统之间缺乏统一规划，难以共享区域之间或校际信息与资源④，存在数据封闭失联导致的信息孤岛现象。⑤

4. 实践路径

针对上述问题和成因分析，学者对于教育督导数据治理的建设路径主要涉及三个方面：多源数据收集和处理原则的遵循、系统框架的构建以及制度体系和人员队伍的建设。

首先，当前教育督导数据治理的来源多样，类型丰富，需针对性地搜集各种可用的过程数据和结果数据，既包括学生性别、年级、分数等结构化数据，又包括教育活动中产生的音频、视频、图片等非结构化数据。⑥另外，要想有效开展数据治理，需要遵循数据来源标准化、数据质量高可靠、算法管理资产化和处理流程自动化四个主要流程原则。⑦

其次，对于数据治理框架，可以借鉴成熟理论，将数据治理的"数据准则、数据质量、元数据、数据访问和数据生命周期"五个部分融入教育督导数据治理系统中。其中，"数据准则"内嵌于其他四个部分的运作中；"数据质量"明确了用户对数据属性（"元数据"）的描述方式以及"数据访问"的途径；"数据生命周期"则涵盖数据资产的采集、存储、处理、传输、交换和销毁等环节。⑧

最后，教育督导数据治理一方面以数据驱动教育督导新发展，另一方面离不开各级教育督导体制机制的不断完善以及督导队伍数字素养的不断提高，"体制机制+队伍素养+数据治理系统"三轮驱动，有助于保障教育督导数据治理的成效逐渐释放，在落实法规、规范办学、提升区域和学校教育质量方面发挥更大作用。对此，要完善现有教育督导体制机制，明确教育督导机构的职责权、隶属关系，明确评估监测部门的专业督导机构属

① 方胜强：《推进我国县级教育督导的现实挑战与路径选择》，《教育理论与实践》2023年第23期，第16-19页。

② 任楚丽：《大数据背景下教育督导信息化建设路径探究》，宁波大学硕士学位论文，2022年，第8页。

③ 张生，孙睿，曹榕，等：《基于需求图谱分析的智慧教育督导发展策略研究——以国家智慧教育督导平台建设的实践为例》，《中国远程教育》2023年第6期，第39-48页。

④ 温晓川，李伟：《数据治理驱动基础教育均衡优质发展》，《中国教育信息化》2023年第2期，第123-128页。

⑤ 赵丽娟，周航：《"互联网+"时代教育督导信息化建设的机遇、挑战与对策》，《中国电化教育》2018年第7期，第39-44页。

⑥ 王洪梅：《智能时代基础教育数据治理路径与对策》，《情报科学》2023年第6期，第136-143页，第160页。

⑦ 沈健，罗强：《数据治理下的区域教育质量监测分析系统探究》，《中国教育信息化》2023年第4期，第77-85页。

⑧ K. Vijay, V. B. Carol, "Designing Data Governance", *Communications of the ACM*, Vol. 53, No. 1 (2010), pp. 148-152.

性。同时,通过出台教育督导相关立法、文件等完善教育督导问责机制,保障教育督导过程不受干扰,加强教育督导的权威性,并通过建章立制等方式保证教育督导数据治理的经费投入稳步提升。还要做好督导队伍人才储备和队伍信息化素养的

提升工作,通过调整队伍结构、培养督导队伍的数据治理观念、政府购买信息化相关培训和市场提供相关技术支持等方式,推动教育督导由初级阶段迈向"智慧大脑"新阶段。

Data Governance in Educational Supervision: Conceptual Connotation, Indicator Framework and Practical Exploration

FU Yan[1], WANG Feiye[2], CAI Zhenni[2]

(1. Shanghai Education Affairs Supervision Center, Shanghai, 200042;

2. Institute of Educational Assessment, East China Normal University, Shanghai, 200062)

Abstract: Implementing data governance in educational supervision is a necessary step toward the modernization of education in the era of big data. By reviewing the conceptual connotation of this data governance and comparing the indicator framework and model system of education supervision data governance at home and abroad, it is found that regional education development supervision indicators in China mainly emphasizes quality and balanced development, while developmental supervision indicators for schools should focus more on the process and individualized performance, which can be borrowed from the new model of data exploration of evidence-based governance in foreign countries, and improve the shortcomings in traditional education supervision in China. After analyzing the experiences and problems of the current cases of practical exploration, it is concluded that the quality of practitioners, the hardware and software used, and the operating system are the three key influencing factors. Recommendations include the construction from three aspects: adhering to the principle for multi-source data collection and processing, building a systematic framework, and developing robust institutional and personnel systems for data governance.

Key words: educational supervision, data governance, conceptual connotation, indicator models, practical exploration

素养本位的高中物理教科书实验内容评价与优化
——基于 GAAT 模型的一致性分析

丁浩然 [1,2]，刘学智 [3]

（1. 东北师范大学 教师教育研究院,吉林 长春,130024;2. 中国基础教育质量监测协同创新中心 东北师范大学分中心,
吉林 长春,130024;3. 东北师范大学 教育学部,吉林 长春,130024）

摘　要：随着课程理念由"知识本位"转向"素养本位",学科核心素养已融入各学科课程标准。为实现教科书与课程标准的高度一致,学科核心素养融入教科书将成为应有之义,而素养本位也将成为教科书评价的新方向。一致性研究作为教科书评价的重要视域,其分析方法可为素养本位的教科书评价提供有效方法参考。通过 GAAT 模型分析高中物理教科书实验内容与课程标准在科学探究素养要求上的一致性,发现二者整体一致性较好,但也存在交流要素体现不够、基本练习性实验探究性不足等问题,进而提出细化标准实验内容与科学探究素养的对应要求、加强教科书实验内容的规范性与探究性、依托教师培训提高教师实验教学能力等对策建议。

关键词：科学探究素养;高中物理教科书;物理实验;GAAT 模型;一致性

一、问题的提出

在信息化、全球化的时代背景下,学生应具备怎样的核心知识、关键能力和必备品格才能适应社会发展需要,已成为国际组织和世界各国共同面对的难题。20世纪90年代以来,经合组织（Organization for Economic Co-operation and Development,缩称 OECD）、联合国教科文组织（United Nations Educational, Scientific and Cultural Organization,缩称 UNESCO）、欧盟（European Union,缩称 EU）以及美国、日本等国家都致力于对"核心素养"本质内涵的研究和以"核心素养"为目标的基础教育改革。我国对此也开展了深入研究,立足学科提出了学科核心素养,并融入最新修订的各学科课程标准,这也标志着我国以"核心素养"为目标的课程改革已正式启动。教科书依据课程标准编制,是课程标准的具体化,也是对课程标准的再创造。当前,学科核心素养已融入各学科课程标准,为实现教科书与课程标准的高度一致,学科核心素养融入教科书将成为新时代教科书改革的重要内容,而素养本位也将成为教科书评价的新方向。

一致性研究是教科书评价的重要视域。由于学科核心素养已融入各学科课程标准,因此,检验教科

基金项目：教育部人文社会科学研究青年基金项目"新时代新质教材建设路径研究"（项目编号:24YJC880025）;北京师范大学中国基础教育质量监测协同创新中心项目"素养本位的高中物理教科书与课程标准一致性研究"（项目编号:2024-03-046-BZK01）。

作者简介：丁浩然,东北师范大学教师教育研究院讲师,博士,主要从事课程教材与教师教育研究;刘学智,东北师范大学教育学部教授,博士生导师,博士,主要从事课程教材研究。

书与课程标准在学科核心素养要求上的一致性,可评估教科书能否落实课程标准要求、支撑学生的学科核心素养培养。由此可见,一致性分析方法可作为素养本位教科书评价的研究方法之一。梳理教科书与课程标准的一致性研究发现,使用 SEC(Surveys of Enacted Curriculum,即"课程实施调查")模型探究教科书与课程标准的一致性研究较多[①],也有部分学者使用 Webb 模型(Webb's Depth of Knowledge,韦尔伯的知识深度模型)[②];研究内容多为教科书内容主题与课程标准的一致性研究[③]、教科书课后习题与课程标准的一致性研究[④] 等。然而,随着课程理念由"知识本位"转向"素养本位",教科书评价也更为关注教科书对培养学生核心素养的促进作用,即评估教科书能否体现学科核心素养要求。但综合已有研究发现,目前教科书与课程标准的一致性研究大多还聚焦于"知识本位"的研究,"素养本位"的一致性研究较为匮乏。同时,已有研究中使用的一致性分析模型多为 SEC 模型和 Webb 模型,但它们却存在许多弊端,如缺乏对测试开发者意图的考虑、可接受水平判断较为武断、产生的结果不够可靠等[⑤],因此,亟待加深对新模型与新方法的研究。

齐泽克(Cizek)等人于 2018 年提出 GAAT 模型,全称为"广义评估一致性工具"(Generalized Assessment Alignment Tool),主要包括课程覆盖程度、结构全面程度、内容关注程度、认知复杂程度四个分析维度。[⑥] 该模型在适用范围、结构全面性、使用自由度、结果可靠性、有效性证据与测试目的的一致性等方面具有明显优势,可弥补现有一致性分析模型的不足。近年来,GAAT 模型逐渐受到了国内外学者的关注与认可。然而,虽然齐泽克等明确指出了 GAAT 模型适用于教科书与标准的一致性研究,但他们在提出 GAAT 模型时,仅详细研究了测试与标准的一致性,对教科书与标准的一致性仍缺少深入探讨。

为此,本研究主要采用一致性分析方法开展素养本位的教科书评价,即通过 GAAT 模型探究教科书与课程标准在素养要求上的一致性。其中,教科书指的是 2019 年人教版高中物理必修教科书,且仅研究实验内容(以下简称"教科书实验内容");课程标准指的是《普通高中物理课程标准(2017 年版 2020 年修订)》,同样仅研究与实验相关的课程内容(以下简称"标准实验内容");素养指的是物理学科核心素养中的科学探究素养。之所以确定上述研究对象,原因有四点:一是人教版教科书目前使用范围较广、影响力较大;二是物理必修课程是全体学生必学的课程,是高中物理学科核心素养发展的共同基础[⑦];三是作为一门实验科学,物理学的根本是物理实验[⑧];四是物理实验对培养学生科学探究素养具有直接促进作用。综上,本研究旨在通过 GAAT 模型分析高中物理教科书实验内容与课程标准在科学探究素养要求上的一致性,以此评估教科书实验内容能否落实课程标准要求。

二、研究设计

1. 研究思路确立

对研究脉络进行梳理,本研究确定了具体研究思路:一是 GAAT 模型修正。通过对一致性分析模型

① M. S. Polikoff, "How Well Aligned Are Textbooks to the Common Core Standards in Mathematics?", *American Educational Research Journal*, Vol. 52, No. 6(2015), pp. 1185-1211.

② 赵明辉,孙航宇:《教科书内容与课程标准的一致性分析——以人教版七年级〈道德与法治〉教科书为例》,《教育测量与评价》2021 年第 3 期,第 11-17 页,第 64 页。

③ 魏缓,禹娜:《新版教科书与课程标准一致性研究——以沪科版高中〈生物学〉为例》,《上海教育科研》2022 年第 9 期,第 19-26 页,第 45 页。

④ 陈丽冰,王辉,曾卓,等:《高中化学教科书习题与课程标准的一致性研究——有机化学基础》,《化学教育(中英文)》2024 年第 11 期,第 23-30 页。

⑤ 丁浩然,刘学智:《一致性研究的 GAAT 分析模型及其修正》,《中国考试》2023 年第 7 期,第 67-75 页。

⑥ G. J. Cizek, A. E. Kosh, E. K. Toutkoushian, "Gathering and Evaluating Validity Evidence: The Generalized Assessment Alignment Tool", *Journal of Educational Measurement*, Vol. 55, No. 4(2018), pp. 477-512.

⑦ 中华人民共和国教育部:《普通高中物理课程标准(2017 年版 2020 年修订)》,人民教育出版社 2020 年版,第 7 页。

⑧ 刘以林:《物理学的起源和发展》,中国物资出版社 2005 年版,第 37 页。

的比较以及 GAAT 模型在适用性、有效性和可靠性等方面的可行性分析，调整修正 GAAT 模型的分析维度、打分方法、判定标准等。二是标准实验内容及教科书实验内容编码。制订科学探究素养的内容分析类目表，并据此对标准实验内容和教科书实验内容进行编码。三是一致性指数计算。将教科书实验内容与标准实验内容的编码结果进行比较并转化为领域专家打分表，计算一致性指数。四是研究结果分析。依据一致性指数计算结果开展访谈，并对一致性指数计算结果与访谈资料进行深入分析，以此探析高中物理教科书实验内容与课程标准在科学探究素养要求上的一致性状况及其问题归因。

2. GAAT 模型修正

研究发现，如果直接应用 GAAT 模型，会存在以下问题：一是素养视角下模型分析维度的命名会使读者产生误解；二是课程标准中提出的课程内容要求和学科核心素养要求相对独立，缺少细化的课程内容与科学探究素养对应标准；三是未按照科学探究素养要求对教科书实验内容进行处理，直接让领域专家打分，难以保证打分的准确性与稳定性；四是缺少明确的一致性水平判定标准，致使操作难度增加、结论含糊不清。

针对上述问题，本研究提出修正方向：一是构建素养视角下 GAAT 模型分析维度，如表 1 所示；二是制定标准实验内容与科学探究素养对应标准，将标准实验内容与问题、证据、解释、交流四个科学探究素养要素及其素养水平对应起来，形成更加详细、具体的教科书编写指导依据；三是借鉴 SEC 模型完善领域专家打分法，由领域专家判断教科书实验内容所对应的素养要素与素养水平，再由研究者比较一致性，从而计算 CC3 指数和 CC4b 指数；四是制定一致性水平判定标准，参考定性比较分析中基于模糊集合的校准方法[1]，按照上四分位数、中位数、下四分位数确定对比阈值，再结合 GAAT 模型的内容关注程度赋分表和认知复杂程度赋分表[2]，制定一致性水平判定标准。以素养要素关注度为例，其一致性水平判定标准如表 2 所示。

表 1 修正后 GAAT 模型的分析维度及一致性指数的范围与说明

维度	指数	范围	说明
内容领域覆盖度	CC1	[0,1]	在科学探究素养的四个要素中，教科书与课程标准在实验内容领域上的匹配程度
主题结构全面度	$CC2_l$	[0,1]	在科学探究素养的四个要素中，教科书与课程标准在不同主题的实验分布上的匹配程度
素养要素关注度	CC3	[0,1]	在科学探究素养的四个要素中，教科书与课程标准在素养要素重点方面的匹配程度
素养水平匹配度	CC4b	[-1,1]	在科学探究素养的四个要素中，教科书与课程标准在素养水平上的匹配程度

表 2 素养要素关注度的一致性水平判定标准

指数值/指数区间	说明
0	教科书与课程标准在素养要素的重点方面上完全不一致
(0,0.25)	教科书与课程标准在素养要素的重点方面上非常不一致
[0.25,0.5)	教科书与课程标准在素养要素的重点方面上比较不一致
[0.5,0.75)	教科书与课程标准在素养要素的重点方面上比较一致
[0.75,1)	教科书与课程标准在素养要素的重点方面上非常一致
1	教科书与课程标准在素养要素的重点方面上完全一致

---

① 夏鑫，何建民，刘嘉毅：《定性比较分析的研究逻辑——兼论其对经济管理学研究的启示》，《财经研究》2014 年第 10 期，第 97-107 页。

② G. J. Cizek, A. E. Kosh, E. K. Toutkoushian, "Gathering and Evaluating Validity Evidence: The Generalized Assessment Alignment Tool", *Educational Measurement*, Vol. 55, No. 4(2018), pp. 477-512.

3. 内容编码与一致性指数计算

首先,基于文献梳理初步拟定科学探究素养的内容分析类目表,邀请 6 位专家(3 位课程标准修订组专家、3 位课程专家)从"合理性"和"重要性"两个方面对内容分析类目表中的指标,按照李克特量表的五点计分法进行打分,并以指标的平均分($\bar{x}$)>3.5 且变异系数(CV)<25% 为标准,结合专家意见对指标进行筛选、修正,通过两轮专家咨询形成最终的内容分析类目表,如表 3 所示。

表 3 内容分析类目表

科学探究素养	A.问题	A.1 提出问题
		A.2 做出猜想与假设
	B.证据	B.1 制订计划与设计实验
		B.2 进行实验与收集数据
	C.解释	C.1 处理数据
		C.2 得出结论
		C.3 分析与论证
	D.交流	D.1 表达交流
		D.2 反思评价

其次,邀请 6 位专家(3 位课程标准修订组专家、3 位课程专家)和 12 位专家(3 位课程专家、3 位教研员、6 位专家型教师)分别对标准实验内容和教科书实验内容进行编码。以"胡克定律"实验内容为例,某课程专家编码结果如表 4、表 5 所示。

表 4 专家对标准实验内容的编码结果示例

		对应表								
		A.问题		B.证据		C.解释			D.交流	
序号	标准实验内容	A.1 提出问题	A.2 作出猜想与假设	B.1 制订计划与设计实验	B.2 进行实验与收集数据	C.1 处理数据	C.2 得出结论	C.3 分析与论证	D.1 表达交流	D.2 反思评价
4	通过实验,了解胡克定律。必做:探究弹簧弹力与形变量的关系	√			√	√	√		√	
	素养水平	1		2		2			2	

说明:请依据上表中的"素养标准",在下表中对标准实验内容中涵盖的素养要素打"√",并判断相应的素养水平。

表 5 专家对教科书实验内容的编码结果示例

		对应表								
		A.问题		B.证据		C.解释			D.交流	
序号	标准实验内容	A.1 提出问题	A.2 做出猜想与假设	B.1 制订计划与设计实验	B.2 进行实验与收集数据	C.1 处理数据	C.2 得出结论	C.3 分析与论证	D.1 表达交流	D.2 反思评价
4	探究弹簧弹力与形变量的关系(必修1-P58)	√			√	√	√			
	素养水平	1		2		2			2	

再次，比较教科书实验内容与标准实验内容的编码结果，并依据素养要素关注度赋分表(见表6)和素养水平匹配度赋分表(见表7)，转化为领域专家打分表，如表8所示。接着，按照GAAT模型一致性指数计算公式，分别计算CC1指数、$CC2_i$指数、CC3指数和CC4b指数。

最后，依据一致性指数计算结果，对9位专家(3位课程标准修订组专家、3位教科书编写者、3位专家型教师)进行访谈，并通过访谈资料分析寻找量化研究结果的成因。

表6 素养要素关注度赋分表

描述	打分
教科书与课程标准在素养要素重点方面不匹配	0
教科书与课程标准在素养要素重点方面比较不匹配	1
教科书与课程标准在素养要素重点方面适度匹配	2
教科书与课程标准在素养要素重点方面比较匹配	3
教科书与课程标准在素养要素重点方面完全匹配	4

表7 素养水平匹配度赋分表

描述	打分
教科书实验内容低于标准实验内容4个素养水平	−1
教科书实验内容低于标准实验内容3个素养水平	−0.75
教科书实验内容低于标准实验内容2个素养水平	−0.5
教科书实验内容低于标准实验内容1个素养水平	−0.25
教科书实验内容的素养水平等同于标准实验内容的素养水平	0
教科书实验内容超出标准实验内容1个素养水平	0.25
教科书实验内容超出标准实验内容2个素养水平	0.5
教科书实验内容超出标准实验内容3个素养水平	0.75
教科书实验内容超出标准实验内容4个素养水平	1

表8 领域专家打分表示例

序号	教科书实验内容	素养要素关注度		素养水平匹配度	
4	探究弹簧弹力与形变量的关系（必修1-P58）	问题	4	问题	0.25
		证据	4	证据	0
		解释	4	解释	0
		交流	0	交流	−

4. 信效度分析

信度分析是对研究结果一致性的评估。通过信度检验发现，在对标准实验内容编码时，6位专家在素养要素上的内容分析信度 R 值在0.87—1.00之间，在素养水平上的内容分析信度 R 值在0.80—0.99之间，由此可知，6位专家的编码一致性较好，即信度较高；在对教科书实验内容编码时，12位专家在素养要素和素养水平上的内容分析信度 R 值均在0.95—1.00之间，由此可知，12位专家的编码一致性非常好，即信度非常高。

效度分析是对研究结果有效性的评估。通过效度检验发现,在分类方案或其中变量的效度①方面,本研究中内容分析的类目是科学探究素养的要素和水平,它所代表的抽象概念是标准实验内容与教科书实验内容,而实验内容又可以体现科学探究素养的要素与水平,因此,类目与它所代表的抽象概念之间是一致的,可以判定为类目或变量具有效度;在内容变量进行归因和阐释的效度②方面,本研究中内容分析的研究结果与邱文婷等对高中物理必修教科书实验的探究水平与过程技能的研究结果③一致,可以判定为基于内容分析的研究结果具有效度。

三、数据分析

通过 GAAT 模型的一致性指数计算,分析高中物理教科书实验内容与课程标准在科学探究素养四个要素上的一致性状况。此外,物理实验按照实验特性、教学组织、教材编写等不同分类标准可分为多种类型④,为比较不同类型的一致性水平差异,本研究还以实验特性为分类标准,将标准实验内容和教科书实验内容划分为探究性实验、验证性实验、测定性实验和基本练习性实验,进一步探究两者在物理实验类型上的一致性差异状况。

1. 内容领域覆盖度

问题、证据、解释、交流四要素的内容领域覆盖度 CC1 指数值,如图 1 所示。由于内容领域覆盖度、主题结构全面度、素养要素关注度的一致性指数范围均介于 0—1 之间,且指数值越高,一致性水平越高。因此,在证据要素上,教科书与课程标准的实验内容领域非常一致(CC1=0.94),在问题要素(CC1=0.59)、解释要素(CC1=0.74)上比较一致,在交流要素上非常不一致(CC1=0.11)。具体来看,教科书中九成以上的实验均体现了科学探究素养的证据要素,但在交流要素上,仅有"金属丝电阻率的测量""电池电动势和内阻的测量"等实验体现了科学探究素养的交流要素。进一步研究发现,不同实验类型的内容领域覆盖度 CC1 指数值如表 9 所示。由此可知,在实验内容领域上,教科书中的验证性实验、测定性实验与课程标准的一致性较高,而基本练习性实验与课程标准的一致性较低。

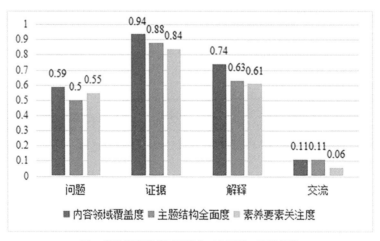

图 1　科学探究素养四要素在三方面的一致性状况

---

① 罗伯特·菲利普·韦伯:《内容分析法导论》,李明译,格致出版社 2019 年版,第 19 页。

② 罗伯特·菲利普·韦伯:《内容分析法导论》,李明译,格致出版社 2019 年版,第 19 页。

③ 邱文婷,张军朋:《高中物理教材实验的探究水平与过程技能研究——以 2019 年人教版、沪科教版、粤教版必修部分为例》,《物理教师》2021 年第 11 期,第 18-22 页。

④ 梁旭,彭前程:《高中物理新教材实验编写的原则与方法》,《物理实验》2020 年第 10 期,第 51-58 页。

表 9　不同实验类型的一致性指数统计

实验类型	内容领域覆盖度				主题结构全面度			
	问题	证据	解释	交流	问题	证据	解释	交流
探究性实验	0.56	0.92	0.72	0	0.47	0.84	0.63	0
验证性实验	1	1	1	0.67	1	1	1	0.67
测定性实验	1	1	1	0.56	1	1	1	0.5
基本练习性实验	0	1	0.29	0	0	1	0.29	0

实验类型	素养要素关注度				素养水平匹配度			
	问题	证据	解释	交流	问题	证据	解释	交流
探究性实验	0.5	0.89	0.64	0	−0.14	0.02	−0.05	−
验证性实验	1	0.83	0.88	0.33	0.21	0.08	−0.13	−0.75
测定性实验	1	0.82	0.72	0.31	0.01	−0.01	−0.15	−0.7
基本练习性实验	0	0.5	0.16	0	−	−0.69	−0.32	−

注："−"表示该实验类型未涉及科学探究素养的相应要素。

2. 主题结构全面度

问题、证据、解释、交流四要素的主题结构全面度 $CC2_i$ 指数值，如图 1 所示。由此可知，在证据要素上，教科书与课程标准在不同主题的实验分布上非常一致（$CC2_i=0.88$），在问题要素（$CC2_i=0.5$）、解释要素（$CC2_i=0.63$）上比较一致，在交流要素上非常不一致（$CC2_i=0.11$）。具体来看，在证据要素上，教科书只在"电路及其应用""曲线运动与万有引力定律"两个主题上的实验分布存在一定差异，但在交流要素上，教科书在"机械运动与物理模型"等六个主题上的实验分布均存在较大差异。进一步研究发现，不同实验类型的主题结构全面度 $CC2_i$ 指数值，如表 9 所示。由此可知，在不同主题的实验分布上，教科书中的验证性实验、测定性实验与课程标准的一致性较高，而基本练习性实验与课程标准的一致性较低。

3. 素养要素关注度

问题、证据、解释、交流四要素的素养要素关注度 CC3 指数值，如图 1 所示。由此可知，在证据要素（CC3=0.84）上，教科书与课程标准非常一致，在问题要素（CC3=0.55）、解释要素（CC3=0.61）上比较一致，在交流要素（CC3=0.06）上非常不一致。具体来看，在证据要素上，教科书中半数以上实验既可以引导学生进行实验与收集数据，又能够引导学生制订计划与设计实验，但在交流要素上，教科书中仅两成实验内容关注到了引导学生表达交流，大多数实验内容未引导学生反思评价。进一步研究发现，不同实验类型的素养要素关注度 CC3 指数值如表 9 所示。由此可知，在素养要素的重点方面上，教科书中的验证性实验与课程标准的一致性较高，而基本练习性实验与课程标准的一致性较低。

4. 素养水平匹配度

问题、证据、解释、交流四要素的素养水平匹配度 CC4b 指数值，如图 2 所示。由于素养水平匹配度的指数值越接近于 0，一致性水平越高；而指数值在 −1—0 之间，指数值越低，表明教科书实验内容低于标准实验内容的素养水平的程度越高，即一致性水平越低。因此，在问题要素、证据要素、解释要素上，教科书实验内容所体现的与标准实验内容所要求的素养水平均非常一致，略低于标准实验内容所要求的素养水平。但在交流要素上，教科书实验内容所体现的与标准实验内容所要求的素养水平非常不一致，远低于标准实验内容所要求的素养水平。具体来看，在问题要素、证据要素上，教科书多数实验内容所体现的素养均为水平 2；在解释要素上，教科书多数实验内容所体现的素养为水平 2、水平 3 和水平 4；而在交流要素上，教科书所有实验内容所体现的素养均为水平 1。进一步研究发现，不同实验类型的素养水平匹配度 CC4b 指数值，如表 9 所示。由此可知，在素养水平的匹配度上，教科书中的探究性实验与课程标准的一致性较高,而基本练习性实验与课程标准的一致性较低。

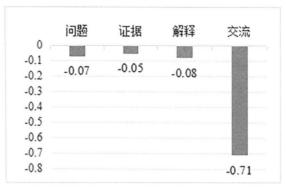

图 2　科学探究素养四要素在素养水平匹配度上的一致性状况

四、结论与建议

1. 研究结论

(1)高中物理教科书实验内容与课程标准在科学探究素养要求上的整体一致性较好

2019 年人教版高中物理教科书实验内容与课程标准在科学探究素养要求上的一致性较好,有助于促进学生的科学探究素养提升。具体表现在以下三个方面:一是课程标准提高了对物理实验的要求并规定了学生必做实验[①],而教科书与课程标准一致也增加了实验内容在教科书整体内容中的比重,这对于培养学生探究能力、增加物理教学趣味性等都十分有益;二是教科书较好地落实了课程标准对科学探究素养中证据、解释要素的要求,多数实验内容能够引导学生制订计划与设计实验、进行实验与收集数据、处理数据和得出结论等;三是教科书体现了更完整的实验探究过程,也给予了学生更多的自主探究空间,从实验思路上引导学生如何开展实验探究,有效促进了学生科学探究素养的提升。

(2)高中物理教科书实验内容对科学探究素养中交流要素的体现远低于课程标准要求

在交流要素上,教科书与课程标准在实验内容领域、不同主题的实验分布、素养要素的重点方面上均非常不一致,如教科书中近九成实验内容均未体现科学探究素养的交流要素。进一步研究发现,教科书中仅两成实验内容关注到了引导学生表达交流,大多数实验内容未引导学生反思评价。此外,在交流要素的素养水平上,教科书实验内容所体现的也远低于标准实验内容所要求的素养水平。进一步研究发现,教科书所有实验内容在交流要素上所体现的素养均为水平 1,远低于标准实验内容所要求的素养水平,究其原因,是教科书中的所有实验均未引导学生撰写实验报告,而只是引导学生交流、讨论产生实验误差的原因。

(3)验证性实验更好地落实了科学探究素养要求,基本练习性实验还有待完善

教科书中的验证性实验和测定性实验在实验内容领域、不同主题的实验分布上与课程标准对科学探究素养提出的问题、证据、解释要素的要求完全一致,在素养要素关注度上也较好地落实了课程标准对科学探究素养的要求。但教科书中的基本练习性实验却未涉及科学探究素养的问题、交流要素,且证据要素也远低于标准实验内容所要求的素养水平。访谈发现,专家们普遍认为教科书中对基本练习性实验内容的呈现更像"说明书",只是介绍游标卡尺、多用电表等实验仪器的原理和使用方法,这样不利于培养学生的科学探究素养,因此,应优化基本练习性实验。

2. 对策建议

(1)细化标准要求,提高物理实验内容与科学探究素养的关联性

----

① 人民教育出版社课程教材研究所物理课程教材研究开发中心:《普通高中教科书教师教学用书．物理:必修．第一册》,人民教育出版社 2019 年版,第 147-148 页。

教科书依据课程标准编制，要打造素养本位的教科书，首先要明确课程标准对教科书落实学科核心素养提出的具体要求。教科书可以直接呈现知识，却不能直接呈现素养，因为素养不是知识，而是通过知识的学习而逐渐形成的价值观念、必备品格和关键能力。因此，知识和素养从本质上看也是相互关联的。但从《普通高中物理课程标准（2017 年版 2020 年修订）》的课程内容部分可以发现，课程内容并未与物理学科核心素养相对应，而是在每一模块最后的"教学提示和学业要求"部分呈现了关于物理学科核心素养的总体要求。[①]访谈发现，专家对于课程标准是否应该提出课程内容与物理学科核心素养的明确对应要求持不同态度。部分专家认为，课程标准中的内容要求与素养要求是隐性对应关系，素养要求都隐含在课程内容描述、活动建议、教学提示、学业要求、必做实验里，无需提出明确的课程内容与物理学科核心素养的对应要求。但多数专家认为，目前课程标准中的内容要求与素养要求并未完全融合，因此，应细化课程标准中的素养要求，提高课程内容与物理学科核心素养的关联性。而在与实验相关的课程内容上，也应提高物理实验内容与科学探究素养的关联性，即提出二者之间明确的对应要求，以"胡克定律"实验为例，课程标准应指明该实验内容对应科学探究素养的哪些要素与哪种水平，如交流要素应涵盖"表达交流（D. 1）"，素养水平为"能撰写简单的报告，陈述科学探究过程和结果（水平 2）"，以此提高课程标准的可操作性，进而指导教科书编写、教师实验教学以及学生学业评价。

（2）优化教科书内容，加强物理实验的规范性与探究性

教科书是落实课程标准中课程理念的关键载体。研究发现，2019 年人教版高中物理教科书实验内容较好地落实了课程标准提出的科学探究素养要求，能够有效支撑学生的科学探究素养培养，但仍然存在"教科书实验内容对科学探究素养中交流要素的体现远低于课程标准要求、基本练习性实验未涉及科学探究素养、交流要素且证据要素的素养水平也远低于标准实验内容要求"等问题。因此，应优化教科书实验内容，加强规范性与探究性。首先，进一步渗透科学探究素养的交流要素要求，规范实验内容的科学探究程序。专家普遍认为，目前教科书中物理实验的规范性不够，应完善物理实验的关键环节与要素，如引导学生撰写实验报告、反思实验过程与结果等。其次，应优化基本练习性实验，依托任务驱动，增强教科书中基本练习性实验的探究性。例如，游标卡尺和螺旋测微器的练习使用实验，可以以"测量A4 纸厚度"为题布置实验任务，通过"如何选择实验仪器""如何使用实验仪器测量""如何能够更为精确地测量，减小实验误差"等问题引导学生认识、选择、使用实验仪器，并进一步引导学生反思实验过程与结果，规范撰写实验报告，从而更好地培养学生的科学探究素养。

（3）强化教师培训，提高物理教师的实验教学能力

教师是教科书的使用者，其教学能力越强，对教科书的掌控与调适就会越好，教学质量也会越高。因此，应进一步提高物理教师的实验教学能力，以确保他们能够高质高效地完成实验教学任务。首先，应在教师培训中渗透新课程理念，突出物理实验的重要性，鼓励教师以实验教学促进学生科学探究素养的形成。其次，开展实验教学的专题培训，提高培训的针对性。以学生必做实验为例，从实验教学目标、教学思路、教学内容、教学方法等方面详细解读实验教学过程，让教师实现举一反三、触类旁通。最后，丰富培训形式，让教师沉浸式学习。应开展多样化培训，不局限于讲座，例如听课培训，可以挑选一些经典课例，组织教师"走进"课堂学习。[②]只有"身临其境"地学习，教师才能真正体会和感受如何引导学生自主探究，从而提高自身实验教学能力。

[①] 中华人民共和国教育部：《普通高中物理课程标准（2017 年版 2020 年修订）》，人民教育出版社 2020 年版，第 13—14 页。

[②] 丁浩然，刘学智：《中小学教师教材素养：现状与进路》，《四川师范大学学报（社会科学版）》2021 年第 1 期，第 114—121 页。

Evaluation and Optimization of Experimental Content in Literacy-based High School Physics Textbooks
— A Consistency Analysis Based on GAAT Model

DING Haoran[1,2], LIU Xuezhi[3]

（1. Institute of Teacher Education, Northeast Normal University, Changchun Jilin, 130024; 2. China Basic Education Quality Monitoring Collaborative Innovation Center Northeast Normal University Branch, Changchun Jilin, 130024; 3. Faculty of Education, Northeast Normal University, Changchun Jilin, 130024）

Abstract: With the shift of curriculum philosophy from "knowledge-based" to "literacy oriented", the core competencies of disciplines have been inntegrated into the curriculum standands of various disciplines. To achieve a high degree of consistency between textbooks and curriculum standards, the integration of subject core competencies into textbooks will become necessary, and literacy oriented textbook evaluation will also become a new direction for textbook evaluation. Consistency research, as an important perspective for textbook evaluation, can provide effective methodological references for literacy oriented textbook evaluation through its analytical methods. This study applies the GAAT model to analyze the consistency between the experimental content in high school physics textbooks and the scientific inquiry literacy requirements of curriculum standards. Findings show a generally high degree of consistency but also reveal such, problems as insufficient expression of communication elements and insufficient exploratory nature of basic practice experiments. Recommendations include refining the corresponding requirements between standard experimental content and scientific inquiry literacy, enhancing the standardization and exploratory nature of experimental content in the textbooks, and improving teachers' instruction capacity in conducting experiments through teacher training.

Key words: scientific inquiry literacy, high school physics textbooks, physics experiment, GAAT model, consistency

《现代基础教育研究》

第59卷,2025年7月　　　　　〈Research on Modern Basic Education〉　　　　　Vol.59, Jul. 2025

教育数字化转型背景下整本书阅读教学的路径

赵江民,贾　慧

(新疆师范大学 中国语言文学学院,新疆 乌鲁木齐 830017)

摘　要:数字技术是推动教育数字化转型的重要力量,也是实现教学模式创新的关键要素。研究表明,数字化转型的整本书阅读面临阅读深度不足、阅读资源碎片化、阅读数据形式化、数字依赖加剧等困境。为破解此类困境,需通过提升数字信息素养、构建资源整合平台、建立数据驱动机制、平衡数字技术赋能等路径,实现整本书阅读教学的立体化与个性化,助力学生语文素养全面提升。

关键词:教育数字化转型;整本书阅读;实践路径

我国自20世纪90年代末开始普及网络技术应用。随着信息技术对社会变革的推进,教育信息化建设被纳入国家发展战略中。2010年,中共中央、国务院发布《国家中长期教育改革和发展规划纲要(2010—2020年)》,"数字化"概念首次出现在国家层面的教育政策文本中。[①] 2017年,国务院印发《国家教育事业发展"十三五"规划》,提出构建网络化、数字化、个性化、终身化的教育体系和相应学习环境。[②] 为贯彻落实《教育强国建设规划纲要(2024—2035年)》,教育部等九部门提出加快推进教育数字化的意见,以教育数字化为重要突破口,开辟教育发展新赛道和塑造发展新优势,全面支撑教育强国建设。[③] 一系列政策文件为教育数字化转型提供了方向指引。

教育数字化转型的关键任务是打造教育新场景,建设数字学习资源,提升教师数字化教学素养和胜任力,升级国家数字教育平台体系,用数字意识和理念治理教育数字化。[④] 教育数字化转型背景下的整本书阅读借助生成式人工智能和自然语言处理技术,通过接收反馈与创新生成,实现阅读

作者简介:赵江民,新疆师范大学中国语言文学学院教授,国家通用语言文字普及推广研究中心研究员,博士生导师,博士,主要从事语言学与应用语言学研究;贾慧,新疆师范大学中国语言文学学院博士研究生,主要从事语言学与语文教育研究。

① 新华社:《国家中长期教育改革和发展规划纲要(2010-2020年)》,载 https://www.gov.cn/jrzg/2010-07/29/content_1667143.htm,最后登录日期:2025年5月22日。

② 中共中央 国务院:《国务院关于印发国家教育事业发展"十三五"规划的通知》,载 https://www.gov.cn/zhengce/content/2017-01/19/content_5161341.htm,最后登录日期:2025年5月22日。

③ 中华人民共和国教育部等九部门:《教育部等九部门关于加快推进教育数字化的意见》,载 https://www.moe.gov.cn/fbh/live/2025/56808/twwd/202504/t20250416_1187611.html,最后登录日期:2025年5月22日。

④ 祝智庭,戴岭:《设计智慧驱动下教育数字化转型的目标向度、指导原则和实践路径》,《华东师范大学学报(教育科学版)》2023年第3期,第12-24页。

过程的个性化、多样化和高效化。然而,这也存在"技术依赖侵占自主思考""AI 解读削弱文化特色""辅助阅读代替深度品读"等潜在风险。[①]在这一背景下,如何借助数字技术突破传统整本书阅读的教学瓶颈,又避免其陷入技术依赖危机,成为亟待解决的课题。鉴于此,本研究以数字技术赋能整本书阅读为核心,在探索数字技术对于整本书阅读教学价值的基础上,剖析教育数字化转型背景下整本书阅读面临的困境,总结教育数字化转型赋能整本书阅读的实践路径,以期促进数字技术与整本书阅读教学的深度融合,全面提升学生的语文核心素养。

一、数字技术在整本书阅读教学中的价值

整本书阅读作为语文教学的核心任务之一,在提升学生语言素养、培养深度思维、塑造文化认同以及提升审美能力等方面,发挥着重要作用。《义务教育语文课程标准(2022 年版)》在"拓展型学习任务群""整本书阅读"部分明确指出:"本学习任务群旨在引导学生在语文实践活动中,根据阅读目的和兴趣选择合适的图书,制订阅读计划,综合运用多种方法阅读整本书;借助多种方式分享阅读心得,交流研讨阅读中的问题,积累整本书阅读经验,养成良好阅读习惯,提高整体认知能力,丰富精神世界。"[②]纵观"整本书阅读"任务群的要求,其目的并非仅停留在"读完一本书"的结果上,而是通过阅读实践,让学生在方法、习惯、思维、精神层面实现多维提升。数字技术的个性化学习支持能力与"整本书阅读"任务群的培养目标不谋而合。在阅读书目的选择上,通过个性化推荐模型,精准适配学生阅读需求,根据阅读目的和兴趣选择适宜书目;在阅读计划的制订上,挖掘学生的阅读兴趣、速度、知识储备等个性化数据,智能生成动态调整的阅读计划;在阅读方法的运用上,基于不同文本类型及阅读目的,为学生推荐精读、略读、对比阅读等阅读方法,并通过语音讲解、

动态标注等交互形式进行示范教学;在阅读心得的分享上,依托虚拟读书会、在线讨论等多模态交互平台,拓展分享的广度与深度,推动阅读心得分享从单向输出到互动式的思维碰撞。综上可知,通过数字技术为阅读教学赋能,突破时空限制,激发学生阅读兴趣,培养学生阅读能力、思维能力、文学素养和文化底蕴,最终形成"以学生为中心"的个性化、互动化学习生态。[③]

二、教育数字化转型背景下整本书阅读教学的困境

数字技术对整本书阅读的价值不言而喻,但在教育数字化转型的深层推进中,技术赋能的整本书阅读教学实践仍存在诸多困境。

1. 技术应用浅表,阅读深度不足

目前,在整本书阅读教学中,存在技术应用表面化和深度融合不足等困境。一是教师将数字化工具简单等同于多媒体展示、任务发放,忽视文本特质与教学目标的深度适配;二是学习方式浅层化,导致技术赋能停留于形式,未能有效支撑深度阅读。

以《红楼梦》整本书阅读为例[④],教师通过钉钉平台发布《红楼梦》前五回阅读任务单,要求学生填写"人物关系表""事件分类表"等。若任务设计仅强调信息提取(如机械填写人物姓名、事件时间),而忽略对文本深层内涵的探究(如"梦境"的象征意义、语言个性化对角色塑造的作用),则技术工具成为机械化记录的手段,学生可能通过快速浏览完成表格,却未思考作者如何通过"太虚幻境"暗示人物命运,或如何通过对话展现贾宝玉的反叛性格。此类困境源自教师对教学目标把握偏差以及对技术工具运用的局限性,在设计阅读任务单时,侧重于信息提取,而忽视了对文本深层内涵的挖掘,促使技术应用未能与教学目标深度融合,最终造成技术与教学目标脱节。

① 冉颖,周家翠:《生成式人工智能赋能〈红楼梦〉整本书阅读教学路径研讨》,《西藏教育》2024 年第 11 期,第 11-14 页。
② 中华人民共和国教育部:《义务教育语文课程标准(2022 年版)》,北京师范大学出版社 2022 年版,第 31-32 页。
③ 何莉:《智能时代普通高中科学教育的转型路径——以上海市 L 高中为例》,《上海教育科研》2024 年第 8 期,第 80-83 页。
④ 沈俊高:《"双线融合"式整本书阅读教学模式探究——以〈红楼梦〉为例》,《中学语文》2024 年第 2 期,第 26-29 页。

2. 系统整合困难，阅读资源碎片化

数字化资源的海量性特征易使整本书阅读陷入"信息过载"困境。一是平台资源往往按章节、主题机械切割文本，缺乏基于阅读认知规律的结构化设计，导致学生陷入"拼图式"阅读，难以形成对文本的整体性认知。二是数字阅读界面普遍存在弹窗推荐、热点跳转等干扰设计，致使学生单次阅读专注时长不足，无法形成持续性的文本沉浸体验。

以《三国演义》教学为例[①]，在解析"刘备掷子"等复杂情节时，教师借助三维动漫视频展示刘备的"痛心疾首"神态，并设计辩论活动（如"刘备是否应该为得人心掷亲子"）。然而，若视频资源、辩论素材、文本分析工具（如批注软件）分散于不同平台（如钉钉、腾讯课堂、本地文件），学生需频繁切换界面以获取信息，学习过程被割裂，导致认知负荷增加，影响思辨深度。此类问题源于缺乏一个系统整合资源的平台，不同类型的数字资源分散在多个不同平台，导致阅读教学过程中资源使用混乱，无法形成连贯的阅读学习链条。

3. 缺失精准指导，阅读数据形式化

数据是教育行业的重要资源，也是精准教学的核心要素。[②]而在当前的整本书阅读教学中尚存在数据应用形式化，缺失精准指导的问题，主要体现在两个方面：一是整本书阅读数据聚焦表层行为，如学生的阅读时长、答题正确率、批注数量等，无法动态追踪阅读思维过程；二是教师缺乏对数据背后学生阅读行为与思维特点的分析能力，难以针对每位学生的薄弱环节提供个性化的阅读指导，导致数据失去了助力精准教学的价值。

以"融·乐"课堂理念下数据助力整本书阅读教学为例[③]，教师通过智慧平台统计学生阅读登录次数、阅读时长等行为数据，若数据仅用于量化"阅读积极性"（如登录频率），而未结合阅读深度指标（如批注质量、讨论参与度）进行多维度分析，则难以精准评估学生阅读能力，如某学生虽频繁登录平台，但仅快速浏览章节梗概，未深入分析人物心理，此类数据无法为教师提供有效反馈。此类困境源于部分教师缺乏数据素养与专业分析能力，无法运用统计学、教育学等理论深度挖掘数据；同时，教师日常教学任务繁重，无暇对阅读数据进行系统分析与解读，致使数据处理流于形式，无法将其转化为精准教学策略。因此，阅读数据需从"统计展示"转向"精准赋能"，教师应构建"收集—分析—干预"的闭环。唯有实现阅读数据与教学的深度耦合，方能破解形式化困境，挖掘整本书阅读数字化转型的真正价值。

4. 数字依赖加剧，阅读质量下滑

数字技术拓宽了整本书阅读的边界，但也面临着双重挑战：一是"技术依赖"侵占"自主思考"，人工智能技术的"有问必答"使得学生无需深入思考就能得到答案。长此以往，学生在完成阅读作业时，便不会独立思考，只想依赖数字技术的一键生成，导致思维惰性增强，阅读理解能力难以提升。二是"AI解读"削弱"文化特色"，人工智能技术基于语言表征和上下文内容对文本进行解读[⑦]，而整本书阅读中的经典文学作品，往往蕴含深厚的文化内涵和独特的表达风格，人工智能技术虽然能快速进行文本分析，但其往往难以深入理解人类情感和文化背景，促使经典作品的解读千篇一律，缺乏个性和深度。

以生成式人工智能赋能《红楼梦》整本书阅读研讨为例[⑦]，学生通过指令与人工智能进行人机对话，如："写出《红楼梦》考点""在阅读《红楼梦》时，怎样才能做到快速高效地阅读"。生成式人工智能解释甄士隐谐音"真事隐"，即隐去真事，但并不知晓其名字来历，更无法参透曹雪芹深厚的文化修养。此类困境由多重因素交织导致，如数字化资源碎片化诱发浅层阅读，数字工具与深度阅读脱节，学生元认知能力薄弱，阅读过程缺乏规划与反思等。教师应当引导和监督学生科学使用人工智能技术，提高学生的数字素养，增强学生对信息的甄别能力。

① 王晨：《三维动漫助力整本书阅读教学——以〈三国演义〉为例》，《中国现代教育装备》2022年第4期，第47—49页。

② 吴明超，许勇辉，曾海刚：《教育数字化转型背景下精准教学的现实困境与突破路向》，《教育信息技术》2023年第10期，第60—63页。

③ 周冠祥：《"融·乐"课堂教学理念下智慧课堂精准数据助力中职语文整本书阅读教学》，《中国现代教育杂志》2023年第24期，第51—53页。

三、数字化赋能整本书阅读的教学路径

针对数字化转型背景下整本书阅读的困境,下文将从提升数字信息素养、构建资源整合平台、建立数据驱动机制及实施混合式阅读策略等方面,探讨数字化赋能整本书阅读的教学路径。

1. 提升数字信息素养,深化阅读体验

数字素养是推动数字化教学质量的重要动力。通过数字化阅读教学模式创新、数字化阅读教学工具应用、团队协作与共享等措施,能够有效提升教师数字素养,深化阅读体验,激发学生学习兴趣,从而构建更具深度与活力的数字化教学生态。下文以 ChatGPT 在《乡土中国》阅读教学中的应用为例[①],探索 ChatGPT 的应用潜能,推动整本书阅读教学与数字化工具融合。

课前阶段:一是资料搜集。教师可借助 ChatGPT 强大的检索功能,获取费孝通先生及《乡土中国》的背景信息,对文章形成更深刻的解读,从而破解《乡土中国》的资料搜集和理解难题。二是教案撰写。在获得相应的角色和任务设定后,ChatGPT 能自动生成《乡土中国》整本书阅读的教案底稿,并跟随教师的任务"牵引"而不断调整。三是活动设计。教师通过目标约束可利用 ChatGPT 生成如下学习活动的预设计,还可通过指令进一步细化活动内容,使其更具操作性。

课中阶段:一是支持个性化教学。在《乡土中国》阅读过程中,ChatGPT 可根据学生的学习风格做出交互式响应,从而为学生提供个性化学习体验。二是助力情境化教学。GPT-4 和 PaLM-E 技术的结合,可以实现图像和文字整合,生成多模态、可视化的信息,让乡土社会更生动、适时地展现出来,完成《乡土中国》内容与生活的链接,缩小文本与学生认知的距离。

课后阶段:一是生成作业,ChatGPT 可以调动多学科资源,根据指令生成有针对性的作业,并制订出作业评价方案。二是教学诊断与评价,ChatGPT 可协助教师对学生的乡土调研报告进行评估,并提供反馈和建议;同时,还能搜集教学过程中蕴藏丰富价值的海量数据,帮助教师开展教学反思。

在上述教学案例中,数字技术贯穿于整个教学活动之中,为提升数字信息素养、深化阅读体验,可从教学全流程着手。课前,教师借助智能工具检索文献,生成教案框架并优化学习活动设计,整合多元资源形成教学方案;课中,利用数字技术的交互性与多模态特性,为学生提供个性化阅读指导,创设沉浸式学习情境,促进文本与现实的联结;课后,通过智能系统生成分层作业与评价方案,结合数据反馈精准诊断学习问题,辅助师生反思改进,最终实现技术赋能下阅读能力与信息素养的协同提升。

2. 构建资源整合平台,优化阅读内容供给

相较于碎片化阅读,整本书阅读模式更强调学生思考的系统性与全面性。[②]数字化教学资源与整本书阅读相融合,有利于将传统文字等教学资源的优势和数字化资源的优势结合,实现阅读学习环境、学习方式、学习资源的互补。以国家中小学智慧教育平台推进《鲁滨逊漂流记》阅读教学为例[③],教师在了解学生阅读情况的基础上设定分层阅读目标,借助国家中小学智慧教育平台按周推送课程资源。

导读:首先,教师挖掘智慧教育平台上的经典阅读资源,将《鲁滨逊漂流记》的线上阅读链接生成二维码,让学生随时可以阅读。其次,教师把图书封面放入"月读"活动海报中,通过猜读激发学生阅读兴趣。然后,借助大数据平台开展《鲁滨逊漂流记》整本书阅读情况问卷调查,了解学生的阅读经验与阅读能力。最后,根据数据结果,建立学生"月读"档案,制订"月读"计划,并通过国家中小学智慧教育平台建立的班级群发布阅读计划。

推送:教师依据"月读"档案,借助智慧教育平

① 李芳芳、陈志平:《人工智能技术赋能整本书阅读教学——以 ChatGPT 在〈乡土中国〉阅读教学中的应用为例》,《语文建设》2024年第 1 期,第 15-21 页。

② 张娟娟:《核心素养下小学语文整本书阅读教学:概念、价值与路径》,《华夏教师》2024 年第 28 期,第 95-97 页。

③ 张秋燕:《依托国家中小学智慧教育平台推进整本书阅读——以〈鲁滨逊漂流记〉教学为例》,《中小学数字化教学》2025 年第 2 期,第 60-64 页。

台按周推送不同层次的课程资源，并设置阅读打卡、每日朗读打卡、练字打卡、每日摘抄打卡等任务，布置基础套餐、增值套餐和流量套餐等分层阅读活动，学生自主选择阅读任务，提交阅读成果，教师跟进学生阅读进度，点评作业，及时更新学生阅读档案。

展示：教师借助平台生成个性化"月读"资源，创建线上线下对话支架，引发学生对小说人物的深入思考，引导学生拓展阅读同类书籍，搭建读书共同体对话支架，依托平台进行多元评价，促进阅读效果转化，学生通过多种形式展示个性化阅读成果，提升阅读体验。

在上述教学环节中，教师借助国家中小学智慧教育平台，引领建构、分层推进、拓展提升整本书阅读档案，开展线上整本书阅读活动，引导学生走向整本书阅读的纵深处。因此，构建资源整合平台优化内容供给，需紧扣三个环节：一是实现资源聚合与精准投放，例如，整合智慧教育平台的《鲁滨逊漂流记》电子书、导读视频等生成二维码，结合学生阅读能力数据匹配阅读计划；二是建立分层供给与动态调整机制，依托平台按周推送基础套餐（每日摘抄）、增值套餐（人物分析指南）等分层任务，根据学生打卡数据实时更新"月读"档案，优化资源推送梯度；三是构建共享与持续迭代体系，通过平台汇集学生朗读音频、读书笔记等生成个性化资源库，搭建"漂流日记共享空间"等对话支架，结合同类书籍推荐和多元评价数据完成资源库优化更新。

3. 建立数据驱动机制，实施精准阅读指导

依托智慧学习环境实施精准教学，是突破传统教学困境、实现教学改革创新的手段。[①]以基于大数据的小学"整本书阅读"活动范式的实践研究为例[②]，数据驱动的精准整本书阅读教学是由关注静态阅读结果数据向生成式阅读全过程的行为转变。

阅读过程数据：在开展《西游记》全学科阅读活动中，M老师针对班级学生在阅读反馈活动中发言不踊跃、表现沉闷的情况，利用讨论面板发布讨论话题。其中，采集到学生参与讨论的数据，能够帮助教师了解学生的主要观点及存在问题。

阅读结果数据：通过钉钉群、问卷星，对四、五年级学生及部分语文教师进行问卷调查，了解师生对"整本书阅读"的看法和建议。根据调查现状，教师研制"导读"任务单推送给学生进行阅读能力检测。教研组根据学习任务单完成后的统计数据和智能平台上的讨论数据等，开展分类研究，分析学生在阅读行为中产生的问题及其归因，分类分层预设解决策略，进一步完善阅读活动方案。

批注式精准指导：通过钉钉班级阅读圈，建立主题式的阅读打卡，教师依托阅读打卡轨迹，引导学生走进文本角色。在批注阅读中，教师和学生建立批注互动，形成精细指导，收获语文能力的提升。

上述案例中，基于大数据分析技术的阅读结果和阅读过程数据，对于调整阅读活动教学、实施精准阅读指导、提升阅读教学质量起到关键作用。一方面，建立整本书阅读的数据驱动机制。数据采集和分析既关注阅读结果的数据采集，也注重将课堂人机交互、边缘计算、虚拟技术及眼动追踪等人工智能技术运用在课堂阅读教学活动设计和过程调控中。另一方面，基于整本书阅读数据实施精准指导。教师深度分析阅读报告，为学生制订个性化阅读目标，推送分层阅读资源，布置分层阅读作业，实现整本书阅读的精准指导。

4. 平衡数字技术赋能，提升阅读质量

尽管数字技术赋能整本书阅读为大势所趋，但完全依赖数字技术并非明智之举，应当寻找数字技术与整本书阅读之间的平衡点，规避弊端，让技术成为提升整本书阅读成效的助力。其一，通过教育和宣传活动加强学生合理使用人工智能技术的意识，使学生认识到人工智能技术只是一种辅助阅读的工具，不能替代阅读本身，引导学生学习数字技术的"人—机"交互模式，模拟具体语境交流阅读心得，从阅读输入走向阅读输出。[③]其二，技术开发者和教育者要加强系统端的管理。技术开发者在设计人工智能阅读系统时，要依据

① 张静，高文丽，龙芳，吴红玲：《基于"智慧导学"的小学英语精准教学探索》，《教学与管理》2021年第9期，第102-105页。
② 杨水英：《基于大数据的小学"整本书阅读"活动范式的实践研究》，《教育》2024年第17期，第111-113页。
③ 周剑清，何培富：《通用人工智能AGI赋能整本书阅读的变革、潜在风险及其纾解》，《湖北师范大学学报（哲学社会科学版）》2025年5月30日网络首发，载 https://kns.cnki.net/kcms/detail/42.1890.C.20250506.1146.004.html。

著作的题材、内容、语言风格、情节等要素,为低龄用户生成图文并茂的简化内容,为青少年及成人用户提供有效结合人工智能技术和自主阅读的智能。教育者在引导学生使用人工智能技术辅助整本书阅读时,可以进行功能限制,例如仅提供一定数量的内容总结或限制连续使用时长,鼓励学生自主阅读。① 或是采用线上线下混合教学模式,在线上学习的基础上,更关注学生的独立思考。下面通过混合教学的方式,导读《骆驼祥子》,与学生一起分析认识祥子和祥子身边的世界。①

线上学习+线上讨论:抓住祥子身边的人。教师线上发布"绘制以祥子为中心的人物关系图"的任务,要求学生根据原著内容标清各个人物与祥子之间的关系,并梳理出重要情节;在绘制"人物关系图"的基础上,教师引导学生线上讨论"谁是祥子最大的噩梦",借助开放性问题训练学生逻辑思维能力。

线上学习+线下讨论:抓住祥子经历的事。线上指导学生绘制祥子"三起三落"坐标图,把握祥子的重大经历和变化关键点;线下结合坐标图与人物关系图,引导学生思考"是什么导致了祥子的堕落"。

线上学习+线下讨论:抓住祥子自己的变化。线上布置学习活动任务:梳理祥子从什么时候开始吸烟喝酒,"绘制祥子流泪漫画图",引导学生关注祥子自身变化;线下师生共同从自身性格、生活环境和社会时代背景等方面分析探讨祥子悲剧的根源。

上述教学案例采用线上线下混合式阅读教学策略,通过分析、比较、讨论等方法,引导学生对阅读内容进行思考,其核心在于利用数字技术拓展学生思维广度,教师则在其中发挥引导和促进讨论的作用,最终帮助学生形成对某一阅读问题的自我认识。

The Teaching Pathways for the Whole Book Reading under the Background of Digital Transformation in Education

ZHAO Jiangmin , JIA Hui

(School of Chinese Language and Literature , Xinjiang Normal University , Urumqi Xinjiang, 830017)

Abstract: Digital technology serves as a driving force behind the digital transformation in education and a key element in innovating teaching models. The findings reveal that whole book reading in the context of digital transformation confronts multiple dilemmas like insufficient reading depth, fragmented reading resources, formalized reading data, and exacerbated technological dependency. To address these issues, it is necessary to enhance digital information literacy, build resource integration platforms, establish data-driven mechanisms, and balance digital technology empowerment. These measures aim to achieve multidimensional and personalized teaching of whole-book reading, thereby enhancing students' overall Chinese literacy.

Key words: digital transformation in education , whole book reading , practice pathways

---

① 张彪:《整本书阅读中逻辑思维能力的培养策略——以线上线下混合导读〈骆驼祥子〉为例》,《语文教学通讯》2022年第32期,第37-40页。

智能时代道德知识的变革、审思及教育应对

王素云

（南京师范大学 道德教育研究所，江苏 南京 210097）

摘　要：在智能时代，技术引发道德知识形态、表征及习得方式等革新，知识形态由"硬知识"走向"软知识"，表征由文字符号走向智能样态，道德知识习得从现实主体活动走向虚实主体的交互实践。基于道德知识变革的思考，需将"人机互构"的知识作为学科知识的补充，建立知识学习与问题探究的关联，并在德育教师与智能教师的协同下，通过虚实相融的交往、问题解决，助力道德知识向道德智慧转变。

关键词：智能时代；智能技术；道德知识；道德学习

　　道德知识是指关于道德原则、规范、价值观及其在实际生活中应用的知识体系。它不仅仅是一个理论框架，更包括人们通过实践和经验积累的道德智慧。进入智能时代，知识的数量、形态和存在逻辑发生显著变化[①]，道德知识快速增长、加速流动，道德知识的泛在化、表征的技术化及习得方式的智能化，极大地影响道德知识的学习，令其与道德发展的转化变得更加复杂。面对新时代的挑战，需探索智能时代道德知识的变革维度，用技术赋能道德知识，助力道德发展的内在机理，将道德知识学习与道德认知形成、道德思维培养和美德生成相结合，以解决道德知识育人的困境。

一、智能时代道德知识变革的结构维度

　　在智能时代，人工智能技术创造大量知识资源，并通过超链接和大数据等方式连接虚拟的道德内容，打破道德知识的固定结构，道德知识在虚拟网络中呈现出流动性。存储系统、智能链接等使得道德知识的表征形式从文字走向动态音频、视频及具象化的图片、情境等。技术赋能下，道德知识习得从现实主体之间的授受活动转向智能体与人、人与客观世界之间虚实相融的交互实践。伴随着道德知识与技术的共生融合，其形态、表征及习得过程都历经深刻的变革。

　　1. 道德知识形态：由稳定性的"硬知识"走向流动性的"软知识"

　　智能时代，随着人工智能技术介入道德课堂的深入发展，不断生成的线上资源以超链接方式进入学

基金项目：国家社科基金（教育学）重大项目"中国特色社会主义教育学话语体系研究"（项目编号：VAA220010）。

作者简介：王素云，南京师范大学道德教育研究所博士研究生，主要从事教育基本理论研究。

① 刘鹏、李佳宁：《论智能时代的学生主体性及其培育》，《电化教育研究》2024年第2期，第42-47页。

校知识体系,虚实结合、线上线下互补的学习资源逐渐突破传统教材、课堂等内容的束缚[1],推动道德知识从"硬知识"向流动化的"软知识"转变。在以往的道德学习中,权威专家、学科人员对道德现象的观察、体验、实践等进行反思、理性总结,生成确定性知识,形成的知识以学科知识、道德规则和伦理观念等方式固定,指向一种客观真理。这种价值中立的客观真理由少数科学家、专家学者经过严密的科学发现过程而决定。[2]生成式人工智能技术介入后,技术数据、代码加速运行等催生信息膨胀、知识洪流,知识的权威也不再属于各领域的专家[3],任何持有智能设备的人(每一个人)都可以是自我知识的创建者[4],多元主体如学生、教师也能在大数据和互联网支持下,分享关于道德现象的想法、价值理念。借助生成式人工智能的深度搜索、跨界融合和知识加工技术,主体可以挖掘、获取和整合不同形式的道德知识,形成个人的知识体系。在这一趋势下,新鲜的道德名词和概念等层出不穷,而伴随着智能技术发展、多主体交互活动,不断涌现的道德知识可能在未获得充分确证之前,便已流入开放的知识网络中持续更迭,打破道德知识的稳定性。

智能时代的道德知识不再是一成不变的,而是碎片化、流动化与灵活多变的。[5]道德知识在生成过程中得以丰富,道德知识涵盖维度更加多元,包括明知识(道德学科知识、真实德育材料、虚拟平台中的德育资源)、默知识(主体在真实情境中获得的道德经验、通过技术在虚拟情境中形成的道德经验、人机互动后生成的道德知识)、暗知识(机器掌握但人无法直接感知、表达和描述的道德知识[6]),道德知识范畴也将拓展到现实社会道德、技术新兴数字伦理和网络公民行为等多个领域。

2. 道德知识表征:由静态性的文字符号走向动态性的智能样态

智能时代到来,人工智能介入帮助主体进行道德知识的编辑与创作,使道德知识的形态愈加多样化,涵盖现实生活事件、主体心理变化和虚拟空间现象等多个层面,兼具现实性与虚拟性的特点。而互联网、物联网等能将流动生成的道德内容转化并整合,将各种复杂多变的道德知识转变为可度量数码,对各种知识进行编译[7],并以智能图像、视频等形式呈现,使道德知识的表达形式从传统的文字符号发展为智能化的样态。在传统道德学习中,知识的内在表现为学生的认知活动和隐性心理活动,外在表现为符合认知结构的表情、行为动作。在统一的文字符号出现后,道德知识逐渐从"个性化"转向"共识化"表达,表征形式也从个体的心理活动和个性化的道德行为,发展为德育材料中的文字形式。进入智能时代,真实与虚拟多模态之间的相互弥补和增强,让知识变得更加直观、立体[8],通过可视化技术能将学生隐性的心理活动和思维过程具象化。学生可以通过智能符号、虚拟文字来表达对道德事物的理解,也可以借助声音、图像和三维动画实时展现自身道德认知的变化,许多原先因难以具象呈现而被忽视的经验,亦能纳入道德知识的表征范围。

在互联网、物联网支持下,文字、图片、语音、视频之间的壁垒逐渐瓦解[9],网络中的图像、音频和视频等使原本以文字符号呈现的道德知识更加具体、直观。道德知识的表征方式从静态的书本、教材扩展至虚拟文本、电子资源以及线上德育平台中的虚拟视频、图片和在线数据库等。智能技术借助符号、文字、语言等"串行信息"和行为、图像、情境等"并行信息"对道德知识进行具象化表达,超链接和大数据算法

① 张良,关素芳:《为理解而学:人工智能时代的知识学习》,《湖南师范大学教育科学学报》2021 年第 1 期,第 55-60 页。
② 张华:《课程与教学论》,上海教育出版社 2000 年版,第 467 页。
③ 王俊美:《ChatGPT 改变人类知识生产方式》,载 https://www.cssn.cn/skgz/bwyc/202302/t20230220_5589309.shtml,最后登录日期:2024 年 3 月 18 日。
④ 霍华德·加德纳,凯蒂·戴维斯:《APP 一代:网络化科学的新时代》,李一飞,金阳译,电子工业出版社 2015 年版,第 199 页。
⑤ 张良,易伶俐:《试论未来学校背景下教学范式的转型——基于知识观重建的视角》,《中国电化教育》2020 年第 4 期,第 87-92 页,第 117 页。
⑥ 王维嘉:《暗知识:机器认知如何颠覆商业和社会》,中信出版社 2019 年版,第 27 页。
⑦ 王健敏:《道德学习论》,浙江教育出版社 2002 年版,第 302 页。
⑧ 刘春锋,吴亚平,王继民:《人工智能生成内容技术对知识生产与传播的影响》,《情报杂志》2023 年第 7 期,第 123-130 页。
⑨ 严帅:《运用人工智能优化学校德育工作》,《光明日报》2023 年 4 月 18 日,第 2 版。

将具象化的道德知识存储、转化并整合在德育平台中,赋予其链接化、虚拟化和网络化的特征,由此形成了全新的知识连接方式。

3. 道德知识习得:由现实主体之间的授受活动走向虚实主体之间的交互性实践

在大数据和互联网推动下,道德知识的流动和生成变得愈加迅速。可视化数据使道德知识的表征更加具体,虚拟现实和增强现实等技术也开始融入道德课堂。智能技术、技术构建的智能体等,正在以非人类的"身份"与学生、教师共同参与道德学习,人与智能体、人与人之间的互动实践共同影响道德知识习得过程。在传统的道德学习中,知识习得主要发生在道德课堂或学校教室中,教师作为知识的权威者或社会规范的代言人,学生是知识被动的接受者或是社会规则的誊抄者[①],学生获得道德知识主要依靠教师的传授,形成了以道德知识"传授—接收"为主要结构的形态。在智能时代,学生不仅在德育课堂中学习知识,与教师围绕道德问题对话探讨,也借助互联网、信息平台随时随地反映自我的道德认识,通过大数据、算法技术与虚拟智能体进行探讨与共同实践,可见,学生成为了习得与建构道德知识的主体。智能技术的嵌入,将道德知识习得方式从独白式的知识习得学习、对话式的社会参与,发展到人机交互的知识创造。[②]

技术赋能道德知识学习,使道德知识习得过程与主体实践相融合。这一转变使道德知识习得方式从单纯的认知活动转向身体的具身实践,突破传统经验主义的限制,即强调所有知识都取决于个人的经验。[③]在习得与建构道德知识的过程中,学生应对现实世界的道德难题,也处理虚拟世界中的特殊事件和虚实交融衍生的两难问题,知识的获取不仅是认知层面的知识建构过程,也表现在社会层面。[④]主体之间的互动实践打破道德课堂所形成的单一关系,扩展学生所处的道德关系,也将道德知识的习得、知识实践、主体之间的互动、价值选择和生命志趣等建立关联。

二、智能时代道德知识变革的内在审思

智能技术革新了道德知识形态、表征与习得过程,多元形态的道德知识不断渗入道德学习中,影响着德育课堂中知识的选择。技术能更加具象地表征道德知识,却难以体现其内在的情感与体验,技术主导的道德知识习得往往偏向理性,弱化其对人思维、德性等的意义。因此,需要思考如何将流动的道德知识与学科知识相融合,寻求技术具象化与主体体验的结合,在技术赋能的道德知识学习中实现"育智"与"育德"的平衡。

1. "生成性"与"确定性"的道德知识内容的融合

在智能时代,伴随人工智能与现实主体的交互实践,以及主体与客观事物之间的相互影响,道德知识不断生成,知识数量的无限膨胀;生成、流动的道德知识呈现开放性状态,道德知识的内容也日益复杂。当道德知识不断涌现时,人工智能可以从复杂的道德知识中快速选择、提取和组织,以一秒钟上万次的速度对其进行更高精度的编码和解码,使之成为以人类智识看来不可思议、无懈可击的新知识体系[⑤],超越传统德育教材的框架,形成更为灵活、紧密的知识图谱体系。

不过,技术所形成的道德知识与道德课堂中道德知识的调和问题也日益凸显。需要思考如何将德育课程中的知识与智能社会中新出现的知识、技术构建的道德知识有效融合,帮助学生在有限的学习时间里提升高质量知识的储备,推动道德认知的真实发展。智能时代的道德知识是现实生活中的道德现象、虚拟世界中的某种事物与主观世界中认识的间接反映或具象投射,而 VR/AR 等技术构建的虚拟道

① 宋文文,曾瑶,张广君:《走向"超越知识观":智能时代的知识观变革与教学知识观取向》,《中国社会科学报》2022 年 6 月 10 日。
② 刘大军:《从知识习得到知识创造——论大学生学习方式的嬗变》,《高教探索》2015 年第 2 期,第 11-15 页,第 31 页。
③ 阿隆·齐默曼:《道德知识论》,叶磊蕾译,华夏出版社 2019 年版,第 270 页。
④ 李松林:《控制与自主:课堂场域中的权力逻辑》,教育科学出版社 2010 年版,第 137 页。
⑤ 鲁子箫:《智能时代知识变迁中的教学知识变革》,《教育研究》2024 年第 2 期,第 55-66 页。

德现象与真实世界中的道德现象存在非同步性,人工智能技术和模型算法在人类操控下可能形成虚假性的内容,如果这些知识被鉴别能力不足的学生接触,可能导致错误的道德认知。在探索"人机互构"的道德知识与道德学科知识融合过程中,需寻求伦理正确和认知真实的道德知识,以避免虚假知识或不良信息介入道德学习,难以保证道德知识应有的真实性。

2. 道德知识表征"技术化"与"体验化"的结合

智能时代,图像、音频等以具象方式表征道德知识,可能会加剧"科学化成为知识领域的一个被普遍默认的传统与倾向"。[①] 在智能技术介入下,学生倾向于以技术逻辑认知知识,以智能科学表征知识的一切,以科学算法等建立确定性体系,将其演化成一套技术原则或操作流程,以期精准把握与运用道德知识。客观数据的量化标准、直接确定的表征方式可能弱化学生发挥能动性领悟道德知识的过程,技术表征道德知识也使学生不再主动积极体验与感受道德事物,道德知识的目的性与确定性越来越强,而归属人的道德知识领悟过程中生成性的情感体验、理性思辨等越来越少,进一步造成异质性道德知识体验朝着同一性知识伦理规则趋近,从而淹没了有个性的人,宏大叙事的整体道德压倒个体道德。[②]

道德知识的学习是"逻辑—认知与情感—体验"的统一,而人工智能以虚拟化媒介、图像音频等表征道德知识,其往往是预先设计好的算法程序。学生依赖预设性媒介去学习道德知识,能通过可视化数据获得道德知识的形式内容,却难以体验到知识背后内蕴的丰盈元素,如在道德知识建构中主体的直觉判断、情感变化、思维活动,主体之间的精神交流、思想传递、情感共鸣等。虚拟代码表征道德知识的方式正在不断消解知识内蕴的人文性、情感性、创造性,使道德学习面临机械化、刻板化、单调化的困境,人工智能驱动的知识也容易使学生形成表面化、快餐化的接受心态,技术对道德事实与概念过度关注,而忽视道德知识的体验情感维度,难以保证道德学习的深邃性、深刻性和深远性。

3. 道德知识习得"育德"与"育智"价值的平衡

智能时代,人工智能将道德知识从教科书上按照学科逻辑排列的关联条目,走向互联网上依靠超链接保持联系却高度分散的数据库知识形态,智能语言机器人的引入可以改变知识的面貌,但仍未影响知识的学习地位。智能语言机器人、虚拟现实技术及智能学习支持系统等依然着力完成以知识促认知的教育[③],以大量涌现、直接呈现的知识促进学生道德认知的发展。道德知识的习得不仅涉及认识论层面,也关涉价值观形成、实践能力发展等价值观层面,技术赋能、虚拟社会及"人机互构"衍生的信息元素、话语交往等丰富知识的内容维度,却无法明确道德知识的价值向度,难以判断知识中的伦理价值观与个体行动的一致性、表达伦理价值观意义的认知结构方式与表达道德行动意义的认知结构之间的一致性。

道德知识习得过程包括知、情、行,知识具有促进认知、情感及实践能力发展的功能。技术赋能的习得方式不断取代学生个体以经验接触、领悟知识的过程,学生在依赖外部的道德权威或智力权威的趋势下,会削弱自我对道德事物的反思批判能力,延迟自我积极辨别价值观和美德的能力的发展。[④] 智能时代知识习得的智能化特征强化"智能"色彩,技术赋能的习得方式聚焦于学生认知的建构,过度关注道德知识的认知与信息功能,道德知识的实用价值被技术放大,而道德知识对人思维、情感等发展的意义被弱化,对学生社会理想、幸福生活、生命境界等方面的价值被削弱,技术赋能道德知识学习的"育德"与"育智"难以得到平衡。

①　戴维·罗杰·奥尔德罗伊德:《知识的拱门——科学哲学和科学方法论历史导论》,顾犇译,商务印书馆 2008 年版,第 113 页。
②　詹青龙:《网络教育学》,江西教育出版社 2007 年版,第 36-37 页。
③　张广君,黄洁,曾瑶:《智能时代教育发展的主智主义倾向:特征、反思与校正》,《天津师范大学学报(社会科学版)》2024 年第 2 期,第 90-99 页。
④　托宾·哈特:《从信息到转化:为了意识进展的教育》,彭正梅译,华东师范大学出版社 2007 年版,第 117 页。

三、智能时代道德知识变革的教育应对

智能时代,知识的丰富性与复杂性给道德学习中知识选择、实践带来了新困境。面临全新的知识观与道德观,我们需将"人机互构"的知识作为道德学科知识的补充,为学生提供更为丰富的道德学习资源,以道德问题牵引知识学习的展开,并发挥虚拟教师的智能、教师的育人艺术与德育智慧,在人机—人际的交互实践中,帮助学生在学习道德知识过程中超越认识论、知识论,上升至价值论、精神论,实现学生道德知识—思维—实践—智慧的链环发展。

1. 扩展与夯实:将"人机互构"的道德知识作为道德学科知识的补充

人工智能加速了知识流动,使得道德知识内容增多,认知元素丰富,互联网、大数据又将道德知识汇集、互联,形成流动的资源网。当大量的道德知识涌入学校德育时,我们需对其进行合理选取、有效整合,作为学生道德学科知识的有益补充,使"人机互构"的知识与学科知识在融通调和中形成适切的知识资源(见图 1)。

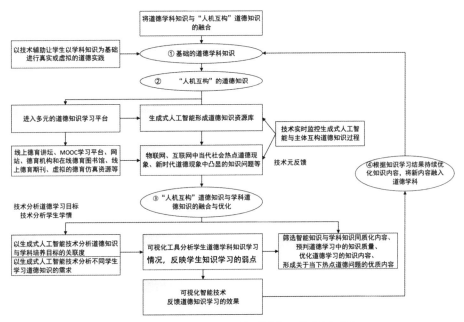

图 1　道德学科知识与"人机互构"道德知识的融合与优化

在道德学习中,引导学生学习德育书本知识,发挥道德学科知识促进学生认知发展的基础作用,形成学生对社会规则、伦理规范的认识。在学生学习基础概念的过程中,教师、学习同伴与智能教师共同协作,为学生提供随时回答道德问题、释义练习和知识反馈等活动,并给予实时的反馈与评价。教师应利用 AR/VR 等技术构建真实的德育情境,让学生从德育课堂走向生活课堂,引导学生围绕道德问题对道德知识深入探究,促进学生与现实主体、虚拟智能体交互的深入,以技术连接德育课堂与生活课堂,推动学生对道德学科知识的理解与运用。在学生学习学科知识的同时,教师应借助大数据、自动索引技术等连接道德学科知识与虚拟平台中的内容,形成相互联通的知识网,为学生提供丰富的资源,引导学生进入资源平台,如 MOOC 学习平台、德育网站和虚拟图书馆等,获取线上德育文献资料、虚拟的德育仿真资源,再利用 ChatGPT 总结规律、呈现趋向、预测发展的强大能力[1],将反映新时代变化、民族文化的内容

---

[1] 张萌,朱鸿军:《知识暗流的合规实践:ChatGPT 在学术出版中的应用与挑战》,《科技与出版》2023 年第 5 期,第 33—40 页。

以文本、图片、音频等方式融入道德知识学习过程。

在学生学习道德知识的过程中,需对流动性道德知识进行检测、优化,借助大数据、智能评估系统监控对"暗知识"进行元监控,把握道德知识的流动走向,及时消除其中消极、负面的内容,引导其朝"善"的方向发展。对"人机互构"的道德知识与道德学科知识融合进行调整,利用大数据、互联网分析每位学生的道德知识目标,借助智能画像技术,显性化呈现教育对象在德行方面的特征,提高道德知识供给的精准度,达到道德知识与教育对象内在需求的精准对接。借助视频设备、可视化技术等对学生每一阶段的学习情况进行检测、记录,综合学生的道德知识学习情况与具体知识目标,对"人机互构"知识与学科性知识的融合进行调整,筛选同质化的内容,选择关联道德生活、现实道德问题的部分,为每一位学生提供适合其发展的道德知识。

2. 调整与重塑:建立道德知识的学习与道德问题探究的关联

在智能时代,流动的道德知识多元且复杂,学生需要进行有意义的思维诊断与批判审视,从代码符号的智能表征中透过现象理解道德知识的深层意义。因此,健全智能德育的主体培育机制至关重要,以使学生在道德知识学习中生成与智能时代相匹配的智慧思维、技术素养和价值理念。在引导学生学习道德学科知识后,教师可以利用 VR/AR 技术构建开放性德育问题情境,以讨论和辩论的互动形式[1],引导学生、同伴及德育专家等围绕思维铺垫型的道德问题进行讨论,让学生阐释道德知识之间的关联,分析前因后果。借助 ChatGPT 的互动对话功能,模拟真实的主体,让其参与学生分析知识、开展辩论的过程中,利用智能视觉模型,根据学生与 ChatGPT 互动生成的提示生成相应的图像[2],具象化道德知识,帮助学生分析虚拟网络中的"暗知识"、主体实践过程中的默知识等,发展其道德思辨能力。

在学生互动讨论的过程中,教师需创设梯度合理、难易适中的观察体验型道德问题,利用虚拟增强技术让学生进入真实的德育情境,对生活中的道德事件进行"实地"观察,体验道德事件的发生过程,促进学生对道德知识形成更深刻的感受。教师也应利用智能语言联通技术、虚拟现实技术、运算技术等,辅助学生的知识迁移和认知建构,利用人工智能构建真实的德育场景,融入实验探究型道德问题,帮助学生超越课堂限制,与人工智能助手和现实同伴协同运用道德知识解决道德事件问题,让学生能从课堂讨论走向实地实践。在技术赋能的"问题互联式"道德学习中,学生能将知识与道德现象建立联系,生成对道德知识的思考与真切体验,聆听多元主体的道德观念,建立自我与他者之间的关联,助力自我道德思维形成、道德情感发展。

3. 协同与创造:在"人机协同—人际育人"中助力道德知识向智慧转变

在智能时代,学生、教师及智能主体共同参与道德知识的建构与实践,道德知识学习中的"双向关系"转变为"三维关系",即"人—机—人"的关系。[3]需正确认识人类教师、智能教师和学生之间的互动,利用智能主体在整合存储和精准把握道德知识方面的优势,强调人类教师在发掘道德知识育人体验中的重要作用,并发挥主体之间交互实践的价值,在有情感、有体验的知识实践与智能化交互过程中,帮助学生从知识主体成为智慧主体。

在学校德育中,应融合"双师课堂"模式,发挥智能教师随时提取、精准把控和强大整合道德知识的功能,帮助学生分类型处理多种数据(如视觉、听觉、文字等),促进学生达到认知、学习和推理的新水平。[4]智能教师能超越物理场所,可以通过 ChatGPT 生成拟人的教师,模拟人类教师进行教学对话,通

① 胡思源,郭梓楠,刘嘉:《从知识学习到思维培养:ChatGPT 时代的教育变革》,《苏州大学学报(教育科学版)》2023 年第 3 期,第 63-72 页。

② 张青根,唐焕丽:《课程学习与本科生批判性思维能力增值——基于 2016-2019 年"全国本科生能力追踪调查"数据的分析》,《高等教育研究》2021 年第 8 期,第 79-88 页。

③ 李政涛,罗艺:《智能时代的生命进化及其教育》,《教育研究》2019 年第 11 期,第 39-58 页。

④ 田倩飞,张志强:《人工智能 2.0 时代的知识分析变革研究》,《图书与情报》2018 年第 2 期,第 33-42 页。

过类人的交互，来解答学生的疑惑，引导学生在各自的最近发展区学习新知。[①] 但智能教师无法拥有等同于人类的真实感情，教师需对道德知识进行人性解读、情感探寻，挖掘道德知识内蕴的人文情感，利用知识探索道德问题的关键节点，对学生进行思维启迪、人性触动，以自我"善"的行为来涵养学生的道德信念。

在智能时代，借助智能技术在道德知识的采集、搜索、处理和整合等方面的强大能力，推动道德知识学习向更加精准、高效和智能的方向发展。然而，在技术赋能德育变革的过程中，如何实现智能机器"暗知识"与主体的德育知识、缄默化经验之间的合理转化，通过道德知识学习促进人的道德智慧发展，依然是待解的难题。未来，需在人工智能支持下探索智能且智慧的德育范式，形成德智融合的道德知识学习模式，寻求适切的道德知识转化机制，促进智能体与德育主体的融合，以智能知识和德育经验共同助力学生道德智慧的形成。

The Transformation, Reflection and Educational Response of Moral Knowledge in the Intelligent Age

WANG Suyun

（Institute of Moral Education, Nanjing Normal University, Nanjing Jiangsu, 210097）

Abstract: In the era of intelligence, technology has revolutionized the forms, representation and acquisition of moral knowledge. The form of knowledge has shifted from "hard knowledge" to "soft knowledge", the representation has moved from textual symbols to intelligent forms, and the acquisition of moral knowledge has changed from real subject activities to the interactive practice of virtual and real subjects. Based on the reflection on the transformation of moral knowledge, it is necessary to take the knowledge of "man-machine interaction" as a supplement to academic knowledge, establish the connection between knowledge learning and problem exploration, and facilitate the transformation of moral knowledge into moral wisdom through the cooperation of moral education teachers and intelligent technology teachers by means of the integration of virtual reality and augmented reality and problem solving.

Key words: intelligent era, intelligent technology, moral knowledge, moral learning

---

① L. S. Vygotsky, *Mind in Society the Development of Higher Psychological Processes*, Cambridge: Harvard University Press, 1978, p. 12.

第 59 卷，2025 年 7 月

《现代基础教育研究》

（Research on Modern Basic Education）

Vol.59, Jul. 2025

人工智能时代爱国主义教育融入美术教学的路径

张 晗

（上海师范大学 教育学院，上海 200234）

摘 要：人工智能时代教育领域正经历着深刻变革，这为爱国主义教育与美术教学的融合提供了可能。目前二者已基本实现一体化，但在融合方式和深度上仍然存在方式单一、不深入等问题。因此，有必要分析二者融合的价值意蕴，并系统揭示其在教学方式与教育目标结构性脱节、教师爱国主题素材开发能力不足、教学资源区域失衡且政策落地受阻等方面的困境。故而有必要创新实践路径，特别是创新教学方法、提升教师素养、借助智能技术丰富教学资源以及构建家校社协同等，从而为智能时代二者深度融合提供新思路与新方法。

关键词：人工智能；爱国主义教育；美术教学；价值意蕴；实践路径

党的二十大报告明确指出"推进教育数字化转型"，教育数字化成为新时代我国教育改革发展的重要战略。促进人工智能助力教育变革，面向数字经济和未来产业发展，加强课程体系改革，优化学校学科专业设置。[1] 同时，数字化转型为开展爱国主义教育提供了良好契机。爱国主义教育是中华民族的民族心、民族魂，培养社会主义建设者和接班人，首先要培养学生的爱国情怀。[2] 在智能技术全方位改变教育生态的当代语境下，美术教学需要有机融合中华优秀传统文化，加强美育与德育深度融合，大力开展以美育为主题的跨学科教育教学和课外校外实践活动。[3] 这种做法不仅是落实"课程思政"战略的关键路径，更是应对数字全球化趋势下文化认同危机的重要举措。

然而当前实践中仍存在技术赋能美术教学浅层化与育人内核空心化的深层矛盾。为此，有必要探讨二者之间的内在关联与价值意蕴，提出具有针对性和可操作性的实践路径，推动爱国主义教育与美术教学的深度融合，以期提升教育教学质量。

一、爱国主义教育的内涵及其与美术教学的关系

1. 爱国主义教育的内涵

爱国主义教育作为思想政治教育的重要形式，其核心在于塑造民族认同，以培养每代人的爱国情怀为价值传递。从历史维度看，爱国主义教育在人类社会发展的各个阶段都非常重要，并在时代演进中不断丰富与发展。因此，需要科学研判时代的基本特征，全面把握历史条件及其深刻变化，是新时代爱国主义教育面临的基础性任务。[4] 关于爱国主义基本内涵之探讨，包括认知、

作者简介：张晗，上海师范大学教育学院博士研究生，主要从事美术课程与教学论研究。

① 中共中央 国务院：《教育强国建设规划纲要（2024—2035）》，载 https://www.moe.gov.cn/jyb_xxgk/moe_1777/moe_1778/202501/t20250119_1176193.html，最后登录日期：2025 年 5 月 21 日。

② 习近平：《在全国教育大会上强调：坚持中国特色社会主义教育发展道路 培养德智体美劳全面发展的社会主义建设者和接班人》，《人民日报》2018 年 9 月 11 日，第 1 版。

③ 中华人民共和国教育部：《关于全面加强和改进新时代学校美育工作的意见》，载 https://www.moe.gov.cn/jyb_xxgk/moe_1777/moe_1778/202010/t20201015_494794.html，最后登录日期：2025 年 5 月 21 日。

④ 任志锋：《人工智能背景下爱国主义教育的变革与应对》，《教学与研究》2021 年第 4 期，第 55 页。

情感、价值观和实践行动四个层面：首先，认知涵盖历史、经济、文化等相关知识，是爱国主义教育情感形成的基础；其次，情感是爱国主义教育的核心基础，旨在培养人们对祖国的热爱和民族自豪感；再次，价值观是爱国主义教育的重要内核，它指引人们树立正确的价值取向；最后，行动是爱国主义教育的最终落脚点，将爱国认知、情感和价值观转变为课堂教学。爱国主义教育的主要内容仅停留于认知和情感阶段层面显然不够，内在价值观的确立与实际行动的开展才是关键所在。青年一代需将个人成长与时代发展深度融合，积极投身于爱国主义教育的创新实践中，唯有如此，方能展现作为并承担时代赋予的重任。

2. 爱国主义教育与美术教学的内在关系

(1)理念共鸣：价值观引导与艺术表达的深度契合

2020 年，中共中央办公厅、国务院办公厅印发的《关于全面加强和改进新时代学校美育工作的意见》明确指出："要加强美育与德育相融合，充分挖掘和运用各学科蕴含的体现中华美育精神与民族审美特质的心灵美、礼乐美、语言美、行为美、科学美、秩序美、健康美、勤劳美、艺术美等丰富美育资源。"[1]这一政策导向为美术教学与爱国主义教育的理念共鸣提供了坚实的顶层设计支撑，二者的融合不仅体现在教学内容的叠加，更在于通过艺术实践来传递价值观，使爱国主义教育有效渗透至美术教学的全过程。该文件强调"课程思政"需覆盖所有学科，并明确指出美术教学作为视觉艺术的重要组成部分，更能发挥好传递文化符号与精神内涵的功能。这一点充分体现了政策要求与学科特性的双向呼应。此外，文件中还强调"创新美育形式，利用现代信息技术手段提升育人成效"。[2]在智能时代，借助技术工具，美术教学为爱国主义教育提供了个性化与场景化的双重体验。以故宫博物院推出的"数字文物修复"项目为例，其将传统文物修复技术与数字化工具相结合[3]，既能传承文化记忆，又能强化学生的国家认同感和自豪感。

(2)情感互补：艺术感染力与爱国情的共振升华

在爱国主义教育实践进程中，居于核心位置的是情感维度的培育。它旨在培养学生的爱国情怀，激发为国家繁荣和发展而奋斗的责任感与使命感。美术教育能够有效深化爱国主义教育的效果，突破传统理性知识的局限。其蕴含的历史底蕴与思想内涵能将学生带入沉浸式情感体验中，使其在美术作品欣赏和创作过程中感受到深切的爱国情感。由此可见，美术作品的情感表达特性与爱国主义教育的情感目标形成了天然的互补关系。前者通过色彩、构图、符号等视觉语言，直接触动观者的情感神经，后者则致力于培养个体对国家的情感归属。二者结合，使得后者不再停留在抽象的口号，抽象的信仰、观念、价值、情感和精神气质变得可见、可听、可触。[4]以徐悲鸿的《愚公移山》教学鉴赏为例，这幅作品是以画面中未竟之移山工程作为背景，隐喻国家发展的艰巨性与长期性；画面中的人物群像突出群体的共同力量，这与爱国主义教育中的"集体主义"价值观高度契合。如此艺术的处理手法使得爱国主义教育升华成具有审美沉浸式的价值认知体验。

(3)实践共拓：智能新赋能与价值融入的协同创新

爱国主义教育与美术教育之间的内在关联性，既源于理念层面的价值观共鸣，也得益于情感层面的相互激发，更通过智能技术赋能的介入得以深化，它为二者的协同创新提供了全新可能。这种共拓体现在教学内容、方法与评价体系的革新中。在教学内容层面上，以国家中小学智慧教育平台为例，其构建的教学资源库打破了传统教学的时空限制。"红色美术资源专区"的建立具有典型意义，不仅涵盖延安木刻版画、抗美援朝宣传画等高清数字图像，而且提供历史背景解读与创作技法解析材料。这种资源整合方式为开发地方文化特色课程创造了有利条件。在教学方法层面上，跨学科学习成为流行教学范式，以"长征精神数字艺术创作"项目为例，该项目以美术学科为轴

① 中共中央办公厅 国务院：《关于全面加强和改进新时代学校体育工作的意见》和《关于全面加强和改进新时代学校美育工作的意见》，载 https://www.moe.gov.cn/jyb_xxgk/moe_1777/moe_1778/202010/t20201015_494794.html，最后登录日期：2025 年 5 月 21 日。

② 中共中央办公厅 国务院：《关于全面加强和改进新时代学校体育工作的意见》和《关于全面加强和改进新时代学校美育工作的意见》，载 https://www.moe.gov.cn/jyb_xxgk/moe_1777/moe_1778/202010/t20201015_494794.html，最后登录日期：2025 年 5 月 21 日。

③ 单霁翔：《故宫博物院 互联网信息技术让文化遗产活起来》，《中国网信》2023 年第 1 期，第 87-89 页。

④ 维克多·特纳：《象征之林——恩登布人仪式散论》，赵玉燕，欧阳敏，徐洪峰译，商务印书馆 2006 年版，第 48 页。

心,整合历史、信息技术等多学科知识。由此可见,这种教学模式有助于学习者在实践中强化团队协作与社会责任意识。在评价体系层面上,大数据与区块链技术的应用带来了显著改变,这些技术不仅可以实现对学生学习的多维度追踪,还可以提升教学反馈的准确性与可信度。

二、人工智能时代爱国主义教育融入美术教学的价值意蕴

爱国主义教育与美术教学在理念、情感、实践层面的紧密联系,使其价值除了直接指向美术教学本身,打造思政性与艺术性融合的优质教学模式外,还体现在深挖教学形式、教学内容、教学效果等方面,创建涵盖学生素养提升、学校教育创新、社会文化传承及国家人才培养的价值体系。

1. 拓宽爱国主义教育的智能美育路径

智能时代的多模态教学交互重新定义了爱国主义教育价值传递的方式,破解了传统爱国主义教育的"单向传授""情感脱节"等局限性。同时,虚拟现实作为一种传播的技术基础,凭借沉浸感、交互性、超现实等技术可供性,拓展参与者的多维共通体验,激发共情心理。[①]智能技术对爱国主义教育时空局限的突破呈现多维度创新,在美术教学的技术应用上,通过虚拟现实(VR)、增强现实(AR)和人工智能(AI)等先进技术,拓宽教育路径,为培养学生爱国情感与审美素养提供了创新方式。具体来说,美术作品的展现方式在 AR 技术应用下发生转变,它不再局限于课本或美术馆的静态展示,所营造的学习环境可以让学生从被动接受转为主动探索。《清明上河图》在 AR 技术下的运用即为实例,图中人物船只的动态效果得以呈现,北宋闹市街头的场景使学生仿佛置身其中,可获得对当时社会风貌的直观感受。学生在欣赏美、创造美的过程中,构建以智能美育为载体、以爱国情感培育为核心的价值体系。

2. 增强美术教学的思政性和精神内核

美术教学作为文化的重要载体,承载着丰富的历史记忆和民族精神。而将爱国主义融入美术教学中,将艺术语言转化为价值传导的媒介,是增强美术教学思政性的重要举措。美术教育的内核是"以美培元""以美育人"。[②]随着人工智能时代技术工具的运用,美术教学不仅能借助技术手段实现个性化和场景化的爱国主义教育,还能够通过"课程思政",把爱国主义融入每一节美术课的教学中。首先,爱国主义教育为美术教学提供了深厚的思想根基,使其思政性得以彰显。在传统中国书画艺术的教学过程中,教师可以借助智能化检索系统,对画家生活的历史时期、社会状况以及画家本人的家国情怀进行深入探究。例如,郑燮笔下的墨竹,不仅展现出独特的艺术表现手法,更充分展现了作者对民间疾苦的关注与清正廉洁的追求,这种个人品格正是爱国主义精神的体现。通过对这些作品的深入解读,美术教学已经超越了纯粹的技巧传授,实现了思想价值的传递,增强了教学的思政性。其次,爱国主义教育激发了学生的创作灵感,丰富了美术教学的精神内核。当爱国主义要素融入学生作品时,其作品便被赋予了深层的内涵。最后,爱国主义教育融入美术教学还能提升美术教师的思政教育水平能力。美术教师主动学习爱国主义相关知识,在提升自身政治素养的同时,也能提供更加优质的美术教学。

3. 提升智能化美育浸润学科育人水平

智能技术引发了教育领域的深层变革,它不仅升级了教学手段的数字化,还触发了从知识层面到素养培育的范式跃迁。另外,智能技术的应用也为美术教学提供了全新的评价体系,提升了教学反馈的准确性和可信度。当前的技术赋能下美育实践也催生了一系列新命题和新思路。一方面,爱国主义元素与智能化美育的融合实践中,学科知识的融通整合效果尤为突出。以某校开发的"AI+美育"特色课程为例,将人工智能技术与语文、历史、音乐等学科交叉融合,学生在艺术创作过程中,不仅学习了音乐知识、历史背景,也更深入理解了相关文化内涵与爱国主义价值理念。由此可见,跨学科的知识整合和价值观塑造的可行性。另一方面,智能平台通过社会化协同重构美育思政的实践领地,使个体创作升级为集体文化行动,最终培育学生的人类命运共同体意识。如

① 吴飞,李佳敏:《虚拟现实:共情传播的技术实现路径探析》,《西南民族大学学报(人文社会科学版)》2021 年第 7 期,第 178-184 页。

② 中华人民共和国教育部:《教育部关于全面实施学校美育浸润行动的通知》,载 https://www.moe.gov.cn/srcsite/A17/moe_794/moe_628/202401/t20240102_1097467.html,最后登录日期:2025 年 5 月 21 日。

敦煌研究院文物数字化团队通过探索与研究,赋予石窟中历经千年的中国美术经典新的活力,让不可移动的石窟文物"活"了起来。最终探索出数字艺术的新模式,更好地将学术、技术、艺术融为一体,服务大众的精神文化需求。[①] 将石窟中不可移动的文物通过技术实现了异地展出,在数字空间重构了"各美其美,美美与共"的文化共同体。

三、人工智能时代爱国主义教育融入美术教学的现实困境

长久以来,爱国主义价值观的传递依托于美术课程特有的视觉化教学载体进行渗透,智能技术赋能无疑为美育与德育的协同共生提供了良好条件,并在数字艺术创作领域取得了阶段性成效。然而该教学模式在发展的进程中仍然面临着结构性挑战。

1. 美术教学方式与爱国主义教育的融合挑战

美术教学方式与爱国主义教育目标的深度契合,在实际教学中面临着三个挑战。首先,美术教学方式与爱国主义目标融合趋于表面化,缺乏系统性与深度联动。以王希孟《千里江山图》为例,多所学校过于注重技法示范和背景介绍,却未设计"场景体验—主题探究—创作表达"三阶段生成性任务,导致学生对家国情怀的理解常停留在"知其形而不知其义"的层面,难以在创作中内化爱国主义精神。这种表层嵌入的方式虽有利于技法训练,但未深入挖掘其价值内涵,难以承载爱国主义教育核心价值的深度阐释与文化传承功能,最终造成目标导向与方法脱节。其次,体验式教学适用于艺术领域,但在增强学生学习效果和实践能力方面存在局限。新课程改革中所提倡的"体验式教学"与"翻转课堂"虽已在部分美术课堂中实施,但这样的翻转只是将教学任务在时空上进行互换,在教育理念、教育目标和教学方法上并没有产生真正意义上的变革。[②] 同时,多样化的教学方法未在大多数地区常态化推进,某些地区美术

教学方法相对单一,由于缺乏系统性推广与成套方法论支撑,这些创新多停留于偶发性活动,难以激发学生价值共鸣。最后,教学评价标准体系失衡。当前美术教学评价大多聚焦于绘画技能、构图色彩等专业维度,不能充分关注学生在作品中体现的爱国情感表达、文化理解深度等,对爱国主义教育目标的落实缺乏有效反馈与监督机制,难以形成完整的育人闭环。

2. 美术教师素养与爱国主义素材的适配难题

2022年4月,教育部等八部门联合印发的《新时代基础教育强师计划》中指出,"以提升教师思政素质、师德师风水平和教育教学能力为重点,全面提高教师培养培训质量"。[③] 这一系列政策对人工智能时代爱国主义融入美术教育的数字化转型提出了直接诉求。然而当前美术教师的历史文化解读能力与跨媒体教学设计能力仍存在明显的短板,具体表现为两个方面:一方面,教师的价值观传播能力不足,部分教师对爱国主义内涵的理解停留在抽象概念上,他们未经过系统的党史课程培训,教师通常将爱国视为一个综合性概念,导致学校中的爱国主义教育实践难以取得应有的、预计的效果[④],由于他们缺乏对红色美学理论的深入研究,这种"重国家叙事,轻本土表达"的方式导致其在课堂实践中出现"符号化"的倾向,无法揭示具象事物(如"红船""长城")背后的精神内涵,从而难以实现价值观的有效传输。另一方面,教师的红色资源开发能力薄弱,对红色美术资源开发缺乏"本土化"改造,教师应立足地域文化特色,依托高校和中小学校自身资源优势,鼓励内涵发展,因地因校制宜,形成"一校一品"新局面。[⑤] 然而,多数教师在地转化能力薄弱,其校本课程直接套用国家级红色教育素材,未能充分挖掘地方性红色资源特色,影响教学效果以及学生学习体验。与此同时,多媒体与AI技术在部分示范区获得应用,但由于缺乏"双师型"协同机制与评价指标,美术教师难以将技术手段与爱国主义素材有机融合。

① 吴健:《文化遗产数字艺术呈现新模式——以数字敦煌展陈理念与视觉传达为例》,《观察家》2022年第10期,第18–22页。

② 张萍,DING Lin,张文硕:《翻转课堂的理念、演变与有效性研究》,《教育学报》2017年第1期,第46页。

③ 中华人民共和国教育部等八部门关于印发《新时代基础教育强师计划》的通知,载 https://www.gov.cn/zhengce/zhengceku/2022-04/14/content_5685205.htm,最后登录日期:2025年5月21日。

④ 周昆,朱家寸:《新时代爱国主义教育与基础课程的共融共生》,《课程·教材·教法》2023年第4期,第14页。

⑤ 中华人民共和国教育部:《关于开展体育美育浸润行动计划的通知》,载 https://www.moe.gov.cn/srcsite/A17/moe_794/moe_624/201906/t20190625_387586.html,最后登录日期:2025年5月21日。

3. 美术教学资源与教育政策支持的落地困境

在推进美术教学资源与政策落地的过程中,多地呈现出资源配置不均、政策指导与美术实践脱节的双重困境,严重制约了爱国主义教育融入美术教育的高质量发展。一方面,表现在城乡美术教学资源分配失衡上,经济发达地区的学校依托数字化平台可获取大量美育资源,建设现代化美术教室,配备多媒体数字平台和丰富画材,而农村和偏远地区往往因经费不足,连基本的画笔、颜料都难以保障,致使城乡学生的艺术起点和审美培养存在显著差距。例如,《我国义务教育阶段美育现状调研报告》显示,"大量教师反映所在学校艺术课程所需的教材、教具等基础资源配置不足,难以支撑课程的有效实施"。[①]甚至有研究指出,四川、湖北等地超过 70% 的乡村学校无法开齐美术课,资源短缺严重制约了学生创造性发展与核心素养培养。[②]此外,美术资源浪费现象也不容忽视,部分学校为响应政策大规模采购先进美术设备,却因缺乏配套培训与课程设计,致使学生使用率低,设备最终沦为摆设,造成严重浪费。数字化资源的利用同样低效,AI 技术本可辅助个性化教学,但部分教师将其生成模板化作业,学生创作的作品趋同化。另一方面,政策文本的理念导向与课堂实操的方法供给之间存在断层。教育政策在从中央、省、市、县逐级传递的过程中,原本"刚性"要求逐渐转变为"柔性"要求,红色文化的模块多课时教学被缩减为一次专题讲座,这种转变最终会导致基层学校的教育实践无法真正落地,学生对红色文化的理解和国家认同感也因此大打折扣。

四、人工智能时代爱国主义教育融入美术教学的实践路径

价值的实现途径问题,是关乎价值落地的问题,需将理论和实践两个维度相融合。[③]技术赋能下的爱国主义教育与美术教育的融合可以打通美育与德育的"最后一公里",要实现这种融合,需通过智能技术重塑教学范式以强化目标导向,构建"目标—能力—保障"三位一体的融合生态,具体可以从以下路径展开突破。

1. 创新美术教学方式,强化爱国主题创作

在新时代背景下,创新美术教学方式与强化爱国主题创作紧密相连,是提升美术教育质量、落实"立德树人"根本任务的关键路径。基于此目标,需从课程设计、技术融合、教学实施三个方面构建"主题引领—技术赋能—情感表达"三位一体的教学模式。一是课程设计层面,以爱国主义为核心,构建主题式教学单元,借鉴项目式学习理念,突破命题式教学模式,以沉浸式技术引发学生情感共鸣。例如,在小学阶段开发 AR 互动绘本,学生可扫描课本二维码观看动态情境;中学阶段利用 VR 技术打造红色文化课程模块,让学生在虚拟场景与实地考察中搜集素材,提升学生对于历史事件的深刻认知;大学阶段可拟建红色策展实验室,学生团体在交互式虚拟空间中自主探索党史叙事。二是技术融合层面,搭建基于 AI 生成式技术的虚拟创作互动平台,可通过关键词检索获取历史图像与文化符号等多元风格的参考素材,创作构思环节因此得以辅助支持。三是教学实施层面,强调情感体验的核心地位。课前阶段借助虚拟仿真技术,营造历史场景的文化沉浸氛围;课中阶段将学生体悟转化为视觉语言;课后通过线上线下的作品展览活动,延展对爱国主义精神的理解。此外,结合语义分析与情感识别技术,将艺术作品的表现力、历史真实度、价值传递度、创新突破性等维度纳入动态监测指标体系。

2. 深化数字技术赋能,提升美术教师数智化思政素养

数字技术带来的教育资源丰富性与教学手段便捷性同样不可忽视,教师专业素养的差异性表现直接影响爱国主义素材的教学转化成效,因此,构建数字技术赋能下的教师专业发展体系尤为迫切。首先,应优先开展具有针对性的爱国主义教育培训项目,邀请文化研究专家、美术史学者解读红色美术作品、传统艺术形式中的爱国主义内涵,进而提升美术教师对素材的理解与挖掘能力。其次,加强教师数字素养提升工程,开设"红色美术文化教育"专题研修平台,该平台应汇聚全国高校

① 张璐:《我国义务教育阶段美育现状调研报告》,载《中国关心下一代研究报告(2022—2023)》,社会科学文献出版社 2023 年版,第 256 页。

② 秦玉友:《警惕素质教育政策在农村学校"空转"》,《人民论坛》2020 年第 27 期,第 70—71 页。

③ 郑君:《中华优秀传统文化的思想政治教育价值研究》,东北师范大学博士学位论文,2022 年,第 140 页。

的优质案例资源库，涵盖红色主题创作素材、典型教学案例等多样化内容。组织跨区域教师线上协作开发课程。例如，当在特定地理位置搜索引擎中输入学校信息时，系统可直接推送本地红色资源和历史人物，并同时关联相关的艺术表现技法。最后，在教师考核评价体系中增设"数字资源能力"维度，年度作品展评制度的推行同样具有实践价值。每位教师必须提交至少一件融合爱国主义主题的数字艺术作品作为考核依据。

3. 构建资源整合机制，突破教学资源与政策落地瓶颈

2024 年 11 月，教育部等十七部门联合印发《家校社协同育人"教联体"工作方案》，明确提出"教联体"建设目标与工作机制[1]，将政府、学校与社会三方协同上升至国家战略，成为高质量教育体系建设的重要抓手。基于此，可以构建"政府主导—学校主体—社会协同"的资源整合机制，有利于破解美术教育资源与政策落地难题。在政府职能层面，制定专项政策，统筹规划建设覆盖国家级与省级数字化美术教育资源库，依托 AI 技术实现资源的智能分类与精准投送，明晰爱国主义教育在美术课程中的比例。将国家、地方红色文化、非遗文化传承实践纳入课程标准中，并规定硬性课时量。另外，政府应鼓励并开展优质城市学校与农村学校结对帮扶项目，通过"师生互换周""远程协同联教""流动巡回美育"等形式建设移动艺术课堂，将艺术教育资源向薄弱地区进行辐射式输送。在学校实施层面，确保政策要求落到实处。结合学校特色与学情特征，开发校本化爱国主义课程资源，如编写在地化红色文化教材、民俗艺术图鉴等教材，同时联合美术馆、博物馆、艺术机构等社会力量建立合作关系，利用其丰富的馆藏资源和专业人才开展实践教学活动，如中学与革命遗址纪念馆共建"红色联动机制工作坊"，搭建三方合作平台，拓展协同动态空间。在家庭场域层面，搭建线上家校美育共享平台势在必行。平台可以定期推出亲子艺术鉴赏指南、家庭美育实践方案等爱国主义教育资源包，引导家长在日常生活和亲子活动中渗透美育。未来我们需进一步探索"技术赋能—文化传承—教育创新"的家校社协同机制，使爱国主义教育在美术课堂内外都能实现"知行合一"。

Integrating Patriotic Education into Art Teaching in the Age of Artificial Intelligence

ZHANG Han

(School of Education, Shanghai Normal University, Shanghai, 200234)

Abstract: In the age of artificial intelligence (AI), education is undergoing profound transformations, creating opportunities for integrating patriotic education into art teaching. Although basic integration has been achieved, issues such as limited depth and monotony in integration methods persist. This article analyzes the value implications of this integration and examines key challenges including misalignment between teaching methods and educational goals, insufficient teacher ability to develop patriotic content, unbalanced regional resource distribution, and policy implementation obstacles. Thus, innovations for practical pathways are needed to foster deeper integration in the age of AI with new ideas and new methods, including new teaching methods, improved teacher training, intelligent technologies for resource enrichment, and home-school-community collaboration—

Key words: artificial intelligence, patriotic education, art teaching, value implications, practical pathways

---

① 中华人民共和国教育部等十七部门联合印发《家校社协同育人"教联体"工作方案》，载 https://www.moe.gov.cn/jyb_xwfb/gzdt_gzdt/s5987/202411/t20241101_1160204.html，最后登录日期：2025 年 5 月 21 日。

中小学教育数字化发展评估指标体系构建

卜洪晓，黄　炜

（上海市教师教育学院，上海 200234）

摘　要： 在教育数字化转型发展的背景下，学校可以借助系统论，深入把握教育数字化转型的内在逻辑与发展规律，从而构建具有发展性、导向性和诊断性的评估指标体系。由此，中小学教育数字化发展评估指标体系围绕教学数字化转型与实践创新、数智技术赋能教师队伍建设、数智技术优化学校管理与服务、学生数字素养与综合素质评价以及学校教育数字化转型推进机制五个核心要素展开。这些核心要素相互促进，共同推动学校教育数字化的全面发展。

关键词： 教育数字化发展评估；指标体系；教育数字化转型；系统论

一、问题提出

在"教育数字化行动"纵深推进的背景下，学校作为教育数字化转型的主阵地，肩负着驱动教育现代化与重构高质量教育生态的战略使命。如何通过科学评估实现"以评促建、以评促改"的发展目标，已成为基础教育改革的核心命题。当前我国中小学教育数字化实践中，发展与评估体系的结构性失衡凸显，评价工具滞后于实践进程的矛盾日益尖锐，导致现有的评估范式面临着困境。一方面，传统评估多聚焦硬件配置、网络环境等外在单一条件，未能构建涵盖"环境、资源、能力、成效"的全链条评估模型，难以诊断数字化与教学、管理、评价等的融合程度。另一方面，现行指标体系多采用静态标准评估，缺乏对学校数字化转型阶段性特征、差异化路径的动态指引，无法形成"评估—反馈—改进"的可持续发展机制。

值得注意的是，在教育数字化转型背景下，现有教育信息化评估工具存在一定局限。一方面，现有模型未充分体现教育数字化的内涵，也未考虑生成式人工智能等新技术的影响与潜力。另一方面，尽管已有研究通过数字化转型成熟度模型分析学校教育数字化水平，但该视角未关注教育数字化系统内各要素的关联与互动。因此，中小学教育数字化评估体系的构建既要借鉴现有评估成果，又要深入考量系统内各要素之间的依赖与动态交互关系。

基于以上分析，笔者认为系统论作为研究复杂系统的理论方法，强调整体性的视角，分析系统内部

作者简介： 全国教育科学"十四五"规划 2021 年度教育部青年课题"基于多模态学习分析的研究性学习行为评价体系研究"（项目编号：ECA210405）。

作者简介： 卜洪晓，上海市教师教育学院副院长，博士，主要从事教育数字化转型研究；黄炜，上海市教师教育学院中学高级教师，硕士，主要从事教育数字化转型研究。

各要素之间的动态关系及协同机制，为教育数字化转型的研究提供了科学的理论基础。[①] 在学校转型发展的背景下，系统论能够帮助研究者从全局出发，深入把握教育数字化转型的内在逻辑与发展规律，从而构建具有发展性、导向性和诊断性的评估指标体系，客观地评估学校数字化应用的推进成果及实际效益，为下一步教育数字化发展方向提供有效引导，推动教育数字化从"规模扩张"向"内涵发展"转型。

二、评价基准：教育数字化发展评估的理论依据与原则

在教育数字化转型的新阶段，应着重引导学校转变"重点上发展、轻整校推进""重应用设计、轻数据治理"的传统思路，聚焦全要素、全过程的教育数字化深度融合和应用创新，强化对数字化转型中学校、教师、学生三大主体的利益以及技术应用深度、数据赋能价值等方面的发展性考察与评估。

1. 理论基础

中小学教育数字化发展评估是一个复杂而关键的任务，不仅需要从宏观层面审视学校整体发展，还需要深入具体场景评估学生与教师的成长及技术与教育融合的价值。系统论以其整体性、相关性和动态性，为构建全面综合的教育数字化评估提供了重要视角（见图1）。[②]

首先，系统论具有整体性，强调需将中小学教育数字化视为一个有机整体，包括技术、教学、学习和管理等多个系统，各个部分并非机械组合或简单相加，而是有机组合、协同工作。基于系统论视角，评估模型可全面覆盖教育数字化的关键领域，真实反映系统整体状况与效能。

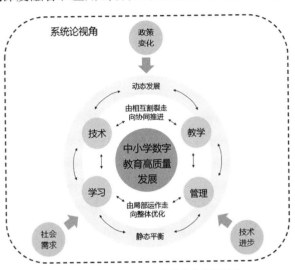

图1 系统论视角下的教育数字化发展评估

其次，系统论具有相关性，强调理解教育数字化系统内各要素的联系，同时关注其与政策变化、社会需求、技术进步等外部环境的交互作用。通过内外结合的视角，评估既能反映系统内部运作机制与效率，也能体现其对外部变化的适应性与灵活。

最后，系统论具有动态性，要求评估体系捕捉教育数字化发展的实时变化，及时反映技术进步和教育需求演变。同时，动态性还强调评估不仅是对现状的衡量，更是指导未来优化与改进的依据。基于这一视角，教育数字化发展评估框架能够灵活应对各种挑战，推动教育数字化的长期发展与创新。

2. 原则确立

在构建中小学教育数字化发展评估框架时，应综合考虑以下几个方面：

第一，发展性原则。"以评促建"是评估指标体系的重要功能。评估指标体系的构建要立足学校发展实际，围绕学校教育数字化发展重点和难点，结合现阶段的技术发展趋势和教育应用特征，有针对性地进行评估和引导，帮助学校发现问题，提出改进措施，突出前瞻性、创新性和有效性。

第二，以人为本原则。在评估指标的构建过程中应以人为本，紧扣教育数字化过程中所涉及的各个主体，既要明确和促进不同主体的功能和责任及其作用发挥，又要着眼于学生、教师和管理者的发展，促进学生数字素养和教师数字化教学能力的提升。[③]

第三，可操作性原则。评估工具的设计必须易于理解和实施，同时能够为学校提供明确、具体的改

① 曾广容，等：《系统论、控制论、信息论概要》，中南工业大学出版社1986年版，第3页，第24页。

② 常进锋：《本科层次职业教育高质量发展路径研究——基于一般系统论视角》，《当代职业教育》2023年第4期，第54-63页。

③ 刘晓琳：《基础教育学校信息化教学创新评价指标体系研制——面向2.0时代》，《中国电化教育》2018年第12期，第11-17页。

进方向与建议。为此,评估指标设计应具备直观性、明确性、可测量和可统计性。对于那些难以量化、难以获取的数据,以及难以形成明确判断的抽象概念,应谨慎考虑将其作为评估指标。

3. 框架构建

基于系统论视角,充分考虑发展性、以人为本、可操作性等原则,从教育核心理念的落实、学校数字化关键基础环境的构建和数智技术在学校教育教学中的深度融合与创新应用三个维度出发,构建了中小学教育数字化发展评估框架(见图 2)。

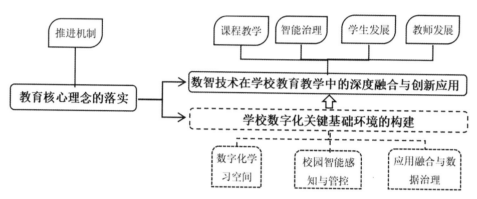

图 2 中小学教育数字化发展评估指标的总体框架

该评估框架强调数智技术与教育实践的融合程度,以及应用融合创新如何促进教育质量的提升和教育目标的实现,重点评估数智技术在课程教学、学生发展、教师发展、学校治理等关键领域的影响。首先是教育核心理念的落实,旨在确保技术的应用与育人的本质保持内在一致,强调"育人为本"的教育理念在数字化实践中的贯彻实施。其次是学校数字化关键基础环境,是指构建一个支持深度学习和创新的数智技术基础设施环境。最后,数智技术在学校核心业务中的深度融合与创新应用,专注于评估数智技术如何在学校教育的核心业务中实现深度融合,并推动教学和学习的创新。

三、发展性评估设计:中小学教育数字化发展评估的具体内容

教育数字化转型是一个系统化的发展过程,涉及数智技术在教育领域的全面整合与应用,有助于推动教学模式、组织结构、教学过程和评价机制的全方位创新与变革。[1] 基于中小学教育数字化发展评估指标的总体框架,结合教育数字化转型的关键要素,具体研制中小学教育数字化发展评估指标体系,为推动教育数字化的有效发展提供指引。

1. 评估阶段设计

借鉴已有研究和我国教育信息化发展阶段的描述,结合教育数字化转型特点,按照起步、应用、融合、变革的阶段来阐述中小学教育数字化发展评估的每个维度,以确保精细化、有效性评价。起步阶段的核心任务是构建清晰的教育数字化发展愿景,培育师生的数字基础知识和技能,通过组织培训、研讨会等形式,逐步了解生成式人工智能的基本原理、技术优势以及在教育领域的潜在应用,为后续探索奠定基础。应用阶段聚焦于数智技术在教学实践中的应用深度与广度,完善数字化教学支持体系,推动技术与教育教学有效融合,重点关注生成式人工智能在课程教学、学生评价、教师发展和学校管理中的应用。融合阶段强调数智技术与教育活动的深度融合,推动教学方法和学习模式创新,集中解决特定教育问题,创新生成式人工智能在教育中的实践应用。变革阶段标志着教育数字化转型进入成熟期,这一阶段重点关注数智技术如何促进教育模式的全面革新。

---

① 祝智庭,胡姣:《教育数字化转型的实践逻辑与发展机遇》,《电化教育研究》2022 年第 1 期,第 5—15 页。

2．评价指标内容

中小学教育数字化发展评估指标体系围绕教学数字化转型与实践创新、数智技术赋能教师队伍建设、数智技术优化学校管理与服务、学生数字素养与综合素质评价以及学校教育数字化转型推进机制五个核心要素展开。这些核心要素相互依赖和促进，共同推动学校教育数字化的全面发展。对这五个核心要素进一步细化，如图3所示。

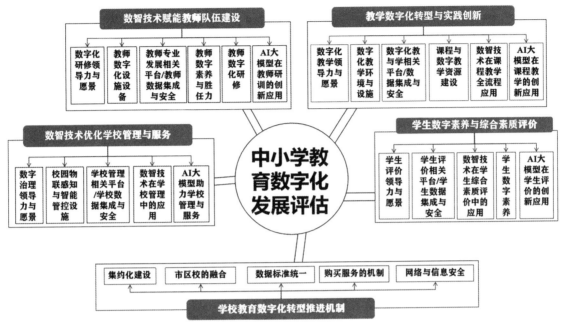

图3 中小学教育数字化发展评估指标设计

（1）教学数字化转型与实践创新

在课程教学方面，关注教学数字化转型与实践创新，即数智技术的应用，能够推动学生学习、教师教学的变革与创新，构建数字化教学模式，提升教育质量。校长和管理层提升自身的数字化领导力和执行力，能够明确教学数字化转型愿景，并将其有效地传达给教师、学生、家长等，形成共识和支持。课程教学的数字化建设既包括硬件建设，也包括软件应用：校园网络、学生终端、数字化学习场所等建设，各类教学软件平台的统一身份认证、统一数据管理以及数据集成与安全的建设，学科和跨学科数字化课程与教学资源的建设，数智技术在课程教学的全流程、常态化应用，AI大模型在创新教学情境、优化教学内容、提升教学互动反馈、辅助教学分析等方面的应用。

（2）数智技术赋能教师队伍建设

在教师发展方面，关注教师数字素养与胜任力的提升，即数智技术赋能教师专业素养与能力提升，推动学校教师队伍建设创新发展等。组建教师专业发展领导小组，明确数字化转型背景下教师专业发展的愿景和任务。教师队伍建设的具体内容包括：利用网络和终端工具支持教师全场景、全过程的数字化学习与实践；统一教师专业发展平台的身份认证、数据管理及数据安全建设；强调教师数字化教学实施能力；开展教师网络研修、数据驱动教师专业发展等数字化研修活动；AI大模型在教师研训活动中的创新应用。

（3）数智技术优化学校管理与服务

在学校管理方面，关注数智技术优化学校管理与服务，即使用数智技术优化和改进学校管理与服务，促进学校智能化治理。学校要建立以校长为核心的管理团队，明确数字化转型在学校管理与服务中的愿景价值，并制订相应的实施策略，具体服务内容如下：校园网络、智能安防、智能感知与管控设施建

109

设;各类学校管理相关平台的统一身份认证、统一数据管理以及数据集成与安全相关建设;数智技术在教务管理、班级管理等方面的常态化应用,以及数据驱动的智能治理等;AI 大模型助力学校管理与服务,包括利用生成式人工智能技术/工具优化决策支持、资源配置、后勤服务等方面。

(4)学生数字素养与综合素质评价

在学生发展方面,关注学生数字素养与综合素质评价,即使用数智技术创新评价工具和评价方式,探索面向学生发展的全过程纵向评价和五育融合的全要素横向评价,推动学生核心素养的培育及发展。主要内容即校长和管理层应展现以学生为中心的领导力,确保教育数字化转型的所有决策和行动都服务于学生的最佳利益和全面发展;各类学生评价相关平台的统一身份认证、统一数据管理以及数据集成与安全相关建设;开发和使用数字化评价工具,探索和实施数智技术驱动下学生评价的新策略和新方法;强调数智技术支持学生数字素养提升;利用生成式人工智能革新学生评价,实现对学业、过程、情感、创新等多维数据的综合分析。

(5)学校教育数字化转型推进机制

学校教育数字化转型推进机制主要探索学校教育数字化转型的建设机制与治理体系,具体包括:提高教育数字化基础设施的建设和维护效率;打破行政层级之间的壁垒,实现政策、资源和信息的共享协同;建立统一的数据收集、存储和分析标准,更好地利用数据支持教育决策和个性化学习;引入创新技术和优质服务,形成校企协同运作的良好生态等;确保学校教育数字化转型的稳定运行和数据安全。

3. 发展过程监测

发展性评估采用"三级四元"的实施模式。"三级"即起点定位、过程监控以及终结评估三个关键阶段,"四元"是指市级、区级、校级、第三方机构(包括评估专家组和专业机构)四重评估主体。通过分阶段的评估过程,推动评估对象主动参与评估,实现形成性评估与终结性评估的有机结合,确保发展性评估贯穿学校数字化发展的整个实施过程,从而为学校教育数字化深入发展提供有力的支持和保障。评估实施流程见表 1。

表 1 学校数字化转型发展性评估实施流程

评估阶段	评估事项	评价主体	评估数据
起点定位	学校起点自评	学校	申报材料(信息化发展现状)
	项目学校推荐	区职能部门	推荐意见
	项目学校遴选	市职能部门,专家组	评审意见
	基线调研	第三方机构	调研报告
过程监测	学校项目实施	学校	阶段发展自评报告
	区级指导	区职能部门	指导意见
	专家走访	市职能部门,专家组	考察意见
终结评估	学校项目总结	学校	项目总结报告
	区级评估	区职能部门	评估报告
	市级评估	市职能部门,专家组	评估报告

(1)学校发展自评

学校发展自评指学校作为评估主体,参照评估框架内既定的评估维度和评价标准,执行自我诊断程序。在实施过程中,学校需要针对各个评估指标进行阶段性判断,并根据自我评估的输出结果,整理和准备相应的证据材料。对学校而言,自我评估不仅能促进即时的自我监督,同时评估内容本身也发挥着指导和引导作用,使学校能够及时调整教育数字化发展的进程和方向。此外,自我评估还为最终的总体评估奠定基础,确保评估流程的连贯性和准备工作的充分性。

（2）外部专家跟踪监测评估

为确保评估全面客观，发展性评估需结合学校自评与专家参与，以专业眼光审视与促进数字化实践持续优化。从组织和实施上来看，具体涉及市级和区级两个层面。一方面，市级层面定期组织同类型标杆培育学校开展项目交流会或专题研讨会，以促进信息、经验和资源的共享，共同推动项目的有效实施。另一方面，区级专家队伍定期督学，深入学校实地考察和监管。督学监管学校组织自我评估研讨会，审查学校自评的合理性和举证材料的完整性，同时协助学校解决在项目实施和数字化应用过程中遇到的难题。

为保障监测评估的有效性，评估数据主要来源三个方面：资料查询（成长档案袋），即教育数字化的相关建设方案、实施规划、实践案例、特色创新、试点计划、工作制度等；调查问卷，即通过学校、教师、学生的问卷反馈学校数字化建设水平；实地考察，即校园参观、课堂观摩、各类平台软件系统的现场操作演示、数据平台的统计分析及应用情况查看、相关人员的访谈等。

四、上海中小学数字化发展评估体系的应用案例分析

上海作为国家教育数字化转型试点区，自 2018 年启动"数字学校和标杆学校创建工程"，全面推进数字学校建设，探索数据驱动的大规模因材施教改革，助力高质量教育体系建设。七年来，各所教育信息化标杆培育校在教学数字化转型、师生数字素养提升、数据治理和数字化服务能级提升等方面取得显著成效。下面以某所标杆培育校"学生数字素养与综合素质评价"建设情况为例，通过发展性评估的"三级四元"模式，结合起点定位、过程监测和终结评估三个阶段，阐述该指标体系的应用过程，体现对教育数字化转型发展过程的动态跟踪与优化。

1. 起点定位：明确数字化转型的基础

在起点定位阶段，学校通过自评和第三方基线调研发现数据采集零散、评价工具单一、数据整合与安全不足等问题，且管理层需提升在数字化评价领域的领导力。为此，学校制订"以学生为中心"的综合素质评价改革计划，以期建立统一的数据集成与安全体系，革新评价工具与方法，构建动态评价体系，并提升学生数字素养以促进个性化成长。在实践中，学校提出"以数据驱动学生全面发展"的愿景，并通过全校协作形成共识。学校搭建统一身份认证与数据管理平台，整合学生学业成绩、行为表现、创新能力等多维数据。依托数智技术，开发课堂诊断、学习分析等工具，实现对学生学习过程的精准动态评价。通过在线学习项目、学生信息素养课程及实践活动等，持续提升学生在信息检索、数据分析等方面的数字素养。引入人工智能技术，开发智能评价系统，实时分析学生综合发展水平并生成个性化反馈，精准指导学生和教师改进方向。

2. 过程监测：动态追踪与改进

在过程监测阶段，区职能部门和市级专家组定期对学校进行跟踪评估，重点关注项目进展和问题解决情况，并依据建设指标进行全面评估。首先，重点考察学校管理层是否明确提出以学生为中心的数字化评价目标，并形成全校一致的愿景；其次，实地考察了解数据统一管理、整合与加密存储的实现，确保隐私保护和数据使用合规性；最后，重点考察评价工具是否精准采集与分析学生学习过程、创新能力和情感态度等多维数据，并通过课堂观察和问卷反馈验证结果的科学性与动态化。同时，测评学生数字素养提升成效，通过成长档案和学习反馈追踪其在信息检索、数据分析等核心技能上的进步。

3. 终结评估：总结经验与推广成果

在终结评估阶段，市级和区级职能部门联合专家组结合全过程数据、成长档案、问卷反馈与实地考察，总结学校数字化发展路径和实践亮点。专家组建议学校进一步深化人工智能在跨学科评价中的应用，丰富评价维度与方法；构建长效评价反馈机制，确保评价与教学实践联动；通过数字化平台提升家校协同效能，赋能家长支持学生成长。这些建议为学校持续优化与模式推广奠定了基础。

基于NVivo分析的职前教师学位论文
质量问题研究
——以全日制教育硕士小学教育专业为例

刘兰英[1]，崔亚贝[2]

（1. 上海师范大学 上海退役军人学院，上海 200234；2. 河北省唐山市第三十八中学，河北 唐山 064099）

摘　要：以全日制教育硕士小学教育专业为例，基于NVivo质性分析结果发现，职前教师学位论文质量问题主要表现在研究问题定位不清、研究内容与结构不合理、研究过程与方法不科学、研究结论与对策不实用、学术规范性不够五个方面。活化日常课程教学方式，提高研究问题意识；优化方法类课程结构，凸显研究方法运用；增设学位论文指导类课程，强化研究思维训练；健全学位论文监控体系，过程性保障论文质量，均有利于系统提升职前教师的学位论文质量。

关键词：NVivo分析；职前教师；学位论文质量；教育硕士

一、研究缘起

2021年教育部办公厅印发的《中学教育专业师范生教师职业能力标准（试行）》等文件提出，"要学会研究，初步掌握学科研究与教育科学研究的基本方法，能用以分析、研究教育教学实践问题，并尝试提出解决问题的思路与方法，具有撰写教育教学研究论文的基本能力"。[①]教育硕士是职前中小学教师的主力军，学位论文质量是综合衡量其研究能力的关键指标。2023年修订的《全日制教育硕士专业学位研究生指导性培养方案》也强调，"学生应具有较强的教育教学研究能力，善于发现、分析和解决教育教学实践问题"。[②]为此，撰写高质量的学位论文是职前中小学教师的核心素养之一。

那么职前中小学教师学位论文的质量究竟如何？查阅文献发现，有关职前教师教育硕士学位论文质量的研究近年来虽有所增加，但主要集中在论文的选题研究[③]和质量个案分析[④]，也有论文质量评价指

作者简介：刘兰英，上海师范大学上海退役军人学院研究员，博士，主要从事教师教育与研究生教育研究；崔亚贝，河北省唐山市第三十八中学教师，硕士，主要从事语文课程与教学论研究。

① 中华人民共和国教育部：《教育部办公厅关于印发〈中学教育专业师范生教师职业能力标准（试行）〉等五个文件的通知》，载 https://www.moe.gov.cn/srcsite/A10/s6991/202104/t20210412_525943.html，最后登录日期：2025年1月18日。

② 全国教育专业学位研究生教育指导委员会：《2023年教育专业学位大事记》，载 https://edm.eduwest.com/viewnews.jsp? id=1398. 最后登录日期：2024年8月25日。

③ 高文财，赵欣欣：《全日制教育硕士学位论文选题研究：问题与对策——基于J省三所高校的调查分析》，《高教学刊》2024年第29期，第103-106页。

④ 吴泽坤：《全日制教育硕士学位论文质量现状及提升策略研究——以S大学为例》，沈阳师范大学硕士学位论文，2023年。

标体系构建[1]，运用文献综述方法分析学位论文现存问题[2]，还有基于论文评阅意见的质量分析，如采用LDA模型对论文评阅意见进行主题挖掘分析[3]，以论文评审数据为例分析制约论文质量的影响因素。[4]无疑，学位论文的专家评阅意见是对论文质量的综合评定，是论文质量问题分析和改进的重要参考标准。为此，本研究以全日制教育硕士小学教育专业为例，选取学位论文的专家评阅意见文本，运用NVivo质性分析软件，深层次分析职前教师学位论文质量问题，提出针对性的改进对策，以提升学位论文质量。

二、研究设计

1. 研究对象

本研究抽取省属师范高校S大学2023—2024年的全日制教育硕士小学教育专业研究生学位论文的专家评语作为研究对象，删除存有异议的个别论文评语外，最终选定150篇论文的专家评语作为主要研究对象，再结合论文原文，分析职前教师学位论文质量问题。2023年和2024年分别为68篇（占比45.33%）和82篇（占比54.67%）。其中，小学数学领域有79篇（占比52.67%），小学语文领域有28篇（占比18.67%），小学英语、科学等其他综合学科有43篇（占比28.67%）。

2. 研究工具

采用质性与量化分析相结合的方法。借助NVivo 20质性分析软件，对150篇样本论文评语进行逐一编码统计，在质性分析基础上结合SPSS和Excel等软件进行量化数据处理。

3. 数据处理

本研究采取整合编码方式。首先依次编号150篇论文评语文本，将每篇材料的Word文本统一格式后导入NVivo 20软件；接着将编号为1—20的评语文件逐一进行开放式编码，形成若干子参考点并归类；结合自身经验和已有文献所反映出的课题或论文质量问题表现[5]，再调整归类后的子参考点，自上而下建立主题类属关系，初步形成一级、二级或三级编码参考点；然后由两人对编码参考点达成基本共识后，选取同样10个文件的论文评语文本进行背靠背编码，汇总编码结果，保留两人重合度较高的编码，选择性删减无重合的单独编码，对初步形成的参考点进行增补与合并；最终形成5个一级核心范畴、36个二级基本范畴和1134个三级参考点的编码体系。针对编码结果数据，采用SPSS 24.0和Excel统计分析和图表编制，便于更直观地呈现数据背后的规律性信息。

三、研究结果分析

1. 选题特征分析

基于150份样本论文参考点数据分析，从研究类型看，"专题研究类"论文占绝大多数（占比70.67%），直接指向"调查研究"（占比19.33%）和"案例研究"（占比10.00%）类论文偏少；从研究主题看，学位论文选题集中在课堂教学（占比48.00%）、学生能力（占比20.00%）和教学设计（占比16.67%）领域，少量涉及教师发展（占比6.00%）、教材比较（占比5.33%）和课程研究（占比4.00%）。

2. 研究主题的词云分析

以"研究主题"为选定项，运用词频查询方式进行信息挖掘和可视化分析，在初步显示原始资料词频

① 朱晓民，张啾，王祎琪：《我国教育硕士专业学位论文质量评价指标体系的构建》，《黑龙江高教研究》2020年第11期，第84—89页。
② 朱晓民，王坚，谭乐：《我国教育硕士学位论文研究的回顾与展望》，《扬州大学学报（高教研究版）》2022年第1期，第75—87页。
③ 王孟，苏进城，陈志德：《基于LDA和Word2Vec模型的学位论文评阅意见主题挖掘与分析》，《福建师范大学学报（自然科学版）》2024年第5期，第41—51页。
④ 于治巍：《教育硕士学位论文质量分析及提升策略——基于B大学论文评审结果的分析》，《北华大学学报（社会科学版）》2024年第3期，第142—149页，第156页。
⑤ 刘贵华，孟照海：《教育科研课题成果质量的九个问题》，《教育研究》2015年第9期，第24—33页。

的基础上,停用部分无实质意义的词后,再筛选出关键词生成高频词云图(见图 1)。"教学、分析、设计、问题、内容、策略、问卷、方法、案例、结构、结论"等都是排名靠前的关键词,还出现了"逻辑、层次、验证、过程、调查、样本、数据、深度、统计、规范"等词汇,表明论文质量不仅涉及研究内容,还涉及研究结构、研究过程、研究方法和研究结论等领域。

图 1 研究主题的高频词云分析

3. 论文质量主要问题分析

论文质量问题涉及 534 个参考点,主要表现为"研究问题定位不清、研究内容与结构不合理、研究过程与方法不科学、研究结论与对策不实用、学术规范性不够"等方面。其中以"研究过程与方法不科学"最为典型,涉及 124 个文件(占比 82.67%)和 223 个参考点(占比 41.76%);其次为"研究内容与结构不合理",涉及 82 个文件(占比 54.67%)和 133 个参考点(占比 24.91%)。

(1)研究问题定位不清

选择有价值且力所能及的研究问题,形成明确的研究课题,并恰当陈述论文题目,这是开展学位论文研究的第一步。经数据分析发现,样本论文中有 22 个文件(占比 14.67%)和 25 个参考点(占比 4.68%)明显存在"研究问题定位不清"现象。依据出现参考点由多到少排序,该问题具体表现为:研究问题表述不清(占比 48.00%)、题目表述不清与题意不明(占比 28.00%)、研究对象不明确或混乱(占比 20.00%)、选题与专业契合度不高(占比 4.00%)。例如,有的学位论文缺失对"研究问题"的陈述,使读者无法获知研究者拟解决的核心问题是什么;有的题目过大而无法聚焦研究问题,导致研究内容泛泛而无法深入;有的题目表述不清、题意不明,令人费解;有的题目虽指明了研究对象为某类教师群体,但正文却并非指向此类教师,存在"研究对象错乱"的毛病。

(2)研究内容与结构不合理

研究内容与结构是关于"研究什么"的界说,通常是为解决研究问题或子问题而对研究内容范畴与层次结构做出相应陈述,包括清晰的核心概念界定、恰当的研究内容范畴、清晰的段落层次、鲜明的论点或分论点、完整的论文结构布局、关联强的论证逻辑等。数据分析发现,样本论文中有 133 个参考点明显存在"研究内容与结构不合理"问题。依据参考点由多到少排序,这类问题具体表现为七种形式:论证逻辑结构混乱(占比 33.83%)、理论基础支撑不力(占比 21.05%)、谋篇布局部分缺失(占比 18.80%)、章节关联过渡不畅(占比 9.02%)、核心概念澄清不清(占比 9.02%)、文题不符或偏离主题(占比 6.02%)、内容范畴过窄或过宽(占比 2.26%)。

就"论证逻辑结构混乱"而言,有论文重点章节的标题逻辑关系不清,致使"论证逻辑混乱"或"文不对题"。如文献综述时上级标题涉及的概念为子概念(如"数学教学行为"),而下级标题涉及的概念却为母概念(如"教学行为")。还有论文不同层级标题重复甚至与论文题目重复,显然不同层级的标题是上下关系,而不应重复表述,导致"逻辑层次不清"。

就"核心概念澄清不清"而言,有论文对核心概念未作界定或界定不清或概念关系混淆。如有的论文题目包含"深度教学",但概念界定的却是"深度学习";有的论文题目关键词是"跨学科主题学习设计",在正文中提到的却是"跨学科主题学习课程""主题式教学设计"等概念,且未厘清多重概念之间的关系,致使研究内容不明;还有的论文对某现象(如"跨学科学习")开展调查研究,却未对其核心概念做出操作性定义,因此,难以抓准调查要点。

就"章节关联过渡不畅"而言,该问题较多出现在调查研究中。调查内容、现存问题、成因分析和改进对策之间缺乏严密的论证逻辑,没能紧扣调查内容提炼现存问题,缺少实证数据或例证分析问题成因,未能就问题及成因提出针对性对策,论文前后章节之间的衔接关联度不够紧密,行文论述过程存在较明显的主观色彩。还有的论文虽提出了若干"理论基础",但介绍理论时只有寥寥数行,未能充分概述理论的核心思想,也没能将理论与论文研究主题加以关联。

(3)研究过程与方法不科学

研究过程与方法是关于"怎么研究"的界说,直接关系研究结论是否合理。学位论文研究需要紧扣研究问题与研究内容,科学设计可行的研究路径,包括研究思路是否合理、研究对象取样是否合适、研究方法选用是否恰当、研究技术工具是否适切、研究过程与阶段性任务如何展开等。数据分析发现,样本论文中有 223 个参考点明显存在"研究过程与方法不科学"问题,由多到少依次呈现出的具体问题表现为:研究样本量偏少、数据分析缺乏深度、研究方法运用不恰当、统计方法使用不准确、感性有余论证不足、过程路径与问题目标内容对应弱、实证数据推论不成立、论证以偏概全或以例为证。

其中,"研究方法运用不恰当"问题表现得较为普遍(占比 15.70%)。如有的论文研究主题是"小学数学作业设计",在研究方法上却只用了问卷法和访谈法,没能运用作业文本分析法;有的论文属于课堂教学研究,仅仅用了问卷与访谈调查研究,缺失课堂观察方法的运用;还有的论文对所用研究方法的陈述非常笼统,如具体如何实施行动研究和课堂观察法,经历多长周期、观察多少节课、观察什么课等信息均未明确阐述。

还有不少论文运用调查研究法,其中使用统计法和数据分析来解读结果,但不同程度地表现出研究样本量偏少(占比 21.97%)、统计方法使用不准确(占比 14.35%)、数据分析缺乏深度(占比 18.83%)、感性有余论证不足(占比 14.80%)、实证数据推论不成立或论证以偏概全以例为证等问题。例如,有的论文将"教学设计现状的问卷调查"样本仅局限于一所小学的师生,显然调查对象的样本代表性差,这会影响研究结论的普适性;有的论文仅对问卷数据逐题进行百分比分析,而缺少统合性深层次的检验分析,研究难度和深度均不够;有的论文在说明调查问卷的信效度时,仅仅依据"KMO 值较高"和"Bartlett 球形检验显著"就直接得出"问卷具有较好结构效度"的结论,缺乏科学性和严谨性的研究精神。

(4)研究结论与对策不实用

研究结论是论文成果的集中体现,是关于"研究出什么"的界说,包括研究结论是否回应研究问题的解决、是否成立或合理、是否具有普适性、其创新性与实践运用价值如何等。经数据分析发现,样本论文中有 73 个参考点(占比 13.67%)存在"研究结论与对策不实用"问题。

就研究结论本身而言,按参考点出现频率高低依次表现为:研究结论欠概括或表述不准确(占比 26.03%)、对策较空洞缺少实证(占比 26.03%)、研究结论缺乏普适性(占比 23.29%)、研究结论与研究问题不对应(占比 20.55%)等。如有的论文将问卷调查结果和访谈调查结果分开论述,没能整合概括出一般性的调查结论;有的论文题目是《××理论指导下的小学数学教学设计研究》,但最后的研究结论是"数学概念教学",并未指向数学教学设计,偏离了预设的研究问题。

就研究结论的实践运用而言,有的论文没能紧扣研究所发现的问题提出对策,还有的论文所提出的研究对策或建议较为空洞,仅停留在理论层面的说理,缺少操作层面的策略解说、实例佐证或实践检验,对策的实用性还远远不够。

(5)学术规范性不够

学术规范是学术研究应该遵循的学术标准和基本要求,以保证研究的科学性、严谨性、可靠性,包括文献引用规范、图表标识规范、内容表述规范、文句符号使用规范和编辑排版规范等。数据分析发现,样本论文中有 80 个参考点(占比 14.98%)存在"学术规范性不够"的问题。

在学术规范性不够方面,最明显的表现为文献引用表述不规范(占比 33.33%)和语句欠通顺有错别字(占比 33.33%),较明显的表现为论文摘要写法不规范(占比 22.22%)和文献综述写作不规范(占比 15.00%),还有少量论文出现文本编辑格式不规范、图表标识不规范、标点符号使用不规范等问题。例如,有学位论文出现了类如引用格式不规范、引用内容不准确、文献排序杂乱、脚注引文未标页码等现象,有的论文没能在"摘要"中简明扼要地概述研究拟要解决的问题、研究内容聚焦点、研究具体开展过程及主要研究结论。

四、研究建议

结果表明,学位论文质量问题的种种表现实质涉及职前教师的知识基础、思维水平、研究方法运用、研究基本功和研究态度等。为此,学位论文质量提升是一项系统工程,需要从课程、教学和优化质量监控体系等多个维度齐抓共管,全方位过程性地保障学位论文质量。

1. 活化日常课程教学方式,提高研究问题意识

教育科研是以问题导向运用科学研究方法对教育现象进行逻辑论证或实证分析,并给予合理描述、解释、预测和控制的过程。对于职前教师而言,是否具有较好的问题意识,能否基于实践找到恰当的研究问题,则是做好学位论文的第一步。为此,如何更新课程教学内容,活化教学方式,让学生在日常课程学习中增强研究问题意识,则显得极为必要。

首先,要打破以"知识"为主线的课程内容组织体系,强化以"问题解决"为导向的教学。教师要勇于更新陈旧的教学内容,破除"填鸭式"教学,围绕教育热点难点问题开展研讨。其次,要推进课堂教学方式改革,推行研究性教学。除了将科研成果有机融入教学外,还要根据课程内容特点灵活选择教学方式,鼓励学生大胆质疑和深入研讨问题解决的方法。最后,要强化案例教学,善于组织典型案例,突出"研讨"元素,引导学生运用教育原理去揭示案例背后的问题实质,通过小组合作方式提出问题解决策略,敢于质疑他人观点,善于表达自我观点。只有将科研训练融入日常教学,才能使课堂教学焕发活力,也才能在潜移默化中发展学生的研究问题意识和批判思维能力。

2. 优化方法类课程结构,凸显研究方法运用

合理选用和正确运用研究方法,是开展高质量研究的关键。哈佛大学等美国一流大学非常强调教育研究方法类课程设置,课程比重大且门类多、选修弹性空间大,还将研讨会和研究学徒训练贯穿整个培养过程。[1]

首先,分类分层开设多样化的研究方法课程。师范院校可分量化研究方法和质性研究方法两类,设置难度由初级向中高级过渡的课程,如"教育研究方法及应用""教育量化研究与 SPSS 技术""质性分析与 NVivo""课堂观察技术"等,重在介绍常用的教育研究方法及其运用技巧,帮助学生学会如何提出好的研究问题、怎样成为好的观察者、如何运用软件分析海量数据等。其次,创设机会让学生参加学术前沿讲座,定期开展读书报告会或研讨会,开设教育沙龙或工作坊。最后,创设条件让学生参加学术会议、参与导师课题研究、申报校级或学院课题,促其在实战操练中学会应用研究方法、经历教育研究过程、知晓研究学术伦理。

3. 增设学位论文指导类课程,强化研究思维训练

教育研究是围绕"问题—内容—过程—方法—结果"而展开的逻辑论证过程,有其基本的研究范式。美国南加州大学教育学院开设的"研究批判"和"学位论文研究研讨会"两门课程,很值得我们借鉴。"研究批判"课程内容聚焦于如何确立研究问题和怎样撰写文献综述,针对学位论文中的具体问题开展师生面对面研讨,课程结束时每位研究生同步完成学位论文"第 1 章研究问题"和"第 2 章文献综述"的撰写。"学位论文研究研讨会"课程内容聚焦于怎样从特定的研究问题出发,合理设计研究方法和研究思路。

---

① 刘兰英:《美国一流大学教育学博士生的培养模式及其启示》,《学位与研究生教育》2021 年第 8 期,第 78-86 页。

课程结束时,每位研究生同步完成学位论文"第3章方法论"的写作。这种将学位论文指导融入课程的特色做法,有机结合了学位论文分重点指导和分阶段写作,让学生学会如何批判他人的研究和设计自己的研究,有力保证了学位论文质量。① 为此,我国职前教师培养急需加大课程学习和学位论文研究的交融度,增设学位论文指导类课程,将原先导师个性化不定期进行的学位论文指导固化为周期性的课程形态,促进课程学习、科研训练和论文写作三者的耦合,建立相对稳健的研究思维训练系统。

4. 健全学位论文监控体系,过程性保障论文质量

学位论文研究历经选题、开题、写作、查重、盲审、预答辩和答辩等多个环节。唯有从源头开始抓好每个环节的质量,才能从根本上保障学位论文整体质量。

首先,要建立学位论文各环节的质量标准和质量审查制度。对于开题、查重、盲审、预答辩和答辩等每个环节,都应有明确的质量标准和严格的审查制度,如全员查重、全员校外盲审、严控预答辩程序等,任一环节达不到标准,都将实行分流退出机制。其次,加强导师指导力度,强化导师第一责任人,实施导师考核制度。对指导学生的学位论文质量不过关,出现"问题论文"或"学术不端论文"的导师,应采取批评教育、限招停招或取消导师资格等措施。再次,建立导师联组指导机制,尤其在选题、开题、预答辩和答辩环节,可邀请基础教育实践专家,指导学位论文研究中可能存在的偏差或问题,使教育研究源于实践、高于实践并反哺于实践。最后,加强信息赋能,如动态跟踪导师指导论文的次数与质量,强化优秀学位论文电子资源库建设,利用AI技术智能化检测学术规范,过程性生成学位论文预警机制等,全方位保障学位论文质量监控。

Research on the Quality of Pre-service Teachers' Master Degree Theses Based on NVivo Analysis: A Case Study of Full-time Master of Education in Primary Education

LIU Lanying[1], CUI Yabei[2]

(1. Shanghai Veterans College, Shanghai Normal University, Shanghai, 200234;

2. Tangshan No. 38 Middle School, Tangshan Hebei, 064099)

Abstract: Taking the full-time master degree theses in primary education as an example, this study uses NVivo qualitative analysis to identify five key issues affecting thesis quality: unclear positioning of research problems, incoherent research content and structure, unscientific research processes and methods, impractical research conclusions and recommendations, and poor academic standards. Proposed strategies include enhancing teaching methods of courses to raise problem awareness, optimizing methodological course structures to highlight the application of research methods, adding theses writing guidance courses to strengthen the training of research thinking, and establishing a monitoring system to ensure the quality of theses throughout the process. These measures aim to systematically improve the theses quality of pre-service teachers.

Key words: NVivo analysis, pre-service teachers, the quality of theses, Master of Education

---

① 刘兰英:《美国南加利福尼亚大学教育领导教育博士项目的课程特色与启示》,《学位与研究生教育》2015年第11期,第73-77页。

大中小一体化背景下师范院校美育师资队伍建设

王　元

（上海师范大学 人事处，上海 200234）

摘　要：高素质、专业化师资队伍是美育工作的重中之重。在大中小一体化推进美育的现实背景下，师范院校美育师资在专业能力塑造、教师发展支撑、核心价值引领等方面，对基础教育美育产生系统性影响。借助生态系统理论，该研究构建了五重嵌套系统动态交互模型：微观系统，全生命周期培养提升教师胜任力；中间系统，多元主体协同构建美育教师发展支撑体系；外层系统，评价制度改革畅通美育教师职业发展通道；宏观系统，用足用好各级政策优化美育师资队伍结构；时间系统，信息技术赋能重塑美育教师数字素养。

关键词：基础教育美育；师范院校师资；发展生态

2025年1月，中共中央、国务院印发了《教育强国建设规划纲要（2024—2035年）》，明确将"培养德智体美劳全面发展的社会主义建设者和接班人"[①]作为教育工作的核心目标，旨在为建设社会主义现代化强国、全面推进中华民族伟大复兴奠定坚实的人才基础。美育作为五育并举的重要一环，对于落实"立德树人"根本任务具有不可替代的意义。在大中小一体推进美育的现实背景下，师范院校美育师资队伍的建设则是实现这一战略目标的关键环节。

一、大中小一体化美育政策的演进

党的十八大以来，国家高度重视美育在"立德树人"中的基础性作用，出台了一系列政策文件，从顶层设计到具体实施，全面推进学校美育改革。2013年，党的十八届三中全会审议通过了《关于深化改革若干重大问题的决定》，在深化教育领域综合改革方面提出"改进美育教学，提高学生审美和人文素养"[②]，"这是1949年以来党中央首次将美育的具体问题写进重大改革事项，在我国美育政策史上具有里程碑意义"[③]，这也为之后一系列美育政策文件的出台奠定了基础。

2015年，国务院办公厅出台了《关于全面加强和改进学校美育工作的意见》，明确提出"到2020年，初步形成大中小幼美育相互衔接、课堂教学和课外活动相互结合、普及教育与专业教育相互促进、学校美育和社会家庭美育相互联系的具有中国特色的现代化美育体系"的目标，并要求"各级各类学校要把师资队伍建设作为美育工作

作者简介：王元，上海师范大学人事处副教授，博士，主要从事美育与教师教育研究。

[①] 中华人民共和国中央人民政府：《中共中央 国务院印发〈教育强国建设规划纲要（2024—2035年）〉》，载 https://www.gov.cn/zhengce/202501/content_6999913.htm，最后登录日期：2025年3月5日。

[②] 中华人民共和国中央人民政府：《中共中央关于全面深化改革若干重大问题的决定》，载 https://www.gov.cn/zhengce/202203/content_3635143.htm，最后登录日期：2025年3月5日。

[③] 李瑞奇：《新中国成立70年来美育在教育政策中的嬗变研究》，《湖北社会科学》2019年第5期，第155—161页。

的重中之重"，"各地要建立高校与地方政府、行业企业、中小学校协同培养美育教师的新机制"①，集中体现了国家层面着力构建纵向贯通、横向融合的美育系统和育人链条。

2019年，教育部印发《关于切实加强新时代高等学校美育工作的意见》，围绕高校普及艺术教育、专业艺术教育和艺术师范教育三个领域构建了高校美育实施的框架，并将"建强美育教师队伍"作为高校美育工作主要举措之首，特别提到"要加强艺术师范专业教师队伍建设"。②

2020年10月，为进一步强化学校美育育人功能，中共中央办公厅、国务院办公厅印发了《关于全面加强和改进新时代学校美育工作的意见》，进一步明确"把美育纳入各级各类学校人才培养全过程，贯穿学校教育各学段"，"构建大中小幼相衔接的美育课程体系"，"加强大中小学美育教材一体化建设"，强调了不同学段美育目标和教学内容的梯度化设计，凸显了审美素养发展连续性与阶段性的统一；进一步明确"艺术师范教育以培养高素质专业化创新型教师队伍为根本"。③通过目标贯通化、课程系统化、师资专业化的顶层设计，大中小美育一体化进入了实质性落地阶段，实现从基础教育到高等教育的全链条贯通，从而重塑五育并举的格局。

2023年12月，教育部印发了《关于全面实施学校美育浸润行动的通知》，提出"以浸润作为美育工作的目标和路径，将美育融入教育教学活动各环节，潜移默化地彰显育人实效"④，明确提出"抓好教师源头培养，将美育课程纳入师范类专业学生人文素养课程"，意味着学校美育工作要从课程教学的刚性指标向全域浸润的生态构建转变，对师资队伍建设也提出了更高的要求。我国的学校美育由此迈向了高质量发展的新阶段。

二、师范院校师资对美育的系统性影响

1. 专业能力塑造：美育质量的根本保障

2018年9月10日，习近平总书记在全国教育大会上提出，"培养德智体美劳全面发展的社会主义建设者和接班人"。⑤人的全面发展就是"人以一种全面的方式，作为一个完整的人，占有自己的全面的本质"。⑥在马克思的理论体系中，"人的本质力量的全面发展"是一个核心概念，它强调人的能力、素质、个性等各方面的全面进步与提升。席勒最早提出了"美育"的概念，他强调，"必须通过审美教育的途径"，"人们才可以达到自由"。⑦

美育不是局限于艺术技巧的掌握或美学理论的堆砌，而是一种深植于个体内心、伴随人一生不断成长的核心素养。美育价值的实现则依赖于师资队伍的专业化水平。师范院校作为培养未来教师的主阵地，承担为中小学输送"高素质专业化创新型"美育教师的重任。在培养师范生的过程中，师范院校不仅注重知识内容、实践能力和创新意识的全面培养和系统训练，还会融入跨学科的知识元素，为未来的美育教师提供完整的知识结构和技能储备。这种人才培养模式使未来的美育教师能够突破照本宣科和技术本位的教学局限，也为他们运用多元教学方法、探索创新教学理念提供了可能。

2. 教师发展支撑：美育革新的驱动力量

《义务教育艺术课程标准（2022年版）》明确了审美感知、艺术表现、创意实践和文化理解四大

① 中华人民共和国中央人民政府：《国务院办公厅关于全面加强和改进学校美育工作的意见》，载 https://www.gov.cn/gongbao/content/2015/content_2946698.htm，最后登录日期：2025年3月5日。

② 中华人民共和国教育部：《教育部关于切实加强新时代高等学校美育工作的意见》，载 https://www.moe.gov.cn/srcsite/A17/moe_794/moe_624/201904/t20190411_377523.html，最后登录日期：2025年3月5日。

③ 中华人民共和国中央人民政府：《中共中央办公厅 国务院办公厅〈关于全面加强和改进新时代学校美育工作的意见〉》，载 https://www.gov.cn/gongbao/content/2020/content_5554511.htm，最后登录日期：2025年3月5日。

④ 中华人民共和国中央人民政府：《教育部关于全面实施学校美育浸润行动的通知》，载 https://www.gov.cn/zhengce/zhengceku/202401/content_6924205.htm，最后登录日期：2025年3月5日。

⑤ 习近平：《培养德智体美劳全面发展的社会主义建设者和接班人》，《求是》2024年第17期。

⑥ 马克思、恩格斯：《马克思恩格斯选集（第一卷）》，中共中央马克思恩格斯列宁斯大林著作编译局译，人民出版社2009年版，第189页。

⑦ 席勒：《美育书简》，徐恒醇译，中国文联出版社2024年版，第47页。

艺术核心素养的发展目标①,这就要求美育教师做到技能传授、实践创作与文化阐释的协同发展,从传统技能传授者向审美素养浸润者转型。但事实上,在相当长一段时间里,"重应试轻素养、重少数轻全体、重比赛轻普及"②的现象屡见不鲜,使美育教师遭遇到了前所未有的挑战。在此背景下,师范院校通过系统性人才培养目标重构和持续性教师专业发展支撑,可以实现对美育教师从职前培养到职后培训的全链条赋能。

师范院校能够根据时代发展的现实需求和大中小幼不同学段学生的认知水平,重构符合不同学段特点的美育培养目标,实现美育理念、教学内容和教学方法的跨学段融合与衔接,确保美育目标在各学段之间有机统一和连续发展。与此同时,师范院校还可通过"国培计划""名师工作室"等平台,为在职美育教师的专业发展提供系统性支撑。一方面,引导美育教师打破传统学科壁垒,探索美育与其他学科的有机融合,拓宽学生的审美视野,激发学生的创造潜力;另一方面,提升美育教师智能教学的能力,创新教学方式,提高教学效果,最终实现美育教学从知识传授向素养培育的范式革新。

3. 核心价值引领:文化自信自强的深层涵育

新时代,传统"鉴赏式"审美逐渐向"参与式"审美转变,青少年被赋予更多的审美表达权,彰显了审美观念的个性化与创造力。但对于这种个性化的审美追求,如果不加以引导,很容易陷入盲目跟风、片面追求标新立异的误区。同时,在社交媒体规训下建构的以流量价值为核心的异化审美标准,使青少年在点赞、转发、再生产的符号狂欢中逐渐丧失审美主体性,这不仅关乎个体精神世界的完整,更构成对民族审美主权的挑战。

以中华美育精神系统涵育青少年的审美情操迫在眉睫。儒家"尽善尽美"的伦理美学强调美善统一,道家"道法自然"的生态智慧追求天人合一,禅宗"明心见性"的顿悟美学注重主体觉醒,中华美育精神始终将个体审美体验与天地人伦相贯

通,不仅塑造了中华民族独特的审美趣味和审美理想,更为当代美育提供了丰富的思想资源和理论支撑。师范院校作为知识生产与价值引领的核心场域,凭借其学术权威性、教育系统性及青年群体覆盖的广延性,历史性地承担起了文化"防火墙"与价值"导航仪"的双重使命。师范院校通过系统化的美育教学、具身化的认知实践,能培养具有敏锐审美判断力、阐释力和创造力的美育教师。

三、构建多维交互的师范院校美育师资发展生态

"强教必先强师",一支师德高尚、业务精湛、结构合理、充满活力的高素质专业化教师队伍是美育工作的重中之重。美国发展心理学家尤里·布朗芬布伦纳在 1979 年提出了生态系统理论,指出人类发展是"嵌套于多层环境系统中的渐进式交互过程"。③即个体的发展在空间维度上,受到多个环境系统的嵌套式影响;在时间维度上,强调发展是动态变化的过程。借助生态系统理论,通过构建"微观—中间—外层—宏观—时间"五重嵌套系统,为师范院校美育师资队伍的高质量发展提供理论支撑与实践路径。

1. 微观系统:全生命周期培养提升美育教师胜任力

微观系统指个体直接参与的环境。微观系统作为教师发展的初始场域,主要涉及胜任力的培养。高校美育教师胜任力呈现横向复合性、纵向全周期的特征,这是由美育教学和教师成长的特性所决定的。因此,针对处于不同发展阶段的美育教师所应具备的胜任力要素,师范院校教师专业发展部门应提供系统性高、针对性强的培训,促进美育教师专业能力的阶梯式发展。

新入职教师处于职业适应期,虽具备较高的艺术修养,但缺乏实际的教学实践经验、系统的教学方法,因此,其专业发展需求应聚焦在基础教学能力的建构和"以美育人、以美培元"育人价值理念的培养上。处于职业发展中期的美育教师具有

---

① 中华人民共和国教育部:《义务教育艺术课程标准(2022 年版)》,载 https://www. moe. gov. cn/srcsite/A26/s8001/202204/W020220420582364678888. pdf,最后登录日期:2025 年 3 月 5 日。

② 中华人民共和国中央人民政府:《国务院办公厅关于全面加强和改进学校美育工作的意见》,载 https://www.gov.cn/gongbao/content/2015/content_2946698. htm,最后登录日期:2025 年 3 月 5 日。

③ Urie Bronfenbrenner, *The Ecology of Human Development*, Harvard University Press, 1979, p. 16.

丰富的教学经验，大多已成长为骨干教师，有更高的职业发展需求。因此，这一阶段的美育教师应围绕美育课程改革、跨学科融合等方面开展项目驱动式研修，提升跨学科整合能力和教学创新能力。卓越型教师处于专业成熟期，发展目标则聚焦在专业引领和学术创新上。这一阶段的美育教师应着重培养其美育领导力和引领力，从而带动团队和学科整体发展。

2. 中间系统：多元主体协同构建美育教师发展支撑体系

中间系统是由微观系统之间的相互关系构成的环境。在高校中，美育的微观系统包括学科教学体系、行政管理系统及校园文化环境等。当前，我国的高校美育呈现出两种结构性矛盾。在纵向上，学科化的专业美育难以支撑"五育融合"的整体性育人目标。在横向上，部门化的资源配置无法满足"全域浸润"的系统性美育需求。因此，《教育部关于全面实施学校美育浸润行动的通知》提出要"加强美育与德育、智育、体育、劳动教育的融合"，"强化各学科教师的美育意识和美育素养"，"把美育融入校园生活全方位"。[①] 这就要求学校层面建立跨部门协同机制和跨学科整合机构，来形成新型中间系统互动模式。

因此，应建立由分管校领导牵头，美育相关职能部门负责人参与的美育合作。通过定期召开会议、建立信息资源共享平台、制定跨部门协作章程等方式，打破部门之间的壁垒，畅通各部门沟通与协作，促进资源在各部门之间的优化配置和高效利用，为美育教学提供高效的保障。高校还应成立美育跨学科研究中心，推动美育与其他学科的深度融合和创新发展，为开展交叉学科研究与教学提供有力的学术支撑。

同时，师范院校还应积极拓展与基础教育的联动协同，通过课程共建、师资互聘等方式实现美育师资的跨学段流动。高校教师参与中小学教研，中小学名师指导师范生实训，不仅能够促进美育理论与实践教学的深度融合，还能有效提升美育师资的整体素质，实现双向赋能。

3. 外层系统：评价制度改革打通美育教师职业发展通道

外层系统指个体并未直接参与，但对其发展产生间接影响的环境。美育教师发展的外层系统，体现于学校人事政策对美育教师的评价和激励。当前我国高校职称评审和考核评价普遍采用以论文发表和科研项目为指标的量化评价方式。这种源自泰勒科学管理主义的评价范式，在一定范围内能够反映教师的学术水平和技术能力，但对于美育教师而言却存在某种程度的不适合。美育是一种集感知性、获得性和内生性于一身的隐性教育，具有跨场域的育人特征，包含课堂教学的认知场域、艺术创作的生产场域、社会服务的应用场域、科学研究的探索场域等。如果仅以论文、项目等量化指标为评价依据，无疑会导致美育教师陷入"学术漂移"的困境，最终影响美育成效。

因此，需要根据美育教学和教师的发展特点，设计"四位一体"的发展性评价体系，即从育人成效、研究突破、实践创新、服务基教四个维度进行评价，分别考查美育教师在提升学生审美素养、构建中国自主美学知识体系、创作代表性艺术成果、服务基础教育美育发展等方面的贡献。这不仅能够破除"五唯"痼疾，更能在坚持学术标准的同时，充分尊重艺术规律，畅通美育教师职业发展通道。

4. 宏观系统：利用各级政策优化美育师资队伍结构

宏观系统指更广泛的文化、社会和经济环境。对于高校美育而言，需要学校层面充分利用自身优势，用足用好各级政策，建立高校美育与国家文化发展战略的对接通道，积极引入优质美育资源，为美育教师的专业发展提供更全面的支撑。自2018年开始，教育部持续推动中华优秀传统文化传承基地的建设工作。上海师范大学教育部中华优秀传统文化（顾绣）传承基地为教育部首批挂牌基地，建设伊始，便聘请国家级非遗顾绣的市级代表性传承人走进学校，开设顾绣通识课，不仅丰富了学校美育体系，也提升了师范生传承和弘扬中华优秀传统文化的实践能力和责任意识。近年来，上海市教委联合相关部门共同推动了文教结合项目的建设和实施，聚焦高层次艺术人才培养，依托高校引进国内外顶尖文艺名家，设立高校文化艺术人才工作室。上海师范大学的"王珮瑜戏

---

① 中华人民共和国中央人民政府：《教育部关于全面实施学校美育浸润行动的通知》，载 https://www.gov.cn/zhengce/zhengceku/202401/content_6924205.htm，最后登录日期：2025 年 3 月 5 日。

曲教育人才孵化工作室"便是在此背景下建设起来的。工作室集合了京剧表演艺术家王珮瑜团队和上海师范大学戏曲教育团队,开展专业系统的戏曲培训,实现了资源共享和优势互补,推动高素质戏曲教育人才的培养。

此外,高校还应与社会文化艺术机构、博物馆、美术馆等深度合作,制定区域协同发展规划,聘请优秀艺术家和学者为兼职美育教师,实现社会美育资源的有效整合和多元美育主体的价值共创,为大中小一体化美育工作的深入开展提供有力支持,助推美育师资队伍结构不断优化和升级。

5. 时间系统:信息技术赋能重塑美育教师数字素养

时间系统强调环境随时间的变化对个体发展的影响。具体到师范院校美育,主要体现在:随着科学技术的发展,信息技术的赋能效应正在重构美育形态。数字技术的不断迭代为美育教学提供了前所未有的可能性,虚拟现实、增强现实、人工智能等技术的应用,使得美育教学能够突破时空限制,创造更加沉浸式、互动性的学习体验,同时,也对美育教师的数字素养提出了更高的要求。2022年11月,教育部发布了《教师数字素养》教育行业标准的通知①,对教师数字素养的数字化意识、数字技术知识与技能、数字化应用、数字社会责任、专业发展五个维度进行了界定,本质上要求教师要超越传统工具理性的局限,在"技术掌握—人文反思—教学创新"的动态平衡中寻求突破。在未来人机共生的教育场景中,美育教师既要守护好美育的核心价值,更要培养兼具数字创造力与中华美育精神的审美主体,这是美育教师实现专业发展的必由之路,更是数字时代赋予美育教师的历史使命。

Developing Aesthetic Education Faculty in Normal Universities under the Integrated K–16 Education Framework

WANG Yuan

(Personnel Office, Shanghai Normal University, Shanghai, 200234)

Abstract: A professional faculty with high quality is central to aesthetic education. Under the integrated K–16 education framework (seamless educational pathway from kindergarten through college), aesthetic education faculty in normal universities exerts a systemic impact on aesthetic education in primary and secondary schools through professional competence development, teacher development support, and core value cultivation. Grounded in ecosystem theory, this study constructs a dynamic interaction model of a 5-layer nested system: microsystem enhances teacher competency through lifelong professional development; mesosystem fosters multi-stakeholder collaboration to build support systems for aesthetic education teachers; exosystem reforms evaluation mechanisms to promote career advancement pathways; macrosystem optimizes faculty structures by leveraging multi-level policy instruments; and chronosystem leverages information technology to enhance digital literacy of teachers in aesthetic education.

Key words: aesthetic education in primary and secondary schools, faculty of normal universities, development ecosystem

---

① 中华人民共和国教育部:《教育部关于发布〈教师数字素养〉教育行业标准的通知》,载 https://www.moe.gov.cn/srcsite/A16/s3342/202302/t20230214_1044634.html,最后登录日期:2025年3月5日。

教师终身学习核心素养之培育

张国平,唐卫东

（上海师范大学 教育学院,上海 200234）

摘　要：当前,"教师作为终身学习者"的角色期望被赋予重要的社会责任,教师要聚焦践行终身学习、扩散终身学习、创新终身学习三类关键任务,凸显学习者角色的自致素养、学习型关系的建构素养、反思性探究的行动素养、数字化时代的工具素养四大核心素养。为此,要着力构建以动态终身适配为导向的教师教育治理体系、以终身学习理论为特色的教师教育学术体系、以学习型关系网络为基石的教师职前职后培养培训体系以及以培养意见领袖为目标的教师教育者专业发展支持服务体系。

关键词：终身学习;核心素养;教师教育

《教育强国建设规划纲要(2024—2035 年)》明确提出"着力建设全民终身学习的学习型社会、学习型大国"[1] 的战略目标,在此时代背景下,教师被期待在教育变革乃至社会变革中承担更大的社会责任,因此有必要审视"教师作为终身学习者"的角色期望,培育新时代的教师终身学习核心素养。

一、教师终身学习核心素养研究之索隐

自 20 世纪 70 年代以来,联合国教科文组织(UNESCO)、经济合作与发展组织(OECD)、欧盟(EU)尝试从与自身、他人、技术、社会有关的多种高阶能力维度探究终身学习核心素养,将其视为满足个人持续发展、国家中长期战略发展、全球可持续发展的重要承载,终身学习素养主流框架与相关阐释。总体而言,不同机构及学者在终身学习核心素养框架的表述上存在差异,但都强调"学习如何学习"的重要性,重点关注个体在社会变化中持续学习与成长的能力。

纵观既有研究中关于教师终身学习核心素养的文献,主要涉及两种思路:其一,将教师视为普通终身学习者,直接借用国际组织、国家集团等终身学习核心素养主流框架进行探究[2],如采用"终身学习核

基金项目：国家社会科学基金教育学重大课题"高等教育人才供需适配机制研究"(项目编号：VIA240008)。

作者简介：张国平,上海师范大学教育学院讲师,博士,主要从事教师教育与终身学习研究;唐卫东,上海师范大学教育学院博士研究生,主要从事课程与教学论与教师教育研究。

① 中华人民共和国教育部：中共中央 国务院印发《教育强国建设规划纲要(2024—2035 年)》,载 https://www.moe.gov.cn/jyb_xxgk/moe_1777/moe_1778/202501/t20250119_1176193.html,最后登录日期：2025 年 3 月 9 日。

② G. Ilgaz, M. Eskici, "Examination of Teacher Candidates' Lifelong Learning Competence and Basic Motivation Resources as Parts of Sustainability", *Sustainability*, Vol. 11, No. 1(2018), p. 23.

心素养量表"对教师候选人进行测试,发现其终身学习核心素养整体处于中高级水平。[①] 其二,将终身学习视为教师专业素养之一,主张教师应格外关注培育学生终身学习素养[②],需具备提高学生终身学习素养的知识、信念及动力。[③] 教师与培训师要成为终身学习榜样,其有责任促进学习者习得终身学习素养。[④] 综合上述,虽然不乏相关文献,但鲜有文献深入系统探究教师终身学习核心素养,尚未凸显"教师作为终身学习者"的社会价值。笔者认为,唯有立足社会对教师角色提出的新期望,构建新的教师终身学习核心素养框架并融入教师教育实践逻辑,方可促使教师真正成为终身学习的引领者、社会变革的推动者。

二、教师终身学习核心素养内涵阐释

教师终身学习核心素养涉及知识、技能、态度三个维度,具体分析见表1。

表1 "教师作为终身学习者"的核心素养三维概要

核心素养	知识维度	技能维度	态度维度
学习者角色的自致素养	了解终身学习者角色本质与价值; 了解终身学习政策、要求与挑战; 了解自我导向学习理论与策略	设定教师作为终身学习者的计划; 选择合适的终身学习方法路径; 应对终身学习者角色冲突与压力	坚信自身能力可以通过努力提升; 具有较高的自我效能感与自信心; 对学习型社会建设持有主体使命
学习型关系的建构素养	了解学习型关系的本质与特点; 了解学习型关系演变规律与价值; 了解本土文化中的学习资源	诊断需求并有效支持终身学习; 反馈、调节与维护学习型关系; 挖掘、欣赏与表达学习资源	主张平等互信、激发学习主体性; 建立学习型关系的共同体意识; 对学习资源多样性持开放态度
反思性探究的行动素养	了解反思性实践的功能与作用; 了解批判理论与教育研究方法; 了解终身学习本土化论述与理论	评估与判断终身学习实践成效; 设计与实施终身学习行动研究; 发表反思成果、促进成果转化	秉持严谨的批判性求真精神; 丰富终身学习的实践性知识; 积极构建本土终身学习理论
数字化时代的工具素养	了解数字工具属性与演变逻辑; 了解教育技术学与人机协同理论; 了解数字伦理与信息安全知识	提供个性化学习支持与反馈; 设计数字资源以推广终身学习; 构建终身学习AI助手与学伴	树立"器以载道"的价值追求; 拒绝盲目跟风使用技术工具; 对新工具抱有好奇心与探索欲

---

① A. Ü. Kan, A. Murat, "Examining the Self-efficacy of Teacher Candidates' Lifelong Learning Key Competences and Educational Technology Standards", *Education and Information Technologies*, Vol. 25,(2020), pp. 707-724.

② K. Selvi, "Teachers' Lifelong Learning Competencies", *International Journal of Curriculum and Instructional Studies*, Vol. 1, No. 1 (2011), pp. 61-69.

③ M. Finsterwald, P. Wagner, B. Schober, et al., "Fostering Lifelong Learning-Evaluation of A Teacher Education Program for Professional Teachers", *Teaching and Teacher Education*, Vol. 29,(2013), pp. 144-155.

④ European Commission, Council Conclusions on European Teachers and Trainers for the Future, 载 https://eur-lex. europa. eu/legal-content/EN/TXT/? uri=CELEX%3A52020XG0609%2802%29&qid=1711810562550, 最后登录日期:2024 年 3 月 21 日。

1. 学习者角色的自致素养

自致角色指个体通过后天努力获得的知识技能、社会资本与职业资格所形成的社会身份，与强调个人先天属性的先赋角色形成结构性对照。[①]在教师专业发展进程中，"教师作为终身学习者"已经从弱组织与弱标准的阶段逐渐演变为需要持续认证与考核的自致角色，且该自致角色的社会价值也呈现上升趋势。

学习者角色的自致素养要求教师掌握终身学习的内涵演变、价值体系、角色要求、自我导向学习等方面的知识，包括终身学习的个人与社会价值，"教师作为终身学习者"的角色期望与要求，成人学习与认知科学等；教师应具备在不同情境下开展终身学习的技能，能够科学调整终身学习目标，制订个性化学习计划，搜索与选择合适的终身学习方法路径，并具有角色协调与管理技能，能有效应对角色冲突与角色压力，赢得社会对其作为终身学习者角色的认可；教师对角色自致的积极态度应体现出成长型思维，将挫折视为能力提升的重要学习机会，并具有较高的自我效能感，敢于直面挑战，且将自身视为学习型社会建设的重要主体。

2. 学习型关系的建构素养

学习型关系的建构素养要求教师了解学习型关系的本质与特点、学习型关系演变规律、支持学习者开展终身学习的价值等，并知晓本土文化资源中潜在且多样的学习素材与学习机会。教师应诊断学习者学习需求与学习特点，通过多种途径与学习者进行有效沟通，采取合适的社交技巧与学习者建立相互理解与支持的学习型关系，并在必要时反馈、调节与维护关系，同时挖掘资源，采用适宜方式表达与转化其中的学习型元素，使本土文化深层次融入学习型关系建设中，指导学习者探索有意义学习，并形成作为终身学习者的身份认同。

3. 反思性探究的行动素养

反思性探究的行动素养要求教师了解实践性反思理论，理解"行动中反思"与"对行动反思"的辩证关系，掌握批判理论与方法论知识，包括搜索、收集和分析数据的策略与方法，同时研读有关中国终身学习思想文化的论述与理论，体悟本土终身学习思想的丰富意蕴。教师应合理评估与判断终身学习的实践成效，扎根中国大地，运用"计划—行动—观察—反思"等行动研究方法探究终身学习新模式，并加强反思性研究成果的公开发表与实践转化。教师要坚持反思性实践立场，秉持严谨的批判性求真精神，树立文化主体意识，努力丰富自身关于终身学习的实践性知识，为构建中国特色终身学习思想体系贡献学术智慧。

4. 数字化时代的工具素养

数字化时代的工具素养要求教师了解数字工具作为认知增强器与关系重构器的双重属性，掌握技术代际演变逻辑，通晓人工智能与教育融合的模式，并熟悉数字伦理与信息安全知识。教师应有效使用数字化学习平台等工具，为学习者提供个性化的学习资源、任务、评估与反馈，能够设计制作短视频教育内容，并运营虚拟学习社群，运用 AI 工具构建终身学习助手与学习伴侣。教师要树立"器以载道"的价值追求与主体意识，对技术工具保持批判性思维，避免技术盛行下对教育本质的忽略。与此同时，也不能放弃对新技术工具的好奇心与探索欲，要有意识地提高对技术工具更新的敏锐度。

三、教师终身学习核心素养的培育路径

本研究认为，应从教师教育治理体系、教师教育学术体系、教师职前职后培养培训体系、教师教育者专业发展支持服务体系四个方面切入，培育教师终身学习核心素养，实现中国特色教师教育体系与全民终身学习的共同愿景高度一致。

---

① 王守恒：《教师社会学导论》，中国科学技术大学出版社 2011 年版，第 105 页。

1. 建立以动态终身适配为导向的教师教育治理体系

为了鼓励教师热心从教、精心从教、长期从教、终身从教,迫切需要完善当前的教师教育治理体系,体现出对教师可持续发展的动态终身适配性。一是重视教育改革中的教师力量。教师应在政策制定与决策提案中发挥核心作用,成为教育改革的共同构建者与关键贡献者。[①] 每位教师要参与现代化学校治理高质量发展,配以与其终身发展相适宜的机会与平台。二是加快修订既有的教师专业标准,研制出台更为细化的教师专业标准。教育部于 2012 年印发针对自幼儿园至高中不同学段教师的专业标准,在基本理念部分明确指出教师应“具有终身学习与持续发展的意识和能力,做终身学习的典范”,却尚未在教师理念、知识与能力的阐述中涉及教师终身学习核心素养,故有待修订。三是依托国家智慧教育平台,建设省市级响应的教师电子档案袋。电子档案能够促进学习者设置学习目标,分析任务并自我评估,有助于提升其自我导向学习技能。[②] 要基于国家智慧教育平台,研发教师终身学习的电子档案袋,设计教师终身学习素养水平自评量表等工具。

2. 建立以终身学习理论为特色的教师教育学术体系

当前,我国教师教育学科发展面临学科基础、学科载体、学科内核、学科重心等重重危机。[③] 高质量教师教育学科是高质量教师教育学术成果的关键,高质量教师教育学术成果是高质量教育学术体系的核心。一是形成一批以“教师作为终身学习者”为攻关议题的学术研究机构,整合脑科学与神经科学、学习心理学、成人教育学、教育史学等跨学科学术力量,开展以教师终身学习为特色的教师教育理论与实践研究,兼顾本土性、时代性与科学性。二是关注凸显中国时代国情、教师教育发展现状的中国教师终身学习实践问题,以多种形式进行系统性学术研究,创新推动教师教育学科内涵建设。三是借助国内外公开学术平台与学术研究团队,大力推广以终身学习理论为特色的教师教育学术成果,并在各级各类学校与教育机构广泛开展学术交流与分享活动,促进系列学术成果的应用转化。

3. 建立以学习型关系网络为基石的教师职前职后培养培训体系

创设以学习型关系网络为基石的职前职后培养培训体系,促进职前职后教师终身学习方式的实践变革,引导其从竞争性学习转向协作性学习,构建交互丰富的新型学习型生态。一是以践行共同价值追求的学习型关系为抓手,统领教师职前职后培养培训。二是以学习型关系建设为重点,开发教师职前职后培养培训进阶课程体系。三是以数字化赋能的学习型关系为目标,降低教师职前职后培养培训一体化成本。

4. 建立以培养意见领袖为目标的教师教育者专业发展支持服务体系

为了支持教师成长为终身学习者,教师教育者要深入反思、审视和澄清自身的角色使命与专业价值。一是整体提升教师教育者的领导力,助力他们成为教育变革领导者。通过专题课程内容的学习,提高教师教育者的终身学习实践影响力、终身学习公共传播力、终身学习学术引领力。二是提供教师终身学习教学创新实验室,提高创新风险容错率。教师教育者要关注“教师如何支持学习者终身学习”的教学创新思考与实践。各级各类教育机构要有意识地为教师教学创新投入专项支持,建设高信任、低风险的实验场所,并为教师教育者提供专业的支持服务团队。三是设置“教师终身学习引领奖”“教师终身学习最佳影响力奖”等专门奖项,表彰在培育教师终身学习核心素养方面做出重要贡献的教师教育者。

① A. Harris, M. Jones, "Teacher Leadership and Educational Change", *School Leadership & Management*, Vol. 39, No. 2(2019), pp. 123-126.

② J. Beckers, D. Dolmans, J. Van Merriënboer, "E-Portfolios Enhancing Students' Self-directed Learning: A Systematic Review of Influencing Factors", *Australasian Journal of Educational Technology*, Vol. 32, No. 2(2016), pp. 32-46.

③ 龙宝新:《教师教育学科:现象、隐忧与走向》,《教育研究》2021 年第 7 期,第 60-70 页。

幼儿教师参与保教质量自我评估的驱动机制

——基于计划行为理论的分析框架

宋丽芹

（河南大学 教育学部，河南 开封 475004）

摘　要：为了探究影响幼儿教师主动参与保教质量自我评估的影响因素及其作用机制，研究立足教师主体性视域，结合计划行为理论，对1022名幼儿教师进行问卷调查。结果显示：主观规范、工具态度和自我效能感对幼儿教师主动参与保教质量自我评估的行为意向有显著正向预测作用；工具态度和自我效能感在主观规范和教师行为意向之间起完全中介作用。基于此，建议如下：构建三元协同支持体系，激发教师主动评估意愿；实施规范认知耦合策略，深化评估价值认同转化；深化主观规范与自我效能感协同作用，构建长效驱动机制。

关键词：自我评估；行为意向；主观规范；知觉行为控制；行为态度

一、问题提出：自我评估缺乏主观能动性

幼儿园保教质量自我评估是提升学前教育质量的内在动力与实践尺度，也是深化新时代教育评价改革的重要内容与关键环节。2022年，教育部出台的《幼儿园保育教育质量评估指南》（以下简称《评估指南》）提出新时代学前教育评价方式改革的重要内容——转变"重他评轻自评"的倾向，"强化幼儿园自我评估"，要求幼儿园"建立常态化的自我评估机制，促进教职工主动参与"。[①] 这种改革方式旨在通过赋权充分激发教师的自主性和内驱力，使幼儿教师不断审视日常保教活动，从而持续改进保教质量。

在实践中，受外部评估范式影响，幼儿教师在保教质量自我评估中普遍缺乏主观能动性。[②] 幼儿园若要建立持续有效的自我评估机制，重点在于调动幼儿教师参与自我评估的主观能动性，这就需要厘清影响幼儿教师主观能动性的因素。教师主观能动性受到个体、环境等多重因素的影响，且作用机制较为复杂。然而，当前关于幼儿教师主动参与保教质量自我评估的影响因素及作用机制的研究较少。基于此，本研究在计划行为理论视域下探究影响幼儿教师主动参与保教质量自我评估的影响因素及其作用

基金项目：教育部人文社会科学研究青年项目"自我评估常态化背景下幼儿园'教—评—研一体化'的机制研究"（项目编号：24YJC880115）；河南省哲学社会科学规划青年项目"河南省幼儿园保育教育质量自我评估机制研究"（项目编号：2024CJY023）；河南省高校人文社会科学一般项目"以班级保教质量评价促进幼儿教师专业能力发展的支持路径研究"（项目编号：2024-ZZJH-060）。

作者简介：宋丽芹，河南大学教育学部副教授，博士，主要从事学前教育质量评价研究。

① 中华人民共和国教育部：《教育部关于印发〈幼儿园保育教育质量评估指南〉的通知》，载 https://www.moe.gov.cn/srcsite/A06/s3327/202202/t20220214_599198.html，最后登录日期：2025年5月15日。

② 侯雨彤，于冬青：《数字时代幼儿园过程质量自我评估的困境、纾解与路向》，《现代教育管理》2024年第5期，第94-104页。

机制,尝试从主体性觉醒视角提出激发幼儿教师主观能动性的支持体系,以期助力幼儿园建立常态化的自我评估机制。

二、理论基础

幼儿教师作为能动的个体,在与环境的互动中基于个体理性的思考,做出自己的行为选择。行为意向是幼儿教师行为选择的前端因素,其行为意向受内外部环境影响。计划行为理论作为经典的心理模型,能够结合内外因素,对幼儿教师行为意向做出预测和解释。已有研究虽然探讨了内部或外部因素对教师主动参与评估的影响,但是很少有研究探讨内外因素的共同作用机制。计划行为理论是探讨个体行为意向的经典理论模型,该理论可能为幼儿教师主动参与保教质量自我评估的意向和实践提供预测、解释。

计划行为理论(Theory of Planned Behavior,缩称 TPB)由美国学者阿耶兹(Icek Ajzen)于1985年提出。[1] 该理论用于解释个体在特定条件下做出的意向选择和实际行为,为分析个体行为意向的影响因素及作用机制提供了理论框架。计划行为理论认为,个体是否执行某种行为直接取决于个体对该行为的意向,个体的行为意向越强烈,采取行动的可能性越大,反之则越小。其中,行为态度、主观规范和知觉行为控制是决定行为意向的主要因素,当个体的行为态度越积极、外部重要他人支持越大、知觉行为控制越强,个体的行为意向就会越强烈,反之则越小。TPB 理论的结构模型,如图1所示。[2]

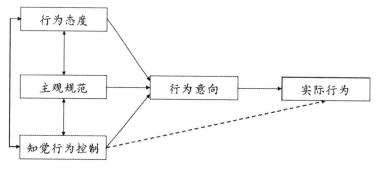

图1　计划行为理论的基本结构模型

TPB 理论认为,行为态度是个体对执行某种特定行为的偏好取向,包括情感态度和工具态度。[3] 其中,情感态度是个体从执行某种行为的前景中产生的感觉或情绪,工具态度是个体对执行某种行为结果的评价。主观规范是个体在决策是否执行某特定行为时感知到的期望或压力,它反映的是重要他人或团体对个体行为决策的影响。知觉行为控制是指个体感知到执行某特定行为容易或困难的程度,它反映的是个体对所掌握资源或所遇阻碍的主观知觉。自我效能感和行为控制经常被用于衡量个体知觉行为控制的重要指标。在这几个关键变量中,主观规范是个体感知到的周围环境和重要他人对行为意向的影响,行为态度、知觉行为控制则是教师自身所具有的个体因素,它们能够共同预测个体的行为意向。[4] 三者之间存在一定的交互作用。既往研究发现,主观规范影响行为态度、知觉行为控制,进而间

① I. Ajzen, "From Intentions to Actions: A Theory of Planned Behavior", *Berlin : Springer Publishing*, 1985, p. 11.

② 段文婷,江光荣:《计划行为理论述评》,《心理科学进展》2008年第2期,第315-320页。

③ I. Ajzen, "Perceived Behavioral Control, Self-Efficacy, Locus of Control, and the Theory of Planned Behavior", *Journal of Applied Social Psychology*, Vol. 32, No. 4(2002), pp. 665-683.

④ 吴文胜,梁函:《中小学教师教育惩戒的意图与行为——基于计划行为理论框架的调查》,《教育研究与实验》2022年第6期,第59-65页。

接影响行为意向。行为态度、知觉行为控制在主观规范和教师的行为意向之间起中介作用。[①]

幼儿教师主动参与保教质量自我评估是一种复杂的心理机制，受到内外部因素的相互作用。基于已有研究和 TPB 理论框架，本研究提出三个研究假设：

H1：主观规范、行为态度（情感态度、工具态度）、知觉行为控制（行为控制、自我效能感）能正向预测幼儿教师主动参与保教质量自我评估的行为意向。

H2：行为态度（情感态度、工具态度）在主观规范和行为意向之间起中介作用。

H3：知觉行为控制（行为控制、自我效能感）在主观规范和行为意向之间起中介作用。

三、研究设计

1. 数据与变量

为了尽可能地考虑到不同地区、不同类型幼儿园的教师，本研究采用分层随机抽样方法，于 2024 年 5 月向河南省郑州市、开封市、南阳市等地发放教师问卷，并对所采集的问卷进行严格筛选，获得 1102 份问卷，剔除重复个案和极端个案后，最终获得有效问卷 1022 份，问卷有效率为 92.74%。幼儿教师信息结构分布如下：在园所区域方面，城区占 59.0%，农村占 41.0%；在园所性质方面，公办、民办分别占 46.3%、53.7%；在教龄方面，5 年以下占 45.0%，6—15 年占 42.2%，16 年以上占 12.8%。

本研究涉及的关键变量包括：幼儿教师的主观规范、行为态度、知觉行为控制、行为意向。其中，主观规范是指幼儿教师在实施保教质量自我评估时所感知到的压力或期望。行为态度是指幼儿教师对实施保教质量自我评估的偏好，包括情感态度和工具态度：情感态度是指幼儿教师在实施自我评估行为中产生的情绪体验，工具态度是指幼儿教师对该行为结果的评价。知觉行为控制是指幼儿教师在实施自我评估时对该行为困难或容易的感知程度，包括行为控制和自我效能感：行为控制是指幼儿教师认为自己能够顺利实施保教质量自我评估的感知程度，自我效能感是指幼儿教师对实施保教质量自我评估这一任务的信念和信心。行为意向即幼儿教师决定实施保教质量自我评估的决策。

2. 研究工具

基于晏子编制的"形成性评估的教师观念与实践量表"[②]，形成了"幼儿教师参与保教质量自我评估实践量表"。问卷包括行为态度（情感态度、工具态度）、主观规范、知觉行为控制（行为控制、自我效能感）和行为意向 4 个维度，共 25 题。量表采用李克特 7 点计分法，从"非常不同意"到"非常同意"依次记 1—7 分，各量表的 Cronbach's α 系数均在 0.8 以上，信度系数较佳。使用 Amos26.0 进行验证性因子分析，结果显示各个量表的拟合指标均在标准以内，表明各问卷总体拟合指标可以接受（见表 1）。

表 1　测量模型的信度和拟合度指标

工具名称	Cronbach's α	χ^2/df	CFI	TLI	AGFI	RMSEA
1. 情感态度	0.919	2.249	0.999	0.998	0.989	0.035
2. 工具态度	0.945	4.292	0.998	0.995	0.980	0.057
3. 主观规范	0.919	5.078	0.997	0.991	0.971	0.063
4. 行为控制	0.939	1.203	1.000	1.000	0.994	0.014
5. 自我效能感	0.883	2.889	0.998	0.995	0.986	0.043
6. 行为意向	0.951	3.812	0.999	0.996	0.981	0.052

注：拟合度的参考标准为 $\chi^2/df<5$，CFI>0.9，TLI>0.9，AGFI>0.9，RMSEA<0.08。

---

① 梁茜，皇甫林晓：《中小学教师数字伦理素养的影响因素研究——基于计划行为理论框架》，《教师教育研究》2024 年第 2 期，第 35—44 页。

② Z. Yan, E. C. K. Cheng, "Primary Teachers' Attitudes, Intentions and Practices Regarding Formative Assessment", *Teaching and Teacher Education*, Vol. 45, No. (2015), pp. 128-136.

为了考察并确认各个变量的聚合效度和区分效度,本研究对模型中各因子的因子负荷及 t 值进行检验,结果发现,各因子的因子载荷量和 t 值均达到显著性水平,这说明6个因子均具有较好的聚合效度。使用模型比较方法考察各变量的区分效度,结果发现6因子模型与另外5个模型相比,对实际数据最为拟合,说明本研究所涉及的6个变量均有良好的区分效度。

本研究对所有自评项目进行共同方法偏差检验,以主观规范、行为态度、知觉行为控制及行为意向各个维度为指标,构建单因素的潜变量模型,结果显示,幼儿教师自我报告的数据不存在严重的共同方法偏差问题。[①]

3. 数据处理

借助 SPSS 26.0 对数据进行处理,并进行变量的相关分析与回归分析。使用 Amos26.0 进行验证性因子分析,采用偏差矫正的百分位 Bootsrap 法进行中介效应检验。

四、研究结果与分析

1. 变量描述性统计及相关分析

研究所涉及变量的均值、标准差及变量之间的相关系数,如表2所示。情感态度、工具态度、主观规范、行为控制、自我效能感、行为意向的平均得分依次为 6.15 ± 1.06、6.28 ± 0.94、6.08 ± 1.00、5.41 ± 1.49、5.61 ± 1.20、5.96 ± 1.09。对主观规范、情感态度、工具态度、行为控制、自我效能感和行为意向进行相关分析,各变量之间均呈显著正相关。这些数据初步支持了研究假设。

表2　各变量的描述性统计与相关矩阵

变量	M±SD	情感态度	工具态度	主观规范	行为控制	自我效能感	行为意向
1.情感态度	6.15±1.06	1					
2.工具态度	6.28±0.94	0.795**	1				
3.主观规范	6.08±1.0	0.655**	0.772**	1			
4.行为控制	5.41±1.49	0.307**	0.365**	0.460**	1		
5.自我效能感	5.61±1.20	0.419**	0.492**	0.524**	0.695**	1	
6.行为意向	5.96±1.09	0.568**	0.670**	0.641**	0.473**	0.677**	1

注: $**p<0.01$

2. 中介模型检验

(1)主观规范、行为态度、知觉行为控制对行为意向的预测作用

为探究各个变量对行为意向的预测力,研究采用逐步回归对相关变量进行筛选,结果表明,只有主观规范、工具态度和自我效能感三个变量进入模型(见表3)。在三个模型中,每个自变量进入回归模型后所增加的个别解释量(ΔR^2)的净值 F 值均达到显著($p<0.001$),保留在回归模型的关键变量对行为意向的解释力全部达到显著($p<0.001$)。自我效能感、工具态度和主观规范对行为意向的预测力分别为 45.8%、15% 和 0.9%,共同解释了行为意向的 61.7%。这表明主观规范、自我效能感、工具态度对行为意向具有显著的正向预测作用。在回归方程模型中,自我效能感第一个进入模型,其次为工具态度;当主观规范进入模型后,自我效能感对行为意向的影响最大($\beta=0.429$),其次为工具态度($\beta=0.341$),主观规范的影响最小($\beta=0.153$)。

---

① 刘玲玲,田录梅,郭俊杰:《亲子关系对青少年冒险行为的影响:有调节的中介模型》,《心理发展与教育》2019年第2期,第210-218页。

表3 自我效能感、工具态度、主观规范对行为意向的预测作用

变量及顺序	R	R²	ΔR²	F	β	t
自我效能感	0.677	0.458	0.458	862.680***	0.429	18.581***
工具态度	0.780	0.608	0.150	789.402***	0.341	11.005***
主观规范	0.785	0.617	0.009	545.590***	0.153	4.832***

注：*$p<0.05$,**$p<0.01$,***$p<0.001$;因变量:行为意向

（2）中介效应检验

本研究以主观规范为外生潜变量,以行为意向为内生潜变量,以工具态度和自我效能感为两个中介变量,对模型进行检验。结果显示,模型整体拟合指数良好($c^2/df=4.624$,CFI$=0.977$,TLI$=0.973$,RMSEA$=0.060$)。模型分别解释了工具态度和自我效能感的变异量分别为77%和30%,对行为意向的解释率为72%。模型表明,主观规范对工具态度($\beta=0.877$,$p<0.001$)和自我效能感($\beta=0.549$,$p<0.001$）具有显著的正向预测作用。工具态度($\beta=0.396$,$p<0.001$)和自我效能感($\beta=0.531$,$p<0.001$)对行为意向具有显著的正向预测作用。当加入两个中介变量之后,主观规范对行为意向的直接预测作用不显著($\beta=0.059$, $p>0.05$)(见图2)。

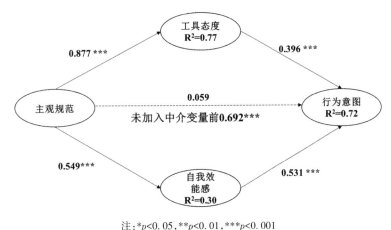

注：*$p<0.05$,**$p<0.01$,***$p<0.001$
图2 路径系数图

采用偏差矫正的百分位 Bootstrap 法对两个变量的中介效应进行更准确的估计(N=5000, CI=95%)。中介效应估计结果表明,工具态度和自我效能感起完全中介效应。当考虑两个中介变量的效应时,主观规范对提高教师的行为意向并没有直接预测作用($\beta=0.059$, 95%CI=[−0.080, 0.229])。主观规范对提高教师的行为意向水平的正向预测作用被工具态度($\beta=0.348$, 95%CI=[0.215, 0.456])和自我效能感($\beta=0.292$, 95%CI=[0.233, 0.357])完全中介。即主观规范只有通过提高教师的工具态度和自我效能感,进而间接提高教师主动参与的行为意向水平。主观规范对行为意向的总效应量是 0.698(95%CI=[0.630,0.754]),总间接效应量是 0.639(95%CI=[0.493, 0.761]),置信区间不包含 0,均达到显著水平(见表4)。

表4 中介效应检验

	效应值	Boot标准误	95%的置信区间	
			BootCI下限	BootCI上限
总效应	0.698	0.032	0.630	0.754
直接效应	0.059	0.080	−0.080	0.229

（续表）

	效应值	Boot 标准误	95%的置信区间	
			BootCI 下限	BootCI 上限
总间接效应	0.639	0.068	0.493	0.761
间接效应1：主观规范→工具态度→行为意向	0.348	0.062	0.215	0.456
间接效应2：主观规范→自我效能感→行为意向	0.292	0.032	0.233	0.357

五、结论与讨论

1. 自我效能感、工具态度、主观规范显著正向预测幼儿教师主动参与自我评估的行为意向

本研究结果显示,研究假设 H1 部分得到支持。主观规范、工具态度和自我效能感可以显著正向预测幼儿教师主动参与的行为意向。这说明,具有积极工具态度、良好主观规范及较高自我效能感的幼儿教师更倾向于主动参与自我评估。值得注意的是,情感态度对幼儿教师主动参与的行为意向影响不显著。这与以往的研究结论略有不同。[1] 既往关于情感态度的研究多围绕旅游等个体行为展开,受个人喜好驱动较为明显。而幼儿教师参与保教质量自我评估属于工作行为,教师在执行过程中,不仅关注自身专业发展,也会关注这一行为产生的结果,如评估对幼儿发展的影响。因此,相较于情绪情感,积极的工具态度更有助于进一步提升幼儿教师主动实施保教质量自我评估的意向。

在知觉行为控制维度中,仅有自我效能感可显著正向预测幼儿教师的行为意向,行为控制对行为意向没有显著影响。这说明幼儿教师对实施保教质量自我评估缺乏自信,即便意识到评估的必要性,其主动参与的意向也不会非常强烈。这一结论与以往研究结果类似。[2] 幼儿教师的内在评估动机是推动自我评估中顺利开展的重要因素。[3] 通常情况下,当教师感知到明确的外部期望时,高自我效能感的教师会更相信自身能力,在评估中展现出更高的内在动机;相反,低自我效能感的教师则容易产生逃避心理。[4] 自我效能感反映了教师对自身评价能力的认知,评价能力强的教师会更自信,也更愿意主动进行保教质量自我评估。[5] 综上,自我效能感对幼儿教师的行为意向起重要作用,提升幼儿教师的评价能力以增强自我效能感,是激发其主动参与保教质量自我评估内在动机的有效路径。

2. 主观规范通过工具态度正向显著影响幼儿教师主动参与自我评估的行为意向

研究结果显示,假设 H2 部分成立,这表明主观规范不仅可以直接影响幼儿教师的行为意向,还可通过工具态度产生显著正向的间接影响。这一研究结果表明,当幼儿教师从外部环境中感知到更多的期望、支持和鼓励时,其工具态度会更加积极,进而增强主动参与保教质量自我评估的行为意向。同时,这一研究结果也说明,在实践中单纯依靠教育行政部门或幼儿园管理者下达刚性约束命令,如果幼儿教师未能真正认识到活动的意义与价值,或认为自我评估缺乏实用性,那么幼儿教师的行为意向将难以被有效激发。甚至有可能因为园所管理者的"掌控过度",导致幼儿教师在自评过程中产生抵触情绪,出现参与缺位的现象。[6] 由此可见,主观规范作为外部因素,其作用的发挥依赖于教师对评估活动实用价值的

① R. Lawton, M. Conner, D. Parker, "Beyond Cognition: Predicting Health Risk Behaviors from Instrumental and Affective Beliefs", *Health Psychology*, Vol. 26, No. 3(2007), pp. 259-267.

② D. Trafimow, P. Sheeran, M. Conner, et al., "Evidence that Perceived Behavioural Control is a Multidimensional Construct: Perceived Control and Perceived Difficulty", *British Journal of Social Psychology*, Vol. 41, No. 1 (2002), pp. 101-121.

③ 刘昊:《幼儿园教育质量自我评价的学理逻辑与实践路径》,《教育测量与评价》2020 年第 1 期,第 17-22 页。

④ 陈志霞,吴豪:《内在动机及其前因变量》,《心理科学进展》2008 年第 1 期,第 98-105 页。

⑤ 虞莉莉,张海萍:《〈评估指南〉背景下幼儿园保育教育质量评估的实施现状、问题与建议——基于浙江省 11 个地市 3088 个样本的调查研究》,《幼儿教育》2024 年第 27 期,第 3-8 页。

⑥ 葛晓穗,杨鹏燕:《幼儿园自我评估的政策历程、现实困境与应然定位》,《北京教育学院学报》2024 年第 6 期,第 53-59 页。

感知。因此,在实践中科学设计保教质量自我评估活动,将外部要求转换为幼儿教师行动的内驱力,是提升幼儿教师主动参与自我评估积极性的关键所在。

3. 主观规范通过自我效能感正向显著影响幼儿教师主动参与自我评估的行为意向

研究发现,主观规范通过自我效能感的中介作用对幼儿教师主动参与保教质量自我评估的行为意向产生显著影响,假设 H3 得到部分验证。自我效能感不仅直接正向预测幼儿教师的行为意向,还在主观规范与行为意向之间发挥完全中介效应,这与已有研究发现相吻合。[①②]在保教质量自我评估实践中,园所管理者、教研团队等外部主体提供的支持,能通过传递效能信息、积累实践经验,有效提升幼儿教师的专业自我效能感,进而增强其参与自我评估的意愿。这一研究发现的实践在于,幼儿园在组织与实施保教质量自我评估时,有效结合自我评估与园本教研等反思性实践活动,帮助教师将外部规范内化为专业自觉,支持他们通过"问题诊断→方案设计→实施改进→效果验证"的完整闭环,逐渐树立起主动发展的意识和信心,由被动的个体变为主动的积极参与者,形成参与自我评估的内驱力与行为意向。[③]

六、研究建议

为了有效提升幼儿教师主动参与保教质量自我评估的积极性,不仅需要构建全面的支持性的评估环境,还应聚焦于通过系统化、效能化的自我评估机制提高幼儿教师的自我效能感和对行为态度。

1. 构建三元协同支持体系,激发教师主动评估意愿

基于自我效能感、工具态度与主观规范对行为意向的显著预测作用,本研究建议通过制度赋能、认知重构与能力建设形成支持教师参与自我评估的协同支持机制。其一,建立阶梯式评价能力培养体系,提升教师自我效能感。幼儿园可基于《幼儿园保育教育质量评估指南》,分层设计培训内容,其中基础层聚焦评估标准解读,操作层强化证据收集技术,反思层培养问题诊断策略。通过案例研讨、模拟评估等情境化培训,帮助教师积累实践经验,增强专业自信。其二,探索"双路径"价值认知引导,培育教师积极的工具态度。幼儿园可通过园所制度性引导与评估工具实践性认知相结合,定期向教师反馈实施自我评估带来的教学改进效果,如活动设计优化、家园沟通质量提升等,让教师直观感受自我评估的实际效用。其三,构建多维沟通网络,增强教师主观规范。建立平等对话机制,畅通教师与园所管理者的沟通渠道,保障教师的意见和建议能够得到充分的聆听和考虑,让每位教师都有表达看法、参与决策的平等机会,愿意主动参与自我评估。

2. 实施规范认知耦合策略,深化评估价值认同转化

基于主观规范通过工具态度间接影响行为意向的机制,本研究建议构建规范传导与认知内化的双向促进模式。首先,完善评估制度体系,明晰权责运行规范。可以在园所内建立"教师自评—班组互评—园所督评"的三级评估机制,确定责任主体、评估内容及评估对象。以制度化方式阐释评估价值;制订园本化评估标准和程序,确保执行公开透明,增强教师对评估结果的信任感和认同感。其次,构建"对话—实践"循环促进体系。幼儿园保教质量自我评估实质是幼儿教师群体通过意义协商实现专业自觉的集体行动。基于此,可在园所内建立跨班级评估协作组,定期开展"保育教育质量案例评估会诊",围绕评估中的标准、内容与方法等进行专业对话,并在教学实践中验证行动,强化教师对评估价值的认同,以此增强教师参与评估的积极性。

① D. C. Doanh, T. Bernat, "Entrepreneurial Self-efficacy and Intention Among Vietnamese Students: A Meta-Analytic Path Analysis Based on the Theory of Planned Behavior", *Procedia Computer Science*, Vol. 159 (2019), pp. 2447-2460.

② F. M. Stok, K. T. Verkooijen, D. T. D. De Ridder, et al., "How Norms Work: Self-Identification, Attitude, and Self-efficacy Mediate the Relation Between Descriptive Social Norms and Vegetable Intake", *Applied psychology: Health and Well-being*, Vol. 6, No. 2(2014), pp. 230-250.

③ 郭良菁:《为稳步提升保教质量做有意义的自我评估》,《幼儿教育》2024 年第 Z1 期,第 20-23 页。

3. 深化主观规范与自我效能感协同作用,构建长效驱动机制

依据主观规范通过自我效能感影响行为意向的作用路径,建议从以下两个方面深化协同:其一,完善支持性评估制度。优化"教师自评—班组互评—园所督评"三级评估机制,保证评估过程透明、反馈具有建设性;对积极改进且成效显著的教师给予专业发展机会奖励与支持,增强其自我效能感。其二,构建"教—评—研—体化"的自我评估机制,以循环评估机制促进教师专业自觉。这一机制的实施主要包括三个循环的步骤:一是学习质量评估标准,使教师结合实践经验理解和认同标准背后的教育理念,促进标准的内化与共识达成;二是实施自我评估,促使教师对照标准自我审视,发掘优势,正视不足,并主动反思调整,在行动反思中重塑行为态度;三是基于自我评估发现的共性和个性化问题,进行园本教研。循环路径可以实现教育评价能力与专业自觉性的双重提升,促进主观规范向自我效能感的有效转化,形成主动评估的长效动力。

The Driving Mechanism of Kindergarten Teachers' Engagement in Self-Evaluation of the Quality of Education and Care
— An Analytical Framework Based on the Theory of Planned Behavior

SONG Liqin

(Faculty of Education, Henan University, Kaifeng Henan, 475004)

Abstract: To explore the factors and their mechanisms influencing kindergarten teachers' proactive participation in self-evaluation of education and care quality, this study conducted a questionnaire survey of 1,022 kindergarten teachers from the perspective of teacher subjectivity and based on the theory of planned behavior. The results show that subjective norm, instrumental attitude and self-efficacy have significant and positive predictive effects on teachers' behavioral intentions to participate actively in self-evaluation of education and care quality; instrumental attitude and self-efficacy fully mediate the relationship between subjective norm and teachers' behavioral intention. Accordingly, this study proposes to construct a triadic support system to stimulate teachers' willingness for active evaluation, implement the normative cognitive coupling strategy to deepen the transformation of assessment value recognition; and strengthen the synergy between subjective norms and self-efficacy to establish a sustainable driving mechanism.

Key words: self-evaluation, behavioral intention, subjective norm, perceived behavioral control, attitude toward behavior

《现代基础教育研究》

第59卷,2025年7月　　　　　　　　　(Research on Modern Basic Education)　　　　　　　　Vol.59, Jul. 2025

教育数字化转型背景下教师数字素养的量化评价

张明儒

(上海市闸北第八中学,上海 200443)

摘　要:教育数字化转型背景下,科学构建教师数字素养的评价体系,不仅能够为教师专业发展提供有力支持,还对教育质量提升、教育公平促进和教育模式创新产生深远影响。为了准确衡量教师的数字素养能力,评价体系应该建构以技术掌握与应用、数据驱动的教学、信息安全与代理、教学模式的创新、持续学习与专业发展、合作与团队协作能力、学生学业成就与教育公平、自我反思与持续改进为核心的评价指标,切实促进教育数字化转型的深入实施。

关键词:教育数字化;数字素养;评价体系

信息技术的迅猛发展推动了教育数字化转型,而教师数字素养作为实施数字教学的核心能力,直接关系到教育质量、教育公平和教学模式创新。当前,传统教师培养模式在数字化教学设计、资源整合、数据分析及创新能力等方面存在明显短板,难以满足数字时代的新需求。因此,构建科学、系统的教师数字素养量化评价体系尤为必要,该体系不仅为教师提供清晰的发展方向和能力提升路径,还通过动态监测与反馈,助力教育模式的创新和转型。基于理论与实践的双重视角,本文将分析现有评价体系的不足,并提出全面的量化指标构建方案,为教育数字化转型提供理论支撑与实践指导。

一、教师数字素养评价的意义和价值

随着信息技术的快速发展和教育数字化转型的不断深入,教师数字素养的提升已成为推动教育现代化的关键环节。[①] 在这一背景下,科学构建教师数字素养的评价体系,不仅能够为教师专业发展提供有力支持,还对教育质量提升、教育公平[②] 促进和教育模式创新产生深远影响。

1. 赋能教师发展与教学创新

教师数字素养评价对于提升教育质量具有重要意义。[③] 高素养的教师能够运用多媒体技术、在线

作者简介:张明儒,上海市闸北第八中学高级教师,主要从事课程与教学论研究。

① 吕寒雪:《教育数字化转型的数字存在与教育存在》,《开放教育研究》2024年第4期,第62-70页。

② 郭绍青,华晓雨:《教育数字化转型助推城乡教育公平的路径研究》,《国家教育行政学院学报》2023年第4期,第37-46页,第95页。

③ 唐治敏:《教育数字化背景下中职学校教师数字化能力提升的培养策略》,《教育科学论坛》2023年第27期,第43-46页。

教育平台以及虚拟现实(VR)等现代化教学工具,优化教学设计、丰富教学内容、激发学生学习兴趣。[①] 通过评价体系,教师可以清楚地了解自身在数字化教学能力方面的优势和不足,从而有针对性地提升教学水平。[②] 这不仅有助于实现教学内容的个性化和多样化,还能满足学生的多样化学习需求,提高整体教育质量和学生满意度。

2. 促进教育公平与管理优化

在教育公平方面,教师数字素养评价为缩小城乡教育资源差距提供了新的路径。比如,为数字素养薄弱的地区提供更多的培训机会和技术支持,帮助教师更好地掌握和应用数字化教学工具,以实现优质教育资源共享。此外,教师数字素养评价是推动教育创新的重要抓手。评价体系能够激励教师主动探索和实践新型教学模式,推动教育从被动传授向主动学习转变。同时,通过对评价结果的分析,教师可以识别自身在创新能力方面的不足,有针对性地改进教学策略,推动教育模式的深层次变革。同时,教师在评价中获得的反馈也能激发其参与终身学习的动力,从而在快速变化的教育环境中持续发展。从教育管理的角度来看,教师数字素养评价是科学决策的重要工具。通过对评价数据的分析,教育管理部门能够全面了解教师群体的能力分布和发展需求,为制订精准的培训计划提供数据支持。评价体系还可以用于政策效果的动态监测和调整,为教育资源的科学分配提供依据,推动教育治理的精细化和现代化。

3. 夯实教育数字化转型的核心基础

教师数字素养评价对于教育数字化转型的整体推进具有核心意义。作为教育数字化转型的直接实施者,教师的数字素养水平决定了转型的广度和深度。通过科学构建和实施评价体系,不仅能够识别教师在数字化教学中的适应程度,还可以通过反馈与指导,推动教师更快、更好地融入数字化教育环境。[③] 这种系统性的评价机制将技术与教育深度融合,可以全面提升教育系统的创新能力和竞争力,为实现教育现代化奠定坚实基础。

二、教师数字素养评价存在的问题

当前评价工作存在诸多问题,这些问题不仅影响了评价体系的科学性,也制约了评价成果在实际教学改革中的转化。问题主要集中在评价标准、评价方法、结果应用、技术支持、教学理念转变、资源配置以及教师个人发展等多个方面。

1. 评价体系的设计与应用困境

首先,教师数字素养评价缺乏统一、系统的标准。各学科和部门依据各自需求制订的指标各有侧重,有的注重基础技术操作能力,有的侧重数据分析与教学创新,导致校内评价结果难以对比和推广。其根源在于制订过程中未能开展深入调研,缺少对学校整体教育环境和教师实际困惑的系统性剖析。

其次,现有评价方式较为单一且片面。[④] 大部分评价活动仍依赖问卷调查、教师自评以及简单的技术测试,未能全面考查教师在实际教学中整合数字资源、设计创新课堂以及利用技术促进学生学习的真实表现。因此,评价未能关注课堂中的实际操作和学生反馈,也缺乏对教师专业成长过程的追踪与支持。这种短板主要源于设计评价工具时忽视了多维度能力的构建和操作环节的细化。

最后,评价结果在实际应用中往往"评价即结束"。调查显示,学校内很少有部门根据评价结果为教师制订个性化培训方案或提供针对性的资源支持,导致评价成果未能转化为推动教师能力提升的有效手段。评价结果难以落地的原因,一方面在于缺乏系统的后续跟踪机制,另一方面也反映出教学管理部

① 施亮:《提高多媒体课件有效性在教师素养方面的对策》,《无线互联科技》2012 年第 11 期,第 208-209 页。

② 黄景文,黎佳,欧启忠:《基于教育数字化转型的教师数字素养提升策略研究》,《广西广播电视大学学报》2023 年第 5 期,第 5-9 页。

③ 农玉娟:《数字化环境下进阶式思辨教学评价的内涵与应用》,《小学教学参考》2024 年第 22 期,第 27-30 页。

④ 谢梦菲,王思源:《数字化赋能教师数字素养评价改革研究》,《中国电化教育》2024 年第 4 期,第 90-98 页。

门与课程研究团队之间的沟通协作不足。

2. 数字化转型中的现实阻力与挑战

在技术应用层面，教师普遍反映，现有培训内容与实践机会不足，使得技术更新速度与个人能力提升之间存在较大差距，这不仅影响了数字化教学的实际效果，也制约了评价体系的全面实施。此外，数字化转型对教学理念和方法的革新也提出了更高要求。教师必须由传统的知识传授者转变为学生自主学习的引导者，采用翻转课堂、项目式学习等新型教学方法。然而不少教师坦言，面对课堂设计和管理的双重压力，他们在转变角色过程中感到力不从心，这在一定程度上反映了评价体系未能充分关注教学理念更新和实践能力培养的问题。

同时，尽管数字资源日益丰富，但学校在硬件设施、网络条件以及平台建设等方面仍存在区域和学科之间资源分布不均的问题。[①] 部分教师表示，即使在资源相对充裕的条件下，也需要具备整合与开发资源的能力来满足不同学生的个性化需求，而资源短缺与教师数字能力不足的双重压力，使得评价结果在指导教学改进上效果不尽理想。最后，数字化转型要求教师不断更新知识和技能，而繁重的教学任务和管理工作使得教师难以抽出足够时间进行系统学习。同时，快速变化的技术环境常引发角色冲突和身份认同问题，部分教师因缺乏有效的支持和持续的培训机会，在面对新技术和教学变革时显得无所适从。

为此，亟须构建一套科学、全面的评价框架，注重评价结果的实际应用，并加强对教师技术支持和个性化发展的投入，才能切实推动教师专业成长和教育教学质量全面提升。

三、教师数字素养评价量化指标的构建

随着教育数字化转型的深入推进，构建科学、系统的教师数字素养量化评价体系尤为重要。教师数字素养不仅涉及对技术工具的掌握与应用，还包括在数字化教学环境中的创新能力、数据分析能力、信息安全意识等多个维度。为了准确衡量教师在教育数字化转型中的适应能力与发展潜力，评价指标的构建应涵盖以下几个核心方面：

1. 技术掌握与应用

技术掌握与应用是教师数字素养的基础指标，主要考查教师信息技术和数字化工具的使用能力。教师应能够熟练操作智能教学平台、在线协作工具以及 VR、AR 等新兴技术，将其有效整合进课堂教学中。[②] 例如，教师应具备使用在线教学平台进行课程管理、作业布置和学生互动的能力，同时能够利用虚拟现实等技术增强课堂内容的互动性与沉浸感。评价指标可以通过教师对这些技术工具的掌握程度、实际应用效果以及学生的反馈情况来衡量，具体为教师参与度、技术运用的创新性、课堂互动的效果等维度。

2. 数据驱动的教学

在数字化转型的背景下，数据驱动的教学成为提升教育质量的重要途径。[③] 教师应具备一定的数据分析能力，能够通过收集和分析学生的学习数据来调整教学策略[④]，实现个性化教学。这不仅要求教师能够使用数据分析工具(如学习管理系统、教育数据平台等)，还要求根据数据反馈灵活调整教学内容和方法，以适应学生的不同需求。评价指标应侧重于教师对学习数据的采集、处理、分析和应用能力。例如，教师能否通过学生学习数据生成可视化报告，进而优化教学过程；能否根据数据分析结果调整教学方法，促进学生的学习进步。

① 耿一丁，王利娜：《开放教育数字化转型与创新发展探究》，《科学咨询》2024 年第 18 期，第 137-140 页。
② 何国军：《VR/AR 数字教育出版平台的构建环境和路径》，《中国编辑》2018 年第 1 期，第 35-38 页。
③ 巩潇娴：《数字化转型背景下数据驱动课堂教学改革的研究与实践》，《山西青年》2024 年第 19 期，第 121-123 页。
④ 刘邦奇：《数据驱动教学数字化转型：机理、场域及路径》，《现代教育技术》2023 年第 9 期，第 16-26 页。

3. 信息安全与伦理

随着数字化教育工具的广泛应用,信息安全与伦理问题也成为教师数字素养的关键组成部分。[1] 教师在使用数字资源时必须严格遵守相关法律法规,尤其是在学生数据的保护、隐私的维护以及信息技术伦理的实施方面。[2] 评价指标应关注教师在课堂中是否遵循数据隐私保护的原则,以及在教学过程中如何处理学生个人数据的合法性和安全性。此外,教师在教学实践中能否引导学生正确使用数字工具、避免信息滥用等问题,也是评价的重要方面。

4. 教学模式创新

在教育数字化转型的过程中,教师的创新能力成为提升教学效果的关键因素。[3] 评价指标应考查教师在课程设计与教学模式创新方面的能力,包括在教学内容设计中能否结合学生的需求,整合线上线下资源,以及能否根据不同的教学目标选择合适的教学模式。教师能否将跨学科的教学理念融入数字化课程设计中,也是评估其创新能力的重要方面。

5. 持续学习与专业发展

数字化转型对教师的要求不仅限于技术应用的提升,更体现在技术快速发展的背景下不断进行自我更新和学习。评价指标应关注教师是否主动参与各类专业发展活动,如在线课程、教学研讨会、工作坊等,能否通过这些途径不断提升自己的专业素养。此外,教师能否在日常工作中通过反思和自我评估不断完善教学方法,也应成为评价的一项重要内容。

6. 合作与团队协作能力

在教育数字化转型的背景下,教师不仅需要具备个人的教学能力,还应能够与其他教师、学生及相关教育部门进行有效的合作与沟通。评价指标可以包括教师在跨学科教学、团队合作中的参与度、协作效果及领导力。此外,教师在与行业、社会的合作中,是否能够有效利用外部资源进行教学实践,也应纳入评价指标体系中。

7. 学生学业成就与教育公平

在评价教师数字素养时,学生的学习成绩、学业进展、学习满意度等因素都是重要的考量维度。同时,教师在教学过程中如何利用数字化工具促进教育公平和包容性,确保所有学生尤其是不同背景的学生,都能够平等地接受高质量的教育,也是教师数字素养评估的关键内容之一。

8. 自我反思与持续改进

教师应能够定期进行教学反思,总结教学经验,并根据反馈不断调整教学策略。评价指标可以通过教师能否对自身的教学过程进行批判性思考、识别教学中的不足,并制订改进计划来评估其自我反思与改进的能力。

为了实现对教师数字素养的全面量化评价,必须构建一个系统的综合评价指标体系。此评价体系不仅应涵盖上述各个维度,还应考虑如何将这些维度综合起来,形成一个有机的整体。基于上述核心要素构建的综合评价框架,见表 1。

表 1　综合评价框架

评价维度	评价内容	具体评价指标	权重
技术掌握与应用	教师对数字技术工具的掌握程度及其在教学中的应用能力	在线教学平台操作能力 使用新兴技术（如 VR、AR）提高教学效果 学生对技术应用的反馈	30%

① 卓鑫焱,杨科正:《我国高等教育数字化转型中的伦理风险研究》,《平顶山学院学报》2024 年第 1 期,第 102-106 页。
② 屈冬,陶志平,邓毅群:《高等教育数字化中的信息数据安全保护研究——美国〈地平线行动计划 2021(隐私数据保护)〉要点与思考》,《教育学术月刊》2023 年第 3 期,第 29-36 页。
③ 徐迟:《数字化转型背景下初中课堂教学模式创新的实践研究》,《华夏教师》2024 年第 28 期,第 25-27 页。

（续表）

评价维度	评价内容	具体评价指标	权重
数据驱动教学	利用学生数据进行个性化教学与调整教学策略的能力	学生学习数据的采集与处理能力 数据驱动的教学策略调整效果 个性化教学的实现	20%
信息安全与伦理	教师在教学过程中遵循信息安全法规和伦理原则的能力	数据隐私保护能力 教师在教学中遵守信息安全与伦理的情况 学生数据的合法性与安全性管理	15%
教学模式创新	教师对新型教学模式的设计与实施能力	翻转课堂、混合式学习的应用与创新 课程设计中的跨学科整合能力 学生学习效果提升	15%
持续学习与专业发展	教师在专业发展过程中主动学习和自我提升的能力	参与在线课程、研讨会等专业发展活动的频率与效果 自我反思与教学改进的能力	10%
合作与团队协作能力	教师在团队合作和跨学科合作中的参与和贡献	跨学科团队合作的参与和成效 教师之间合作与互动的质量 与行业或其他教育部门合作的能力	10%
学生学业成就与教育公平	教师在提高学生学业成就和促进教育公平方面的能力	学生学业成就的提升 教师在课堂中促进教育公平的能力 教学成果的多元化评估	10%
自我反思与持续改进	教师在日常教学中进行自我反思并持续改进的能力	定期反思教学实践 根据反思进行的改进措施 教学策略的持续优化	10%

通过表 1 所呈现的综合评价指标体系，教师的数字素养不仅能够得到全面的量化评估，还能为教师专业发展提供明确的指导方向。每个维度的权重设置体现了不同领域对教师数字素养的不同要求，既突出技术应用和数据驱动教学的重要性，也强调教学创新、信息安全等方面的平衡发展。

四、量化指标的完善、分析与实践成效

通过设定明确的评估标准和具体的量化指标，可以有效激励教师不断提升自身的数字素养，进而促进教育教学质量的提升。笔者拟对教师数字素养量化评价指标的完善、分析与实践成效进行深入探讨。

1. 量化评价的完善与动态调整

量化评价体系应当是灵活且具有适应性的，它不仅需要根据教育数字化转型的实际需求进行调整，也应随着技术的进步和教学模式的变化进行动态更新。因此，量化评价体系的完善是一个持续发展的过程，需要对现有标准和指标不断进行反思和优化。

（1）评价指标的动态更新

随着教育技术的迅猛发展，特别是人工智能、大数据等新兴技术的应用，教师的技术掌握能力、数据驱动教学能力以及智能化教学工具的运用能力等应成为新的评价重点。因此，评价标准应当随着技术的发展及时调整，纳入新的技术要求和教育需求。

（2）评价方法的多元融合

教师数字素养评价体系的完善还应注重评价方式的多元化。如，结合学生评价、同行评价和自我评价，能够确保评价结果的全面性与科学性。学生可以通过问卷调查、个别面谈、小组讨论等方式，提供关

于教师数字技术应用和教学互动效果的反馈;同行评价则有助于从同行的专业角度评估教师的教学设计和创新能力;自我评价则可以促使教师进行教学反思,发现不足并改进。

随着教育技术的不断进步,教师在技术应用、教学模式创新等方面的能力要求日益提高,评估标准应随着这些变化而不断调整。这意味着教师数字素养评价体系应具有一定的动态调整机制,以便能够根据教育技术发展的最新趋势和教师实际需求及时更新。

2. 实践成效分析

本研究基于多维评价框架,以某地区中学为研究对象,具体评价指标涵盖技术掌握与应用、数据驱动教学、信息安全与伦理、教学模式创新、持续学习与专业发展、合作与团队协作能力、学生学业成就与教育公平、自我反思与持续改进八个方面,并采用加权评分方法计算总分。

(1)教师数字素养现状诊断

研究数据显示,教师数字素养呈现显著差异化特征。在技术掌握与应用方面,教师在在线教学平台操作上表现较好,有92%的教师达到合格标准;但在新兴技术(如 VR、AR)应用上,仅有38%的教师表现突出;数据驱动教学方面,只有49%的教师能够熟练采集和处理学生数据,并据此调整教学策略,实现个性化教学的教师比例仅为42%;在信息安全与伦理维度,虽然78%的教师能够遵守基本信息安全规范,但只有61%教师在数据隐私保护上表现出较高水平;而在教学模式创新方面,65%的教师尝试翻转课堂或混合式学习,但仅有39%的教师具备有效的跨学科整合能力。同时,在持续学习与专业发展、合作与团队协作以及自我反思与持续改进方面,分别有约60%、47%和62%的教师参与相关活动,但真正落实改进措施的比例分别不足40%、42%和42%。这些数据充分反映出,尽管教师在基础技术应用上具备一定优势,但在新兴技术、数据驱动教学、跨学科整合以及自我改进等关键领域仍存在明显短板。

(2)针对性干预的有效性验证

为验证量化评价体系的科学性和有效性,随后开展了针对性培训和教学改进计划,并采用对照组设计,将教师随机分为培训组和对照组。培训计划主要聚焦于 VR/AR 技术应用、数据驱动教学策略、跨学科教学整合及信息安全专项培训。培训结束后,再次对两组教师进行量化评估。结果显示,培训组在新兴技术应用方面的合格率由38%提升至58%;数据驱动教学能力合格率从49%上升至67%,个性化教学实施率也由42%提高至55%;跨学科整合能力的合格率由39%提升至50%,而信息安全意识合格率则从61%提升至73%。统计分析显示,这些变化在培训组与对照组之间具有显著性差异,从而证明量化评价体系能够准确反映教师真实水平,并为针对性培训提供坚实的科学依据。

贫困家庭儿童积极发展资源干预的
系统评价

段文杰[1]，张　明[1,2]，孙希希[1]

(1. 华东理工大学 社会与公共管理学院，上海 200237；2. 石河子大学 法学院，新疆 石河子 832000)

摘　要：基于积极发展资源对贫困家庭儿童实施干预，能促进其成长和发展。检索 2013—2023 年间发表的基于积极发展资源的贫困家庭儿童干预研究文献，运用基于社会资本理论和发展资源理论建构的积极发展资源框架，从认知、结构、横向和纵向四个维度，对现有干预研究中符合纳入标准的 13 篇文献进行归类和分析。研究显示，家庭、学校、社区(村庄)是贫困家庭儿童积极发展的重要场域，干预研究质量有待提升。

关键词：贫困家庭儿童；积极发展资源；系统评价

长期以来，我国儿童研究主要采用问题视角，将儿童视为"问题"个体[①]，围绕其问题，通过实施有效的干预，促进其身体健康、心理健康及教育发展。[②] 20 世纪 90 年代，学界逐渐形成一种以积极儿童发展为典型的优势取向研究，将儿童视为可发展、可成长的资源，促进个体发展。然而现有贫困家庭儿童发展的实证研究没有系统总结究竟提升了哪些积极发展资源，又忽略了哪些积极发展资源。因此，基于积极发展资源，对贫困家庭儿童干预研究开展全面的系统评价，有助于厘清当前干预研究存在的问题和不足，进而提高针对贫困家庭儿童实施干预的有效性。

有鉴于此，本研究严格遵循系统评价的首选报告项目(Preferred Reporting Items for Systematic Reviews and Meta-Analyses，缩称 PRISMA 2020)的指南[③]，对纳入的文献进行质量评价。

基金项目：上海市"科技创新行动计划"自然科学基金项目"突发危机应激障碍群体轨迹建模与随机对照靶向干预试验"(项目编号：23ZR1415000)。

作者简介：段文杰，华东理工大学社会与公共管理学院教授，博士生导师，主要从事优势视角的循证实践、社会指标与项目政策评估研究；张明，华东理工大学社会与公共管理学院博士研究生，石河子大学法学院副教授，主要从事社会工作干预与社会政策研究；孙希希，华东理工大学社会与公共管理学院博士研究生，主要从事社会工作干预与循证实践研究。

① 张连民，张跃豪：《基于优势视角的社区教育发展探析》，《社科纵横(新理论版)》2012 年第 2 期，第 239-241 页。

② 叶枝，赵国祥，务凯，等：《积极青少年发展类型特点及其与学校适应的关系——基于潜在剖面分析的实证研究》，《北京师范大学学报(社会科学版)》2017 年第 6 期，第 23-31 页。

③ M. J. Page, J. Mckenzie, P. Bossuyt, et al. , "The PRISMA 2020 Statement：An Updated Guideline for Reporting Systematic Reviews"，*International Journal of Surgery*, Vol. 88, (2021).

一、研究方法

1. 理论框架

为更有针对性地评估基于积极发展资源的贫困家庭儿童干预研究,有必要对其原模型进行优化。社会资本作为一种社会资源,能提供支持来促进人与社会的发展。伊斯兰姆(Islam)等[①]将社会资本划分为认知、结构、横向和纵向四种类型。社会资本实现促进发展的积极功能、目标和途径与积极发展资源相同,社会资本理论的四个维度也与积极发展资源模型的四个方面具有相似性。由此,本文将本森(Benson)提出的积极发展资源归类为四个维度:一是促进个人信念、价值观等自我认知观念和技能提升的认知积极发展资源;二是被感知到客观的、外在环境的结构积极发展资源;三是链接人际关系,促进发展的社会网络生态资源,即横向积极发展资源;四是依附于社会结构中,能监督、指导行为规范的外部资源,即纵向积极发展资源。

运用基于社会资本理论和发展资源理论,建构了社会资本视角的贫困家庭儿童积极发展资源对照框架(见表1)。从认知、结构、横向和纵向四个维度对现有干预研究开展分析,为进一步推进贫困家庭儿童积极资源干预的研究与实践提供科学证据。

表1　社会资本视角的贫困家庭儿童积极发展资源对照框架

本森(Benson)提出的积极发展资源			构建的发展资源对照维度
类别	指标	定义	
支持	1. 家庭支持	家庭生活提供高水平的爱与支持	结构积极发展资源
	2. 积极的家庭沟通	与父母进行积极沟通,愿意从父母那里获得建议和忠告	横向积极发展资源
	3. 与其他长者建立良好关系	从三个及以上长者(非父母)处得到支持	横向积极发展资源
	4. 关怀的邻居	得到邻居的关照与爱护	结构积极发展资源
	5. 关爱的学校氛围	学校提供关心、鼓励的环境	结构积极发展资源
	6. 父母参与学校生活	父母积极参与,帮助青少年取得学业成功	结构积极发展资源
授权	7. 社区重视儿童	感受到社区成人重视他们	结构积极发展资源
	8. 儿童是一种资源	在社区里被委以重任	纵向积极发展资源
	9. 为他人服务	每星期参与社区服务1小时或更多	横向积极发展资源
	10. 安全	在家、学校和邻里感到安全	结构积极发展资源
规范及期望	11. 家庭规范	家庭有明确的纪律和奖惩办法	纵向积极发展资源
	12. 学校规范	学校有明确的纪律和奖惩办法	纵向积极发展资源
	13. 邻里规范	邻居有责任监控儿童在社区的所作所为	纵向积极发展资源
	14. 成人角色示范	父母和其他成人做出积极的、负责任的行为	纵向积极发展资源
	15. 积极的同伴影响	好朋友表现出积极的、负责任的行为	横向积极发展资源
	16. 高期望	父母和教师鼓励凡事要尽其所能去做好	横向积极发展资源
有效利用时间	17. 创意活动	每星期至少花3小时用于音乐、戏剧或其他艺术形式的课程或实践活动	横向积极发展资源
	18. 儿童项目	每星期至少花3小时参加体育、会社或学校、社区组织的集体活动	横向积极发展资源

① M. K. Islam, J. Merlo, I. Kawachi, et al. , "Social Capital and Health: Does Egalitarianism Matter?　A Literature Review", *International Journal for Equity in Health*, Vol. 5, No. 3(2006), pp. 1–28.

（续表）

本森（Benson）提出的积极发展资源			构建的发展资源对照维度
类别	指标	定义	
投身于学习	19. 儿童群团组织	每星期至少花 1 小时参加群团活动	纵向积极发展资源
	20. 留在家中	每星期与朋友外出"游荡"少于两个晚上	横向积极发展资源
	21. 成就动机	力求学业有良好表现	认知积极发展资源
	22. 学校参与	积极投入学习	认知积极发展资源
	23. 家庭作业	每个上学日至少做 1 小时的家庭作业	认知积极发展资源
	24. 关心学校	关心自己的学校	认知积极发展资源
	25. 阅读乐趣	每星期至少花 3 小时为乐趣而读书	认知积极发展资源
积极价值观	26. 关爱	看重助人品行	认知积极发展资源
	27. 平等与社会公正	以提倡平等、减少饥饿和贫穷为己任	认知积极发展资源
	28. 正直	按照信念行事并坚持信仰	认知积极发展资源
	29. 诚实	即使在困难的情况下仍选择说实话	认知积极发展资源
	30. 责任感	接受和履行个人责任	认知积极发展资源
	31. 克制	认为不纵欲、不滥用酒精和药物很重要	认知积极发展资源
社会能力	32. 制订计划和决策能力	知道怎样制订计划及做出明智选择	认知积极发展资源
	33. 交往能力	具备同情心、敏感性和交友技巧	横向积极发展资源
	34. 文化的能力	对不同文化、种族、民族的人有所了解，并能和他们安然共处	横向积极发展资源
	35. 抵制技巧	能够抵制不良同伴压力和应对危险的处境	认知积极发展资源
	36. 和平解决冲突	寻求通过非暴力的方式解决冲突	认知积极发展资源
自我肯定	37. 个人潜能	感到自己有能力控制"发生在自己身上的事情"	认知积极发展资源
	38. 自尊	拥有高自尊水平	认知积极发展资源
	39. 目标感	意识到"我的人生有目标"	认知积极发展资源
	40. 积极看待未来	对自己的未来持乐观态度	认知积极发展资源

注：Benson 积极发展资源指标和定义的中文翻译源自常淑敏、张文新。[①] 为契合中国儿童发展，作者将"宗教社团"指标替换为"青少年群团组织"。

此框架有助于归纳符合研究标准的文献，能进一步明确当前贫困家庭儿童积极发展资源包含的内容以及可能实施干预的方向。

2. 搜索策略

本研究遵循 PRISMA 2020 指南，开展检索程序、研究选择以及数据收集和分析。本研究选取中国知网、万方、维普中文数据库和 Web of Science、EBSCO、SpringerLink 英文数据库，检索与贫困家庭儿童积极发展资源相关的干预研究文献，采用高级检索方式，检索词为四个部分的组合：贫困（financial difficulties / poverty-stricken / low income）、儿童（child* / adolesc* / teen*）、积极发展（positive psychology/positive mental health/positive environment/strength-based/ developmental assets）、干预研究（intervention / program* / trial*）。其中，英文数据库检索式为：（child* OR adolesc* OR teen*）and（poverty OR financial difficulties OR poverty-stricken OR low income）and（positive psychology OR positive mental health OR positive environment OR strength-based OR developmental assets）and（intervention OR program* OR trial*）；中文数据库检

① 常淑敏、张文新：《人类积极发展的资源模型——积极青少年发展研究的一个重要取向和领域》,《心理科学进展》2013 年第 1 期,第 86-95 页。

索式为:(经济困难儿童+困难家庭+贫困儿童+贫困家庭儿童+低收入家庭儿童)*(心理+发展+干预)。

3. 纳入排除标准和文献筛选

本研究将文献搜索范围限定于 2013 年以后。文献检索工作于 2024 年 3 月 2 日结束,在此限定时间范围内共检索到文献 1768 篇。本研究的纳入标准如下:(1)文献语言为中文或英文,且英文文献只选择 article 类文章,中文文献选择发表在 CSSCI 和北大中文核心期刊的文章,(2)研究中涉及的贫困家庭儿童年龄为 0—18 岁,(3)研究设计为随机对照试验、准试验或预试验,(4)研究内容符合建构的"贫困家庭儿童积极发展资源框架",(5)文献发表时间限定于 2013—2023 年。排除标准如下:(1)重复的文献,(2)研究对象为非贫困家庭的儿童,(3)干预内容与积极发展资源无关。

按照既定检索策略,将检索到的文献导入管理软件 EndNote20 进行重复筛选。本研究由两名研究者根据设定的纳入和排除标准,独立筛选检索到的文章标题和摘要。根据纳入和排除标准,研究者认为可能符合条件的文章全文并进行筛选。两位研究者出现意见不一致时,通过研究者之间的共识讨论或由第三位研究者投票确定最终结果。最终共有 13 篇文献被纳入,其中,英文文献 12 篇,中文文献 1 篇。系统评价采用系统、严谨的方法,从研究文献中筛选并批判性评估相关证据,以解答一个明确提出的研究问题。[1] 本研究使用系统叙事框架对纳入文献的干预研究进行综述。[2] 由于纳入的文献在干预内容、测量方法、结果等方面具有高度异质性,因此,不进行元分析。

二、研究结果

本研究纳入的 13 篇文献,所开展的干预分别在美国、中国、卢旺达、印度、阿根廷、葡萄牙 6 个国家开展。干预实施均在线下进行。文献特征见表 2。

表 2 纳入文献的基本特征

干预内容	开展国家	研究方法	干预时长	干预对象	样本量	干预途径
The Research Based Developmentally Informed[3]	美国	随机对照试验	干预 1 持续 1 学年;干预 2 开展 16 次家访	幼儿园教师、儿童父母	N=556。试验一(N=356):干预组 N=192,对照组 N=164;试验二(N=200):干预组 N=95,对照组 N=105	线下,干预 1 在学校,干预 2 在家中
Responsive Early Childhood Program[4]	美国	随机对照试验	36 周	学龄前儿童保育教师	N=100	线下,学校
Social and Emotional Learning Intervention[5]	美国	随机对照试验	整个学年	学前教师	学生 N=623,其中干预组 N=319,对照组 N=304;教师 N=51,其中干预组 N=26,对照组 N=25	线下,学校

[1] A. D. Oxman, G. H. Guyatt, "The Science of Reviewing Research", *Annals of the New York Academy of Sciences*, Vol. 703, No. 1 (1993), pp. 125-134.

[2] A. P. Siddaway, A. M. Wood, L. V. Hedges, "How to Do a Systematic Review: A Best Practice Guide for Conducting and Reporting Narrative Reviews, Meta-Analyses, and Meta-Syntheses", *Annual Review of Psychology*, Vol. 70, (2019), pp. 747-770.

[3] K. L. Bierman, B. S. Heinrichs, J. A. Welsh, et al, "Enriching Preschool Classrooms and Home Visits with Evidence-based Programming: Sustained Benefits for Low-income Children", *Journal of Child Psychology and Psychiatry*, Vol. 58, No. 5(2017), pp. 129-137.

[4] S. H. Landry, T. A. Zucker, H. B. Taylor, et al, "Enhancing Early Child Care Quality and Learning for Toddlers at Risk: The Responsive Early Childhood Program", *Developmental Psychology*, Vol. 5, No. 2(2014), pp. 526-541.

[5] P. Morris, M. Millenky, C. C. Raver, S. M. Jones, "Does a Preschool Social and Emotional Learning Intervention Pay Off for Classroom Instruction and Children's Behavior and Academic Skills? Evidence from the Foundations of Learning Project", *Early Education and Development*, Vol. 24, No. 7(2013), pp. 1020-1042.

（续表）

干预内容	开展国家	研究方法	干预时长	干预对象	样本量	干预途径
Achieving Success Everyday Mode[1]	中国	随机对照试验	3 个月	学生	N=76，其中干预组 N=38，对照组 N=38	线下，学校
Video-feedback Intervention to Promote Positive Parenting and Sensitive Discipline[2]	葡萄牙	随机对照试验	6 次家访	儿童及母亲	N=43，其中干预组 N=22 人，对照组 N=21	线下，家庭
The Hero Lab Curriculum[3]	印度	预试验	6 个月	儿童	N=50	线下，社区
Phonological Awareness Intervention[4]	阿根廷	准试验	12 周	幼儿园儿童	N=178，其中干预组 N=101，对照组 N=77	线下，学校
Sugira Muryango[5]	卢旺达	随机对照试验	8 个月	家庭	N=38	线下，家庭
First Steps Program[6]	卢旺达	随机对照试验	6 个月	父母	N=1614	线下，村庄
Strength-Based Video-Coaching Intervention[7]	美国	随机对照试验	5 年 10 个月	家庭	N=138，其中干预组 N=89，对照组 N=49	线下，家庭
Growth Mindset Intervention[8]	中国	随机对照试验	6 周	学生	N=324，其中干预组 N=163，对照组 N=161	线下，学校
Integrated Early Childhood Development[9]	中国	随机对照试验	2 年	儿童	N=2953，其中干预组 N=1468，对照组 N=1485	线下，村庄
Move-Into-Learning[10]	美国	准实验	8 周	学生	N=49 人	线下，学校

1. 质量评价

本研究使用 RoB 2.0 工具（RoB 2.0 tool for cluster-randomized trials）对纳入文献的干预研究进行偏

[1] C. X. Li, C. Ma, P. Li, Z. J. Liang, "The Effect of Model-Based Group Counseling on the Resiliency of Disadvantaged Adolescents from Poor Areas of China: A Single-Blind Randomized Controlled Study", *School Mental Health*, Vol. 14, No. 3(2021), pp. 550-567.

[2] M. Negrao, M. Pereira, I. Soares, J. Mesman, "Enhancing Positive Parent-child Interactions and Family Functioning in a Poverty Sample: A Randomized Control Trial", *Attachment & Human Development*, Vol. 16, No. 4(2014), pp. 315-328.

[3] S. Sundar, A. Qureshi, P. Galiatsatos, "A Positive Psychology Intervention in a Hindu Community: the Pilot Study of the Hero Lab Curriculum", *Journal of Religion and Health*, Vol. 55, No. 6(2016), pp. 2189-2198.

[4] M. E. Porta, G. Ramírez G, D. K. Dickinson, "Effects of a Kindergarten Phonological Awareness Intervention on Grade One Reading Achievement Among Spanish-speaking Children from Low-income Families", *Revista Signos*, Vol. 54, No. 106(2021), pp. 435-463.

[5] D. A. Barnhart, J. Farrar, S. M. Murray, et al, "Lay-worker Delivered Home Visiting Promotes Early Childhood Development and Reduces Violence in Rwanda: A Randomized Pilot", *Journal of Child and Family Studies*, Vol. 29, No. 7(2021), pp. 1804-1817.

[6] P. Justino, M. Leone, P. Rolla, et al, "Improving Parenting Practices for Early Child Development: Experimental Evidence from Rwanda", *Journal of the European Economic Association*, Vol. 21, No. 4(2023), pp. 1510-1550.

[7] A. Imhof, S. H. Liu, L. Schlueter, et al, "Improving Children's Expressive Language and Auditory Comprehension Through Responsive Caregiving: Evidence from a Randomized Controlled Trial of a Strength-Based Video-Coaching Intervention", *Prevention Science*, Vol. 24, No. 1(2023), pp. 84-93.

[8] R. X. Xia, P. Y. Zhang, R. Y. Liu, et al, "The Beneficial Effect of Growth Mindset Intervention for Adolescents in Economically Disadvantaged Areas of China", *Journal of Pacific Rim Psychology*, Vol. 16，(2022), pp. 1-9.

[9] 石慧峰，张敬旭，王晓莉，等：《儿童早期发展综合干预策略对改善贫困农村地区 0-35 月龄儿童养育照护的效果》，《中华儿科杂志》2018 年第 2 期，第 110-115 页。

[10] M. Klatt, K. Harpster, E. Browne, et al., "Feasibility and Preliminary Outcomes for Move-Into-Learning: An Arts-based Mindfulness Classroom Intervention", *The Journal of Positive Psychology*, Vol. 8, No. 3(2013), pp. 233-241.

倚风险评估,结果有 5 项被认定为高风险,3 项被认定为有一定风险,5 项被认定为低风险。

2. 研究结果

从干预的场所来看,学校是实施贫困家庭儿童干预的主要场域,其次是家庭和村庄。相对于学校和家庭,以社区为主要干预场域的研究数量较少。

如表 3 所示,本文纳入的文献显示,通过干预可以提升贫困家庭儿童认知积极发展资源,如通过干预可以帮助贫困家庭儿童提升责任感、制订计划和决策能力,使其更有目标感,能够积极展望未来;干预显著提升了儿童在单词阅读、拼写和阅读理解方面的成绩;寄宿制高中的贫困家庭学生,通过干预使其具备关爱、成就动机、个人潜能、目标感等认知积极发展资源。

干预在其他积极发展资源方面也有提升,比如促进了学校营造关爱氛围、重视青少年发展,提升了贫困家庭儿童的结构积极发展资源,同时也体现了成人角色示范这一纵向积极发展资源;提升了结构积极发展资源的家庭支持力度;有效增强了看护者与儿童之间的互动,在交往能力的横向积极发展资源方面提升显著。

从干预对象来看,除了儿童自身,教师、父母也是实施干预的重要群体。干预促进其积极的育儿行为;增强父母与子女的积极亲子互动。虽然各项干预在贫困家庭儿童发展方面均显示了积极效果,但没有证据显示是否能长时间延续这些干预所带来的积极效果。

表 3 纳入文献研究干预目标、内容、结果及"贫困家庭儿童积极发展资源框架"类型

研究对象	干预内容	干预目标	干预结果	"贫困家庭儿童积极发展资源框架"类型
儿童	The Hero Lab Curriculum	帮助印度贫困儿童识别、解决个人和社区问题并建立希望和乐观情绪	在儿童中树立希望和乐观主义,使其积极展望未来	认知积极发展资源:责任感、制订计划和决策能力、目标感、积极看待未来 结构积极发展资源:社区重视儿童
	Phonological Awareness Intervention	语音意识干预对弱势儿童学习识字结果的影响	儿童在单词阅读、拼写和阅读理解方面都有所提高,对识字结果具有积极的长期影响	认知积极发展资源:学校参与 结构积极发展资源:关爱的学校氛围
	Achieving Success Everyday Mode	提升贫困地区初中生心理韧性	有效提升了学生的心理韧性,提高了核心自我评价和应对的方式和水平	认知积极发展资源:关爱、成就动机、个人潜能、目标感、积极看待未来、抵制技巧 横向积极发展资源:交往能力
	Integrated Early Childhood Development	为 0—35 月龄的儿童及其看护人提供儿童养育照护多维度综合干预	提高了儿童辅食添加频率和营养包使用率,有效减少了看护人不恰当养育行为,促进了对儿童基本社会权利的保障	结构积极发展资源:家庭支持、重视儿童 纵向积极发展资源:成人角色示范
	Move-Into-Learning	为儿童提供工具来应对压力,提升自我效能感	自我概念、健康得到加强,与同伴积极互动,学会了应对机制的方法,保持冷静和专注,促进积极自尊	认知积极发展资源:制订计划和决策能力、自尊 横向积极发展资源:交往能力、儿童项目
	Growth Mindset Intervention	提升中国经济困难地区学生应对挑战的能力	明显改善成长心态,负面情绪较少,面对挑战和挫折采取更积极主动的应对策略	认知积极发展资源:制订计划和决策能力、克制、个人潜能、抵制技巧

（续表）

研究对象	干预内容	干预目标	干预结果	"贫困家庭儿童积极发展资源框架"类型
教师	Responsive Early Childhood Program	干预幼儿教师行为，对儿童情感、行为、早期识字及师生关系影响	通过对教师的培训，对儿童情绪发展有积极影响，促进儿童发展	认知积极发展资源：个人潜能 结构积极发展资源：关爱的学校氛围 横向积极发展资源：交往能力
	Social and Emotional Learning Intervention	训练学前教师主动支持儿童的积极行为，更有效地限制他们的攻击性和破坏性行为	提升了教师解决儿童行为问题并营造积极情绪氛围的能力，提升儿童自我控制能力、注意力以及参与课堂活动水平	认知积极发展资源：学校参与 横向积极发展资源：交往能力
儿童、父母	Video-feedback Intervention to Promote Positive Parenting and Sensitive Discipline	促进积极的育儿和敏感管教	有效增强了积极的亲子互动，促进了积极的家庭关系	认知积极发展资源：关爱 结构积极发展资源：安全、家庭支持 横向积极发展资源：积极的家庭沟通、交往能力
父母	First Steps Program	改善儿童早期发展的育儿方式	改变父母的知识并促进积极的育儿行为，提高儿童发育指数，提升沟通和社交技巧，促进了与儿童互动质量	横向积极发展资源：积极的家庭沟通、交往能力 结构积极发展资源：家庭支持
	Sugira Muryango	使用积极的辅导来促进响应式育儿，减少家庭冲突	儿童早期发展参与度提高，促进健康行为改变，改善了家庭团结，降低抑郁、交流和情绪等方面的困难程度	横向积极发展资源：积极的家庭沟通 结构积极发展资源：家庭支持
	A Strength-Based Video-Coaching Intervention	促进看护者与儿童互动	促进了幼儿表达和接受语音技能的发展	横向积极发展资源：交往能力
教师、儿童、父母	The Research Based Developmentally Informed	培养早期认知和社交情感技能	使儿童社会情感技能持续受益	认知积极发展资源：成就动机、克制 结构积极发展资源：关爱的学校氛围、家庭支持 横向积极发展资源：交往能力

研究发现，针对贫困家庭儿童的干预往往对多个维度的积极发展资源产生影响。从本文纳入的13个干预研究可以看出，认知积极发展资源的干预提升了贫困家庭儿童的个人潜能、目标感、积极看待未来、克制、关爱、责任感等方面的能力；在结构积极发展资源中，关爱的学校氛围、家庭支持和重视儿童的社区氛围受到关注；横向积极发展资源中的儿童交往能力和积极的家庭沟通也有所提升；纵向积极发展资源中的成人角色示范也得到了体现。

三、研究结论与局限

基于符合纳入标准的13篇文献，分别通过随机对照试验、预实验、准实验方式，在学校、家庭、社区（村庄）场域，针对儿童、父母、教师等不同对象实施干预，在认知、结构、横向、纵向等方面促进了贫困家庭儿童发展。

在干预对象、内容和效果上，借助课堂教学、团体咨询方式对贫困家庭儿童实施干预，提升了其语言发展能力、学习能力、抗逆力、成长心态能力、情感发展能力、应对困难能力。通过对贫困家庭儿童的父母、教师、保育员实施干预,改善了他们的喂养方式、教育理念和方法、沟通交流方式,增强了儿童的受重视程度,进而促进儿童积极发展资源的提升。

我们通过系统评价也发现,纳入的文献虽然从不同内容、不同维度、不同程度提升了贫困家庭儿童的积极发展资源,但也存在部分干预偏倚风险较高的问题。总体来看,本研究得出以下基本结论:

一是贫困家庭儿童干预研究的质量有待提升。此系统评价纳入 13 篇文献,仅有 5 项偏倚风险评估为低风险。有些研究并未明确指出干预措施提供者是否知道受试者分配到哪种干预措施,部分干预存在样本流失的情况,或有些干预在实施过程中虽然按双盲要求开展了研究,但文章明确指出结局测量方法存在一些不足,导致数据分析环节存在风险。

二是家庭、学校、社区(村庄)是促进贫困家庭儿童积极发展的重要场域。这是由贫困家庭儿童的依赖性所决定的。党的二十大报告提出要"健全学校家庭社会育人机制",构建"家庭—学校—社区"一体化的预防和促进体系用于儿童与青少年身心健康建设。[①] 良好的师生关系、亲子关系、社会环境作为一种社会网络生态资源,在促进积极发展中起至关重要的作用。

三是群团组织的积极作用尚未得到关注。少先队、共青团等少年儿童群团组织,是我国学生群体社会资本的重要体现。[②] 应充分利用少先队、共青团的政策优势、渠道优势与组织优势,激发贫困家庭儿童主体的积极性[③],促进其全面发展。

当然,本研究不可避免存在一定局限性:一是纳入文献仅有 13 篇,且只有 5 项是低风险。由于文献质量的局限性,系统评价的结果分析和实践建议可能存在不足。二是排除了非英文文献,可能遗漏其他重要研究。

A Systematic Review of Interventions by Using Positive Developmental Resources for Children from Low-income Families

DUAN Wenjie[1], ZHANG Ming[1,2], SUN Xixi[1]

(1. School of Social and Public Administration, East China University of Science and Technology, Shanghai, 200237;
2. School of Law, Shihezi University, Shihezi Xinjiang, 832000)

Abstract: Implementing interventions based on positive developmental resources can promote the growth and development of children from low-income families. . This study systematically reviews literature published between 2013 and 2023 on such interventions, applies a positive developmental resources framework constructed from social capital theory and resource development theory, and classifies and analyzes 13 relevant studies that have met the inclusion criteria across cognitive, structural, horizontal, and vertical dimensions. The findings indicate that families, schools, and communities (or villages) are critical domains for promoting the positive development of children from low-income families, but the quality of intervention research needs improvement.

Key words: Children from low-income families, positive developmental resources, systematic review

---

① 李晓燕,曹娟,林丹华:《积极青少年发展视角下的儿童青少年身心健康研究》,《中华疾病控制杂志》2019 年第 10 期,第 1202-1207 页。

② 余庆:《从生活史角度看社团活动的价值性》,《中国教育学刊》2014 年第 6 期,第 34-37 页,第 43 页。

③ 陈宁:《积极发展理论及其对少先队学科研究的启示》,《少先队研究》2016 年第 4 期,第 8-13 页。

家庭功能对初中生个人成长主动性的影响：
一个链式中介效应模型

吴燕霞 [1]，张丽冰 [2]，陈明月 [3]，陈瑾瑜 [4]

（1. 上海师范大学 心理咨询与发展中心，上海 200234；2. 上海财经大学附属浦东临港中学，上海 201306；
3. 上海师范大学 心理学院，上海 200234；4. 上海市徐汇区青少年活动中心，上海 200031）

摘　要：为考察家庭功能对初中生个人成长主动性的影响，采用定量研究方法，对上海市505位初中学生进行调查。结果发现：初中生家庭功能、个人成长主动性、希望、心理韧性之间呈显著正相关；初中生的希望、心理韧性在家庭功能和个人成长主动性之间起链式中介作用，家庭功能可以直接影响个人成长主动性，也可通过希望和心理韧性间接影响个人成长主动性。研究结果提示，学校需要加强家校合作，对家长进行青少年身心发展方面的科普工作，同时注重培养学生希望、心理韧性等积极心理品质来增强学生主动成长的力量；家长需要深刻认识到家庭功能在孩子健康发展中的关键作用，积极为他们创造良好的成长环境。

关键词：家庭功能；个人成长主动性；希望；心理韧性

一、引言

青少年的心理健康日益受到重视和关注。2023年发布的《2023年度中国精神心理健康》蓝皮书揭示了学生群体中抑郁症状的检测结果：小学生占比为10%，而初中生则达到了30%。初中生是青少年早期阶段，正处于个体发展的关键时期。此时，初中生的生理、心理、智力水平等方面都在经历着相较于其他时期更为快速的变化，心理上会产生一种"动荡感"，对很多方面感到困惑和不安，同时还要应对内外部挑战，因此，他们的个人成长尤为重要。个人成长主动性体现为个体在成长历程中有意识且积极致力于自我提升与完善。现有研究已证实，青少年时期的心理健康深受个人成长主动性的影响，对推动个体

基金项目：上海市教育科学研究项目上海高校哲学社会科学研究专项"学生心理健康问题的早期预警和干预机制研究"（项目编号：2024ZSD036）。

作者简介：吴燕霞，上海师范大学心理咨询与发展中心副教授，博士，主要从事心理健康与危机干预研究；张丽冰，上海财经大学附属浦东临港中学教师，硕士，主要从事学校心理健康研究；陈明月，上海师范大学心理学院科研助理，主要从事学校心理健康研究；陈瑾瑜，上海市徐汇区青少年活动中心高级教师，上海市徐汇区未成年人心理健康辅导中心主任，主要从事中小学心理健康教育研究。

的顺利成长与发展具有不可或缺的重要性。[①②]基于此,探索"初中生个人成长主动性"这一内在积极特质,明晰其影响机制,有利于提升青少年的心理健康水平。

以往的研究发现,青少年个人成长主动性的特点和发展受家庭因素的影响,其中家庭功能的影响尤为值得关注。张满燕和袁勇贵等研究发现,家庭功能成为青少年心理健康问题重要的诱发因素。[③]良好的家庭功能有利于青少年的基本心理需要的满足[④],初中学生所成长的家庭功能越健全,其心理基本需求的满足程度就越高[⑤],更好地促进初中生的健康成长。已有研究显示,家庭功能与个体成长的主动性之间存在着显著的相关性[⑥],且家庭功能能够有效正向预测个体的成长主动性水平。[⑦]但对于家庭功能水平较低的青少年,是否有一些内在因素可以保持其个人成长主动性维持在一个较好的水平,助力其健康成长呢?可见,不囿于以往家庭或个人的单维视角研究,而从内外因素相结合的视角开展初中生个人成长主动性影响机制的深入探究,可以拓展青少年心理健康研究思路。

近年来,随着积极心理学的蓬勃发展,心理学研究越来越转向强调优势与潜能的积极视角。"希望"作为积极心理学视域下一个重要概念,指的是一种积极的动机性状态,希望与学业成就、心理健康、生理健康等方面存在相关关系。[⑧]已有研究表明,家庭功能对中学生的希望感具有积极促进作用。[⑨⑩]心理韧性能够中介家庭因素给青少年带来影响[⑪],而作为心理韧性上位概念的心理资本能够通过增强个人成长的主动性,对心理健康产生间接的正面效应。具体而言,心理资本的积累愈丰富,个体便愈倾向于展现出高度的个人成长主动性。[⑫]在一项以医学生为被试的研究中发现,希望能够正向预测心理韧性。[⑬]由此推论,心理韧性可能和希望一起在家庭功能与个人成长主动性之间起桥梁作用。

综上所述,本研究在以往研究的基础上,从积极心理学和内外结合的双重视角梳理和挖掘初中生的内外部资源,探究家庭功能、希望和心理韧性与个人成长主动性之间的相互关系和作用机制,以期为初中生的个人成长和心理健康发展提供实证依据。本研究假设:初中生的个人成长主动性不仅直接受家庭功能的影响,还经由希望与心理韧性间接受影响,即在家庭功能在对初中生个人成长主动性的影响路径中,希望和心理韧性起链式中介作用。

① 李美华,余彩云:《贫困生心理资本、个人成长主动性对心理健康的影响研究》,《教育评论》2019年第11期,第15-21页。

② Ayub, Nadia, S. Iqbal, "The Relationship of Personal Growth Initiative, Psychological Well-being, and Psychological Distress among Adolescents", *Teaching and Education*, No.4(2012), pp.101-107.

③ 张满燕,袁勇贵:《青少年心理健康与家庭功能相关性的研究进展》,《东南大学学报(医学版)》2019年第3期,第545-550页。

④ 黄雅婧:《家庭功能对初中生一般自我效能感的影响:基本心理需要的中介作用》,《心理学进展》2021年第12期,第2830-2837页。

⑤ 蓝瑞铭,连榕:《家庭功能,基本心理需求与青少年社交外表焦虑的关系研究》,《宁德师范学院学报(哲学社会科学版)》2021年第3期,第112-117页。

⑥ 韩嘉蕾,王学臣:《家庭社会经济地位对中学生学习投入的影响》,《心理月刊》2022年第7期,第6-8页,第22页。

⑦ 张励丹:《高中生家庭功能与个人成长主动性的关系:领悟社会支持与核心自我评价的链式中介作用及教育启示》,福建师范大学硕士学位论文,2021年,第38页。

⑧ 刘孟超,黄希庭:《希望:心理学的研究述评》,《心理科学进展》2013年第3期,第548-560页。

⑨ 张萍,孟凡闯,汪小林:《家庭功能与中学生希望感的关系:社会支持的中介作用和家庭类型的调节作用》,《上海教育科研》2023年第11期,第78-82页,第88页。

⑩ 王志航,赵纤,黎志华:《家庭社会经济地位对青少年希望的影响:一个有调节的中介模型》,《中国健康心理学杂志》2021年第8期,第1257-1262页。

⑪ 吕催芳,周永红:《家庭功能对处境不利儿童问题行为的影响:有调节的中介模型》,《中国临床心理学杂志》2023年第4期,第975-978页,第944页。

⑫ 李美华,余彩云:《贫困生心理资本、个人成长主动性对心理健康的影响研究》,《教育评论》2019年第11期,第15-21页。

⑬ 王苏妍,王雪,戴红良,姜雪梅:《希望对医学生焦虑情绪的影响:心理韧性的中介作用和领悟社会支持的调节作用》,《卫生职业教育》2024年第4期,第1671-1246页。

二、研究方法

1. 研究对象

本研究采用方便取样的方法，分别在上海市一所市重点初中和一所普通初中发放问卷，抽取在校初中生为研究对象填写问卷（见表1）。问卷均以纸质问卷的形式进行发放。共下发561份问卷，回收505份有效问卷，有效率为90.0%。

表1 问卷回收情况

人口学变量	类别	人数	百分比(%)
性别	男	272	53.9%
	女	233	46.1%
年级	预初	123	24.4%
	初一	108	21.4%
	初二	159	31.5%
	初三	115	22.8%
父亲文化程度	初中及以下	58	11.5%
	高中、中专、职高等	100	19.8%
	大专	102	20.2%
	本科及以上	245	48.5%
母亲文化程度	初中及以下	70	13.9%
	高中、中专、职高等	102	20.2%
	大专	95	18.8%
	本科及以上	238	47.1%

2. 研究工具

（1）家庭功能评定量表

本研究采用爱泼斯坦（Epstein）等人编制、李荣风等人修订而成的家庭功能评定量表中的总的功能分量表。[1]该量表共12个项目，其中部分项目反向计分；该量表采用4点计分方式，1代表"很像我家"，4代表"不像我家"。得分越高，即表示家庭功能越差。在本研究中，该量表的信度系数 α 为0.78。

（2）中学生希望特质量表

田莉娟等人对斯奈德（Synder）的成人希望特质量表进行了修订与调整，使其更加适应我国中学生的特点与需求，从而形成了适用于我国中学生的希望特质量表。[2]该量表一共包含12个项目，采用李克特4点计分（完全不正确=1，比较不正确=2，比较正确=3，完全正确=4），分数越高，代表希望水平越高。其中，动力思维和路径思维各4个项目，其余4个项目为干扰项，不计入总分。动力思维的题项为：2、9、10、12；路径思维的题项为：1、4、6、8。在本研究中，该量表的信度系数 α 为0.74。

（3）青少年心理韧性量表

该量表由胡月琴与甘怡群共同编制，共包括27个评估项目，涵盖目标专注、情绪控制、积极认知、家

---

① 李荣风，徐夫真，纪林芹，张文新：《家庭功能评定量表的初步修订》，《中国健康心理学杂志》2013年第7期，第996-1000页。

② 石国兴，田莉娟：《希望特质量表在中学生群体中的信、效度检验》，《心理与行为研究》2009年第3期，第203-206页。

庭支持以及人际协助5个维度。[①]在计分方式上,该量表采用李克特5点计分法,其中"1"代表"非常不符合","5"代表"非常符合"。其中,第1、2、5、6、9、12、15、16、17、21、26、27题采用反向计分方式。总体来说,得分越高,被测者的心理韧性水平越高。在本研究中,该量表的信度系数α为0.91。

(4)个人成长主动性量表

罗比切克(Robitschek)等人于2012年编制了此量表,涵盖16个评估项目,主要围绕对改变的准备、计划性、利用资源、主动行动4个核心维度展开。[②]此量表运用李克特6点量表评分法,具体设定为:"0"分代表完全不赞同,而"5"分则代表完全赞同。在本研究中,该量表的信度系数α为0.93。

3. 数据处理与分析

研究选取了"家庭功能评定量表""中学生希望特质量表""青少年心理韧性量表""个人成长主动性量表(PGIS-Ⅱ)",对上海市在校初中生进行问卷调查,以收集包括性别、年级在内的人口学信息。随后,采用SPSS26.0软件对所得数据进行统计分析,旨在探讨变量间的相关性及差异性。

三、研究结果

1. 共同方法偏差检验

为保障研究结果的有效性,本研究运用哈曼(Harman)单因素分析法,对量表中的所有项目实施了共同方法偏差的检验程序。检验结果表明,共有13个因子的特征值大于1,且最大因子的方差贡献率为27.1%,此数值显著低于40%的判定阈值,据此分析,本研究未显著受到共同方法偏差效应的干扰。

2. 描述性统计及相关分析

本研究对初中生的家庭功能、个人成长主动性、希望、心理韧性及其各个维度实施描述性统计分析,可知初中生各变量上的具体水平及其得分情况,见表2。

表2 初中生各变量描述性统计结果(N=505)

	M	SD
家庭功能	3.29	0.52
个人成长主动性	3.40	0.92
对改变的准备	3.53	1.00
计划性	3.30	1.12
利用资源	3.30	1.18
主动行为	3.50	1.17
希望	2.83	0.58
动力思维	2.60	0.71
路径思维	3.06	0.66
心理韧性	3.33	0.72
目标专注	3.53	0.86
情绪控制	3.00	1.02
积极认知	3.65	0.87
家庭支持	3.46	0.98

[①] 胡月琴,甘怡群:《青少年心理韧性量表的编制和效度验证》,《心理学报》2008年第8期,第902-912页。

[②] C. Robitschek, M. W. Ashton, C. C. Spering, N. Geiger, D. Byers, G. C. Schotts, M. A. Thoen, "Development and Psychometric Evaluation of the Personal Growth Initiative Scale-II", *Journal of Counseling Psychology*, Vol. 59, No. 2(2012), pp. 274-287.

（续表）

	M	SD
人际协助	3.16	1.05

对初中生家庭功能、个人成长主动性及其四个维度、希望及其两个维度、心理韧性及其五个维度进行相关分析，结果发现，各变量之间存在两两正相关。

3. 链式中介效应分析

运用SPSS26.0的process宏程序中的Model 6，以性别、年级为控制变量，设置95%的置信区间，对初中生希望和心理韧性在家庭功能与个人成长主动性之间的中介效应进行检验，见表3和图1。

表3 各变量之间的回归分析（N=505）

回归方程		整体拟合指数			回归系数显著性	
结果变量	预测变量	R	R²	F	β	t
希望	性别	0.42	0.17	34.73	−0.16	−3.32**
	年级				−0.04	−1.98*
	家庭功能				0.43	9.48***
心理韧性	性别	0.75	0.56	161.00	−0.03	0.48
	年级				0.01	0.55
	家庭功能				0.66	14.72***
	希望				0.53	12.97***
个人成长主动性	性别	0.72	0.52	108.74	0.11	0.07**
	年级				−0.06	−2.29*
	家庭功能				0.16	2.27*
	希望				0.68	10.80***
	心理韧性				0.41	6.85***

注：*$p<0.05$，**$p<0.01$，***$p<0.001$

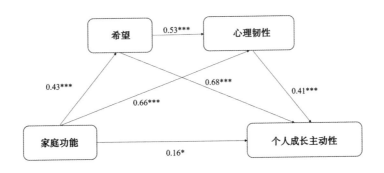

图1 链式中介效应模型

本研究运用Bootstrap技术，通过抽取5000个样本来验证中介效应是否存在，判定标准为95%置信区间不包含0。分析结果表明，家庭功能对个人成长主动性具有显著的直接影响，效应值为0.16，且其95%置信区间范围为[0.673,0.947]。此外，中介效应分析揭示了三条间接影响路径（见表4）：路径一

(Ind1)显示,家庭功能通过希望的中介作用对个人成长主动性产生影响,效应值为0.29,95%置信区间为[0.162,0.489];路径二(Ind2)表明,家庭功能经由心理韧性的中介作用影响个人成长主动性,效应值为0.27,95%置信区间为[0.087,0.463];路径三(Ind3)则揭示了家庭功能通过希望与心理韧性的链式中介作用对个人成长主动性产生影响,效应值为0.09,95%置信区间为[0.042,0.133]。综合计算,总的间接效应值为0.66,其95%置信区间为[0.492,0.810]。

表4　Bootstrap中介效应检验

	效应值	SE	95%Boot CI		效应量
			下限	上限	
Ind1:家庭功能→希望→个人成长主动性	0.29	0.08	0.162	0.489	35.71%
Ind2:家庭功能→心理韧性→个人成长主动性	0.27	0.10	0.087	0.463	33.05%
Ind3:家庭功能→希望→心理韧性→个人成长主动性	0.09	0.02	0.042	0.133	11.36%
总间接效应	0.66	0.08	0.492	0.810	80.28%

四、讨论

1. 家庭功能与个人成长主动性的关系

本研究的结果显示,初中生的家庭功能与其个人成长主动性及所有维度之间呈现显著正相关,并且家庭功能作为一项重要的外在因素,对初中生的个人成长主动性具有正向的预测作用。这说明家庭功能越好的学生,个人成长主动性水平也越高,这与已有的研究结果一致。[①] 根据麦克马斯特(McMaster)的家庭功能模式理论,若家庭功能得到有效运作,将能够为家庭成员在生理健康、心理健康以及社会性发展等多个维度上,创造一个有利的社会环境,促进其全面健康发展。当家庭功能得到良好的发挥时,孩子的基本心理需要将得到满足。家庭为学生的健康发展提供条件和支持,在这种环境下成长的青少年就有更多的自我实现的倾向,能够在认知上和行为上主动自我成长,从而更清楚地认识到自己何时需要做出改变、如何制订计划去改变,并利用自己所拥有的资源做出行动。

2. 希望和心理韧性的链式中介作用

研究表明,希望能够在家庭功能与个人成长主动性之间起中介作用。具体而言,初中生若拥有高水平的家庭功能,将有利于其希望水平的提升,进而推动个人成长主动性的提高。这与以往的家庭功能能够正向影响中学生的希望感[②],希望能够正向影响个人成长主动性等研究结果一致。[③] 家庭功能模式理论认为,家庭成员能够共同解决问题,有良好的沟通,彼此之间有良好的情感反应能力和情感卷入,家庭角色分工明确等,这些良好的家庭功能的发挥,能够增强家庭成员的希望水平。

研究表明,心理韧性能够在家庭功能与个人成长主动性之间起中介作用。当初中生感受到来自家

---

① 韩嘉蕾,王学臣:《家庭社会经济地位对中学生学习投入的影响》,《心理月刊》2022年第7期,第6-8页,第22页。

② 张萍,孟凡闫,汪小林:《家庭功能与中学生希望感的关系:社会支持的中介作用和家庭类型的调节作用》,《上海教育科研》2023年第11期,第78-82页,第88页。

③ J. M. Y. Loo, J. S. Tsai, N. Raylu, T. p. Oei, "Gratitude, Hope, Mindfulness and Personal-Growth Initiative: Buffers or Risk Factors for Problem Gambling?", *PLOS ONE*, Vol. 9, No. 2(2014), pp. 1-11.

庭的支持和资源时，能够更积极地应对压力和面对困境[1]，心理韧性的提升又能帮助他们在积极主动成长的过程中实现目标。在过往的研究中，初中生的心理韧性对个人成长主动性的影响尚不明确，本研究可提供有益论据。

本研究还揭示了希望和心理韧性在家庭功能和个人成长主动性之间的链式中介作用，这与以往的研究结果一致。[2] 自我决定理论认为，人是积极的有机体，天生具备心理成长与发展的内在潜能[3]，而这一潜能的实现，有赖于基本心理需求得到充分满足。在家庭功能良性运行的环境中，家庭成员有良好的互动，能够为彼此提供积极的情感等[4]，即能满足个体的基本心理需要。这种基本心理需要的满足增强个体的动机[5]，从而有助于初中生提升希望水平，在追逐目标的过程中有强大的精神意志力，并预测能够实现目标的路径和方法。在"疾风骤雨"般的青少年时期，初中生要面临生理、心理、社会性的发展，或各方面发展不一致而导致的内心矛盾冲突[6]，这给个体的成长带来了挑战。在斯奈德(Snyder)构建的希望模型中[7]，当个体遇到障碍时，高希望水平的个体能够更好地应对压力，勇敢地面对挫折，能够主动地从环境中寻求支持和资源，从而解决问题、走出困境。[8] 特别是当个体拥有实现目标的具体方法、策略和计划时，他们会对当前的状态持有积极的认知，即使在困境中也能坚信失败将带来宝贵的收获和成长，能够更好地进行调整。由此可以看出，初中生的成长离不开内外因素的双重影响。希望和心理韧性"优势资源"在家庭功能对个人成长主动性的影响过程中发挥积极作用，对于外在资源不足，即家庭功能水平较低的初中生，或许可以促进其内在因素——希望和心理韧性来提高个人成长主动性，从而帮助他们更健康主动地成长。

五、启示

1. 对学校的启示

教育部《中小学心理健康教育指导纲要》指出，中小学心理健康教育的总目标包括培养学生积极乐观、健康向上的心理品质，充分开发他们的心理潜能，促进身心可持续发展等。研究结果表明，初中生的家庭功能和个人成长主动性之间有很大的关系，家庭功能水平的高低影响学生主动成长的倾向，包括对自我的觉察与思考、发现自己的不足、制订适合自己的计划以及利用资源来提升自己和主动实践，这些对于学生今后的发展有重要影响。因此，学校需要加强家校合作，重视了解学生家庭情况方面的工作，尤其是家庭功能水平低的学生的个人成长主动性也可能比较低，学校要适当在家长群体中进行科普和家庭教育指导工作，帮助家长在学生成长中发挥更多的积极作用。同时，可以通过培养学生希望、心理韧性等积极心理品质来增强学生主动成长的力量，提升学生对自己人生的掌控感，提高他们克服家庭带来的负面影响，提升主动成长的能力。

---

① 张硕，蔡雪斌，邓旭阳，赵馨：《青少年家庭功能与心理复原力的关系：一个有调节的中介模型》，《心理与行为研究》2022 年第 2 期，第 204-211 页。

② 王健，吴海艳，张攀，张咏梅，迟新丽：《留守儿童希望感、心理韧性特点及关系》，《安徽农业大学学报(社会科学版)》2019 年第 2 期，第 98-102 页。

③ 暴占光，张向葵：《自我决定认知动机理论研究概述》，《东北师大学报》2005 年第 6 期，第 142-147 页。

④ 梁露尹，张艺楠：《自我污名对精神障碍者希望感的影响：家庭功能和专业心理求助态度的链式中介作用》，《社会工作与管理》2023 年第 2 期，第 47-56 页。

⑤ 林桦：《自我决定理论——动机理论的新进展》，《湖南科技学院学报》2008 年第 3 期，第 72-73 页。

⑥ 卢家楣：《青少年心理与辅导》，上海教育出版社 2016 年版，第 17 页。

⑦ C. R, Snyder, "Hope Theory: Rainbow in the Mind", *Psychological Inquiry*, Vol. 13, No. 4. (2002), pp. 249-275.

⑧ 戚亚慧，韦雪艳：《不同学业成绩中职生学业自我效能感、希望特质和心理韧性的关系分析》，《职业技术教育》2016 年第 14 期，第 69-73 页。

2. 对家长的启示

初中生正处于生理、心理、社会性快速发展的时期。鉴于这一阶段个体发展的特殊性,外界环境对他们施加的影响往往具有深远且持久的作用,甚至可能会伴随其一生。因此,作为孩子成长道路上的重要引导者,家长需要深刻认识到家庭功能在孩子健康发展中的关键作用,并积极地为他们创造良好的成长环境。首先,增进家庭的沟通与理解。家长应秉持开放、平等的态度,主动与孩子进行深入的对话,倾听他们的想法和需求,思考孩子行为的动因,在沟通过程中,家长应避免过于武断或轻易否定的态度,努力为孩子营造和谐、宽松的家庭氛围,让他们能够开放地与家长分享内心的想法和感受。其次,给予孩子积极的关注。包括对孩子情感的回应、允许孩子情感表达和体验,以及表达对孩子的爱与尊重。最后,创造共同解决问题的经历。家长应鼓励孩子参与家庭事务的决策和问题解决的过程,让他们在实践中学习和成长。家长与孩子共同解决问题,不仅能够增进亲子关系的融洽,还能够加深彼此了解,同时培养孩子的独立思考和解决问题的能力。

The Impact of Family Function on Junior High School Students' Personal Growth Initiative: A Chain Mediation Model

WU Yanxia[1], ZHANG Libing[2], CHEN Mingyue[3], CHEN Jinyu[4]

(1. Counseling and Student Development Center, Shanghai Normal University, Shanghai, 200234; 2. Pudong Lingang Middle School Affiliated to Shanghai University of Finance and Economics, Shanghai, 201306; 3. School of Psychology, Shanghai Normal University, Shanghai, 200234; 4. Xuhui District Youth Activity Center, Shanghai, 200031)

Abstract: To investigate the impact of family function on junior middle school students' personal growth initiative, a quantitative research involving 505 students in Shanghai was conducted. The results show that there is a positive correlation between family function, personal growth initiative, hope, and resilience; students' hope and resilience serve as chain mediators in the relationship between family function and personal growth initiative; and their family function can directly affect their personal growth initiative, and can also indirectly affect it through hope and psychological resilience. The findings suggest that schools should enhance home-school cooperation, educate parents on adolescent physical and mental development, and focus on cultivating students' positive psychological qualities such as hope and resilience to foster their growth. Parents should be fully aware of the key role of family function in children's healthy development, and actively create a good environment for their growth.

Key words: family function, personal growth initiative, hope, resilience

中学生感知学校氛围对学习投入的影响

——基于学业自我效能感和心理健康的链式中介

陈平静

（山东师范大学 教育学部，山东 济南 250014）

摘　要： 在教育高质量发展背景下，学习投入作为衡量教育质量的核心指标备受关注。为深入探讨学习投入的影响机制，推动建设高质量教育体系，研究基于资源保存理论，创新性地引入"增益螺旋""资源阵列"及"资源阵列通道"的概念，构建感知学校氛围影响学习投入的多资源协同作用模型。采用方便抽样的方法，选取1144名中学生进行调查，发现感知学校氛围作为资源阵列通道能够正向预测学业自我效能感和心理健康，三者形成共生资源阵列；学业自我效能感与心理健康发挥增益螺旋效应，通过链式中介作用促进学习投入的持续提升。鉴于此，学校须营造积极的氛围，增强学生学校归属感；建立家校合作机制，增强学业自我效能感；成立心理健康驿站，塑造学生良善心理状态。

关键词： 感知学校氛围；学习投入；学业自我效能感；心理健康；资源保存理论

一、问题提出

推动建设高质量教育体系、全面提高教育质量，是"十四五"时期我国教育发展的重点任务和目标。学习投入作为衡量教育质量高低的关键指标[1]和学生学业成就的重要预测因素[2]，是我国教育高质量发展的重要突破口和关键点。2021年《关于进一步减轻义务教育阶段学生学业负担和校外培训负担的意见》强调，要"大力提升教育教学质量，确保学生在校内学足学好……强化教学管理，提升学生在校学习效率"。[3]可见，国家对中学生校内学习投入提出了明确要求。"学习投入，是指学生在学习过程中，积极参与各项学习活动，深入地进行思考，充满活力地应对挑战和挫折，并伴有积极的情感体验。它是认知

基金项目： 国家社会科学基金教育学一般课题"'双减'背景下我国中小学生的课堂参与：理论模型、影响机制及干预策略研究"（项目编号：BHA220148）。

作者简介： 陈平静，山东师范大学教育学部博士研究生，主要从事基础教育改革、课程与教学论研究。

① D. Kuh George，"Assessing What Really Matters to Student Learning inside the National Survey of Student Engagement"，*Change：The Magazine of Higher Learning*，Vol. 33，No. 3（2001），pp. 10−66.

② W. B. Schaufeli，L. M. Martinez，A. M. Pinto，et al.，"Burnout and Engagement in University Students：A Cross−National Study"，*Journal of Cross−Cultural Psychology*，Vol. 33，No. 5（2002），pp. 464−481.

③ 中共中央办公厅、国务院办公厅：《关于进一步减轻义务教育阶段学生作业负担和校外培训负担的意见》，载 https://www. gov. cn/zhengce/2020−10/13/content_5551032. htm，最后登录日期：2024 年 6 月 18 日。

投入、行为投入和情感投入三者相互影响和作用的统一体。"[1] 随着时代的发展,提升学生的学习投入成为研究的焦点。已有研究表明,外部的情境因素和个体特征对学生学习投入有重要的预测作用,如感知班级氛围、教师支持、学习环境等外部情境因素对学生的学习投入有显著影响;学业自我效能感、心理健康、主动性人格等个体特征对学习投入有直接或间接的影响。其中,感知学校氛围因素得到广泛关注,但已有研究多聚焦各变量之间的数理统计关系,较少运用相关理论来揭示感知学校氛围与学习投入之间深层次的内部作用机制,且鲜有研究从资源保存理论(Conservation Of Resources Theory,缩称 COR)的视角来对感知学校氛围与学习投入各因素资源之间的关系以及协同效应进行深入系统的探讨。最初用于解释压力产生和应对的 COR 理论,已经发展成为一种解释个人行为动机的动机理论,并被广泛用于解释工作投入的产生[2],但较少有用于学习投入的研究,且对资源之间的关系和作用机制缺乏具体的说明。对此,本研究创新性地借助资源保存理论,将学业自我效能感和心理健康两种个体内部资源因素纳入同一研究框架,以廓清不同资源之间的关系,进而揭示感知学校氛围对学习投入的内部影响机制。这不仅能够拓展资源保存理论,而且能够为提高学生的学习投入水平、在校学习效率,提升教育质量提供理论借鉴和实践依据。

二、理论依据与研究假设

1. 资源保存理论

资源保存理论由霍布福尔(Hobfoll)提出,其核心观点围绕"资源"在个体心理与行为中的核心作用而展开。所谓资源是指个体认为对其有价值的事物,主要分为物质资源、条件资源、个体资源和能量资源[3];后续研究者在霍布福尔研究的基础上,根据资源的来源(情境的和个体的)和稳定性(结构化的和不稳定的),将资源分为物质资源(如社会网络等结构化的情境资源)、社会支持资源(如他人的尊重等不稳定的情境资源)、建设性资源(如技能等结构化的个体资源)、能量资源(如心情等不稳定的个体资源);并在物质资源中提取一部分为宏观资源(如文化),在建设性资源中提取一部分为关键资源(如自我效能感)。[4] 该理论指出,受进化的驱使,人类总是力求获取、保存、建设对自身有价值的资源,并将资源损失视为威胁或压力。[5] 当个体无法有效应对压力导致的资源流失且缺乏补偿时则形成"损失螺旋"[6],而资源充沛者则可通过资源投入形成"增益螺旋",缓解压力并促进资源积累。[7] 并且资源并非孤立存在,而是通过动态关联形成共生性"资源阵列",其存续与发展受外部环境塑造的"资源阵列通道"所调控,该通道通过制度、文化等支持机制实现资源的系统性维护。[8] 这揭示了资源保存不仅是个人层面的策略选择,更是环境与个体互构的复杂过程。这为本研究提供了理论框架,有助于探寻感知学校氛围(情境资

① 张娜:《国内外学习投入及其学校影响因素研究综述》,《心理研究》2012 年第 2 期,第 83-92 页。

② 王晓晖,张艳清,吴海波:《顾客不当行为影响员工工作投入的边界条件研究》,《南方经济》2019 年第 4 期,第 129-146 页。

③ S. E. Hobfoll, "The Conservation of Resources: A New Attempt at Conceptualizing Stress", *American Psychologist*, Vol. 44, No. 3(1989), pp. 513-524.

④ L. L. Ten Brummelhuis, A. B. Bakker, "A Resource Perspective on the Work-Home Interface: the Work-Home Resources Model", *American Psychologist*, Vol. 67, No. 7(2012), p. 545.

⑤ S. E. Hobfoll, "The Conservation of Resources: A New Attempt at Conceptualizing Stress", *American Psychologist*, Vol. 44, No. 3(1989), pp. 513-524.

⑥ S. E. Hobfoll, "The Conservation of Resources: A New Attempt at Conceptualizing Stress", *American Psychologist*, Vol. 44, No. 3(1989), pp. 513-524.

⑦ S. E. Hobfoll, "The Influence of Culture, Community, and the Nested-Self in the Stress Process: Advancing Conservation of Resources Theory", *Applied Psychology*, Vol. 50, No. 3(2001), pp. 337-421.

⑧ S. E. Hobfoll, "Conservation of Resource Caravans and Engaged Settings", *Journal of Occupational and Organizational Psychology*, Vol. 84, No. 1(2011), pp. 116-122.

源)与个体资源(学业自我效能感和心理健康)如何在互构过程中影响学生的学习投入。已有研究表明，资源丰富的个体更能获取新的资源，进而能够减少压力，表现出积极的心理状态和行为表现。[①] 鉴于此，本研究以 COR 理论为依据，探讨影响学习投入的内部作用机制。

2. 研究假设

感知学校氛围是指学生对学校氛围的直观感受，表现为他们对生活环境(如规范、关系和文化)的满意度。[②] 学生对学校氛围的感受和态度可能有所不同，并会受教室环境、教师支持和学生人际关系等的影响。根据 COR 理论，感知学校氛围作为一种情境资源，能够为保存和获取资源提供支持与保障，积极的学校氛围能够促使学生获得更多的资源(如尊重、关爱与帮助)，进而促进学生积极投入到学习之中。[③] 基于此，本研究提出假设 H1：中学生感知学校氛围能够正向预测学习投入。

学业自我效能感(Academic Self-efficacy)是指学生对自己能否顺利完成学习任务所具备能力的预期与判断。[④] 根据 COR 理论，作为关键资源的学业自我效能感会受情境资源学校氛围的影响。如研究表明，学生感知到积极的学校氛围(如教师支持)时，会提高学习效率，进而提高学业自我效能感。[⑤] 并且情境资源和关键资源能够形成"资源阵列"，促进个体资源的累积，使个体获得更多的资源，进而表现出积极的行为。如学业自我效能感高的学生对学习充满自信心，会在学习上投入更多的时间与精力。[⑥] 据此，本研究提出假设 H2：学业自我效能感在中学生感知学校氛围和学习投入之间起中介作用。

COR 理论指出，学业自我效能感作为建设资源中的关键资源，能够对资源进行选择和储存。[⑦] 学生的学业自我效能感越强，越能够进行资源建设，获取更多的心理和社会资源。如研究表明，学业自我效能感高的学生能够获取积极的学业情绪[⑧]，进而提高其心理健康水平。而心理健康作为一种能量资源，亦受学校氛围的影响。学生感知到的积极学校氛围对其心理健康起保护作用，能够减少心理健康问题；相反，学生感知到的学校氛围越不良，越容易出现心理健康问题，消极心理健康水平将会提升。[⑨] 且 COR 理论认为，资源总是生存在特定的环境和情境之中，情境不仅能够对存在于其中的资源起培育和滋养作用，也可以阻碍和限制资源的创造。基于此，感知学校氛围作为情境资源可以为学业自我效能感、心理健康两类个体资源提供"资源阵列通道"，促使其进行资源培育和增益，以使学生获取更多的资源，进而充满能量和热情地投入学习中。鉴于此，本研究提出研究假设 H3：心理健康在中学生感知学校氛围和学习投入之间起中介作用；假设 H4：学业自我效能感和心理健康在中学生感知学校氛围和学习投入之间起链式中介作用。

综上，本研究基于资源保存理论和已有研究，构建感知学校氛围对学习投入影响的资源协同作用理

---

① J. R. B. Halbesleben, A. R. Wheeler, "The Relative Roles of Engagement and Embeddedness in Predicting Job Performance and Intention to Leave", *Work & Stress*, Vol. 22, No. 3(2008), pp. 342−256.

② J. Cohen, L. Mccabe, N. M. Michelli, et al., "School Climate: Research, Policy, Practice, and Teacher Education", *Teachers College Record*, Vol. 111, No. 1(2009), pp. 180−213.

③ Birhanu Moges Alemu, Dereje Adefris Woldetsadik, "Effect of Teachers and Students Relationships on the Academic Engagement of Students: A Qualitative Case Study", *Journal of Education, Society and Behavioural Science*, (2020), pp. 48−62.

④ A. Bandura, "Self-Efficacy: Toward a Unifying Theory of Behavioral Change", *Advances in Behaviour Research & Therapy*, Vol. 1, No. 4 (1977), pp. 139−161.

⑤ H. Patrick, A. M. Ryan, A. Kaplan, "Early Adolescents' Perceptions of the Classroom Social Environment, Motivational Beliefs, and Engagement", *Journal of Educational Psychology*, Vol. 99, No. 1(2007), pp. 83−98.

⑥ M. Bassi, P. Steca, A. D. Fave, G. Caprara, "Academic Self-Efficacy Beliefs and Quality of Experience in Learning", *Youth Adolescence*, No. 36(2007), pp. 301−312.

⑦ S. E. Hobfoll, "Conservation of Resource Caravans and Engaged Settings", *Journal of Occupational and Organizational Psychology*, Vol. 84, No. 1(2011), pp. 116−122.

⑧ 徐小惠：《留守初中生学业自我效能感与学业情绪的关系》，华中师范大学硕士学位论文，2022年，第1页。

⑨ 徐生梅，苏学英，曹亢，等：《流动儿童感知学校气氛对学习投入的影响：心理健康的中介作用》，《教育研究与实验》2021年第3期，第92−96页。

论模型,如图 1 所示。感知学校氛围作为一种情境资源,学业自我效能感作为关键资源,心理健康作为能量资源,对学习投入都有正向影响,并且以"增益螺旋""资源阵列"和"资源阵列通道"的方式提升学习投入的水平。具体而言,学业自我效能感和心理健康不仅在感知学校氛围和学习投入之间起独立中介作用,而且能够共同产生链式中介作用。

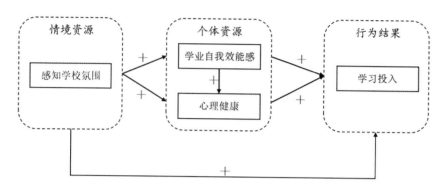

图 1　中学生感知学校氛围对学习投入影响的理论模型

三、研究方法

1. 研究对象

本研究采用方便抽样的方法,选取 H 省 5 所中学的学生作为调查对象,共发放问卷 1300 份,回收问卷 1260 份(回收率为 96.90%),1144 份为有效问卷(有效回收率为 90.70%)。其中,男女生分别为 560 人和 584 人;初一到高三的人数分别为 167 人、204 人、148 人、240 人、210 人、175 人。

2. 研究工具

(1)感知学校氛围问卷

采用葛明贵和余益兵编制的中学生感知学校氛围问卷,问卷主要包括 5 个维度,分别为师生关系、同伴关系、秩序与纪律、学业压力和发展多样性,共计 38 个项目。[1] 问卷采用李克特(Likert)5 级评分制,从 1"非常不符合"到 5"非常符合",得分越高表示学生感知学校氛围越好,除了学习压力维度外(该维度题目为反向计分题目)。在本研究中,问卷整体的 Cronbach's α 系数为 0.92。

(2)学习投入问卷

采用孙蔚雯编制的学习投入问卷,该问卷包括 3 个维度,分别为行为投入、情感投入、认知投入,共计 39 个项目。[2] 问卷采用李克特 5 级评分制,从 1"非常不符合"到 5"非常符合",得分越高表示学生学习投入度越高,除了反向计分题。在本研究中,问卷整体的 Cronbach's α 系数为 0.94。

(3)学业自我效能感问卷

采用梁宇颂编制的学业自我效能感问卷,该问卷主要为两个维度,即学习能力自我效能感和学习行为自我效能感,共有 22 个项目。[3] 问卷采用李克特 5 级评分制,从 1"非常不符合"到 5"非常符合",得分越高代表学业自我效能感越强。在本研究中,问卷整体的 Cronbach's α 系数为 0.90。

(4)心理健康量表

采用苏丹、黄希庭编制的适应取向的中学生心理健康量表,此量表主要包括 5 个维度,分别为乐于学习、人际和谐、生活幸福、考试镇定、情绪稳定,共 25 题。[4] 问卷采用李克特 5 级评分制,从 1"非常不

① 葛明贵,余益兵:《学校气氛问卷(初中生版)的研究报告》,《心理科学》2006 年第 2 期,第 460-464 页。
② 孙蔚雯:《高中生日常性学业复原力、学业投入对学习成绩的影响》,东北师范大学硕士学位论文,2009 年,第 41-44 页。
③ 梁宇颂:《大学生成就目标、归因方式与学业自我效能感的研究》,华中师范大学硕士学位论文,2000 年,第 32 页。
④ 苏丹:《适应取向中学生心理健康量表的初步编制》,西南大学硕士学位论文,2007 年,第 28-32 页。

符合"到 5"非常符合",分数越高则心理健康水平越高,除了反向计分题。在本研究中,问卷整体的 Cronbach's α 系数为 0.87。

3. 施测过程及数据处理

本研究采取集中施测的方式,以班级为单位进行分发与回收。收集的数据采用 EXCEL2010 软件进行录入与管理;然后用 SPSS26.0 对数据进行初筛,剔除无效数据和异常值,并对缺失的数据进行均值替换;最后,用 SPSS26.0 对处理后的数据进行描述统计、相关分析、中介效应检验和影响路径分析。

四、研究结果

1. 共同方法偏差检验

本研究的数据主要以学生自我报告的形式收集,可能会出现共同方法偏差问题。为此,采用 Harman 单因素方法检验,将感知学校氛围、学业自我效能感、心理健康和学习投入项目纳入探索性因素分析。结果发现,因素分析得到的因子数为 14(大于 1),并且第一个因子对变异量的解释率为 26.20%(小于 40% 的临界标准),说明不存在共同方法偏差问题,变量之间的关系是可信的。

2. 描述统计与相关分析

四个研究变量的均值、标准差和相关系数如表 1 所示。根据表 1 可知,所有变量之间均呈现出显著正相关($p<0.01$),感知学校氛围、学习投入、学业自我效能感、心理健康之间呈中等程度相关(0.488—0.767),其中学业自我效能感和学习投入的相关性最强,相关系数为 0.767。

表 1 研究变量的描述统计与相关分析

变量	M	SD	1	2	3	4
1. 感知学校氛围	3.356	0.622	1			
2. 学习投入	3.490	0.641	0.586**	1		
3. 学业自我效能感	3.363	0.648	0.488**	0.767**	1	
4. 心理健康	3.362	0.598	0.579**	0.630**	0.669**	1

注: *表明 $p<0.05$,**表明 $p<0.01$,***表明 $p<0.001$,下同

3. 中介效应检验

感知学校氛围、学业自我效能感、心理健康和学习投入之间显著相关,满足进一步分析学校氛围和学习投入中介效应的统计学要求。因此,本研究建立了链式中介模型,采用海耶斯(Hayes)开发的 SPSS 宏程序 PROCESS4.0,运用 Bootstrap 法来检验学业自我效能感和心理健康的中介作用,同时控制年级和性别两个变量,如果 95% 的置信区间不包含 0,则说明中介效应显著。

软件输出的回归分析结果如表 2 所示。结果表明,感知学校氛围对学习投入有显著的正向预测作用($\beta=0.555$,$t=21.252$,$p<0.001$)。当学业自我效能感和心理健康同被纳入回归分析时,感知学校氛围能够显著正向预测学业自我效能感($\beta=0.449$,$t=16.028$,$p<0.001$)和心理健康($\beta=0.344$,$t=14.996$,$p<0.001$)。此外,学业自我效能感显著正向预测心理健康($\beta=0.484$,$t=22.092$,$p<0.001$)和学习投入($\beta=0.571$,$t=23.521$,$p<0.001$),心理健康显著正向预测学习投入($\beta=0.116$,$t=4.229$,$p<0.001$)。同时,感知学校氛围对学习投入的直接影响降低($\beta=0.234$,$t=10.047$,$p<0.001$)。这些结果表明,学业自我效能感和心理健康的独立中介作用以及学业自我效能感→心理健康的链式中介作用,在感知学校氛围对学习投入的影响中是显著的。因此,假设 1—4 都得到了证实。

表 2　模型中变量关系的回归分析

回归方程		整体拟合指数			回归系数显著性	
结果变量	预测变量	R	R^2	F	β	t
学习投入		0.600	0.360	213.841***	1.897	16.229***
	年级				−0.050	−5.142***
	性别				−0.060	−1.980*
	感知学校氛围				0.555	21.252***
学业自我效能感		0.529	0.279	147.347***		
	年级				−0.059	−5.650***
	性别				−0.189	−5.785***
	感知学校氛围				0.449	16.028***
心理健康		0.734	0.539	332.916***		
	年级				0.034	4.379***
	性别				0.001	0.003
	感知学校氛围				0.344	14.996***
	学业自我效能感				0.484	22.092***
学习投入		0.809	0.655	431.718***		
	年级				−0.017	−2.332*
	性别				0.058	2.560*
	感知学校氛围				0.234	10.047***
	学业自我效能感				0.571	23.521***
	心理健康				0.116	4.229***

　　表 3 显示了学业自我效能感和心理健康在感知学校氛围和学习投入之间的效应值,以及不同效应之间的比较,链式中介模型的路径图如图 2 所示。结果表明,总间接效应占比 57.84%,95% 的置信区间为(0.272,0.375),不包含 0。感知学校氛围→学业自我效能感→学习投入的中介效应显著($\beta=0.256$),占比 46.13%。感知学校氛围→心理健康→学习投入的中介效应显著($\beta=0.040$),占比 7.21%。感知学校氛围→学业自我效能感→心理健康→学习投入的中介效应显著($\beta=0.025$),占比 4.50%。此外,相较于心理健康的中介效应以及学业自我效能感和心理健康的链式中介效应,学业自我效能感的独立中介效应值最大。假设 2—假设 4 再次被验证。

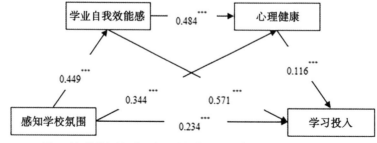

图 2　感知学校氛围、学业自我效能感、心理健康和学习投入的路径图

表 3 链式中介模型效应分解

| 效应类型 | 模型路径 | 效应值 | 标准误 | 95%置信区间 | | 效应占比 |
				下限	上限	
总效应	PSC→LE	0.555	0.026	0.504	0.606	100.00%
直接效应	PSC→LE	0.234	0.023	0.188	0.279	42.16%
总间接效应	Ind1+ind2+ind3	0.321	0.026	0.272	0.375	57.84%
间接效应	PSC→ASE→LE (ind1)	0.256	0.023	0.214	0.201	46.13%
	PSC→MH→LE (ind2)	0.040	0.012	0.018	0.064	7.21%
	PSC→ASE→MH→LE (ind3)	0.025	0.008	0.012	0.041	4.50%
间接效应比较	Ind1−ind2	0.216	0.028	0.162	0.273	
	Ind1−ind3	0.231	0.024	0.185	0.281	
	Ind2−ind3	0.015	0.006	0.005	0.028	

注：PSC、ASE、LE、MH 分别代表感知学校氛围、学业自我效能感、学习投入、心理健康

五、研究结论与对策建议

1.研究结论

本研究围绕 COR 理论中的资源分类、增益螺旋、资源阵列和资源阵列通道，探讨感知学校氛围（情境资源）、学业自我效能感（关键资源）和心理健康（能量资源）对中学生学习投入的影响。结果表明，感知学校氛围对学业自我效能感、心理健康、学习投入都有显著的正向预测作用，并且能够通过学业自我效能感和心理健康的中介作用影响学习投入，研究假设均得到了验证。研究证明，学校氛围作为结构化情境资源（资源阵列通道），为个体资源（学业自我效能感、心理健康）的培育提供通道支持；学业自我效能感与心理健康作为资源阵列中的核心要素，二者存在强化关系。可见，本研究不仅扩展了 COR 理论的领域，证明了 COR 理论具有较好的跨领域一致性，且对于提升学生学习投入，促进教育高质量发展具有较好的理论和实践意义。

（1）中学生感知学校氛围对学习投入有显著的正向影响

研究结果发现，中学生感知学校氛围作为影响学生学习投入的重要环境因素，能够正向预测学习投入，证实了 COR 理论中情境资源对学习投入的作用。已有研究结果表明，处于良好师生关系中的学生往往会感受到更多的支持和照顾，能够更好地适应学校生活，并对学校产生强烈的归属感。[1] 这种方式会促使学生积极参与课堂活动并投入更多精力学习。[2] 可见，良好的学校氛围，比如给学生提供更多的自主性，构建自主、平等、和谐的师生关系，可以增强学生对学校的依恋，使其感受到尊重、关爱，进而积极投入学习。

（2）学业自我效能感的中介作用

研究结果显示，学业自我效能感起中介作用，既支持了 COR 理论中情境资源对学习投入的影响，也支持了关键资源对学习投入的影响。已有研究表明，自我效能感能够促使个体采取积极的行为如学习

---

[1] H. Zou, Z. Y. Qu, Y. Ye, "The Characteristics of Teacher-Student Relationships and Its Relationship with School Adjustment of Students", *Psychological Development and Education*, Vol. 23, No. 4(2007), pp. 77-82.

[2] H. Patrick, A. M. Ryan, A. Kaplan, "Early Adolescents' Perceptions of the Classroom Social Environment, Motivational Beliefs, and Engagement", *Journal of Educational Psychology*, Vol. 99, No. 1(2007), pp. 83-98.

投入[1],具有高水平学业自我效能感的学生倾向于对学习任务产生更大的兴趣和付出更多的努力[2],并且在面对学习任务挑战时会持续性增强[3],甚至使用更深层次的处理策略和有意义的学习[4],这些都有助于提高学生的学习投入。此外,研究结果表明,学业自我效能感与学生的学习投入相关系数最大,说明增强学生的学业自我效能感能够有效提升其学习投入水平。

（3）心理健康的中介作用

本研究发现,心理健康起中介作用。这一结果与徐生梅等人的研究结果一致[5],验证了COR理论中能量资源对学习投入的影响。究其原因,可能是处于积极学校氛围中的学生能够获取能量资源并进行资源积累,能够积极主动地参与到学习中。已有研究发现,学校氛围和班级环境是影响学生心理素质发展的重要环境因素[6],学生感知到积极的学校氛围能够促进心理健康发展,并且能够间接提升其学业成绩。[7]

（4）学业自我效能感和心理健康的链式中介作用

本研究发现,学业自我效能感和心理健康起链式中介作用。这可能是因为,学生感知到的学校氛围越好,学业自我效能感越强,越能表现出积极的情绪,心理健康状况越好,学习投入水平越高。这一研究结果,证实了COR理论中的个体资源能够以增益螺旋、资源阵列和资源阵列通道的形式影响学生的投入。此外,通过中介效应比较,发现学业自我效能感的中介效应值最大,高于心理健康的中介效应值和学业自我效能感→心理健康的中介效应值,说明学业自我效能感作为一种结构化的、稳定的关键资源。相较于不稳定的情境资源和能量资源,学业自我效能感更能够产生强大的资源增益功能,使学生获取更多的资源,进而表现出更高水平的学习投入。

2. 对策建议

基于此,为提高教育质量,提升学生的学习投入水平,学校可以从以下几个方面进行努力:

（1）营造积极的学校氛围,增强学生学校归属感

积极的学校氛围是学生在校学习效率和学习质量的重要保障。为了提高学生的学习投入水平和在校学习质量,学校应该打造良好、温暖、开放、和谐的学校环境,构建良好的师生关系与同伴关系,让学生感受到温暖,进而增强归属感。学生在这种环境的影响下,能够更加积极地投入学习之中,提升学习投入水平,进而提高学校的教育质量。

（2）建立家校合作机制,增强学业自我效能感

学校和家庭是影响学生学业自我效能感的重要社会文化情境。学业自我效能感主要有四个来源,即个人成功的经验、替代性经验、言语劝说及生理和情绪状态。一方面,学校为学生创设成功的体验。在教学过程中,教师可以让学生解决问题获得成功的体验,以增强学业自我效能感。另一方面,家长以

---

① Else Ouweneel, M. Pascale, Le Blanc, Wilmar B. Schaufeli, "Flourishing Students: A Longitudinal Study on Positive Emotions, Personal Resources, and Study Engagement", *The Journal of Positive Psychology*, Vol. 6, No. 2(2011), pp. 142-153.

② E. L. Usher, F. Pajares, "Sources of Academic and Self-Regulatory Efficacy Beliefs of Entering Middle School Students", *Contemporary Educational Psychology*, Vol. 31, No. 2(2006), pp. 125-141.

③ L. Amy, Zeldin, Frank Pajares, "Against the Odds: Self-Efficacy Beliefs of Women in Mathematical, Scientific, and Technological Careers", *American Educational Research Journal*, Vol. 37, No. 1(2000), pp. 215-246.

④ C. O. Walker, B. A. Greene, "The Relations Between Student Motivational Beliefs and Cognitive Engagement in High School", *The Journal of Educational Research*, Vol. 102, No. 6(2009), pp. 463-472.

⑤ 徐生梅,苏学英,曹亢,等:《流动儿童感知学校气氛对学习投入的影响:心理健康的中介作用》,《教育研究与实验》2021年第3期,第92-96页。

⑥ Z. Dong, D. Zhang, "The Relationship Between Class Environment and Psychological Suzhi of Minority Middle School Students in Yunnan", *Cross-Cultural Communication*, Vol. 11, No. 11(2015), pp. 118-122.

⑦ 聂倩,张大均,滕召军,等:《学生感知的学校氛围与主客观学业成绩:心理素质及其分维度的中介作用》,《心理发展与教育》2018年第6期,第715-723页。

成功榜样的方式来培养学生的学业自我效能感。基于此,学校可以建立家长和学校的双向联动机制,形成家校育人合力。

（3）成立心理健康驿站,塑造学生良善心理状态

当前许多学生因心理问题而辍学,影响我国整体教育质量的提升。学校可以通过建立心理健康驿站,及时关注学生的心理状态,给学生营造良好的学习氛围,使学生感受到幸福,进而提高心理健康水平。此外,教师要经常和学生交流,这样,学生能够感受到教师的关怀与支持,就会形成积极的情绪,进而提升自身的信心,增强学习投入。

The Impact of School Climate Perception on Student Learning Engagement
— The Chain Mediation Based on Academic Self-efficacy and Mental Health

CHEN Pingjing

（Faculty of Education, Shandong Normal University, Jinan Shandong, 250014）

Abstract: Under the background of high-quality educational development, growing attention has been put to learning engagement as a key indicator of educational quality. To explore the influencing mechanisms of learning engagement and promote the construction of a high-quality education system, this study innovatively introduces the concepts of gain spiral, resource caravans, and resource caravan passageways based on Conservation of Resources theory. It constructs a multi-resource synergy model to examine how school climate perception affects learning engagement. Through convenience sampling method, 1,144 middle school students were surveyed. The findings reveal that school climate perception, as a resource caravan passageways, positively predicts academic self-efficacy and mental health, forming a symbiotic resource caravans; academic self-efficacy and mental health exhibit a gain spiral effect, enhancing sustained learning engagement through chain mediation. Accordingly, schools are advised to cultivate a positive climate to enhance students' sense of belonging, establish home-school collaboration mechanisms to strengthen academic self-efficacy, and establish mental health centers to promote students' psychological well-being.

Key words: school climate perception, learning engagement, academic self-efficacy, mental health, Conservation of Resources theory

基于德育学习共同体的班主任育德力建构

奚玲玲

(上海市西南位育中学,上海 200233)

摘　要: 在立德树人根本任务的指引下,班主任在德育方面承担更多的责任,扮演更重要的角色。为了建构和加强班主任的育德力,学校需要建立德育共同体,要求班主任在工作中有问题意识,注重向内自省,加强自我研修;成立集体学习共同体,关注伙伴支持,互助协同进步;学校组织专家领航,全员导师指点迷津。为此,从个人修炼到集体支持,再到学校组织各个层面,努力锻造一支行动力和育德力强的教师队伍。

关键词: 立德树人;德育学习共同体;育德力

教育强国建设是中国式现代化发展到今天提出的必然要求,这是因为中国式现代化建设需要大量受过良好教育且思想纯正人格健全的人才。对这一关涉国计民生、国家长久发展繁荣和中华民族伟大复兴使命的重大问题,中国共产党具有明确而一贯的方针指引,那就是立德树人。习近平总书记在党的二十大报告中指出:"教育是国之大计、党之大计。培养什么人、怎样培养人、为谁培养人是教育的根本问题。育人的根本在于立德。全面贯彻党的教育方针,落实立德树人根本任务,培养德智体美劳全面发展的社会主义建设者和接班人。"[①]

如何贯彻落实党和国家这一根本性的教育大政方针,又是今天中国的教育工作者必须时时思考并加以践行的问题。教育界同行在过去数年曾就该问题进行了探讨,议题涉及教师育德力的现状、存在的问题以及如何培育等方面,对教师育德力的内涵、窘境、培养和影响加以细致入微的探讨。基础教育阶段,班主任在德育方面承担更多的责任,与学生有更密切的日常接触,因此,扮演更重要的角色。如何在学校德育共同体中构建并加强班主任的育德力,是一个非常重要的方向,本文试图对此陈述一孔之见,为基础教育阶段的立德树人提供有益的建议。

一、立德树人背景下中学班主任面临的问题

国之大计,教育为本;教育大计,教师为本。

作者简介:奚玲玲,上海市西南位育中学一级教师,主要从事德育与汉语言文学教育研究。

① 习近平:《高举中国特色社会主义伟大旗帜 为全面建设社会主义现代化国家而团结奋斗——在中国共产党第二十次全国代表大会上的报告(2022年10月16日)》,载 https://www.gov.cn/gongbao/content/2022/content_5722378.htm,最后登录日期:2025年6月15日。

教师的专业素养和师德师风是教育高质量发展的重要保障之一，因为专业素养是实现中国传统文化师道中"授业、解惑"的基本前提，师德师风则是"传道"的必备条件，这两个方面对培养社会主义事业接班人来说相辅相成。教育工作者要时刻铭记，教育的根本问题是"培养什么人、怎样培养人、为谁培养人"，因此，后者更是构成当代教育不可或缺的内在要求。尤其是基础教育阶段，正是学生人生观、价值观和世界观养成的重要阶段，"传道"对他们"三观"的形成具有至关重要的作用。这对"师者"无疑提出了更高的要求，除具备专业知识理论素养之外，还需要融价值信仰和道德伦理为一体的德育素养，即所谓的育德力。

教师育德力是一个既具象又抽象的概念，在内涵上，教师育德力是以道德教育理论和教师专业伦理为学理支撑、以自我普遍性道德与教师职业道德发展为动力源泉、以专业化德育实践为检验点、以研究性反思为增长点的专业性教育能力；在外延上，教师德育能力是以成就学生道德生命的诞生与发展为终极旨归、以自我德育专业化发展为动力支持、以德育实践为逻辑主线、以德育反思和研究为优化策略的专业化能力体系。[①] 概言之，教师的育德力，不同于教师个人的道德修养，而是教师对学生道德素养的感召力和影响力。

在立德树人的整体要求下，与学生密切接触的班主任，在师德的自我修养和外化传教方面承担更重的责任。然而，班主任的育德力面临不小的挑战，一方面是对如何培养教师的育德力，存在认识不足、重视程度不够，组织能力欠缺等问题，另一方面也存在诸多个体和社会因素的掣肘，如班主任个人的生长环境及其形塑的性格、意愿和行动能力等。以上海市西南位育中学为例，上海市招生制度改革导致"摇号入学"的预初新生进校，生源发生较大变化，由此给班主任管理能力和育德力带来了新的挑战。

从各种现实因素带来的现状分析，显然班主任的管理能力和育德力受到了不小的影响。首先，从年龄结构来看，班主任队伍呈现年轻化趋势。笔者所在的八年级组，年龄低于26岁的班主任占25%，年龄在26—30岁之间的占37.5%，大于30岁的占37.5%。与此同时，学生家长的年龄大多超过35岁。这种年龄差会弱化班主任的权威形象，降低家长对班主任的天然信任感。其次，从地域来看，62.5%的班主任是从外地引进的"新上海人"，"海派文化"融入度不够，这也将大大增加班主任工作的难度。最后，刚入职的新班主任缺乏班主任工作经验，当棘手问题纷至沓来时，就更会手足无措。综上，班主任有积极工作的良好意愿但育德力较弱，显然无法跟上日益变化的校园环境和教育高质量发展对教师提出的要求。因此，班主任队伍建设和育德力的培养，成为当下一个刻不容缓的议题。

二、育德力培育与提升的基本路径

面对新时代立德树人、教育强国光荣而艰巨的使命，针对当下面临的短板或问题，我们带着问题，以目标为导向，从实际情况出发进行有针对性的改进。

首先，教师专业发展必须依赖良好的职业成长环境和群体之间的互动氛围，需要一种研修相长的生态环境和良性运行机制，以达到专业发展和提高素养的目标。在教育界，教师是"教师专业学习共同体"（professional learning communities）。在这个共同体中，教师不是独自进行专业学习、教育教学以及教育决策与管理，而是从属于专业学习共同体。其中的每一个体与群体人员对话交往，共同解决问题、分享经验，教师的知识、专长都会得到不断深化和拓展，职业成就感和效能感也会得到提升，从而提高工作积极性。上海市西南位育中学倡导"人人都是德育工作者"，成立德育学习共同体，全员参与同研共进，

---

① 崔振成、黄东亮：《中小学教师德育能力的困境与纾解》，《当代教育科学》2023年第3期，第11页。

以团队的形式提升"双减"背景下班主任工作的互助性、科学性、有效性,助力班主任队伍更好发展。

其次,学校加强对班主任育德力培养的重视,以有组织的力量来提高教师的育德力素养和对德育重要性的认知。教师自身不仅要有道德品格修养,而且要对正处于身心成长时期的中学生心理特点有较为深入的了解。因此,教师不能囿限在自己狭隘的学科知识和技能范围里,需要有广阔的知识视野,对教育学、心理学、社会学乃至哲学有一定的了解。鉴于此,学校必须发挥组织作用,把教师的育德力培养作为重要事项来落实,让教师学习有动力并能形成系统性和常态化。校方需从厘清德育体系的构成要素,加强学校德育体系建设,包括德育目标、内容和评价要素等方面;校方要有完善的评估系统和绩效奖励,让师德高尚、倾情投入的教师在工作中受益,真正获得职业幸福感和成就感。

三、"三维发力"助推班主任育德力成长

基于以上认识,我们以党和国家的教育方针为指引,从个体、集体、组织三个维度出发,主要方法路径包括从个人修炼到协同合力再到学校支持各个层面,努力锻造一支行动力和育德力强的教师队伍。

1. 个体注重向内自省,加强自我研修

成功是需要长时间的积累和准备的,需要班主任投入大量的时间和心力。班主任要花时间与学生"打成一片",学生才有可能接受、喜欢、信任班主任。

班主任在工作中要有变"问题"为"课题"的意识,向教育理论和教育规律要教育成果。班主任要始终是一名学习者,学习教育有关的理论和规则,提升自身修养与学识。从庄中文老校长的《五常新说》里,班主任可以感受到丰富的传统文化熏陶,"仁、义、礼、智、信"不仅是个人修养和为人处世的原则,而且是达己利人的工作格局,更是厚植在学生心中的人文底蕴。班主任要不断

"向下用力"积累经验,不断提升班级管理的成长自觉,并通过这种"自觉觉人",提升德育实效。

2. 集体关注伙伴支持,互助协同进步

在德育学习共同体中,每个人身上都有闪亮优秀的一面。只要同伴互相支持,就能推动彼此不断进步。年级组在落实学校重要德育活动时,常邀请经验丰富的班主任分享心得体会,向年轻班主任公开班会课。在互相支持中,资深班主任通过分享展示德育活动不断历练,越来越有经验和能力,提升了自我价值感与责任感。而年轻班主任虚心好学,善于接受新生事物,往往也常有创新思维和新奇做法,于是再带动其他班主任跟上变革的步伐。他们各有特色,优势互补,在学习共同体中都有付出和收获。

与此同时,年级组会不定期召开班主任论坛,邀请每位班主任介绍自己的常规工作小妙招。有的班主任通过引导学生创建"班级公众号""视频号"等自媒体平台,激发学生勇敢尝试,超越自我;有的班主任借助"学科师徒带教""学习小助手"等活动激发学生学习热情,助力成绩提升;有的班主任在课间常驻教室,多在日常学习中发现教育契机。教育是一种合作的艺术,班主任们应互相配合,共同成长,不断提升和超越自我。

3. 学校组织专家领航,导师指点迷津

专家领航的具体实践分为两个方面。其一是年级组德育备课。年级组长带领班主任进行德育备课。备课时,年级组长通常落实以下内容:首先,要确保班主任在教育理念、主题活动上的认同度和同步性。其次,要结合"一班一品""中华传统美德"培养、温馨班级建设等德育活动,指导班主任优化德育方法和德育途径。再次,要观察指出近期不同班级中的"好事情"和"坏现象",提升班主任对班风班纪的敏锐度。最后,强调并细化班主任日常工作,提供心理健康指导和具体操作支持,这样能减轻班主任的工作负担,缓解工作焦虑。

其二是指点迷津的全员导师制。2021 年开

始，上海市西南位育中学在全市率先试点"全员导师制"。所有任课教师都被选为学生的"人生导师"。导师们以学生成长"陪伴者"的身份强化家校沟通，疏解亲子矛盾。导师们都是经验丰富的德育工作者，十分熟悉学校德育工作的基本流程，对学校育人传统和德育理念有深刻的理解。他们对班主任进行细致入微的带教，既能指导班主任的班级日常管理，也能在突发事件处理时助班主任一臂之力，是班主任育人能力提升的有力保障。举例来说，曹老师是优秀的班主任，她带教年轻班主任钟老师，因为同教一个班，所以她俩沟通学生日常情况时非常顺畅。遇到棘手事件，曹老师总是积极出谋划策，指导钟老师化解危机。导师们指导年轻班主任"以规制人、以情动人、以形示人"，使得后者迅速成长，不断提升育德力。

四、反思

西南位育中学在创办之初就开始系统地进行中华传统美德教育，一直把"弘扬传统美德、培育时代新人"作为学校德育工作的抓手，不断提高德育的实效性。每学年，班主任通过"仁、义、礼、智、信"为主题的"五常新说"班会课，培养学生同理心、责任感、懂自律、能创新、讲诚信，引导学生关注自我成长。在这个过程中，班主任个人育德能力的提升也在悄然发生。

实践促进思考与总结，也引发班主任对德育工作不断研究。学期结束，教育情景的回顾和班主任的反思钻研形成了作为专业德育工作者的重要工作闭环，借助学期末《班主任一得》的撰写，班主任得以审视教育行为并积极反思和调整，促进自身进步。持续的案例积累还可以形成可迁移的教育资料库。班主任可以通过调阅以前写过的案例解决眼前的问题，也可以站在现在的新高度来完善之前的案例研究。

基于此，笔者建议构建一套系统化、分阶段的班主任育德力培养体系。学校可以成立班主任工作坊，班主任可以学习更系统、更先进的教育理论和理念，也可以定期聆听德育专家的经验介绍，开展德育情景模拟训练、危机干预等实训活动。学校年级组还可以指定一位有经验的班主任担任新入职班主任的带教师傅。班主任队伍的阶梯式培养和团队式成长，必将更好提升全校的"育德"专业能力，更好达成"一切为学生一生幸福着想，一切为学生终生发展奠基"的办学宗旨。

基于马扎诺目标分类理论的跨学科教学设计

——以初中项目式学习"探秘杆秤"为例

段志贵[1,2]，荆晓玉[3]，张秋律[4]

（1. 盐城师范学院 数学与统计学院，江苏 盐城 224002；2. 江苏省跨界学习研究所，江苏 南京 210024；
3. 青海师范大学 数学与统计学院，青海 西宁 810008；4. 中国教育科学研究院，北京 100088）

摘　要：针对跨学科教学中普遍存在的目标割裂、情感分离以及评价失准等问题，研究基于马扎诺目标分类理论，以"探秘杆秤"项目为例，构建系统性的跨学科教学框架。通过整合自我系统、元认知系统、认知系统与知识系统，突破传统目标分类理论线性分层以及情感目标虚化的局限，有效破解跨学科教学困境。着眼于目标重构、路径规划、策略实施三个侧面对跨学科教学进行立体设计，将数学、物理与历史等学科深度融合，分层落实，推动知识整合与素养生成；开发过程性、表现性、发展性三维评价体系，动态追踪学生能力进阶与素养发展，提高跨学科教学评价的对应性、开放性和精准性。

关键词：跨学科教学；马扎诺目标分类理论；项目式学习；教学设计

进入 21 世纪以来，跨学科教学已成为提升学生综合能力的重要途径。经济合作与发展组织（OECD）发布的《教育的未来与技能：教育 2030》提出，要建立超越传统学科界限的目标分类体系，培养学生解决复杂问题的能力。[①] 我国《义务教育课程方案（2022 年版）》明确要求各门课程"原则上用不少于 10% 的课时设计跨学科主题学习"，旨在通过整合多学科知识，促进学生核心素养的发展。然而，在具体教学实践中，由于中小学教师在跨学科教学上的观念更新不充分、相关知识储备不充足，导致他们对于跨学科教学普遍存有畏难心理，更缺少行动上的方略。[②] 目前学界对于跨学科教学的理论探索主要集中在 SOLO 分类评价理论、"层进"理论、体验学习理论等现代教育教学理论的实践应用研究。虽然这些理论对于指导跨学科教学实践具有重要意义，但它们更多的是在研究教学内容的组织与呈现，对于学生在学习过程中的主体性及其元认知能力的培养关注不够。

相关研究[③④]表明，马扎诺目标分类理论具有独特优势，可以为跨学科教学提供系统化的理论指导，能够有效解决跨学科教学面临的复杂问题，促进学生知识整合、能力培养和素养发展。为此，本研究以初中数学"探秘杆秤"项目为例，尝试构建基于马扎诺目标分类理论的跨学科教学设计模型。通过整合自我、元认知、认知和知识四维系统，设计完整的教学流程，开发科学的评价工具，以期为跨学科教学设

① OECD, *The Future of Education and Skills: Education 2030, the Future We Want*, Paris: OECD Publishing, 2018, p.28.
② 段志贵，曹雨花：《数学跨学科教学三重判读：所为、难为与可为》，《中学数学月刊》2023 年第 10 期，第 13-18 页，第 22 页。
③ 王珩，朱婷，柳文慧：《马扎诺教育目标新分类学视角下跨学科教学实践研究》，《中学化学教学参考》2024 年第 18 期，第 75-78 页。
④ 朱婧雯，朱文辉：《马扎诺教育目标分类学：跨学科主题学习设计可行的理论支点》，《教育科学研究》2024 年第 1 期，第 60-67 页。

计提供有针对性的理论指导和可操作性的实践范例。

一、问题诊断：跨学科教学设计面临的挑战

当前有关跨学科教学设计面临许多挑战，体现在相关跨学科教学实践之中，也隐藏在传统教育目标理论的深层局限里。

1. 现实之痛：跨学科教学的"三重割裂"

在一线教学中，跨学科课堂常陷入"形式繁荣而实质贫瘠"的困境，其典型问题表现在跨学科教学设计与实施的"三重割裂"上。

其一，目标与行为脱节。有些教师看似设计出创新的跨学科任务，却因目标设计模糊导致学习活动流于形式。例如，在初中数学跨学科教学中，以"测量校园雕塑高度"项目为例，教师虽设计了融合数学、物理与历史的跨学科学习任务，但因缺乏分层目标指引，学生只会机械性地完成测量步骤，成果报告也只是"数学公式+物理数据表+历史文献摘录"的生硬拼凑，缺乏跨学科逻辑关联，既未能对比古今测距法的数学共性，也未能反思精准测量对现代工程的价值。

其二，认知与情感分离。学科能力差异导致学生参与程度明显不足。因为跨学科教学内容难度不一，许多学生往往难以投入，表现出明显的情感疏离。这种割裂本质上是目标设计中的"价值统整"缺失。例如，在"社区噪声治理"项目中，教师若仅强调噪声计算公式（数学认知），而忽视引导学生思考"安静权"的伦理价值（情感认同），便会造成学科工具性与人文性的对立。

其三，评价与目标错位。有些跨学科教学采用传统学科知识点测试评估学习成果，工具与对象根本不适配。许多教师仍采用"计算准确度+报告完整度"的二元评价方式，导致学生只为追求高分标准答案，却忽视跨学科思维的本质。同时，这种评价导向反而使得那些能够自觉运用多学科思维的学生在量化评分中处于劣势。

可见，"三重割裂"的根源在于目标设计的结构性缺陷。当教学目标被切割为孤立的知识点与技能项时，跨学科实践注定沦为"带着镣铐的舞蹈"。

2. 理论之困：传统分类法的结构性缺陷

跨学科教学的本质是以真实问题为锚点，通过多学科知识、方法与价值的深度融合，培养学生系统解决复杂问题的能力[1]，具有素养立意、综合学习、融合创新以及具身行动等特点。[2] 然而，布卢姆目标分类法为代表的传统理论框架，因其认知线性逻辑、情感目标虚化与评价单一化，已难以支撑这一教育转型。

认知线性逻辑是其首要局限。布卢姆体系将认知过程简化为"记忆→理解→应用→分析→评价→创造"的单向阶梯，这种模型无法描述跨学科学习所需的动态认知跃迁。例如在"探秘杆秤"项目化活动中，学生需同步进行历史计量智慧分析（评价）、杠杆原理实验（应用）、函数模型构建（创造）等多维度认知行为，而非按固定顺序逐级攀升。

情感目标虚化进一步加剧实践困境。布卢姆体系虽单列情感领域目标，却未提供可操作的整合路径。以勾股定理教学为例，传统设计止步于"用公式测量旗杆高度"（认知目标），却忽视"古代测距术如何体现数学公平性"的价值追问（自我系统目标）。这种割裂常常导致教学设计"见术不见人"。

评价单一化致使过程性素养流失。布卢姆体系侧重终结性成果评估，缺乏对元认知策略、自我调节能力的关注。例如学生在完成"杆秤量程扩展"任务中，可能经历"延长秤杆→发现非线性误差→引入分段函数"的策略迭代，但传统评价工具仅关注最终模型精度，忽视思维进阶的多元价值。

这些结构性缺陷使得传统教育理论如同"削足适履"的工具，强行裁剪跨学科教学的丰富性以适应

---

① 李洪修，崔亚雪：《跨学科教学的要素分析、问题审视与优化路径》，《课程·教材·教法》2023年第1期，第74-81页。

② 任朝霞：《如何开展跨学科主题学习——访华东师范大学课程与教学研究所教授安桂清》，《中国教育报》2023年11月3日，第5版。

既定框架,最终导致理论指导与实践需求的根本性断裂。

二、理论框架:跨学科教学设计系统的构建

面对传统目标分类理论的结构性缺陷,构建适配跨学科教学的系统框架亟待理论突破。马扎诺目标分类理论以其动态交互特性与多维整合能力,为破解上述"三重割裂"困境提供了科学路径。

1. 马扎诺目标分类理论的多维整合特性

马扎诺目标分类理论由美国教育学家罗伯特·马扎诺提出,旨在通过自我系统(决定是否从事某项任务态度、信念以及情感)、元认知系统(目标设定与过程监控)、认知系统(相关信息或知识的提取、理解、分析以及应用)与知识系统(相关概念及其结构序列)的四维交互模型,重构教学目标的设计逻辑。[①]相较于布卢姆的"线性阶梯"分类,马扎诺目标分类理论更似一个"网络结构",如图1所示。

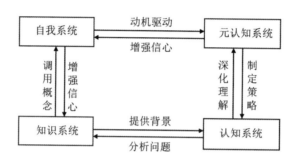

图1　马扎诺目标分类理论"网络结构"样态示意图

以初中数学"探秘杆秤"项目为例,自我系统作为"动力引擎",通过"杆秤中的公平智慧"的讨论激发学生的学习兴趣;元认知系统作为"策略中枢",基于刻度定位的秤砣平衡位置的寻找,引导学生记载并分析校准尝试失败成因以及迭代过程中的补偿策略,从中体验杆秤制作过程、监控建模误差、优化函数参数;认知系统类似"信息处理器",完成从数据提取(抽象杆秤示意图)到知识迁移(设计杆秤量程方案)的进阶;而知识系统则构建跨学科概念网络(如杠杆原理→一次函数→制作标定)。这一框架突破传统目标分类法的机械分层,使教师能够精准诊断学习障碍。[②]

2. 跨学科教学与马扎诺目标分类理论的内在契合性

跨学科教学本质上是通过真实问题整合多学科知识与方法,强调知识黏合、能力统整和价值关切。[③]以初中"校园午餐优化"项目为例,这一活动主要包括知识黏合——以"系统平衡"等大概念结合数学、统计学、生物学、管理学等视角,能力统整——培养数学建模、数据分析、模式迁移等复合能力,价值关切——建立"数学服务社会"的意义连接。而马扎诺目标分类理论通过四维系统协同机制的建立,为上述要素提供了操作化路径。在自我系统中,驱动学生思考"为何要优化午餐方案";在元认知系统中,规划"营养分析→成本核算→方案答辩"的策略链;在认知系统中,围绕活动主题整合数学、统计学、生物学、管理学等多学科知识;在知识系统中,学习统计方法、供应链管理等跨领域相关概念及其程序性知识。

显然,在马扎诺目标分类理论框架中,自我系统通过驱动价值认同为知识整合注入内生动力,元认

① 罗伯特·J. 马扎诺,约翰·S. 肯德尔:《教育目标的新分类学(第2版)》,高凌飚,吴有昌,苏峻译,教育科学出版社2020年版,第12-13页。
② 黎加厚:《新教育目标分类学概论》,上海教育出版社2010年版,第100-101页。
③ 吴刚平:《跨学科主题学习的意义与设计思路》,《课程·教材·教法》2022年第9期,第53-55页。

知系统借由策略规划为能力进阶搭建阶梯，认知系统与知识系统则通过学科交互形成协同机制。这种理论框架与教学实践的内在契合，不仅为学科交叉提供了认知脚手架，更通过四维系统的动态耦合，有效培育了学生运用结构化知识解决复杂现实问题的高阶思维和创新素养。

3. 马扎诺目标分类理论的实践适配性验证

马扎诺目标分类理论在跨学科教学中的适配性，不仅体现在理论模型的包容性上，更通过大量实证研究验证了其操作效能。[1]其核心优势主要包括三个方面。

一是结构兼容，精准映射核心素养。马扎诺目标分类理论建构的四维系统模型，能够与数学新课程标准形成"理论—实践"映射的闭环。事实上，核心素养是学生通过课程学习逐步形成的关键能力、必备品格和正确价值观。其中，关键能力聚焦学生能够做事情，与知识系统、认知系统相对应；必备品格指学生坚持把事情做正确，匹配元认知系统；正确价值观指向学生愿意并习惯做正确的事情，关联自我系统。

二是策略可行，工具支架可操作性强。马扎诺目标分类理论提供了一整套可落地的教学"工具箱"，帮助教师分层突破跨学科设计难点。例如，基于自我系统的建立，激发学生学习兴趣；利用元认知系统建设，引领学生选择学习策略；从认知系统出发设计启发性问题，引领学生理解问题本质；着眼知识系统，创设迁移脚手架，帮助学生完成从初级任务到高阶学习的挑战，逐步提升知识整合水平。

三是评价有效，动态追踪素养发展。在马扎诺框架下，相关教学活动关注学生的四维系统协调发展，因而，传统评价难以捕捉的隐性素养都可以借助自我系统、元认知系统、认知系统和知识系统得以显性化呈现。四维系统模型既可以从学习过程中寻觅认知轨迹，掌握学生思维进阶表现，也可以基于跨学科作品或作业的完成情况，对学生的核心素养发展水平给予不同层级的评判。

三、实践路径：基于马扎诺目标分类理论的教学设计

基于马扎诺目标分类理论，跨学科教学需从目标重构、路径规划、策略实施三个方面立体设计。下文以初中数学"探秘杆秤"项目为例，阐释如何将理论转化为可操作的教学设计。

1. 跨学科教学目标重构

八年级下学期学生已经学习了一次函数的定义、图像与性质，在物理课上也学习了杠杆原理和物体重力等知识和思想方法。从能力上看，学生可以进行一些简单的数据收集和处理工作，具有一定的手工技能，也能将一些简单的实际问题抽象为数学问题，并通过数学建模解决实际问题。[2]但是所学的知识有限，选择的数学建模方法比较单一，也不了解模型优化原理，所以学生在建模活动中可能会遇到很多困难，需要教师适时引导。基于这一学情和教学内容的分析，可以对"探秘杆秤"这一项目式活动制订以下教学目标：

知识系统目标：学会整合信息，识别杆秤发展史中的关键数学事件，归纳杠杆原理与一次函数的核心参数对应关系；发展心智程序，理解力矩平衡方程及其变形，掌握"重量—刻度"一次函数模型的图像绘制技能；发展心理动作程序，熟悉操作杆秤称量物体，动手实验的动作协调。

认知系统目标：经历"提取→理解→分析→应用"的思维进阶过程，通过"提取"激活知识联结的起点，从跨学科素材中识别关键信息；通过"理解"构建跨学科意义网络，整合多学科知识；通过"分析"发展批判性思维，在不同方案的对比中建构思想方法；通过"应用"，实现真实情境中的创造性迁移，将相关知识转化为解决复杂问题的方案。

元认知系统目标：基于"探秘杆秤"项目式学习活动过程监控、策略优化以及精准评估实现深度学习。立足杆秤内容的学习讨论和动手操作，体验杆秤制作过程；通过有关代数解法与几何图解法效率差异的对比，学会选择和优化建模策略；把握函数模型预测值与实测数据偏离度，适时调控操作进程。

---

① 金志远：《跨学科视域下的课程与教学》，知识产权出版社2021年版，第32-42页。

② 王浩，王可，胡少臣：《"项目学习：体育运动与心率"教学设计》，《中国数学教育》2022年第17期，第15-20页。

自我系统目标:立足学科价值认同,建立"数学的工具性职能推动人类文明"的价值信念。增进情感投入——主题探究"古代度量衡与文明发展",体会衡器在促进社会公平与秩序中的伦理意义。强化学习动机的激发——创设"菜市场公平交易调查"任务,理解数学建模的社会意义。提高效能感知——撰写"数学改造世界"的感言,系统梳理数学在技术创新和社会进步中的重要作用。

2. 跨学科教学路径规划

基于马扎诺四维系统理论,"探秘杆秤"项目分为三个阶段。

一是实物观察与价值感知阶段。这一阶段主要是观察、思考、辩论,融合数学测量与历史文化认知,学生可以激活自我系统,建构知识系统。一方面,通过展示实物杆秤,学生从中理解数学与物理的关联,绘制结构简图,开展数学建模(一次函数)活动。在绘制杆秤结构简图时,学生需要手眼协调标注支点、力臂,并记录操作步骤,培养动作技能与空间感知能力。另一方面,学生观看科教视频"手艺:杆秤岁月",提取杆秤制作的核心组件相关信息,体会"定盘星位置""刻度均匀性"等内涵;开展辩论:从"如果杆秤消失,我们的生活会有哪些损失"中探讨从手工杆秤时代到数字时代的演变历程及其现实意义。

二是深度理解与策略建构阶段。这一阶段主要是实验、反思、优化,开展数学建模与思维训练,学生在实践探索中深化知识理解。通过固定秤砣位置并延长秤杆的尝试,学生使用《实验记录本》记录实验过程,从中发现"秤砣移动时,刻度间距会逐渐变大"的现象。进一步地,将依据数学模型(一次函数)计算得出的数据与实际测量的数据绘制在同一坐标系中,学生观察秤杆轻微变形对测量结果的影响,并提出简单调整方案,以平衡测量精度与实用性。最后,通过对比不同小组的刻度调整方法,总结出"分段标记"和"比例缩放"两种实用策略,为动手制作杆秤打下基础。

三是创新应用与系统整合阶段。这一阶段主要是迁移、创造、输出,实现数学思维向核心素养的转化。在知识系统维度,用硬纸板、木棍等材料手工制作杆秤模型;在认知系统维度,通过绘制折线图对比传统杆秤与改良方案的数据差异,理解一次函数在实际问题中的应用;在元认知系统维度,设计"校准日记"模板,要求学生记录每次刻度调整的试错过程,并附上调整前后的对比图,以此积累动手操作的实践经验;在自我系统维度,发起"杆秤文化小讲堂",用图文海报解说古代十六两制与"福禄寿"星纹背后的数学智慧;结合一次函数图像,解释古代杆秤刻度非均匀分布的数学原理,并对比现代电子秤的均匀刻度设计。最后,通过"生活中的杠杆"主题展览,学生展示自制的简易杆秤,并结合历史资料说明杆秤如何推动古代贸易发展,体会数学的工具价值与文化意义。

3. 跨学科教学实施策略

在"探秘杆秤"跨学科教学中,围绕马扎诺目标分类的四个维度,设计螺旋式上升的教学策略,将自我系统、元认知系统、认知系统、知识系统渗透到不同阶段,逐步深化学生对数学工具的理解与应用。

其一,在自我系统激活上,注重生活价值与情感共鸣。例如,在实物观察与价值感知阶段,学生可以讨论"为什么古人把杆秤的起点叫作'定盘星'",结合菜市场公平交易的案例,理解"零刻度"象征的诚信意义;在创新应用与系统整合阶段成果展示中,通过"杆秤文化小讲堂",学生化身"传统智慧讲解员",用生活实例说明杆秤如何通过杠杆原理实现精准测量,激发他们对数学文化价值的认同感。

其二,在元认知系统培养上,强调实践反思与策略优化。例如,在深度理解与策略建构阶段,学生利用《实验记录本》记录杆秤制作过程中"秤砣移动时,刻度间距逐渐变大"的现象,并标注每次调整的思路、过程及结果。在创新应用与系统整合阶段制作杆秤模型时,学生对比并分析不同刻度方案的优劣,学会利用比例关系验证方案的可行性,并形成"观察—试错—改进"的思维习惯。

其三,在认知系统构建上,设计跨学科任务联结核心知识。例如,在实物观察与价值感知阶段,设计"十六两制换算挑战",并深入讨论成语"半斤八两"的数学来源。在深度理解与策略建构阶段,引导学生通过制作杆秤,立足支点与力臂,建立数学模型,解释刻度分布规律;在创新应用与系统整合阶段,设计"生活中的杠杆"展览,引导学生用橡皮筋制作弹簧秤,标注重量刻度并解释"长度与重量"的关系,将杆秤原理迁移到实际问题中。

其四，在知识系统固化上，细化递进式任务实现知识内化。例如，在实物观察与价值感知阶段，布置学生绘制杆秤结构简图，标注物理概念（支点、力臂）；在深度理解与策略建构阶段，引领学生对比建模数据和实际数据，发现"杆秤轻微变形导致刻度偏移"，提出分段标记策略；在创新应用与系统整合阶段，学生展示手工模型并分享相关实验过程，用生活案例解释杠杆原理，从具象操作升华为抽象规律。

四、评价体系：跨学科教学素养的可视化追踪

教学评价是跨学科教学实施不可或缺的重要环节。它需要突破传统"重结果、轻过程"的桎梏，使学生的思维发展与素养进阶显性化，构建覆盖四维系统的动态评价框架，实现从知识掌握到素养生成的全程追踪。

1. 建构跨学科教学评价三维度

立足马扎诺目标分类理论，结合"探秘杆秤"这一项目的跨学科特性，从过程记录、实践表现、能力发展三个方面设计评价体系，确保评价内容与教学目标、活动路径紧密衔接。

第一，过程性评价：关注实践轨迹的记录。这一评价主要通过日常观察与工具记录学生的探索过程，重点评价元认知与认知发展。对于元认知评价，教师可以使用项目活动相关记载，收集学生在杆秤制作中的调整经验。例如，记录"三次校准刻度"的试错过程，并附上对比图说明改进效果；整理"问题解决清单"，标注小组争议点。对于认知评价，可以通过时间轴呈现思维进阶。

第二，表现性评价：设计生活化挑战任务。这一评价主要创设真实情境任务，综合考察知识应用与跨学科能力。比如，教师给定一个突发任务"原定杆秤制作材料缺失铜丝，改用橡皮筋与吸管重构秤杆"让学生完成，从中评价学生的现场表现。考核重点可以集中在两个方面：一是在自我系统上表现。通过捕捉材料突变时的情绪调节，观察学生面对突发问题的态度；二是在认知系统上的表现。例如，要求学生在方案中同时标注杠杆原理公式（物理）、一次函数表达式（数学）、古代杆秤文化（历史），据此了解跨学科掌握情况。

第三，发展性评价：制定阶梯式评价标准。这一评价通过设计分层量规，清晰反映学生的成长轨迹。初级目标是看学生能否完成基础操作。中级目标是检查学生对理论模型与实际数据差异的了解情况，以及能否利用生活案例说明误差原因。高级目标是看学生能否独立设计改良方案，结合数学公式、物理原理与文化故事说明设计思路。

2. 注重跨学科教学评价有效性

第一，目标对应性——紧扣四维系统。在自我系统上，评价学生能否从"被动解题"转向"主动探究"，理解数学在解决实际问题中的工具性价值；在元认知系统上，可以通过相关记录，查看学生试错过程，评价学生策略选择与自我监控能力；在认知系统上，可以查看实验报告，评价学生能否通过建模数据与实测数据的比较，分析误差原因，实时调控制作方案和操作进程；在知识系统上，可以制作杆秤模型并标注物理参数，评价学生是否形成跨学科认知。

第二，策略开放性——支持多元探索。在问题解决中提供多种路径选择，尊重学生的个性化探索。一是校准刻度方法的评判，允许学生使用实验法或计算法；二是消解误差方法的评判，针对"刻度不均匀"问题，允许学生既可用水平仪观察秤杆是否倾斜，也可通过延长秤杆或增加秤砣重量重新标定刻度；三是跨学科联结的评判，鼓励学生利用数学公式、物理原理或历史故事中的任意角度建构一次函数，解释杆秤工作原理。

第三，评价精准性——捕捉思维痕迹。可以通过细节观察与工具记录，精准评估学生的成长轨迹。一方面，加强过程追踪，收集学生的《实验记录本》与草稿纸，分析试错痕迹；另一方面，注重任务反馈，通过小组讨论录音分析学生的合作态度，加强成果检验。

综上所述，跨学科教学的本质在于以真实问题驱动四维系统的协同运作——以自我系统唤醒学科

使命感,以元认知系统赋能策略迭代,以认知系统贯通多领域思维,以知识系统构建迁移网络。未来可进一步探索该模型在不同学段、不同学科中的适用性,并借助人工智能辅助素养培养的追踪系统,动态优化跨学科教学模式。

Interdisciplinary Teaching Design Based on Marzano's Taxonomy of Educational Objectives
— A Case Study of Junior High School Project-Based Learning "Exploring the Steelyard"

DUAN Zhigui[1,2], JING Xiaoyu[3], ZHANG Qiulü[4]

(1. School of Mathematics and Statistics, Yancheng Normal University, Yancheng Jiangsu, 224002; 2. Jiangsu Institute of Interdisciplinary Learning, Nanjing Jiangsu, 210024; 3. School of Mathematics and Statistics, Qinghai Normal University, Xining Qinghai, 810008; 4. National Institute of Education Sciences, Beijing, 100088)

Abstract: To address common problems in interdisciplinary teaching such as fragmented objectives, emotional detachment, and imprecise evaluation, this study applies Marzano's Taxonomy of Educational Objectives to construct a systematic interdisciplinary teaching framework, using the project of "Exploring the Steelyard" as a case. By integrating the self-system, meta-cognitive system, cognitive system, and knowledge system, this framework overcomes the limitations of linear hierarchy and emotional abstraction in traditional taxonomy, thus effectively resolving interdisciplinary teaching dilemmas. Through three-dimensional design focusing on reconstructing learning goals, planning instructional pathways, and implementing strategies, the framework deeply integrates mathematics, physics, and history disciplines with layered implementation to promote knowledge integration and competency development. It proposes a three-dimensional evaluation model based on process, performance and development to dynamically track students' competency progression and literacy development, and improve the relevance, openness, and accuracy of interdisciplinary teaching evaluation.

Key words: Interdisciplinary teaching, Marzano's taxonomy of educational objectives, project-based learning, instructional design

初中英语教科书元话语的分布特征与优化策略
——以人教版《英语七年级上册》为例

宋学东，吁思敏

（上海师范大学 外国语学院，上海 200234）

摘　要：文章聚焦初中英语教科书中的元话语使用情况，采用海兰德元话语分类框架，对人教版《英语七年级上册》进行量化统计与质性分析。研究发现，元话语在教科书各部分分布不均，种类单一，交际性有待加强。基于此，提出增强元话语均衡性、丰富元话语类型、优化信息块衔接及提升编者元话语意识等策略，旨在提高教科书的可读性与互动性，为英语教科书编写提供理论支持与实践指导，促进学生参与和理解，培养其批判性思维与跨文化交际能力。

关键词：初中英语教科书；元话语；海兰德元话语分类框架

一、研究背景

元话语是海兰德（Hyland）引入的一个概念，用来描述作者或说话人引导受众理解语篇内容的手段。他指出，具备元话语意识的语言学习者能够做到三个方面：首先，更准确地把握作者对读者的认知需求，以及作者引导读者处理信息的方式；其次，拥有更多表达个人观点的途径；最后，与读者进行符合相关语境的对话，以协商和调整自身态度。[①]在语言教学过程中，元话语包括引导式元话语和互动式元话语，引导式元话语主要涉及过渡语、框架标记语等，以帮助学生搭建知识框架和理顺学习思路；互动式元话语包括模糊限制语、参与标记语等，可以拉近师生距离、促进生生交流，营造积极互动的课堂氛围。威廉姆斯（Williams）称元话语为"作者的声音"，其核心功能在于帮助作者组织语篇、表达态度与评价，并构建与读者的互动关系。[②]

教科书作为知识传递的重要载体，其语言表达方式直接影响教学效果与学习体验。[③]元话语在教科书中的运用对于提升教学质量和学生的学习参与度具有不可忽视的价值。一方面，引导式元话语能够清晰地搭建知识框架，帮助学生理顺学习思路。例如，过渡语可以顺畅地衔接不同的知识点，使学生在学习过程中不会感到突兀；框架标记语则明确地划分出各个学习板块，让学生对学习内容一目了然。另一方面，互动式元话语能够拉近师生距离，促进生生交流，营造积极互动的课堂氛围。其中，模糊限制语

作者简介：宋学东，上海师范大学外国语学院副院长，副教授，主要从事英语学科教学与英语语音学研究；吁思敏，上海师范大学外国语学院讲师，博士，主要从事英语课程与教学、话语分析研究。

① K. Hyland, *Metadiscourse*，外语教学与研究出版社2008年版，第 xiv 页。

② J. M. Williams, *Style: Ten Lessons in Clarity and Grace*, Boston: Scott Foresman, 1981, p.226.

③ 王攀峰：《教科书内容分析的类型学研究》，《教育科学》2020年第1期，第15-21页。

能缓和语气,使学生在回答问题时更加放松;参与标记语则能够直接唤起学生的参与意识,激发他们的表达欲望,让学生在课堂上更加主动地思考和发言。同时,元话语还有助于培养学生的批判性思维与跨文化交际能力,是实现教学目标的关键语言工具。

本研究以人教版《义务教育教科书 英语七年级上册》(2024 年 7 月第 1 版)为研究对象,旨在总结元话语分布特征,进一步揭示教科书语篇组织逻辑和人际互动功能,为英语教学提供参考。

二、研究方法

研究基于语料库研究的一般方法,对所选语料进行标识、处理。首先,参考国际通用文本编码创始(Text Encoding Initiative,缩称 TEI)标注模式,对基本信息和词类进行标识和分析。之后,基于海兰德元话语分类框架进行人工赋码(赋码集见表 1),由于元话语受情境语境影响较大,其功能辨别具有一定主观性,为此,笔者先对教科书元话语进行标注,之后,随机抽选 3 个单元由一位话语分析领域博士研究生完成标注,经检验两者一致性达到 0.93。最后,对赋码后的语料进行量化统计及质性分析,语料的量化统计主要落实到元话语特征的频率对比和统计上。

本文的质性分析主要借助 AntConc3.5.8,通过对高频元话语语义环境进行检索和归纳,结合语料生成的社会历史背景,最终产生对篇章组织及"编—读"交互规律的相关解释。

表 1 赋码集

元话语类型		实现形式	赋码	例子
引导式元话语	过渡语	表达递进、转折、因果的连词	\<Tra>	\<Tra>and\</add>
	框架标记语	指涉序列、阶段、目标、话题转换的序数词、连词、名词等	\<Fra>	\<Fra>first\</seq>
	内指标记语	指涉篇章其他信息的介词短语、动词等	\<End>	\<End>noted above\</End>
	言据语	指涉来自其他篇章信息的短语	\<Evi>	\<Evi>according to\</Evi>
	语码注解语	阐释命题意义的短语	\<Cod>	\<Cod>this is\</Cod>
互动式元话语	模糊限制语	减弱事实确定性、开放交际的情态助动词、情态动词、副词、名词等	\<Hed>	\<Hed>maybe\</Hed>
	增强语	强调事实确定性、封闭交际的副词、形容词、动词等	\<Boo>	\<Boo>actually\</Boo>
	态度标记语	表达作者命题态度的形容词、副词、动词等	\<Att>	\<Att>interesting\</Att>
	自我标记语	指称自己的代词	\<Sel>	\<Sel>I\</Sel>
	参与标记语	邀请学生介入交际的代词、情态助动词、问句、祈使句等	\<Eng>	\<Eng>you\</Eng>

三、研究发现

基于海兰德的元话语分类框架,对人教版英语教科书《英语七年级上册》的元话语使用状况进行统计分析,结果如下:

1. 英语教科书元话语整体分布特征

研究结果显示,人教版英语教科书元话语分布呈现出明显的不均衡性。具体来看,附录部分引导式元话语与互动式元话语频数差异较大,前者为后者的近六倍,但类型相对多样,包括除"增强语"外的所有元话语类型。在正文部分,引导式元话语出现的次数较多,互动式元话语使用范围较窄,主要包括"参与标记语"这一子类。相比之下，前言部分元话语虽然出现频次不高，但是总体分布较为均衡（见表2）。

表2 人教版教科书《英语七年级上册》元话语分布情况

元话语类型		总频数	前言部分	正文部分	附录部分
引导式元话语	\<Tra\>	30	1	23	6
	\<Fra\>	650	7	559	84
	\<End\>	93	4	55	34
	\<Evi\>	3	0	0	3
	\<Cod\>	51	0	20	31
	合计	827	14	657	158
互动式元话语	\<Hed\>	17	1	1	15
	\<Boo\>	1	0	1	0
	\<Att\>	13	5	0	8
	\<Sel\>	1	0	0	1
	\<Eng\>	332	9	320	3
	合计	364	15	322	27

进一步研究发现，元话语的交际功能主要体现在前言部分，且主要以中文形式呈现。在正文部分，教材更倾向于通过篇章衔接手段构建文本逻辑，而非通过元话语实现编者与学生之间的直接互动。即便在运用"参与标记语"这类体现学生卷入语篇的元话语时，其形式也较为单一且重复频率偏高，未能充分挖掘元话语在激发学生参与和互动方面的潜在效用。在附录部分，编者几乎不再开通交际渠道，而是通过内指标记语、框架标记语、语码注解语解释和衔接知识内容。

2. 前言部分的元话语分布特征

前言部分的元话语分布较为均衡，其中互动式元话语略高于引导式元话语，但是各类元话语的使用相对较少且类型单一。研究发现，互动式元话语中，"参与标记语"使用频次远高于其他种类，且大部分是"信息接收者提及"类元话语，如："亲爱的同学们，欢迎你们开启初中阶段的学习之旅！"值得注意的是，表明编者身份的"自我标记语"在前言部分完全缺失，这表明编者在这一部分刻意弱化了自身的专家身份，转而以"局外人"的角色与学生进行交际。

上述设计策略使得前言部分的交际意图较为强烈，篇章结构向"广告篇章"靠拢，核心聚焦于"新教材"这一产品实体。编者通过元话语隐性传递学习要求（如，"希望你们充分利用英语学习资源，找到行之有效的学习方法"），在一定程度上避免了说教意味，营造了活泼的篇章氛围。然而，这种隐性表达方式也可能带来一定的负面影响。前言作为教科书的关键超结构信息部分，若缺乏对学习要求的清晰阐述，可能会阻碍学生对教材内容的预先把握。

从元话语理论的角度来看，所有篇章都包含作者的个人信息，这些或隐或显的信息均是作者有意识的、选择的结果。①前言部分通过弱化编者身份、强化交际意图的设计，虽然增强了篇章的亲和力，但也可能导致学生对编者意图和学习目标的认知模糊。因此，在设计前言部分时，如何平衡交际意图与信息传递的明确性，是值得进一步探讨的问题。

3. 正文部分的元话语分布特征

通过表2可发现，正文部分的元话语以引导式为主，其中框架标记语的使用频次最高，达559次，远

---

① K. Hyland，*Metadiscourse*，外语教学与研究出版社2008年版，第53页。

超其他类型,内指标记语和过渡语则分别以 55 次和 23 次位列其后。这一分布特征表明,当前英语教科书正文部分更注重篇章的逻辑衔接和结构组织,而对解释性和互动性的关注相对不足。具体而言,内指标记语和过渡语的选用都较为简单,前者多使用"in xxx"这样的结构,而后者主要选用"and"和"then"这类基础连接词;框架标记语则以排序类(如数字标记)和目标告知类为主。

正文中的互动式元话语各子类的分布极不均衡,"参与标记语"达 320 次,其余元话语类型均只出现 0 次或 1 次。另外,参与式标记语的类型也较为单一,主要出现在祈使句中(如"Listen and Repeat")。这种设计虽然在一定程度上能够引导学生完成具体任务,但由于缺乏多样化的互动形式,篇章的交际性和协商性较弱。新版教科书要求通过循序渐进的"任务链"式活动设计构建单元主题内容逻辑和学科知识逻辑。[①] 尽管教材任务设计指向清晰、表述简洁,但对于任务与情境、任务与任务之间的形式关联考虑得不够充分,使得各部分之间的过渡不够自然。

从元话语功能的角度来看,正文部分的设计更倾向于陈述性知识的传递,而非互动性知识的建构。这种倾向可能限制学生在任务完成过程中的深度参与和交际能力的发展。未来的设计可以尝试增加多样化的互动式元话语,如加入模糊限制语和态度标记语,增强篇章的协商性和交际性。

4. 附录部分的元话语分布特征

在附录部分,引导式元话语中的框架标记语(84 次)、内指标记语(34 次)和语码注解语(31 次)使用较为突出,这表明编者十分重视附录部分知识的结构化呈现,能够帮助学生快速查阅并理解文本内容。其中,框架标记语将分离的知识块联结在一起,使得整个附录的组织结构相对清晰;内置标记语则建构起文本内部的信息关联,使行文更有逻辑性;语码注解语为知识的注解和解释提供指引,学生能快速识别重要学习内容。互动式元话语虽不丰富但类型较为全面,包括模糊限制语(15 次)、态度标记语(8 次)、自我标记语(1 次)和参与标记语(3 次)。模糊限制语的高频使用(如"大约""可能")体现了编者开通交际渠道、卷入学生的意图。

附录部分的设计体现出篇章良好的信息衔接性、组织性、客观性,但互动性和交际性尚显不足。这种局限性可能导致学生在接触附录内容时,仅被动接收信息,难以形成深度的认知参与。未来设计可着力引入多样化的互动式元话语,在突出重点知识时构建学生与篇章的对话通道。

5. 教科书整体的元话语特征与教学影响

从教科书整体来看,元话语的不均衡分布和单一使用对学生的深度参与和交际能力发展构成限制。从上文可见,教科书引导式元话语占比 69.4%,而互动式元话语仅占 30.6%,这种"重引导、轻互动"的分布结构,容易将知识传递限制在单向输出中。具体而言,正文中框架标记语高频出现,能够有效保证篇章组织性,但"脚手架的过度搭建"可能使学生形成按部就班的思维惯性。学生只需要跟随编者预设框架进行信息接收,认知参与易停留在"信息解码"而非"意义建构"层面。附录作为知识拓展模块,互动式元话语仅占该部分总量的 17.1%,这使得本应承担深化理解功能的内容沦为资料堆砌,难以激发学生主动探究。编者应该针对前言、正文、附录的不同语用功能,平衡各类元话语的使用。

除元话语各类别分布不均外,教科书使用的各元话语词类也十分单一,正文中,过渡语多为"and""then"等基础连接词。诚然,对于英语初学者而言,过于复杂的表达并非合适之选,而简洁并不意味着机械重复。正如因特拉普拉瓦特(Intaraprawat)和斯特芬森(Steffensen)所指出的:"优秀的英文习作不仅是元话语使用频次更高,更重要的是类型丰富多样。"[②] 鉴于此,建议编写教材时适度拓展元话语种类,如引入"however""therefore""meanwhile"等多样连接词,以使表达更为丰富,降低重复感。而附录中框架标记语类型单一,只有数字标记,因此,编者可以适度增加不同类型框架标记,如符号、序数词等,并加入其他引导式元话语,加强篇章的可读性。

① 人民教育出版社课程教材研究所:《义务教育教科书 教师教学用书》,人民教育出版社 2024 年版,第 2 页。

② P. Intaraprawat, M. S. Steffensen, "The Use of Metadiscourse in Good and Poor ESL Essays", *Journal of Second Language Writing*, Vol 4, No. 3(1995), pp. 253-272.

四、元话语优化策略及实施路径

当前人教版《英语七年级上册》教科书在元话语的分布和使用上存在不均衡、种类单一等问题，这不仅影响教科书的篇章统一性和完整性，也不利于学生的语言学习和文化理解。因此，深入研究并优化人教版英语教科书中的元话语运用，对于提升教科书质量、提高英语教学效果具有重要意义。

1. 提升元话语的均衡性与多样性

元话语作为篇章的修辞行为，对建立篇章内部以及篇章与作者、篇章与读者、读者与作者之间的联系起关键作用。然而，当前人教版英语教科书在元话语的分布和使用上存在不均衡、种类单一的问题，亟须优化。具体而言，正文部分引导式元话语明显占据主导地位，在引导式元话语中，框架标记语、内指标记语占该类元话语总使用频数的大部分，这表明教科书编者更倾向于突出知识内容的系统性和连贯性。互动式元话语中，参与式标记使用频数达99%，但其卷入学生的方式较为重复，主要使用祈使句，以任务的形式"强制"学生进入交际情境。前言部分元话语相对较少，但分布均衡，体现出较强的交际导向。附录部分，框架标记语、内指标记语和语码注解语数量较多，能够快速引导学生理解知识，但"编—读"互动方面略显不足。

为提升元话语的均衡性与多样性，正文部分应该适度拓宽各类元话语类型，如在过渡语中加入其他词类，框架标记语中引入多样的视觉化符号，参与式标记语中加入更多的引导性、互动性问题等。前言部分可以适当增加引导式元话语的使用，如利用过渡语更自然地引出教材内容、章节安排等，增加框架标记语以更清晰地呈现前言中对整体知识框架的介绍。附录部分除了适当增加过渡语等引导式元话语，更要丰富互动式元话语的使用，例如，加入一些自我提及语或参与式标记语邀请学生进入语篇，或使用增强语和模糊限制语设定交际沟通的开放程度等。

另外，我国《义务教育英语课程标准（2022年版）》强调，教科书编写要有利于引导学生形成正确的人生观和世界观，培养文明互鉴共赏能力，践行爱国主义教育、中华传统美德教育等。目前，人教版教科书为突出语言交际功能，弱化语法学习，将语言知识注解集中于附录，正文多为交际任务，思想引导不足。鉴于英语教科书对学生的重要性，编者应将任务设计与思想引导有机结合，平衡语言教学的工具性和人文性，避免将语言技能与人文教育的平衡完全依赖教师和学生自行调整。[①]

最后，各教科书出版单位及相关职能部门可定期组织编者培训工作坊，邀请元话语研究领域的专家学者开展讲座和指导，帮助编者深入理解元话语的理论内涵和实践应用。通过案例分析的方式，编者可以学习优秀教科书中元话语的使用技巧，以及如何根据不同的教学目标和学生需求合理选择元话语类型。同时，鼓励编者之间开展经验交流和合作编写活动，分享在元话语使用方面的经验和心得，不断提升其专业素养和编写能力。

2. 优化信息块之间的互文联系

首先，人教版英语教科书的一大特色是将语法讲解置于正文之后，这种编排有助于改变传统"以语法为中心"的模式，使语法教学与实际任务更好地融合。然而，附录中的语法总结只是全面罗列语法点，并按顺序单独提取课文中的例句进行解释，这种做法忽略了语言学习所需的情境。教师在教学中需进行必要补充，否则初学英语的学生需额外花费时间和精力来重建不同信息板块之间的联系。从元话语角度来看，当文本内部产生互文效应时，其语用功能会相应拓展，教科书编者应适度在前言、正文、附录中加入内指标记语等引导式元话语，增强模块之间的衔接。此外，如前文所言，教科书各部分元话语分布情况均不相同，这就导致"编—读"交际十分跳跃，如前言部分，元话语较为均衡，互动性强，而正文部分"祈使"意味浓厚，学生只能被动完成交际，附录部分语篇陈述性强，互动不足。

---

① I. K. Ghosn, *Talking like Texts and Talking about Texts：How Some Primary School Coursebook Tasks are Realized in the Classroom*, In B. Tomlinson（ed.）, *Developing Materials for Language Teaching*, New York：Bloomsbury Academic, 2003, p.291.

其次,人教版英语教科书在每课前先列出课文要点,并在正文前以图表形式总结教科书内容,内容涵盖单元标题、单元大问题、单元内容(听说、读写、语音知识、语法知识、重要句型)。在附录中,编者再次整理重点句型、词汇和复习内容。这体现编者对组织语的重视,语言简洁明了,便于学生快速获取信息。然而,深入分析发现,有些组织语与课文要点契合度不高。例如,Starter Unit 中的第一单元"You and Me"一课在组织语中表明语音部分的学习内容为"26 个字母",但是在正文中,编者只给出了 26 个字母中元音的发音,并未完整给出辅音的发音。此外,组织语本身之间的顺序关系还有待商讨之处,仍以每一课列选的"语音知识"为例,编者按照"元音字母发音""单元音发音""双元音发音""辅音发音"这样的顺序对"音素"相关知识进行排序,符合语音知识的一般习得顺序,但是,其对"朗读基本知识"的排列混入了非语音技巧的"缩略词",且知识结构缺乏从"词"到"句"的逻辑递进,同时遗漏了"停顿""节奏"等关键要素。建议编者运用成熟的组织语策略,增强组织语与前言、正文、附录内容的契合度。

再次,在对人教版教科书的统计分析中发现,编者在课内大量使用框架标记语组织松散命题,并借助告知目标类元话语传递超结构信息,同时运用内指标记语建立语言与视觉信息的关联性,增强信息指向性。然而,教科书课间衔接存在明显不足,当前主要依赖排序标记语实现顺序指示。从内容关联性来看,人教版教材的单元主题均紧密围绕日常生活场景展开,且语音知识与语法知识体系也具备内在连贯性,编者可扩大内指标记语范围以增加课间信息组块的联系,或用自我标记语、阶段标记语、话题转换标记语等方法增强信息过渡的流畅性。

最后,为了优化信息块之间的互文联系,建议在教科书编写过程中,将元话语的使用纳入编写规范和审查标准中。编写团队可以在初期规划阶段,明确各部分元话语的使用目标和类型,制订详细的元话语使用计划。在编写过程中,严格按照计划进行操作,并定期进行内部审查和评估,及时发现问题并调整。

3. 提高编者元话语意识

篇章连接着人与世界,其动态关系理论指出,篇章、人、世界构成三元关系。[①] 其中,人是篇章的创作者和接受者,在交际中扮演不同社会角色;世界涵盖物质、思想和语言领域。篇章能够塑造新的"人"与"世界",而元话语是这一动态互动的核心。作为一种修辞手段,元话语可以帮助作者构建文本,促进作者与读者的交流,反映作者对读者和世界的认知。首先,作者通过元话语来组织和构建文本,使其得以形成。其次,文本中的元话语促进了作者与读者之间的沟通与互动。最后,元话语还反映作者对物质世界和读者的认知与理解,体现作者对现实与主观世界的适应过程。

如前文所言,整体上,教科书存在元话语分布不均衡、种类单一且重复;各模块之间联结松散,语言知识、学习任务之间没有话语链接等问题,这表明当前教科书编者缺少相应的元话语意识。为了提高编者的元话语意识,首先,编者应深入学习和理解元话语相关理论,明确元话语在教材编写中的重要性和作用机制。其次,编者应通过前测问卷与课程标准分析,理解学生的语言难点、文化要点和认知偏好,并为这些内容搭建元话语,形成知识链接。最后,建立教学实践反馈机制,定期收集教师和学生对教材中元话语使用的反馈意见。根据反馈信息,对教材进行针对性修订和完善,形成持续改进的闭环。

4. 增强文化内容多样性与明确交际主体角色

艾伦(Allen)和瓦莱塔(Valette)将文化分为广义的"大 C"文化和狭义的"小 c"文化。"大 C"文化涵盖文学、音乐、科技、建筑、哲学等领域,"小 c"文化则涉及日常生活中的风俗习惯和礼仪禁忌。[②] 研究发现,人教版英语教科书更注重"小 c"文化,对"大 C"文化涉及较少。尽管这与《义务教育英语课程标准(2022 年版)》对学生文化意识的要求相符,但考虑到初学者的认知水平,教材可适当融入更多"大 C"文化元素。例如,在第二单元"Welcome"中,教材可借动植物相关词汇教学之机,适度引入各国地理人文知

---

① 钱敏汝:《篇章语用学概论》,外语教学与研究出版社 2001 年版,第 320 页。

② E. D. Allen, R. M. Valette, *Classroom Techniques: Foreign Languages and English as a Second Language*, New York: Harcourt Brace Jovanovich Inc, 1977, p. 325.

识的拓展；第三单元"My School"中加入不同国家学校建筑特色的介绍；第七单元"Happy Birthday"中介绍不同国家"生日"的历史文化根源和象征意义等。

话语角色指交流中参与者所扮演的临时角色。从前言可以看出，编者指出该教科书为学生设计了众多交际任务，以激发学生在英语课堂上的积极参与。教科书整体采用任务驱动模式，例如，在第六单元"A Day in the Life"一课中，安排了单独的项目学习活动："Interview people about their daily routines"，并规定了具体的任务步骤。

Choose a profession that you want to know more about.

Ask a person who works in that profession questions to find out his or her workday rountine.

Complete the table below.

Give a report in class.

从上述句型来看，编者通常运用祈使句来布置任务。这类话语在教科书中较为普遍，能降低质疑，集中任务注意力。① 但需注意，祈使句具有明显的指令性和权威感。若过度依赖，教科书可能沦为单纯的操作指南，只告诉学生该做什么，而非该学什么。若编者期望建立平等互动的编者—学生关系，应适当减少指令性话语。在元话语层面，命题表达的改变可能不影响使用频率，但会改变其语义范围。因此，编者需精准把握学生定位，运用合适的元话语策略。

为了增强文化内容多样性，建议在教科书中合理融合"大 C"文化与"小 c"文化，通过设计与单元主题相关的"大 C"文化拓展板块，如在自然单元介绍地理人文知识、在家庭单元讲述传统家庭价值观等，拓宽学生文化视野。同时，建议平衡插图中的母语文化与目标语文化形象，如在介绍传统节日时，同步呈现中外节日特色。为了明确交际主体角色，编者可在任务设计中灵活运用祈使句与陈述句，适当采用"我们"等更具合作性的表达，替代单一的祈使句，以构建平等互动的编者—学生关系。此外，鼓励学生参与角色扮演、小组讨论等活动，通过元话语引导学生明确自身在交际中的角色，如在任务前用"现在，你们是文化传播者，将向外国朋友介绍中国的农场"等语句赋予角色身份，增强其交际主体意识。

The Distribution Characteristics and Optimization Strategies of Metadiscourse in Junior High School English Textbooks
— Taking the New English Textbook for Grade 7 of PEP Edition as an Example

SONG Xuedong, YU Simin

（Foreign Languages College, Shanghai Normal University, Shanghai ,200234）

Abstract： This study focuses on the application of metadiscourse in English textbooks within the domain of basic education in China. By utilizing Hyland's metadiscourse classification framework, we carry out a combination of quantitative and qualitative analysis on the English textbooks from People's Education Edition. The findings reveal an uneven distribution of metadiscourse across different sections of these textbooks, with single types and insufficient interactivity. Consequently, we suggest a series of strategies, including bolstering the equilibrium of metadiscourse usage, broadening its types, refining the connection between information segments, and improving editors' metadiscourse awareness. These strategies aim to boost the textbook's readability and interactivity, offer theoretical and practical guidance for the compilation of English textbooks, encourage learner participation and comprehension, and nurture their critical thinking and cross-cultural communication abilities.

Key words： junior high school English textbooks, metadiscourse, Hyland's metadiscourse classification framework

---

① 陈新仁：《礼貌理论与英语学习》，外语教学与研究出版社 2013 年版，第 83 页。

教学机智的生成逻辑：特质、模型与路径
——基于舍恩"反映的实践者"理论视角

彭　娟[1,2]，郭元祥[1]

（1. 华中师范大学 教育学院，湖北 武汉 430079；2. 汉江师范学院 教育学院，湖北 十堰 442000）

摘　要：教学机智是教师应对复杂情境的创造性实践能力，具有人工智能不可替代的即兴性与伦理指向。当前关于其生成机制的探索研究仍显模糊，实际操作亦有困难。基于舍恩"反映的实践者"理论，构建三层次六步骤模型：输入层（情境触发与识别）、处理层（问题诊断与策略生成）、输出层（行动实施与反馈循环），旨在使教学机智的生成机制变得清晰且可操作。依据模型而提出了情境感知强化、经验迁移训练等路径，为教师教学机智的显性化与迭代发展提供实践框架。

关键词：教学机智；行动中反映；复杂问题情境；生成逻辑

一、引言

教学机智作为教师专业发展的重要组成部分，是教师应对复杂问题情境、实现教学目标的重要手段，可以帮助教师更好地理解自身在教学实践中的行为模式，提升教学能力和专业素养。此外，随着人工智能技术迅速发展，知识讲授式课堂语境中的教师面临被"替代"的危机。教学机智作为人工智能无法替代的教师专业特质，其研究对于回应这一危机、减轻教师职业替代焦虑、增强教师职业信心具有重要意义。

本研究基于唐纳德·A. 舍恩的"反映的实践者"理论框架，解构教学机智的生成机制，通过理论建模实现其隐性过程的显性化，赋能教师专业实践智慧发展。舍恩的理论核心在于"行动中反映"，即实践者通过动态知识转化机制，将隐性知识升华为显性智慧。该理论包含两个关键过程：一是"在行动中反映"，实践者在行动中实时监控情境变化，捕捉异常信号（如目标偏离或策略失效），并即时调整策略；二是"对行动的反映"，实践者对实践行为进行客观描述与结构化表征，通过符号化记录为后续行动提供认知锚点，聚焦于实践逻辑梳理而非价值判断，实现问题框架重构。二者构成连续统的两极，共同支撑专业实践者的认知发展循环。教学机智本质上是教师对复杂教学情境的即时反馈与创造性地解决问题的过程。研究基于舍恩理论，以"情境—反映—行动"框架为基础，尝试破解教学机智的"黑匣子"，并提出

基金项目：教育部课程教材研究所委托重大项目"数字化时代的课程教学变革研究"（项目编号：JCSZD2024KCZX006）

作者简介：彭娟，华中师范大学教育学院博士研究生，汉江师范学院教育学院副教授，主要从事学校课程与教学研究；郭元祥，华中师范大学教育学院教授，博士生导师，主要从事课程与教学论研究。

可操作的训练机制,对新手教师专业发展具有重要意义。

二、复杂问题情境中教学机智的本质内涵和显著特征

教学机智作为教师实践智慧的重要表现,强调行动中反映的即时性与创造性,是教育者在复杂情境中通过思行合一的动态过程实现专业判断与行动创新的能力。其本质植根于对学生的深切关怀与教育责任,强调在即时行动中确保教育行为的适宜性与正当性。这一过程不仅要求教师突破传统思行二分法的局限,更需通过持续的实验性行动,在严谨性与适切性的平衡中实现教育智慧的生成与迭代。

1. 教学机智是实践者的"反映"智慧:思行合一的过程

教学机智是实践者在行动中的"反映"智慧,深刻体现思行合一的精髓。行动并非仅建立在理性原则之上,而是植根于相互关联的行动之中。① 在此过程中,思考与行动紧密交织、相辅相成。教师在复杂教学情境中需要瞬间做出判断,这种判断既是情境洞察,也是行动指南。当教师面临教学困境或对自身表现不满时,会触发"行动中反映"机制,此时思考与行动高度整合,思维活动通过行动中的即时感知得以实现和发展。然而,对"行动中反映"可能导致思维停滞的担忧,源于传统的思行二元对立观。② 实际上,思考与行动具有互补性,共同构成教师专业实践的完整图景。"行动中反映"并不必然导致实践停滞,其潜在阻滞效应可能源于不合理的个案分析、过度回溯思考或对新情境的简单化类比。③ 这些因素可能削弱教师对当下情境的敏锐感知,忽略对行动进行反映的机会。因此,教师应超越传统思行二分法,将教学机智理解为认知与行为有机统一的"行动中反映"过程。

2. 教学机智作为一种实验性行动——严谨而适切

在科技理性的主导下,"行动中反映"常不被视为专业认识的合法形式,包括实践工作者自身也常持此看法。④ 然而,"行动中反映"的研究过程实际上能兼具严谨性与适切性。一方面,它强调实践中的灵活性和艺术性,但仍基于科学方法和理论,遵循科学研究的基本原则,如假设检验、数据收集与分析,确保研究的严谨性。全面的反映性探究要求从多维度考察问题,通过不断试错和反思,制订严谨有效的解决方案。另一方面,"行动中反映"深入实践,了解实践者需求,增强研究的适切性。面对实践中的不确定性和独特性,反映的实践者能灵活调整研究方案,结合实践智慧与科学创造力,提炼有价值的知识,增强研究的实用性和可操作性。教师在实际教学中展现教学机智时,成为实践情境的研究者。他们不拘泥于现有理论与技术,通过与复杂问题情境对话,激发新思路以解析问题。教学机智融合了行动探测实验、假设检验和探索式实验的特点。它体现为一种为了产生积极意义变化的行动,教师根据教学效果调整教学计划或内容,验证假设的有效性。教学机智融合多种实验形式,不断优化教学方法,实现科学探究的严谨性与适应性,提高教学成效。

3. 复杂问题情境性——认知弹性特质

复杂问题情境性作为教学机智生成的核心场域,其内在的认知弹性特质为教师应对动态挑战提供了关键支撑。认知弹性理论指出,结构不良情境中的知识获取具有非线性与多维性特征,要求教师突破既定框架,通过跨情境类比与迁移实现高阶思维重构。⑤ 在此过程中,教师需将学科知识转化为动态的"问题解决工具箱"——既能灵活调用已有经验识别情境模式(如学生认知偏差的常见表征),又能创造性整合新要素(如突发课堂事件的潜在教育价值)。这种双重认知能力的发展,使得教师能够在信息模糊的情境中建立认知弹性网络:既依托专业知识的"锚点"维持决策稳定性,又通过实时信息加工形成适

① 郭祥超:《教育实践的受动性与教师的"不做"》,《教育研究》2012 年第 11 期,第 98-101 页。

② 唐纳德·A. 舍恩:《反映的实践者》,夏林清译,北京师范大学出版社 2018 年版,第 223 页。

③ 唐纳德·A. 舍恩:《反映的实践者》,夏林清译,北京师范大学出版社 2018 年版,第 224 页。

④ 唐纳德·A. 舍恩:《反映的实践者》,夏林清译,北京师范大学出版社 2018 年版,第 57 页。

⑤ 莱斯利·P·斯特弗,杰里·盖尔:《教育中的建构主义》,高文等译,华东师范大学出版社 2002 年版,第 94-95 页。

应性解决方案。认知弹性并非静态素养,而是通过持续接触复杂案例得以强化的动态能力,其本质是教师在不确定性中实现专业判断与教育智慧的双向增长。这种情境特质要求教师作为"身体主体",凭借其专业技能与深厚知识,与具体情境进行深度协调,以达成身体的默契与直觉的本性——教学机智。

三、"情境—反映—行动"教学机智生成的模型建构

从反映的实践者视角来看,教学机智并非神秘的"直觉"或"创造",而是教师在教学活动中与复杂问题情境不断对话的行动中反映过程。根据反映的实践者理论及信息加工理论相关要素,教学机智的生成遵循"情境—反映—行动"的逻辑,其中反映与行动是同时交互作用的过程,具体化为三层次六步骤模型。理论模型和系统流程参见图 1。

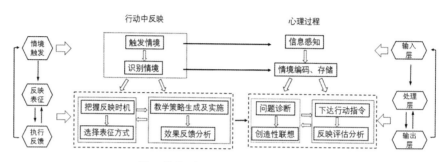

图 1 教学机智三层次六步骤生成模型

1. 输入层:信息感知与情境编码

输入层以情境感知为起点,如同大脑接收外界信息的输入过程,完成触发情境及识别情境两个步骤。

步骤 1. 触发情境:动态捕捉与感知多模态信息

基于大脑的感觉神经系统,教师通过视觉、听觉、触觉等多种感官通道全面收集情境中的各类信息。同时,大脑的注意力机制筛选出与教学目标和当前教学流程相关的关键信息,抑制无关信息的干扰。因为人类擅长把不熟悉的情境迁移至熟悉的情境,并且在前者中运用在后者中使用过的方法,将过去的经验运用到特殊的案例中。舍恩称其为"相似地看待着"即新问题被视为和已解决的旧问题类似的能力,允许专业工作者反映的实践者在面对不吻合已知规则的新问题时,有可以依循的感觉。[①]

步骤 2. 识别情境:模式匹配与经验迁移

被筛选后的关键信息在大脑的海马体等区域进行编码整合,与教师已有的知识经验和教学记忆相联系。这些编码后的情境信息被存储在短期记忆缓冲区内,等待进一步分析与处理,同时部分重要信息可能会在大脑的长期记忆系统中进行巩固存储,以备后续教学中再次遇到类似情境时能够快速提取和利用,此环节遵循"编码—储存—匹配—迁移"的工作逻辑。这些过程被称为"由范例中思考",一个新的问题被视为和一个已解决的问题类似时,教师可以通过有意识地比较两种情境或通过借鉴过去的情境来描述当前情境,从而进行反映。基于这个"由范例中思考"的新旧情境关联过程,情境识别环节重点关注情境的异同,尤其是情境之间的差异,此结果导致教师无法完全复制以往经验,此时便需要以"相似或相异性迁移"达成教学机智"新思想"的策源。

2. 处理层:问题诊断与创造性联想

反映表征作为核心处理机制,类比大脑对信息的加工整合与决策制定,解决教学机智中反映时机的

① 唐纳德·A. 舍恩:《反映的实践者》,夏林清译,北京师范大学出版社 2018 年版,第 117 页。

把握及描述表征方式的选择，进而通过行动中反映的过程完成迁移及新思想生发。

步骤 3. 诊断问题：把握时机与弹性分析

大脑的前额叶皮层开始对存储在短期记忆中的情境信息进行深度分析，依据教师已构建的教学知识体系和教育教学原则，判断当前情境中存在的问题类型、严重程度以及对教学目标达成的潜在影响。在此过程中，类似于大脑的顶叶皮层参与空间认知和逻辑思维运算，通过对情境信息的分解、比较和组合，准确找出问题的根源所在，为后续的反思调整提供精准的依据。对应行动中反映的把握反映时机环节，通过弹性分析完成问题诊断任务。

步骤 4. 生成策略：创新联想与表征选择

教师在大脑中迅速回顾以往类似情境下的教学策略及其效果，这一过程涉及大脑的记忆检索系统，尤其是与教学经验相关的长期记忆区域的激活。通过对比分析，找出以往策略的优点和不足之处，结合当前情境的独特性，进行反映性思考。基于反思结果，大脑的前额叶皮层再次发挥其决策功能，对现有的教学计划和策略进行调整优化。这可能涉及调整教学内容的呈现顺序、改变教学方法、重新分配教学时间等多个方面。教师需要快速根据情境，通过对比生成创造性问题解决的"新思想"，并选择有效的描述表征方式。

3. 输出层：行动指令下达与评估分析反映

教学策略实施与反馈改进则是最终输出与动态优化环节，类似大脑指挥身体行动并根据反馈持续调整行为表现，此环节与反映性实践同步进行，集中体现教学机智思行合一的特点。

步骤 5. 执行策略，精准调控与具身互动

在教学策略实施过程中，大脑的基底神经节等区域参与运动控制和动作协调，确保教学行为的流畅性和准确性。同时，大脑的额叶眼动区等区域持续监控教学行为的执行情况，与预先设定的教学策略进行比对，及时发现并纠正偏差。对应于行动中反映的教学策略生成及实施环节。

步骤 6. 循环反馈，接收反映与效能评估

教师通过感官再次接收学生的反馈信息，包括学生的课堂反应（如回答问题的正确性、参与讨论的积极性等）、学习成果的初步表现（如作业完成情况、阶段性测验成绩等）以及课堂氛围的变化等。这些反馈信息同样经过感觉皮层的初步处理后进入大脑的认知加工系统。大脑的前扣带回皮层等区域参与对反馈信息与预期教学效果之间差异的评估分析，判断教学策略的实施是否达到了预期目标、哪些方面还需要进一步改进。这种差异分析过程为后续的教学策略调整提供了重要依据，促使教师不断优化教学过程，提升教学机智水平，对应于行动中反映的效果反馈分析环节。

四、复杂问题情境中教师教学机智生成的实践路径

1. 情境感知强化：实施动态观察，精准识别课堂情境

在专业化发展过程中，教师若局限于重复性实践，易陷入认知惯性，导致情境敏感度降低，从而限制教学机智的生成。因此，教师需通过系统化的情境感知训练，提升多感官信息捕捉与筛选能力，增强课堂动态的识别与应对水平，从而顺利进入输入层的"情境触发"步骤。首先，教师应积极激发自身的内在动力，培养对变革的兴趣。在课堂上，教师要主动关注那些生成性的信息，善于应对各种"意料之外"的教学事件。同时，教师可以在实践中适时展现一些随机的"自我叛逆"行为。这种"叛逆"是对已有认识的不满与挑战。它能够促使教师深刻反思并批判既有的经验，重燃对情境变化的关注，从而展现出非凡的创造力[1]，为教学机智的生发开辟道路。其次，可以采用"聚焦观察法"，在课堂观察中有针对性地关注特定维度，如学生的非语言行为、教师提问策略或小组互动模式等。通过长期积累，教师能够形成系统

---

① 王奕，刘万海：《走向整合：当代教师文化重建的现实方向》，《现代中小学教育》2013 年第 1 期，第61-64 页。

的课堂感知经验,提升对情境信息的筛选与解读能力。再次,借助虚拟现实(VR)、视频案例分析及课堂再现等技术手段,教师可在模拟情境中练习快速捕捉关键信息并做出决策。VR 技术可模拟多样化的课堂动态,帮助教师在有限时间内训练应对能力,从而提高实战中的情境感知水平。

2. 经验迁移训练:匹配案例资源,迁移解决教学问题

教学机智作为"行动中反映"的动态过程,本质上是教师通过解构结构不良问题的情境特征,建立跨情境认知关联,并生成适应性解决方案的实践智慧。输入层的情境识别,首先需要检索出相似情境,进而对比情境,以"相似或相异性迁移"达成教学机智"新思想"的策源。智能化案例库可提供丰富而复杂的多元信息,为经验迁移提供强力支撑。

在数字技术赋能下,教师既是案例资源的消费者,也是创造者[1],通过"行动中反映"不断丰富案例库内容,使其成为未来教学情境的参考范例。为适应教学对象与情境的动态变化,教师可协同教育管理部门、高校及科技企业,依托大数据、人工智能等新兴技术,构建智能化、个性化的资源支持体系。[2] 在实践过程中,教师可围绕课堂秩序失控等典型案例,深入剖析学生心理特征、教师应对策略及其教育影响,并通过反思优化自身教学行为。这种基于案例学习的经验迁移训练模式,通过构建低风险脉络,教师能够在安全支持性环境中引导学生尝试新策略,将教学挑战转化为教育契机,推动教学机智的迭代升级。

3. 情境模拟演练:把握反馈时机,生成即时应对策略

面对结构不良问题引发的复杂问题情境,教师的教学机智往往体现在即时调整与应对能力上。因此,通过情境模拟演练,让教师在限定时间内进行决策,是提升其即时反应能力的重要策略。可以组织即兴教学挑战或教学竞赛,即让教师在未知情境下进行临场教学,设计一些课堂突发情况,如"突然有学生提出超出教学内容的问题"或"学生注意力分散",让教师在没有提前准备的情况下进行快速应对。这能够训练教师的临场反应能力,使其更能在真实课堂中做出精准判断。

同时,鉴于教育的伦理性及结果的不可逆性,有些教学机智无法在现实情境中演练,虚拟现实技术通过具身认知提升教师的情境适应性和创造性问题解决能力。这一技术可以打造超越物理界限的"沉浸式操作平台",教师能在确保伦理安全的前提下,实践具身体验式学习。例如,依托校企合作建设的虚拟仿真实验室,教师可以主动参与或设计复杂教学情境的模拟训练,锻炼情境感知、决策应变和策略创新能力。另外,教师还可借助科研项目成果和国家人工智能试点项目,构建聚焦创造性与个性化发展的教学机智智能培训系统,进行过程化监测,形成精准画像,为提升教学机智提供策略。

4. 知识表征活化:优化认知呈现,激活临场应变能力

教学机智作为一种实践性知识,其本质在于对教学情境的即时性理解与创造性回应。这种理解并非源于理性知识的简单应用,而是依赖于教师的创造性解释和想象力的随时参与,以对偶在性教学情境的不断变化做出回应。[3] 因此,有效的知识表征方式成为促进教学机智发展的重要认知基础,它能够支持教师在复杂多变的教学情境中实现快速而准确的专业判断。

教师的知识表征能力即词汇运用及表达能力对教学机智的生成具有显著影响。教师通过撰写后行动反思和教学日志,详细记录复杂情境中的教学经历及思考过程,不仅能够提升词汇运用及表达能力,还能增强意象描述表征的能力。通过定期回顾日志,总结成功经验与失败教训,教师能够增进对教学机智的自我认知与培养意识。借助人工智能技术赋能的后行动反思,一方面,能为教师提供科学、全面的数据对比和实证支持,使反思超越经验层面,达到更深层次的认知;另一方面,通过智能备课、授课系统等工具,可以规范并深化教师的后行动反思过程,提升其语言表征思维水平。同时,结合人机协同和学习分析所获取的课堂教学数据,对复杂问题情境中的教学机智行动进行科学、精准的分析、反思和

① 胡钦太,刘丽清,等:《工业革命 4.0 背景下的智慧教育新格局》,《中国电化教育》2019 年第 3 期,第 1-8 页。

② 曾海,李娇儿,邱崇光:《智慧师训——基于新一代信息技术的教师专业发展新生态》,《中国电化教育》2019 年第 12 期,第 116-122 页。

③ 蒋开君,施小龙:《教师教育理论中的身体知识与实践认识论》,《教育理论与实践》2015 年第 7 期,第 34-37 页。

判断。[①]

5. 反馈循环落地：建立反思闭环，迭代优化机智策略

教师的教学机智不仅依靠即时反应，还需要通过系统反思和调整不断优化。因此，建立持续的反馈循环机制，使教师能够在教学实践中不断完善自身的教学决策，是促进教学机智发展的关键。教师可通过跨越时空的成长共同体构建多元化路径提升教学机智能力。在实践层面，教师依托专业成长共同体，通过定期开展教学研讨、案例分享和课堂观摩等形式的反映回观，促进教学机智经验的交流与策略生成。通过同行的观察和反馈，教师可以获得不同的视角来优化自己的教学机智实施策略。在技术支持层面，教师可借助多层级教研平台（国家、省、市、校、教研室）实现教育信息互联互通，并利用智能教育创新平台和教育智库拓展教研的深度与广度。在个性化发展层面，一方面，各级教育管理部门构建的线上智能学习平台、网络研修社区和名师工作坊等多元化线上空间，促进教师专业共同体的协同发展，为教师的教学机智个性化成长提供系统化智力支持。[②]另一方面，基于教师专业成长的多维度数据（包括反应、学习、行为及结果等层面）[③]，聚焦课堂教学实践，通过智能诊断、资源推荐和绩效评估等支持系统[④]，教师可获得教学机智发展的精准化建议，从而实现专业能力持续提升。

The Generative Logic of Teaching Tact: Traits, Models, and Pathways
— From the Perspective of Schön's "Reflective Practitioner" Theory

PENG Juan[1,2], GUO Yuanxiang[1]

（1. School of Education, Central China Normal University, Wuhan Hubei, 430079;

2. School of Education, Hanjiang Normal University, Shiyan Hubei, 442000）

Abstract: Teaching tact is teachers' creative practical ability to respond to complex situations with spontaneity and ethical awareness—the capabilities that artificial intelligence cannot replace. However, current research on its generative mechanisms remains ambiguous and difficult to implement. Based on Schön's "reflective practitioner" theory, this study constructs a three-tier, six-step model: the input layer (situation triggering and recognition), processing layer (problem diagnosis and strategy generation), and output layer (action implementation and feedback loop). This framework aims to clarify and operationalize the generative logic of teaching tact. Building on the model, practical pathways such as enhancing situational awareness and conducting experience transfer training are proposed, offering an actionable framework for explicating teaching tact and facilitating its iterative development.

Key words: teaching tact, reflection-in-action, complex problem situations, generative logic

---

① 林攀登：《从经验回顾到数据驱动：人工智能赋能教师教学反思新样态》，《当代教育科学》2021 年第 10 期，第 3–10 页。

② 曾海，李娇儿，邱崇光：《智慧师训——基于新一代信息技术的教师专业发展新生态》，《中国电化教育》2019 年第 12 期，第 116–122 页。

③ 余佳霖，马红亮：《虚拟现实技术在实验室安全教育中的应用效果研究——基于柯氏评估模型的实证分析》，《信阳师范学院学报（哲学社会科学版）》2021 年第 5 期，第 68–73 页，第 82 页。

④ 金云波，张育桂，杨艳，刘洪超：《强人工智能时代"智能+教师"的价值意蕴、现实挑战与突破路径》，《现代教育技术》2024 年第 3 期，第 63–70 页。

《现代基础教育研究》
第59卷，2025年7月 （Research on Modern Basic Education） Vol.59, Jul. 2025

事件哲学视域下大单元教学的路径探寻

马桂芝 [1]，张雨强 [2]

（1. 曲阜师范大学 教育学院，山东 曲阜 273165；2. 曲阜师范大学 基础教育课程研究中心，山东 曲阜 273165）

摘　要： 基于事件哲学开展大单元教学在理论上具有可行性：事件维度，大单元教学具有双重的事件属性；真理维度，大单元教学以大概念为"一"统摄"多"；主体维度，大单元教学以学生主体的成长为根本遵循。事件哲学有助于破解大单元教学的现实困境，推动大单元教学育人价值的实现。大单元教学可以围绕事件来践行与实现：因事质疑，基于事件位创设情境问题；经事寻理，设置学习任务整合独特项；思事明理，深度反思中生成赘余项；以理行事，迁移应用中升华大概念。

关键词： 事件；真理；主体；大单元教学；大概念

一、事件哲学对大单元教学的理论适切性

事件哲学是一种由事件触发的哲学思想。法国哲学家巴迪欧认为，真正的哲学不是始于结构的事实，而是始于发生的事件，事件之后的世界不是分崩离析，而是以"事件"为起点产生出的新世界。[1] 事件哲学以数学本体论为基础，追求经由事件借助主体达成由"多"到"一"的真理生成方式，事件、真理和主体是理解巴迪欧事件哲学的切入点。大单元教学是一种以大概念为中心统摄单元学习内容，通过设置真实的情境任务来促进学生整合、理解和运用知识，进而提升学生解决现实问题能力的课程组织形式。从理论上看，基于事件哲学开展大单元教学是可行的。

1. 事件维度：大单元教学具有双重的事件属性

事件是巴迪欧事件哲学的核心，"世界是由无限多的存在构成的，'事件'的出现使这些存在总被不断出现的新东西打破成为可能"[2]，事件在打破与重构中推动着真正哲学的诞生。事件是在一定时间和空间范围内发生的具有某种时效性和影响力的突变，它与事实、事情有本然的区别：相较于事实的确定性和静态性，事件是偶然的发生状态；事情多是停留在感官层面的感受，而事件更容易走进人的思维和心灵。巴迪欧认为，事件存在于人们已有的认知体系之外，它以一种突现的不可预料的方式出场，是一种纯粹性的断裂。

大单元教学具有双重的事件属性。一方面，大单元教学以事件的形式存在，事件是大单元教学的存在本体。"教学就是由教学要素构成的事件集合体"[3]，大单元作为教学的一种形式，是"一个学习事

基金项目： 国家社会科学基金项目"跨学科知识元迁移组合与学术创新机会发现研究"（项目编号：22BTQ061）。

作者简介： 马桂芝，曲阜师范大学教育学院博士研究生，主要从事学校课程与教学研究；张雨强，曲阜师范大学基础教育课程研究中心教授，博士生导师，主要从事教学评价研究。

① 崔晨：《作为哲学事件的巴迪欧"事件哲学"》，《江苏社会科学》2017年第2期，第114-119页。

② 王玉鹏：《巴迪欧的"事件哲学"思想评析》，《国外社会科学》2019年第3期，第110-115页。

③ 杨晓奇：《面向事件的教学本体论》，《全球教育展望》2015年第6期，第3-9页。

件、一个完整的学习故事"。① 大单元教学是主体在特定时空中流动的富有变化的一个过程，它兼具时间性和空间性，又具有意义生成性。大单元教学对于学生来说是一个外部事件，影响着学生学习的内部进程，助推他们生成新的学习体验。另一方面，事件贯穿于大单元教学整个过程，是大单元教学实践的基本载体。大单元教学由不断到来的事件构成，其教育意义不仅在于培养学生解决常态事件中问题的能力，还在于提升学生适时接受偶发事件挑战的应变能力。不管是教学设计中的常态事件还是教学设计之外的偶发事件，对学生来说都是以外部的、不确定的方式降临，溢出了他们原有的认知框架。

2. 真理维度：大单元教学以大概念为"一"统摄"多"

真理是"对于多的独特的生产，其要点在于，从语言的权威中将这种多抽离出来"②，事件哲学中的真理不是一种绝对的知识论，而是一种"类性的多"，是一个"计数为一"的集合，即将无序的"多"运算整合为"一"个新的完整的统一体。"多"是存在的形式，"一"是运算的结果。事件哲学视域下的各种"多"有常规项、独特项与赘余项三种不同类型：常规项是原有结构"一"之中的"多"；独特项是"一"之外的杂多；赘余项原先并不存在，而是事件发生后，在新的"计数为一"的运算过程中产生出来的类性之"多"。赘余项即为生成的真理，这里的赘余不是一般意义上理解的"多余无用"，而是一种积极性存在，可以颠覆旧结构，开启新认知程序。

大单元教学以大概念为统摄中心，整合课程中的"杂多"，在"计数为一"的过程中使学生获得连贯的学习经验。大概念"是一种概念性的工具，用于强化思维，连接不同的知识片段，使学生具备应用和迁移的能力"③，它具有三个主要特质：在表现形式上，大概念是高度抽象的，它超越了具体的事实和经验，是一种概括性理解；在意蕴功能上，大概念具有整合性，它处于某一知识领域的核心，能够将分散的经验与知识点有序联结起来；在实践效用上，大概念具有广泛的普适性，能够揭示事物之间的普遍规律，促进学习者的持久记忆、深度

理解和广泛迁移。综上，大概念是一门学科中处于更高层次的上位概念、居于中心地位的核心概念和藏于更深层次的本质概念，是一个具有丰富内涵的意义模式，可以统摄教学中的"杂多"。

3. 主体维度：大单元教学以学生主体的成长为根本遵循

"我所谓之主体，是一种用于支撑真理的类性程序的具体架构"④，只有主体介入事件中进行符合要求的粘连才能促成"类性多"的真理出现。对已发生事件的绝对"忠实"，是事件走向真理的首要条件。这里的"忠实"不是一种具有主观性的德行，而是一个依赖于事件的具体运算过程。主体在"忠实"介入事件的运算过程中，不仅使真理得以凸显，也让自身得以存在和显现，这个过程也是主体"主体化"的过程。

大单元教学不是纯粹符号表征的客观事物，需要学生主体"忠实"介入，基于自身积累对大单元进行意义重构，以获得生命体验的成长。大单元教学之"大"首先表现在它的"大立意"上，即立足于学生主体的完整成长，实现高质量育人，这体现了教学遵循从战略到站位的转变。主体是以整体性存在为前提的，大单元的本质在于完整性，这是由作为主体的人的素养的整体性决定的。人的素养以整体的方式存在，并以整体的方式解决现实情境中的复杂问题，在解决问题的过程中不是某一种要素单独发挥作用，而是自身能力、品格和价值观综合发挥作用。大单元教学遵循学生成长的逻辑规律，追求课堂的完整性、关联性与递进性，注重整体把握课程内容，强化知识之间的关联，深化知识的迁移应用，以提升学生的系统思维和解决问题的能力。以学生为主体，既是大单元教学的立足点，也是大单元教学的目的所在。

二、事件哲学之于大单元教学的现实意义

大单元教学旨在超越知识点的零散杂乱，引领学生在完成学习任务的过程中强化知识之间的内在关联，促进知识实现意义建构，推动学习走向实践。然而在具体实施过程中还存在不少"流于形式"的"假

---

① 崔允漷：《如何开展指向学科核心素养的大单元设计》，《北京教育（普教版）》2019年第2期，第11-15页。

② 阿兰·巴迪欧：《哲学宣言》，蓝江译，南京大学出版社2014年版，第77-78页。

③ 格兰特·威金斯，杰伊·麦克泰格：《追求理解的教学设计（第二版）》，闫寒冰、宋雪莲、赖平译，华东师范大学出版社2017年版，第77页。

④ 阿兰·巴迪欧：《存在与事件》，蓝江译，南京大学出版社2018年版，第483页。

乱空"现象,严重违背大单元教学的初衷。事件哲学重视事件的引导性,追求真理的生成性,注重主体的能动性,有助于破解大单元教学的现实困境。

1. 以事件破"假",推动大单元教学真实落地

在大单元教学实施过程中,"虚假表演"现象严重:情境设置虚假化,缺少真实问题驱动;任务开展形式化,追求表面"热闹",很难实现深度学习。以事件为核心的事件哲学可以有效破解这一困境,推动大单元教学真实落地。事件具有超越性,事件以一种纯粹偶然的、出人意料的方式发生,它超越了原有的认知框架,溢出了常规的认知体系,有助于激发学生的好奇心和探索欲,引领学生积极参与挑战性问题解决。事件具有创生性,事件总以新的面貌出现,以否定的姿态打破旧的连续性的存在,启发学生找寻现实事件与自己认知的联结点,以解释突如其来事件的位置,"如此一来,旧的非存在已经俨然生成为鲜活的存在"[①],衍生新的"多"和"一"的关系,重构学生的认知框架,带给学生主体新的体验与成长。事件的出现促使学生在真实的冲突中重组自己的知识与经验,推动大单元教学从"舞台"走向生活,让学习真正发生。

2. 以真理化"繁",有机整合大单元教学要素

不少教师在开展大单元教学时将"大"误读为"大容量",造成内容堆砌,要素繁多,乱而无序。事件哲学追求"计数为一"真理的实现,这对于如何整合大单元教学要素有启发意义。大单元教学在"计数为一"过程中生成的真理性大概念可以有机整合各教学要素,并在整体设计的基础上产生聚集效应,最大限度地促进学生的强效学习和强健发展。大概念是个聚合的"一",可以聚集凝合大量无序、混杂、随机的碎片化知识和信息;大概念是一个有机的"一",能够将学习内容、学习过程或素养能力等要素以清晰的逻辑联结,实现整体而有意义的排列;大概念是一个升华的"一",它超越课堂教学,指向学生真实生活的问题情境,可以使众多教学要素深度融合,"实现高通路迁移"。[②]

3. 以主体除"空",强化大单元教学育人指向

有些大单元教学盲目追求"大",内容空洞,囿于知识的灌输,忽略学生的成长,育人目标很难达成。大概念的生成是学生主体"忠实"介入事件进

行解释、解构与重建的实践过程,在这个过程中,不能将知识与主体割裂。知识的产生和发展是主体介入事件的结果,知识蕴含主体的智慧。事件哲学视域下的大单元教学以"事件"为载体,注重学生主体对知识的体验和实践。在这个过程中,学生的主体地位也得到了强化。

三、事件哲学视域下大单元教学的实现路径

事件是驱动学习真实发生的载体、动力和机制。事件哲学视域下的大单元教学引导学生经历完整有机的事件,在认识事件、实践事件、反思事件中亲历知识的产生过程,实现知识的内化与网络性建构,并获得经验的重组。

1. 因事质疑:基于事件位创设情境问题

事件位是"一"之外的"多",推之于学习领域,事件位可以理解为溢出学生认知框架的知识和经验,是学生通过学习应该达成的"最近发展区",将事件位结构化是大单元教学的核心目标。突现的事件有助于启发学生将事件位整合为自己的已有经验,达成相应目标。基于事件位创设情境问题,可以让学生置身于真实且有意义的场景中,启发学生思考解决方案,进一步理解事件位与已有知识之间的关系。

具体来说,可以从以下几个方面创设:一是针对事件位与已有知识"内在联结点"的创设,"内在联结点"是二者在本质、逻辑或结构等方面的关联点,如相似联结点、因果联结点或层级联结点等;二是针对事件位与已有知识"认知空隙点"的创设,"认知空隙点"是由于二者之间的差异、断层或未充分理解而产生的认知上的空白或模糊区域,创设情境问题时应该灵活分析产生空隙点的原因,努力搭建新旧知识之间的桥梁;三是针对事件位获得"意义建构关键点"的创设,"意义建构关键点"是能够触发学生深度思考事件位背后的价值并引发知识与经验成长,这个关键点可以链接特殊性与普遍性。

以高中文言文实词教学为例,设置的事件情境为:学校将组织"文言实词大会"活动,请为本班选手献计献策,提供几种理解文言实词的普适性方法。针对"内在联结点"的情境创设:根据辨识"吾尝跂而望矣"的"跂"字的方法,如何推测"诸父异爨"的"爨"

① 肖绍明:《"朝向事件本身"的教育研究》,《高等教育研究》2020 年第 5 期,第 10-17 页。
② 刘徽:《大单元教学:学习科学视域下的教学变革》,《教育研究》2024 年第 5 期,第 110-122 页。

的意思？学生由字形推导出字意,进而凝练出"寓意于形"的实词辨识方法。针对"认知空隙点"的情境创设:"伐"的本义是"砍头",可以引申为"砍伐""讨伐"等意思,那"功业""自夸"的意思是怎么引申来的呢？教师引导学生思考词语的发展,可以进一步引申,"讨伐来的战果"即为"功业","有了功业就沾沾自喜"即为"自夸"。针对"意义建构关键点"的情境创设:可否直接将"沛公旦日从百余骑来见项王"的"从"翻译成"跟从"？根据历史背景,沛公"跟从"骑兵与事实逻辑不符,而是沛公"使"骑兵"跟从",辨识文言实词时需要追求语法与语境的统一。在以上几种学科情境问题创设中,教师还应引导学生举一反三,根据规律再寻找更多的例子。经过"具体—抽象—具体"的解决问题过程,学生可以充分理解语文核心素养之"语言"的表意功能。

2. 经事寻理:设置学习任务整合独特项

独特项是一种不连贯的存在,是一个不能被常规的连续性函数所化约的"多",教学领域的独特项是一些没有纳入学生整体认知框架的碎片化散点。学习任务是一种具有明确指向性的实践活动,其核心目的在于问题的解决,"完成任务需要多种成分知识与技能的组合"。[1]它不仅要求学生使用既定的知识点和技能,更需要学生能找到已知与未知的内在联结点,将独特项整合到具有良性结构的认知图式中,强化知识的连贯性和适应性。

根据事件哲学视域下大单元教学的特点,设置学习任务时需要遵循整体性原则、结构性原则与实践性原则。学习任务应围绕事件核心问题开展,确保各部分内容相互关联;同时将部分置于整体中进行多角度、多层次的分析与综合,以便于将认知框架之外的知识整合到新的完整的知识体系中。注重任务之间的结构性,确保任务之间具有逻辑关系和内在联系;关注学生经验的结构性,根据学生的认知水平和学习特点设计任务;确保学习内容的结构性,以关联的方式组织和构建学习内容,使其形成清晰、有序的知识体系。设置学习任务时还需要遵循实践性原则,立足学生视角找寻与新知识息息相关的生活经验,强化学习活动的高迁移性。

以统编版高中语文教材必修下册第六单元为例,围绕单元学习目标,根据相应的事件情境问题,设置的四个学习任务分别为:变形之象——梳理人物形象,感知"变形"类型;变形之因——探究社会困境,分析异化根源;变形之思——探讨人性突围,书写现实关怀;变形之术——赏析艺术手法,解码叙事策略。这四个学习任务围绕"变形"核心问题展开,以"变形的困境与突围"为贯通主题,各任务之间联系紧密,层层递进,且注重实践,通过五篇小说中人物的"变形"现象,引导学生探究社会困境对人性的压迫与异化,理解作者的批判意图,并思考突围的可能性。循序渐进的学习任务锻炼了学生的系统思维和解决问题的能力,有助于提升学生的语文核心素养之"思维"水平。

3. 思事明理:深度反思中生成赘余项

事件并不能直接产出真理,真理的出现需要主体透过现象分析事件背后的原理,解释与重构被事件打破的认知系统,并给予因事件促使而整合在一起的常规项与独特项的新集合以新的命名。大单元教学中的"真理"需要主体在干预事件的过程中经过深度反思而生成。深度反思不仅是对已有知识与经验的回顾与思考,更是对问题以及如何解决问题的思维过程的全面深入考察与分析,从而深化对问题的理解,完成认知结构的意义重建,产生新的发展。深度反思是大单元教学的关键环节,学生借助深度反思可以强化旧知与新知之间的关联性、系统性、逻辑性,并能获取这些知识背后所蕴含的高阶思维。

教师应遵循学生的认知规律巧设反思点:在"学而有疑"处反思,引导学生思考已有经验的瓶颈,激发学生积极寻找解决问题的新思路与新方法;在"学而有挫"处反思,主体在忠实介入事件的过程中,找不到或找错独特项时,教师可以给学生提供反思性支架,在反思归因的基础上,建立新旧知识的关联,优化知识结构;在"学而有获"处反思,引领学生更新和完善自己的认知结构和知识体系,深刻审视新知识的意义和价值,最终实现整合与转化。

以统编版高中语文教材必修上册第三单元为例,在"走进历史,与词人对话谈创作"事件情境中,学生质疑:围绕赤壁可怀想的英雄那么多,苏轼为什么在《念奴娇·赤壁怀古》中独独怀念周瑜？教师可以引导学生分析周瑜形象特点并适时联系苏轼生平,在

① 王文智:《整体取向教学设计视角下的学习任务设计》,《全球教育展望》2022年第8期,第39-51页。

反思中解决疑问:苏轼借周瑜来对比反衬自我,在怀古伤今中既有对英雄年少有为的敬仰,也有对自己年老功业未成的感慨。教师可以引导学生联系之前积累,思考"大江东去""江山如画""一尊还酹江月"这几句话中"江"的内涵,并切身感受苏轼从时间流逝之江、空间静止之江、自然永恒之江中对自我的跨越与突围。学生反思在这一环节中的收获,既掌握了鉴赏意象的方法—因"意"而感"象"、因"象"而通"意",又提升了语文核心素养之"审美"能力,还整合凝练出相关大概念:意象是主客观统一的艺术形象,可以使情感表达具体化。

4. 以理行事:迁移应用中升华大概念

在事件激发下生成的赘余项是主体通过忠实介入、实践体验与深度反思等操作活动而提炼出的抽象"真理",是能够将原先支离破碎的超越于认知框架的"多"整合为"一"个连贯整体的大概念。学生主体在问题解决情境中,将已知"常规项"与未知"独特项"进行关联,进而反思提升,将新的"赘余项"表征为大概念。大概念生成的过程是学生思维提升的过程,但这并不表明学生的素养已完整达成,验证素养达成的一个指标是学生能运用所学的大概念解决突现的新事件中的复杂问题,迁移应用是大概念升华为学生核心素养的关键一环。判断学生是否实现迁移需要分析学生"在处理一种情境或一项学科时获得的思维能力,在处理另一学科和另一情境时是否具有同等的效力"。[①] 大概念只有在新的问题情境中被转化为作用于实践运用的新的个体经验,才能建立"事件—大概念—素养"之间的关联,成为学生认知框架中的常规项,进而升华为学生的思维、观念与行动。

事件哲学视域下大单元教学的迁移应用是学生在不同事件情境中运用抽象大概念解决生活中具体问题的过程。迁移应用可以先从相似迁移开始,寻找新事件和原事件之间存在的相似要素;然后逐渐增加多元情境事件的差异性,促进学生在真实世界中进行相异迁移应用,弥合学科知识经验与生活实践经验之间的缝隙。

以统编版高中语文教材选择性必修中册第二单元为例,为了深化对革命文化的当代理解,可以设置一个有关大概念迁移的事件情境:新时代女性经常面临事业晋升与家庭责任的冲突,请将水生嫂的"等待"改写为新时代女性的"等待",以短视频分镜头脚本的形式呈现。学生紧扣"时代"与"个体"两个关键要素,挖掘二者之间的渊源,既强化了有关写法的运用,又升华出新的大概念:新时代女性自我价值的多元实现—个体成长与集体使命的动态平衡。这个新生成的大概念既是对革命文化的传承,更是对革命文化的当代创造性表达。

Exploring the Pathways for Big Unit Teaching from the Perspective of Event Philosophy

MA Guizhi[1], ZHANG Yuqiang[2]

(1. Faculty of Education, Qufu Normal University, Qufu Shandong, 273165;
2. Research Center for Basic Education Curriculum, Qufu Normal University, Qufu Shandong, 273165)

Abstract: Event philosophy offers theoretical support for the implementation of big unit teaching. From the event dimension, big unit teaching has dual event attributes; from the truth dimension, it organizes the "many" under "one" via big concepts; and from subject dimension, it centers on students' holistic development. Event philosophy helps to overcome practical challenges in big unit teaching and to realize its educational value. Big unit teaching can be practiced and implemented around events. Strategies include questioning through events and creating situational questions based on event positions; seeking truth through events and setting learning tasks to integrate unique items; reflecting through events to determine truth, and generating redundant items in deep reflection; and acting through truth, and deepening the understanding of big concepts through concept transfer and application.

Key words: event, truth, subject, big unit teaching, big concepts

---

① 约翰·杜威:《我们如何思维》,马明辉译,华东师范大学出版社2020年版,第64页。

深度学习的课堂教学异化样态及其复归策略

丁奕然[1]，吕立杰[2]

（1. 西南大学 教师教育学院，重庆 400715；2. 东北师范大学 教育学部，吉林 长春 130024）

摘　要：深度学习作为数字时代与学习科学发展的共同产物，其对课堂变革引领与核心素养培育的重要性不言而喻。为明确深度学习的一线课堂教学现状，以课堂观察与师生访谈为研究方式，发现实践中呈现出丰富的学习资源缺乏层级线索、严密的环节设计难及真实体验、浅层的学科跨越疏于内在联系等异化样态。依据学术概念的多维抽象、教师理解的权力让渡、应试导向的本质疏远与内隐文化的"非我"规约等相关成因，研究建议推进深度学习课堂本义复归的策略为：达成概念本体共识的实践抓点，训导教师深层理解的系统观点，深耕命题导向转变的技术要点，回归聚焦学生主体的文化原点。

关键词：深度学习；课堂变革；异化样态；教学策略

深度学习作为强调"少量领域的深度覆盖"的基本学习理念，旨在触发学生主动投入学习、触及知识背后的本质属性、触通时代所需的核心素养。① 作为国内兴起多年、指引课程实施的基本理念，深度学习在一线课堂教学的践行情况尚缺乏相关研究。为探寻当下深度学习驱动课堂教学变革的现状，研究者深入考察了 J 省教育科学规划课题中明确指向深度学习发生的课堂教学。研究深入调查了多所中小学校，以课堂观察与师生访谈为方式，发现了存在的三种深度学习课堂教学异化样态，下文将做详细阐述。

一、深度学习的课堂教学异化样态

1. 丰富的学习资源缺乏层级线索

在践行深度学习的课堂教学中，普遍存在给学生提供了大量的学习材料（学习任务单、诗歌漫画、微课视频等），以便于学生进行自主学习的现象。教师往往围绕课堂教学的重难点进行大量的材料关联，期望以多样化、情境化的材料帮助学生激发学习兴趣、厘清迷思概念与明确核心要素。由此可见，当下执教者在践行深度学习的课堂教学中，已然呈现了教学行为围绕学生学习过程的表象。然而，23.53% 的课堂中学习材料之间并没有较好的关联性与适切性。此种样态下，虽然教师提供学习资料为学生发生深度学习带来了可能，但忽视了材料逻辑顺序是否合理、实际探究过程是否发生与学生思维能力能否达到等诸多问题。

在深度学习植根的教育史土壤中，无论是布鲁纳（Jerome Bruner）还是奥苏贝尔（David Aus-

基金项目：2022 年度教育部哲学社会科学研究重大攻关项目"'双减'背景下基础教育课堂形态与高质量发展研究"（项目编号：22JZD047）。

作者简介：丁奕然，西南大学教师教育学院讲师，博士，主要从事课程与教学论、生物学教育研究；吕立杰，东北师范大学教育学部教授、博士生导师，博士，教育部长江学者特聘教授，主要从事课程论与教师教育研究。

① 郭华：《如何理解深度学习》，《四川师范大学学报（社会科学版）》2020 年第 1 期，第 89-95 页。

ubel),都强调学习是将知识不断进行自我认知建构的过程。该过程既包含知识符号的浅表化记忆,更关涉将所学内容进行变构关联、变式训练与变易归纳后完成的知识结构深层理解。而上述深度学习课堂教学样态中,缺乏了逻辑线索的铺陈与学生思维的考量,学生难以构建知识之间的内在联系,发生真实有效的探究学习过程。在访谈中,部分学生表示"除了课本还有好多不相关的材料要学习""这些内容好像之间没什么逻辑,反正我记结论就行",可见其既缺乏对深度学习中知识结构化的把握,又缺少让其根据自身已有经验介入学习,不断迁移重构知识体系的过程。综上所述,该类课堂教学的异化样态为丰富的学习资源缺乏层级线索,致使大多数学生更多在其脑海中填充了零散且混沌的知识信息。

2. 严密的环节设计难及真实体验

教师在追求深度学习的过程中,发现学生难以通过自身对材料的学习构建完整的知识网络体系时,往往会调整学习材料的相互关系与难易程度。正因如此,在课堂观察中,61.76%的课堂为学生架构起"小坡度、链网状"的学习任务。所谓"小坡度、链网状"的学习任务,是教师简化原有的现实情境、重组学习活动,或多个问题按逻辑线索有效铺展学习活动。学习任务彼此关联,上个任务的学习结果可作为下个任务探究的认知起点或辅助支架。由此,教师不仅以线索的有效铺展保证了教学进度,而且注重了知识关联度。从其中85%以上的课堂安排构建思维导图的任务,用以驱动学生完善认知结构就可见一斑。看似环环相扣的学习任务是教师以小坡度的问题解决取代了项目式学习,背后贯穿着教师思维的抽丝剥茧与强加代替,学生并没有在复杂真实的情境中亲身体验,忽视了理性思考、批判质疑与熔炼建构知识的本质属性。换言之,"小坡度、链网状"的学习任务并未给予学生良好的情境刺激与活动体验,任务情境的失真与探究问题的浅表导致学生降低探究体验的有效性、弱化知识符号与生活经验的关联性。

近年来,深度学习的研究呈现出信息加工的单维取向,这与计算机算法模仿人类处理信息的过程密切相关。然而,人的学习无法忽视知识的默会性、情境性与社会性,没有经历具身性的经验转化,仅有单向度的信息加工是无法真正走向深度学习的。正如杜威(John Dewey)所说,"儿童认识到他的社会遗产的唯一方法是促使他亲身实践"。① 总而言之,严密的环节设计挤占了学生思考的时间与空间,学生难以体验知识产生的关键过程,也就无法达成深度学习所强调的经验在实际生活的转化,以及评判知识及其学习过程。

3. 浅层的学科跨越疏于内在联系

在课堂教学践行深度学习的过程中,也不乏跨学科资料链接或学习任务的出现:一方面,跨学科的学习资料给予了学生将某一知识领域迁移应用的可能;另一方面,为促使学生深入理解当下社会呈现的学科边界淡化与融合趋势,追求学习领域的广度提供了契机。调查发现,14.7%的课堂提供的跨学科学习材料较为浅显、表象,难以让学生明确学科之间千丝万缕的联系,进而认知生活世界的复杂与完整。由于学科背景与事业的惯性使教师构陷于学科内部的舒适圈中,其提供的材料是丰富、华丽的学科知识关联资料,且大多强调本学科在其他学科实际生产应用中的作用,没有深入地将现实应用中各类复杂的跨学科知识融合到一起,构建学习情境。因此,当访谈到此类课堂教学样态下的学生时,他们会说"早就知道这些专业知识之间有联系""它们之间是存在关联,可有什么具体意思呢",若再询问能否举出除学习任务外的例子,或解释背后的应用原理时,他们却一脸茫然。

如果迁移应用仅是不同学科知识的简单关联或浅层的跨领域实践应用,也就背离了深度学习所强调的迁移应用本意了。因为表象性知识的应用往往不具有可重复性,只有探究知识本质,注重对学科思想观念的把握,再采用该思想观念下的逻辑思维、探究方法与价值态度进行真实情境的社会实践才能使学生的迁移素质、融通能力与创新意识得以增强。这也印证了马云鹏曾经将深度学习精炼地概括为"少量领域的深度覆盖"。② 深度学习所需要的学科关联、迁移应用并非贪求知识的学习广度,而是以问题解决的导向让学生经

① 赵祥麟,王承绪:《杜威教育论著选》,华东师范大学出版社1981年版,第72页。
② 马云鹏:《深度学习视域下的课堂变革》,《全球教育展望》2018年第10期,第52-63页。

历部分跨学科的内容，深入体验迁移与应用的具体过程，方能实现以微知著、知一万毕。而上文教学样态中教师仅带领学生浅表性地跨越了不同学科的表象性知识，并未设置深入联系不同学科、体悟学科思想与本质的学习任务，多数学生没有真正经历在某一复杂情境下应用多学科知识深入探究的过程，自然难以触类旁通、举一反三。

二、深度学习课堂异化的原因梳理

1. 深度而非高度：学术概念的多维抽象

当深度学习理论作为主体不断对象化、外化塑造着课堂教学变革的客体之时，课堂教学变革的客体也进行着深度学习的实践转化。前者为课程改革的纵深创造价值，后者则实现着理念勾勒的价值蓝图。当下二者的对立也许正是黑格尔所述异化是事物发展必经的"否定之否定过程"。[①]深度学习缘何向下纵深时造成了如此之多的异化样态，仍要回归到学术概念的本体上考察。深度学习的概念最早由马顿（Ference Marton）等人于阅读教学的实证研究中提出，是区别于浅层学习的相对概念，之后国内外学者又从不同学科视角、理论视域进行了探讨。审视这些深度学习本体概念，发现其呈现了两类基本特征：第一，不同表述中凸显主动性学习的本质相同，而对"深度"的解读却表现出多维取向。有些强调深度理解与信息加工，有些注重凸显迁移与运用属性，也有些认为关联与建构更为重要，还有学者认为应当强调体验反思。第二，深度学习概念的表述与解释往往晦涩抽象，与其源自认知神经科学以及教育技术等密切相关。新兴名词的产生本就深奥难解，加之目前不同学派之间的争论此起彼伏，更让深度学习的概念显得复杂而深邃。

从上文呈现的三种异化样态来看，丰富的学习资源缺乏层级线索样态是以学习材料复杂多样凸显了对深度理解的关注，严密的环节设计难及真实体验样态是以"小坡度、链网状"的学习任务展示着对学生学习中建构力的培养，而浅层的学科跨越疏于内在联系样态则是以学习迁移的做法凸显着对迁移应用的关注。此外，参与深度学习课例研究的教师或教研员认为，"理论体系过于庞杂，很多概念难以理解，不同专家的表述不太一样，感觉缺乏抓手"。由此可见，异化样态的形成正是由于学术概念的多维抽象。教育理论之所以成为理论是由于其具备抽象性与系统性。可是，不管是从帕克赫斯特（Helen Parkhurst）所述的教育理论应具有强烈实践性，还是卡尔（Wilfred Carr）所述实践者应参与到教育理论生产中来看，教育理论的概念本体应归于实践，并能被实践验证或完善。[②]可见，深度学习的"深度"并非高度，追求理论高度带来的多维抽象往往给实践塑造了难以扎根的窘境，以及偏离原有共识本义的异化样态。

2. 深度而非难度：教师理解的权力让渡

深度学习概念本身存在多维抽象的状态，因此，教师对该理念内涵的理解往往也不够透彻。教师在为深度学习而教的过程中容易产生对"深度"的误解，认为给予学生越多样、越复杂、越精深的知识自主探究、能动学习的过程即为深度学习。正如采访中一线教师所述的"深度学习不就是学习内容的难度增加吗"，详细解释"什么是内容的难度增加"时，有人强调知识内容的广泛全面，有人说知识内容体系的结构关联，还有人表达为专业知识的精深通透。这些教师将深度学习的状态定位为学习内容的广度、关联度与深度。该理解与加拿大深度学习研究者艾根（Kieran Egan）教授的以"三度"教学实现深度学习的研究结果表象看似一致[③]，实质上却大相径庭。一方面，教师定位的学习内容为学科专业知识内容，虽然包含知识之间的相互关系，但仍大多体现为表层的惰性知识，并未深入"知识的知识"，即知识背后的本质思想、思维方法与价值观念等。[④]另一方面，教师侧重知识广度、关联度与深度的某一方面，但缺乏对三个方面的整体关注。深度学习需要在活动与体

① 韩立新：《论青年马克思的黑格尔转向》，《清华大学学报（哲学社会科学版）》2015年第4期，第87-95页。

② 李帅军，王永玉：《基础教育教师专业高质量发展路径的校本探究》，《河南师范大学学报（哲学社会科学版）》2022年第1期，第144-150页。

③ K. Egan, "Learning in Depth in Teaching Education", *Teaching Education*, Vol. 26, No. 3(2015), pp. 1-6.

④ 董清，丁奕然：《以科学读写践行深度学习的生物学教学研究》，《天津师范大学学报（基础教育版）》2021年第1期，第83-87页。

验中增加对知识深度的理解,在联系与变式中形成对知识关联度的把握,在迁移与应用中提升对知识广度的涉猎。

反观现实中深度学习的三种异化样态,教师均基于自身理解进行了教学预设,但始终指向了广度、关联度与深度的某一方面,并没有真正促进深度学习的实质与核心——以解决真实问题为目标促进学生全身心主动投入学习。该现象的发生实际源自教师遵循自身对深度学习的浅层理解,让渡了自身对学术概念整体透视、系统把握、深入理解的权力,将深度学习在教学中简化为局部状态的达成。布罗尼斯瓦(Bronislaw Baczko)曾经说过:"异化既适用于物,也适用于具体人类权力的放弃或让渡行为。"① 由此推论,深度学习异化样态的实现应当与理念变革的执行者学习、实验与推动理念的权力放弃密切相关。教师对深度学习系统性学习权力的放弃,可能来自自身职业倦怠、概念深邃难解的消极心态,也可能源自其对认知理解的刻板印象、教学水平的过度自信造成的教法定势固化。教师作为其转化载体与中介执行者,不管权力让渡的源头为何,其将"深度"理解为"难度"的误认塑造了教学决策与实际行为的偏差,进而导致了异化样态的生成。

3. 深度而非量度:应试导向的本质疏远

从概念本体与转化载体角度剖析了深度学习异化样态的成因后,还需要对其作用受体的功能作用方面进行分析。深度学习作为培养核心素养的重要途径,其目标定位是将学生培养成适应并改造未来社会生活的主人。不同专家学者也许对这一目标的表述有所差异,独立性、批判性、创造性等表述均有出现,但在深度学习的教学过程中将知识植根于学生的生命成长中,生成为人处世的哲学智慧应当是毋庸置疑的。深度学习是为了促进受教者转识成智,追求学生生命的成全。我国新课改已持续 20 多年,但以应试为导向评价学生学习的境况下,一线教学往往囿于知识查漏补缺、解题技能训练的现实困境。正如采访中听到的教师所说:"至于深度到什么程度还是要看最后的指挥棒",以及学生说"没事,我会用这个结果解题就行了"等诸如此类的表述,均说明冠以深度学习之名的教学变革仍旧是围绕着应试评价的教学。可见,在学生评价的应试导向下,深度学习的"深度"受惯性影响被理解、操作为"量度",由此,教学样态也就发生了异化。

其实,"为评价的教学关注的重心是'评'而不是'价',这就可能会异化教学的价值"。② 换言之,应试导向下教学在追求测评指标的增长时,会使师生忽视教学给学习者自身带来的价值意义。当下在肩负着甄别与选拔人才功能的各类考试中,虽面向真实情境、注重迁移应用、指向核心素养的试题被广泛地编制与使用,但相较于直接表述回答、相近概念辨析与知识系统检测的题目来说,其比例仍显不足。正因如此,在严密的环节设计难及真实体验的异化样态中,有教师采用小坡度的问题链践行深度学习,是因为在他们看来,"深度学习不是一蹴而就的,也需要围绕考试的题型,毕竟解决实际复杂问题的高考试题也就那么一两道"。教师为深度学习而教的行为在应试导向的现实影响下,疏远了叩问学生生命成长的教学本质,继而在深度学习驱动的教学变革中呈现出异化样态。综上所述,将"深度"理解、操作为"量度"的应试导向是深度学习现实异化样态发生的重要诱因。

4. 深度而非限度:内隐文化的"非我"规约

为了更为全面地理解异化样态的成因,研究者还探讨了深度学习下课堂教学的文化环境呈现。在现实三种异化样态中,教师以学习资料或任务促进了学生主动学习,学生也以学习任务的反馈完成与教师的双边互动,然而课堂对话类型是向心型与包容型的。具体而言,异化样态中的向心型对话是指师生作为不同的对话者在既定流程中获得标准的答案,从而消弭学习者不同立场的差异,而包容型对话则表现为学生去理解教师(对话伙伴)为什么提供如此的学习任务与答案解释,即教师为何坚持如此立场或观点。该过程中既没有给予学生充分的话语权、差异性的活动体验,也忽视了不同学生亲身经历活动体验后的异质性理解,而是让学生沿着教师的预设去单方面理解所学内容,深度学习应然指向的质疑与批判也就不复存在。由此可见,异化样态中的教学环

---

① B. Baczko, *Rousseau—Samotnosc I Wspolnota (Russeau-solitude and Community)*, Warsaw: Stasra Prasa, 1964, p. 128.

② 杨启亮:《为教学的评价与为评价的教学》,《教育研究》2012 年第 7 期,第 98-103 页。

境出现了单向传递、心理封闭的特征，这与当下倡导多元对话课堂的观点恰恰相反。

当问及教师为何不抛出真实性问题，再由学生沿不同方向进行探究思考，促进课堂的多向互动、深度交流之时，得到的回答大多是"学生哪有这样的能力完成，深度还是要有个限度""课堂节奏不好把握，我也很容易被质疑"等。显而易见，受我国长期以来用教育规训行为、涵养人性，而非培养人批判创造精神的教学伦理文化影响，潜意识中的话语权与个人权威支配着教师的教学实践，因而其将"深度"等同于"限度"，从而异化了深度学习本身的诉求。此外，儒家所倡导的纲常名教对社会的束缚逐渐增强，导致原本自由开放的对话氛围逐渐减少。在这种文化背景下，很多学生在潜移默化的伦理道德规范影响下，更乐于亦步亦趋接受既定路线的探究，而缺乏主动思考和创新的意识。异化样态下的学生展现了听话趋同的"非我"特性，让教学环境更合乎伦理文化的规约，进而疏远了好奇好动、思维跳跃的"自我"本体。综上所述，内隐文化的非我规约作为一种潜在原因，让深度学习的教育改革背本趋末，难以重构。

三、深度学习复归本义的推进策略

1. 达成概念本体共识的实践抓点

三种深度学习现实异化样态的已然形成，加之在长期的教学实践后，"教师往往对自身的教学经验、教学习惯和教学观念有着根深蒂固的守旧心理与顽固不化的自信心理"[①]，久而久之，让深度学习异化样态走向广松涉（Hiromatsu Wataru）所述的"自我复归"，则更加困难。随着国外理论不断译介、当代学者不断争鸣、审视视域不断切变与实证层面不断深入，深度学习的概念内涵更加多维抽象，这也恰恰体现了深度学习的强大生命力所在。因此，深度学习的理论也已经发展为既注重形式表里的完善与建构，又注重实质内核的阐释与解读的复杂体系。系统、抽象的教育理论想要穿越转化的屏障指导实践的深化，仍然需要明确其为学界所共识的实质内核，才能让实践有处可施。因而，只有在深度学习的解读与建构中达成概念本体共识的实践抓点，才可能于学术概念的本体层面防止异化样态的发生。这既应当是学界对深度学习的共识，也应当是便于教师理解感悟的抓手，即在思想内涵与实践特质中取本体概念"最大公约数"，从而确保其向下探索不会发生层级的落差。

何以达成概念本体共识的实践抓点？一则需要求同存异，探求学派争论与复杂趋势下深度学习的本质共识。当下深度学习本质的最大争论源自学习的自我建构还是社会建构。[②]以皮亚杰（Jean Piaget）的双重建构理论审视学习发生是二者的平衡，可见，深度学习要让学习者完成的不仅是知识本体认知图式的内部建构，还应当包含知识运用于外界客体之间相互作用的外部建构。若以求同存异的视角看待深度学习的本质共识，可将其表述为本体的体验理解、知识的本质属性与真实的问题解决。二则要加强对理论共识的解读普及与实践推广。具体而言：一方面，需要以普及读本、论文著作与学术讲座的形式，将寻找到的共识抓点讲述得更为通俗化、便于理解；另一方面，需要以优质的教学范例解构深度学习，促进理论共识的具象化，以便让深度学习更为直观明了、清晰实用，从而真正意义上将脱轨的异化样态引入正轨。

2. 训导教师深层理解的系统观点

如果仅有专家学者的理论引领，没有教师对自身理解权的绝对坚守与实践的有效推动，就不可能在转化的中介层面打破理念内涵的误读，促进深度学习真实有效的发生。由于没有了新颖理念冲击与现实样态对照，教师常常陷于教学经验的绝对自信，也就自然无法真正理解深度学习背后的意义。换而言之，教师对某一教育理念的理解浅陋偏颇，不仅与其自身以点概面、不求甚解的做法相关，也源自其主观拒斥、静默抵制。而训导教师深层理解的系统观点正是希望让教师以系统完备的理论学习、研修感悟与具身实践，去深刻理解深度学习促进课堂教学变革的现实意义与可能做法，从而真正做到客观上系统把握、主观上理解践行深度学习。

① 丁奕然，吕立杰：《论教法定势的二重实践样态及其固化突破策略》，《教育学报》2019年第3期，第40—47页。

② 温雪：《深度学习研究述评：内涵、教学与评价》，《全球教育展望》2017年第11期，第39—54页。

训导教师深层理解的系统观点一方面需要构建多元化学习共同体团队,促进深度学习本质共识的交流学习,另一方面需要以稳健、开放与创新的教研制度促进教师实践。前者是为了让教师从信息获取的表层完善对深度学习的系统认知,其中既需要引入专家学者的理论普及讲座,也需要理论专家、教研员与新老教师认知交流、碰撞,更需要依托线上的教师教育平台提供答疑解惑的私人定制化服务,从而确保让不同教师都能够从观点理念上认同并准确理解深度学习的实质内涵。后者以教研制度降低教师观念理解到教学决策中的偏差,其中包括如下措施:第一,构建区域中围绕深度学习的创新学科研修基地,从而为深度学习的有效践行创设良好的氛围环境;第二,以种子团队着力践行指向深度学习的课例研究,在课例研究中要更多地以学生的学习状态与反馈情况为考量;第三,梳理深度学习研究的阶段性成果,在进行跨区域的分享交流后继续改进,并尝试相应的推广。只有构建了如此以点带面、多元开放的交流后,才能帮助更多教师感受深度学习的魅力,让其具身化、系统化地理解深度学习的实践意义。

3. 深耕命题导向转变的技术要点

受教育公平、牵一发而动全身等因素影响,改变学生评价的应试导向在我国当下变得十分困难。由此可见,要从最终的学生评价上进行改革,让一线实践复归深度学习的本真状态犹如拔丁抽楔、水中捞月。随着学习科学的进步与发展,当下产生了种种支持学生学习的评价方式,如任务追踪、反思项目、学习进阶的测量等。[1]这些运用于评价且驱动学习的经验启示我们,可以通过优化命题完善表现性的评价方案,完成学生学业质量水平的测评,从而以试题中潜藏的深度学习导向促进异化样态的变轨。既然当下的一线实践呈现了为评而教的现状,那么如果在试题编制中,以题目中情境类型、问题指向、素养渗透等要点做关联,指向学生经由活动体验全身心投入学习、理解知识的本质属性与内在联系、促进知识与实践相互转化等深度学习的基本特征,则会对改变异化样态事半功倍。实则,命题优化的技术手段也包

含知识表征、情境类型与认知诊断等众多技术要点,因而深耕命题导向转变的技术要点成为异化样态复归的重要途径。

基于当下支持学生学习的成功经验,深耕命题导向转变的技术要点,首先应当注重试题学科育人价值的彰显,以指向深度学习期望触及的学科基本思想、价值内涵等。其次,试题优化中情境的设置铺陈需要契合不同地域、学段学生文化背景的异质性,从而引导学生将所学知识转化为实践,实现知识符号与生活经验相互转化的深度学习重要特征。最后,需要以递进问题为线索、以多元情境为载体、以核心素养为立意,依据学生群体认知水平和能力进行试题的命制、编排与修改,以确保认知诊断的区分度与效度。具体而言,递进问题的线索既要遵循学生学习中逻辑思维的进阶深化,也要对指引深度学习达成关联;多元情境的载体倡导将情境按熟悉与复杂程度进行排布,从而导向学生学习的广度与深度。除此之外,深耕命题导向转变的技术要点还应当构建试题审查、督管的有效机制,并采用命题组论文发表与教师培训等做法解读试题命制的深度学习导向,以促使异化样态复归。

4. 回归聚焦学生主体的文化原点

教学伦理文化中稳定内隐的行为规范、思想观念、价值意识潜移默化地影响着课堂教学的变革。教师以教为中心的情感偏好,是长期以来在保障教师主体性与权威性的教学文化中生成的,强大惯性促成了深度学习的课堂教学因循守旧。有学者同样指出悬置学生主体已成为当下深度学习研究的错位现象。[2]因为伦理文化是在长期历史积淀中生成的,强大惯性促成了课堂教学的袭故蹈常。以突破伦理文化的内隐规约去重构深度学习并非短时间内可以完成的,倒不如在教学中回归学生生命成长的原点,让师生逐步摆脱该影响。费尔巴哈(Ludwig Feuerbach)认为,"具有思维、意志、情绪能力的人通过其本身的理性、爱和意志可以消除人的本质的异化"。[3]由此可知,蕴含着理性、爱和意志的师生一旦将期待生命的成长远大于追求教育技术深刻与课堂话语权威之

① Jan Chappuis:《学习评价7策略:支持学习的可行之道》,刘晓陵等译,华东师范大学出版社2018年版,第196页。
② 贾志国,曾辰:《自主化深度学习:新时代教育教学的根本转向》,《中国教育学刊》2019年第4期,第1-5页。
③ 费尔巴哈:《费尔巴哈哲学著作选集:下卷》,荣震华等译,商务印书馆1984年版,第113页。

时，教学中必将复归聚焦学生主体、走向课程育人的本质，那么深度学习的异化样态便会慢慢回归正轨。

为摆脱内隐文化的非我规约，让实践教学回归聚焦学生主体的文化原点，首先，在实践中的教师应当尊重并关爱学生，构建和谐融洽的师生关系，促进学生交流质疑进而为创设平等愉悦的氛围打下基础。其次，展开基于学习者立场的逆向教学设计，即先确定学生应达成的素养目标与表现，再设计并完善追求深度学习本质的大单元教学任务。最后，教师还应当开展持续性、多元化的学生评价，评价不应局限于成绩的表象，而需多问"学生有哪些收获，或问题解决了没有"的反馈评价。除了让教师关注学生的本体成长外，还应该让学生的课堂话语权回归。学生课堂话语权的回归需要提升学生课堂主体意识，一方面，学生要主动将所学内容与个人兴趣、生活经历、文化背景等进行关联，并勇于表述自己的观点；另一方面，当学生自身的思维方式呈现异质性时，需要依循证据推理完成深度思考，并积极与师生共享、合作对话。"独学而无友，则孤陋而寡闻"，当师生双方都面向生命成长的价值原点，才能在共学中复归深度学习的本义。

The Alienation Patterns of Deep-learning in Classroom Teaching and its Restoration Strategy

DING Yiran[1], LV Lijie[2]

（1. College of Teacher Education, Southwest University, Chongqing, 400715;

2. Faculty of Education, Northeast Normal University, Changchun Jilin, 130024）

Abstract：As a product of the digital age and the development of learning science, deep learning plays a critical role in classroom reform and core competency development. To clarify the current situation of deep learning in primary classroom teaching, this study identifies several alienation forms in classroom practice based on classroom observations and interviews with teachers and students, including lacking hierarchical clues in rich learning resources, the difficulty in designing rigorous teaching procedures, and shallow interdisciplinary integration with weak internal connections, failing to provide authentic experiences. Based on the relevant factors such as the multi-dimensional abstraction of academic concepts, the transfer of teachers' understanding power, the essential estrangement from the test-oriented approach, and the "non-self" regulations of implicit culture, this research suggests the following strategies to restore the original meaning of deep learning classrooms, including identifying practical entry points for conceptual consensus, training teachers' deep understanding through systematic perspectives, promoting technical key points in transforming the orientation of proposition setting, and returning to student-centered cultural foundations.

Key words：deep learning, classroom reform, alienation patterns, teaching strategy

高中语文多文本阅读教学的困境与出路

程祖进,唐　霞

（上海市闵行中学,上海 200240）

摘　要: 多文本阅读教学是培养学生批判性思维与文化素养的重要途径。然而,当前高中语文教学实践仍面临文本组合合理性不足、课时与内容矛盾、教学观念滞后等困境。文章基于文献分析与教学实践,提出以"主题整合""多模态资源""思辨性问题链"为核心的策略。研究发现,重构教材逻辑、融合多元媒介、设计深度问题链,能有效推动课堂从"知识传递"向"思维生长"转型,促进学生核心素养发展。

关键词: "双新"改革;高中语文;核心素养;多文本阅读教学

高中语文多文本阅读教学作为一种基于互文性理论①的创新阅读模式,通过文本的多维度比较、分析与整合,为学生提供了深度思考和文化对话的空间,与"双新"理念高度契合。实践证明,多文本阅读不仅能提升学生的综合阅读能力和批判性思维,还能促进跨文化理解。在当前教育改革背景下,探索多文本阅读与"双新"要求的对接路径,对实现课堂转型和素养落地具有重要意义。不过,当前高中语文课堂多文本阅读教学实践仍然面临诸多挑战,亟须系统性反思与创新性突破。

一、多文本阅读教学的困境

多文本阅读的本质在于"比较阅读",即通过分析两篇或两篇以上文本的异同,深化学生对主题、语言、文化等的理解。然而,现阶段教学实践中存在以下突出问题:

1. 文本组合牵强:合理性与价值性不足

检阅 2019 年 8 月人教版高中语文教材可以发现,多文本阅读篇目占比十分显著,必修与选修教材共 69 课,多文本阅读多达 38 课,虽然其中不乏《劝学》与《师说》、《故都的秋》与《荷塘月色》、《促织》与《变形记》等精彩组合,但也有部分组合缺少基本关联,存在"为比而比"之弊,值得商榷。例如:李斯《谏逐客书》与林觉民《与妻书》,虽然同为书信,但前者是臣谏君,为谏言以挽君意;后者是夫别妻,为家书以抒别情。可见,对象与目的迥异,文体功能与受众不同,缺乏可比性。魏徵《谏太宗十思疏》与王安石《答司马谏议书》,虽然皆为阐述自己的主张,但是魏徵是劝谏帝王居安思危善始虑终,王安石是反驳政敌所加罪名以明心志,二者立场与目的差异显著,难以形成有效关联。最令人莫名其妙的是李白《蜀道难》与

作者简介: 程祖进,上海市闵行中学高级教师,主要从事高中语文教学研究;唐霞,上海市闵行中学二级教师,主要从事高中语文教学研究。

① 20 世纪 60 年代法国学者朱丽亚•克里斯蒂娃在其著作《符号学》中提出,又称"文本间性"。该理论为多文本阅读教学提供了理论基础,在文本与文本的关联互动中通过对彼此的吸收与转化,文本意义随着读者解读和语境变化而重构,呈现多义性和动态性特点。

杜甫《蜀相》组合，仅以"蜀"字为纽带，忽视主题与情感表达的深层差异，给人万物皆可比之嫌。此类混搭组合，未能紧扣多文本阅读"可比性"与"价值性"原则，易使师生陷入形式化教学的困境，导致教学资源浪费，学生思维训练浅层化。

2. 课程实施困境：课时压缩与内容超载矛盾

以高一语文为例，两册必修教材共 32 课，其中多文本阅读多达 19 课，每周 5 课时，师生尚需完成《乡土中国》《红楼梦》整本书阅读。在这种情况下，学生课后预习要有极强的自主性和主动性，要花费大量的时间与精力，而现实是学生面临九科考试压力，难以兼顾认真预习与深度探究；教师被迫做出取舍，选择精讲单篇而略读其余，致使多文本教学沦为"形式化打卡"，素养目标难以落地。

3. 教学观念桎梏：传统惯性与创新实践冲突

尽管多文本阅读教学有诸多优点，但是在实际教学中，部分教师对多文本阅读的价值认知存在偏差，认为多文本阅读在古文、古诗词方面举步维艰。其原因有以下几点：

第一，学生基础薄弱。大部分学生古诗文阅读能力不足，难以自行跨越语言障碍。教学参考资料对古诗文的多文本阅读教学建议则过于理想化，它是建立在学生课前充分预习、已经可以自主解决字词句的理解并初步读懂文本的基础上的，在目前的教材编排、课程设置和课时分配情况下，多文本教学大多沦为空中楼阁。

第二，目标定位偏误。多数教师认为古诗文阅读教学重在"立德树人"传承文化而非信息处理，重在涵泳品味以提升人文素养，而非拓展阅读视野提高阅读速度，所以，在古诗文多文本阅读教学中，教师还是习惯于传统的讲授法。其实，时间的沉淀和审美的距离，使古诗文的多文本阅读教学更有思辨价值，更能培养学生的批判性思维品质，提升学生的核心素养。

第三，评价机制单一。尽管近年来高考语文试卷已经开始重视考查学生的古诗文多文本比较阅读能力，不过大多还局限于信息的筛选整合和理解的浅层比较，逻辑性、批判性、创新性的思维能力考查尚显不足。在目前考试导向下，不少教师还是更倾向"稳妥"的单篇精讲。

总之，古诗文在新教材中占有半壁江山，其教学价值不容忽视。教师不应对古诗文多文本阅读教学的"双新"理念漠然置之，而应直面挑战，积极探索实践路径。

二、多文本阅读教学的出路

1. 教材重构：以主题与思辨为核心整合文本

普通高中语文课程"应在课程标准的指导下，提高教师水平，发展教师特长，引导教师开发语文课程资源，有选择地、创造性地实施课程；把握信息时代新特点，积极利用新技术、新手段，建设开放、多样、有序的语文课程体系，使学生语文素养的发展与提升能适应社会进步新形势的需要"。[①] 教师可以基于学情灵活重组教材，以"可比性"为核心，重构更具逻辑性与探究价值的文本组合。

以"必修"下册第一单元为例：这一单元皆为文言文，第一课多文本组合，具体为《论语·子路曾皙冉有公西华侍坐》《孟子·齐桓晋文之事》《庄子·庖丁解牛》；第二课《左传·烛之武退秦师》；第三课《史记·鸿门宴》。笔者认为，根据学生的认知水平，第一课选入《庖丁解牛》不甚妥当，庄子在文中隐含的做人做事要顺应自然的思想，与孔孟文章传达的为了天下理想矢志不渝"知其不可而为之""舍我其谁"的使命担当精神差异显著，易致学生认知混乱。笔者建议将《烛之武退秦师》与《鸿门宴》组合。当然，如果比较阅读仅仅停留在二者史书体例、叙事艺术以及人物刻画等一般知识的比较归纳和艺术手法赏析的层面上，价值不大。教师可以指导学生结合文章内容，围绕"绝境中的智慧与抉择"主题，引导学生分析"当一个国家或一个团体面临绝境的时候，那些如烛之武、张良辈的英雄人物，如何凭借个人智慧和勇气带领大

---

① 中华人民共和国教育部：《普通高中语文课程标准(2017 年版 2020 年修订)》，人民教育出版社 2020 年版，第 3 页。

家走出绝境"，进而探讨英雄对历史进程的影响，然后适时引入郁达夫《怀鲁迅》中的论述，即"一个没有英雄的民族是不幸的，一个有英雄却不知敬重爱惜的民族是不可救药的，有了伟大的人物，而不知拥护、爱戴、崇仰的国家，是没有希望的奴隶之邦"①，升华主题，激发学生对英雄与民族命运和社会责任的思考。

2. 资源拓展：多模态文本融合创新

多文本，其实不能囿于文章组合，可以突破"纯文字"局限，引入图像、音视频等多元媒介，构建多元文本场域。以下是笔者的《林教头风雪山神庙》教学案例。

（1）图文互证

对比课文插图与原文细节，引导学生批判性分析画家对"酒葫芦"与"白布衫"的艺术处理，揭示林冲从隐忍到觉醒的心理转变。阅读课文内容并对照文中插图"林冲雪夜上梁山"，找出画家所画与文章内容不相符之处，思考画家为何这样处理。

有两处图文不符，第一处：图中林冲枪上挑着酒葫芦，与原文"被与酒葫芦都丢了不要"的叙述明显不符。画家这样处理，美酒伴英雄，或欲借此刻画林冲快意恩仇后豪迈洒脱的英雄形象。其实，酒葫芦里装满了林冲的苟安和幻想，丢了酒葫芦，林冲才抛弃了苟安和幻想，不再隐忍，不再委曲求全。这是他觉醒的标志，酒葫芦一定不能画进来。第二处：插图中林冲身上的白布衫迎风飘舞，与原文"带了钥匙，信步投东，雪地里踏着碎琼乱玉，迤逦背着北风而行"和"提了枪，便出庙门投东去"两处描写不符。此时的林冲是背着北风东去，白布衫应该是紧紧裹在身上。画家这样画，可能还是以为如此更能表现林冲快意恩仇后雪夜上梁山的英武洒脱之气概。其实，此时的林冲内心充满了悲伤，自己尽管手刃了几个仇人，但也彻底得罪了高俅父子，草料场被烧了，又罪加一等，从此更是有家难回，再也不能与妻子团聚，前路茫茫，不知该投奔何方。白布衫裹在身上，不仅符合当时的情境，也更能表现林冲的落魄与彷徨。

课上，学生将文本与插图相组合，阅读、质疑、思辨、表述，不仅提高了阅读表述能力，更培养了思维的批判性与逻辑性。课后，学生以"一个酒葫芦的重量"为题撰文，总结课堂所得。

（2）音画联动

播放《好汉歌》，结合原著情节探讨林冲形象的复杂性，打破林冲"懦弱"的刻板印象，重新定义"英雄"内涵，建构对"英雄"的多元认知。对此，笔者在《语文阅读教学的指向》②一文中进行过论述：

不知从什么时候起，逼上梁山的林冲便成了逆来顺受的窝囊废的代名词，这几乎是所有教材、教参的共同认识。如果我们不人云亦云，能用心读读《水浒传》七到十一回所写的林冲的故事，就会有更多发现。他是不够好汉，五岳楼、白虎节堂、野猪林等好几次都没有"该出手时就出手"，被人一欺再欺。不过，我们也会发现他的"不出手"都有原因（或是碍于情面，或是眷恋亲情，或是同情弱小），会发现他还有几次被我们忽视的"出手"。被诬定罪后，他"出手"休了自己的爱妻，让她另寻一个好人家；在野猪林，他"出手"阻止了鲁达，不让鲁达打杀两个公人，说"非干他两个事……你若打杀他两个，也是冤屈"；到了沧州，他"出手"拒绝了李小二的报答，"我是罪囚，恐怕玷污你夫妻两个"……这就是林冲，他心里不是只有他自己，相反常常替别人着想；他的每一次"出手"与"不出手"都与一个"情"字有关，爱情、亲情、友情、人情，他有万丈豪情，又有千般柔肠。多情未必非豪杰，能爱能恨，这才是英雄本色！如此解读，是不是有一种别有洞天、豁然开朗的全新感觉？对培养、提高学生辩证思考、全面评价的能力是不是大有裨益？

3. 教法革新：问题驱动与深度思辨

（1）巧设问题，激发探究动力

教学《鸿门宴》时，笔者喜欢问一个问题：刘邦率众仓皇逃走，却留下张良善后，难道张良不怕死吗？这个问题很能激起学生的探究兴趣。在学生思考的前提下，笔者建议课外阅读《史记·留侯世家》，并提供下面资料，以期拓展他们思维的空间。

---

① 郁达夫：《怀鲁迅》，《文学月刊》1936 年第 5 期。

② 程祖进：《语文阅读教学的指向》，《上海师范大学学报（基础教育版）》2008 年第 3 期，第 103 页。

张良在项伯"具告以事"后，"乃入，具告沛公"。刘邦"大惊"，身为主子，却连续问身为臣子的张良"为之奈何""且为之奈何"。多么礼贤下士，谦恭有礼啊！听了张良的话后，又依言而行。……可在鸿门宴即将结束时，刘邦"乃令张良"留谢献礼，"公为我献之"。他"置车骑，脱身独骑""道芷阳间行"，又对张良说："度我至军中，公乃入。""令""乃入"，全是命令的口吻，毫无商量的余地，主子气十足。鸿门宴前后，身为主子的刘邦对身为臣子的张良的说话语气方式截然不同。前后为什么迥异？场合不同。先前刘邦深知"今事有急"，突然得知自己即将面临大祸，他的确"大惊"。奋起反抗？逃跑了之？认罪求饶？粉饰辩解？他知道在这关键时期，生死就在一念之间。他就算对策已定，也想广纳谏言，从而更周全慎重地处理这危机，所以不得不虚心请教。后面为什么直接命令张良呢？三十六计走为上计，他知道自己别无选择。而且，既然决定要溜，就要人来保护自己，也要人来断后。谁来断后？樊哙？不，樊哙是武将，要贴身保护。张良，是谋士，跑不快，累赘；武艺不高，无用；却能言善辩，可以凭三寸不烂之舌与项羽周旋。刘邦一会儿谦虚有礼，一会儿霸道无情，一会儿虚心请教，一会儿乾纲独断，场合不同罢了。立体化的刘邦活灵活现。①

师生共同的分析的过程和结论是：黄老师的这段文字主要通过分析鸿门宴前后刘邦对待张良的态度变化，来评判刘邦善变、无情的性格特点。黄老师的结论错误，是因为他立论的前提错了，此时的刘邦还不是张良的"主子"，张良更不是刘邦的"臣子"。他们的关系很特殊，就是因为这种特殊的关系，刘邦请张良"留谢献礼"，张良也才敢欣然受命。张良的胆大、不怕死是有原因的。

鸿门宴时，张良在刘、项两个集团之间的身份很特殊。《史记·留侯世家》说：张良本为韩人，因其先辈五世相韩，韩被秦灭后，张良"悉以家财求客刺秦王，为韩报仇"。②后来，他"与客狙击秦始皇博浪沙中，误中副车"，③遭到通缉，只好"更姓名，亡匿下邳"。④"居下邳，为任侠。项伯常杀人，从良匿。"⑤陈涉、项梁相继起兵反秦后，张良成功劝说项梁立韩公子成为韩王，他自己也做了韩王的申徒（相当于相国）。刘邦从洛阳南行，张良受托"为韩王送沛公"。直至入关后，张良应该都还没有进入刘邦集团的核心决策层，无权参与一些机密事件的论断。"谁为大王为此计者？"鸿门宴前这一问即是明证。可见，此时的张良，是与项羽、刘邦同殿称臣的韩王的人，他既不是刘邦的属下，也不是项羽的敌人，而因为与项梁、项伯的关系，他一定程度上还算得上是项羽家的故交。所以，项羽可以指责刘邦，却没有任何理由迁怒于张良。这种与双方的微妙关系，才是张良权衡后敢于"留谢献礼"的重要原因。其次，张良曾经是项伯的救命恩人，他相信，即便项王迁怒于他，敦厚的项伯也不会忘记大恩而见死不救。最后，鸿门宴上项羽、范增、项伯、项庄以及陈平等人的表现，让他清楚地看到对方如同一盘散沙，没有统一思想，他相信凭借自己的智慧应对他们游刃有余。如果说还有其他，我们认为，刘邦不断增强的信任以及时表达出的谦恭有礼（刘邦对张良是言必尊称为"公"。其实，"令""乃入"，亦非黄老师所言"全是命令的口吻，毫无商量的余地"，"令"是"让"的意思，它们所传达的恰恰是刘邦的殷殷嘱托），可能也是使他产生"士为知己者用"的豪情而愿意为之犯险的原因。所以，我们说，张良不是傻大胆、不怕死，而是他相信自己根本就不会死。

阅读时像这样引导学生思考一些富有思辨性的问题，并关联其他文本做出富有逻辑性的分析，既清楚了张良与刘邦的特殊关系（非主仆、君臣而是盟友、合作者），推翻了"刘邦刻薄寡恩"的片面结论，又揭示了其"犯险"的深层逻辑，可以培养学生的史料实证意识和不盲从迷信的批判性思维。

（2）联结现实，批判性解读经典

---

① 黄波：《如何多角度分析作品中的人物形象及事件——以〈鸿门宴〉为例谈谈如何思辨性阅读》，《语文月刊》2020 年第 8 期，第 39-40 页。

② 司马迁：《史记》，宁夏人民出版社，1994 年版，第 742 页。

③ 司马迁：《史记》，宁夏人民出版社，1994 年版，第 742 页。

④ 司马迁：《史记》，宁夏人民出版社，1994 年版，第 742 页。

⑤ 司马迁：《史记》，宁夏人民出版社，1994 年版，第 742 页。

教学经典,可以抓住关键,引入社会生活"大文本",由表及里,培养学生的语言理解能力和思维批判性品质。下面结合《〈论语〉十二章》的教学实践尝试探讨。

"子曰:见贤思齐焉,见不贤而内自省也。"一般的解读是,我们应该向贤人学习,学会对照反思。可是判别"贤"的标准是什么呢?几千年时代变迁,"贤"的内涵是不是也应该有所变化?如果以传统的标准衡量,中途辍学的韩寒和比尔·盖茨算不算好学生?"江山代有才人出","不拘一格降人才"。见"贤"思齐的批判性解读,有效启发了学生对价值观时代性的思考。

"子曰:君子喻于义,小人喻于利。"君子懂得的、看重的是道义,小人懂得的、看重的是利益。这句话常常被人们拿来区别君子、小人,号召大家重义轻利,亲君子远小人。课上就有学生提出疑问:现实生活中,重利的"小人"无处不在,且人数众多,难道可以摒弃"小人"、驱逐"小人"吗?这个问题让我们对圣人的告诫有了更深更新的思考。其实,孔子这句话不只是讲给我们普通人听,更是讲给管理者、统治者听,教给他们驭人之术:如果属下是君子,动之以情晓之以理即可,就像郑文公和刘邦一句诚恳道歉、一句虚心求教,就能让烛之武和张良冒死犯险;如果属下是小人,可能就要啖之以利,就要许以高官厚禄封疆裂土。"半部论语治天下",古之人不余欺也。"义利之辨"的深化,启发学生联系管理者如何平衡"义"与"利"的管理案例,从现实视角重构了经典意义,避免了道德说教。

(3)无中生有,培养质疑精神

陈献章说:"学贵知疑,小疑则小进,大疑则大进。"[1]朱熹也说:"读书无疑者,须教有疑;有疑者,却要无疑,到这里方是长进。"[2]学习《琵琶行》,我们在寻常之中发现奇崛之处,于无疑处生疑,提出了一些反常识问题,启发学生深度质疑,然后引入具体资料"小文本",培养学生信息提炼概括能力和思维创新性品质。以下是我们课堂研究性学习的部分成果:

成果一:白居易为何夜不留客?

"浔阳江头夜送客,枫叶荻花秋瑟瑟","醉不成欢惨将别,别时茫茫江浸月"。诗的开篇,作者便描绘了一幅秋夜江滨送客图:秋风萧瑟,寒波荡漾,冷月无声,送客江头,别情凄凉。既然不忍离别,而且已是晚上,作者为何不留客作彻夜长谈?莫非是客人急着赶路?想一想,在古代,航行条件极为简陋,船上没有照彻前路的灯火,江上也无指示航线的航标明灯,夜晚恐难行船,张继枫桥夜泊、杜牧夜泊秦淮、王安石泊船瓜洲,便是古人在大江大河夜不行船的佐证,而诗中停泊江边"悄无言"的"东船西舫"也是最有力的证明。既然不是客人急着赶路,那么作者夜不留宿一定别有隐情。这个话题可以激起学生极大的探究欲望,教师要做的就是适时引导,指导学生查找资料解答疑惑,培养其解决问题的能力。[3]

首先是阅读课文注释,看看有没有相关信息;其次是利用网络获取更多资源。……不过,它们(注释)都语焉不详,用来解答疑惑,理由显得有些粗陋。谏官建言本是其应尽职责,即使触怒皇帝也还不至于一贬到底,更不要说'触怒当朝权贵'。事情不会这么简单,我们需要获取更多信息以求证。网络资料浩如烟海,真假难辨,学生如何按图索骥辨别甄选需要教师指导。一般情况下,其人物传记和人物年谱以及古人笔记的记载较为可信。[4]

教师推介《新唐书·白居易传》、孙光宪《北梦琐言》中的篇章和《白居易年谱简编》,指导学生在比较阅读的过程中研究、分析,形成以下结论:

检索、整理资料只是第一步,在此基础上教师需要指导学生结合材料做出分析概括,力争得出白居易被贬的根本原因。如果学生懂得凡事发生皆是客观、主观因素使然的道理,分析概括起来其实不难。客观原因:藩镇割据,战乱频仍;牛李党争,生态恶劣。主观原因:才高遭妒,性耿遭恨;仗义执言,忠而被谤。一个才华横溢忠君爱国的良臣,惨遭皇帝斥退与同僚排挤,自然会有满腹委屈,自然会在获得友情

① 陈献章:《陈献章集》,中华书局1987年版,第165页。
② 朱熹:《朱子语类》卷第十一,上海古籍出版社2002年版,第343页。
③ 程祖进,江梅:《看似寻常最奇崛——〈琵琶行〉备课札记》,《语文月刊》2021年第7期,第57页。
④ 程祖进,江梅:《看似寻常最奇崛——〈琵琶行〉备课札记》,《语文月刊》2021年第7期,第57页。

温暖后心存感激而加倍保护友人，自然会在聆听一个落魄的歌伎演奏、听闻其多舛的身世叙述后油然而生'同是天涯沦落人，相逢何必曾相识'的强烈共鸣。一个不计安危，一个小心翼翼；一个更坐弹一曲，一个翻作《琵琶行》。这一切，均源于人世间平凡而高贵的情感——同情与感激。如此看来，表面上是探求作者为何夜不留客，其实是从一个全新的角度巧妙地探讨了人物的命运和作品的主题。①

成果二:琵琶女为何要演奏《霓裳》和《六幺》?《霓裳》《六幺》，是怎样的曲子呢?

《霓裳》，即《霓裳羽衣曲》，唐代名曲，宫廷乐舞。……《六幺》，又名《绿腰》，也是唐代名曲，为女子独舞曲，节奏由慢到快，舞姿轻盈柔美。……二者，尤其是《霓裳》，本是大型交响歌舞剧，乐曲复杂，节奏繁复，演奏难度极大，而琵琶女硬是凭借其出神入化的技艺用一把琵琶将它们的无限精彩独奏出来，这是何等功力！她为何要演奏这两首名曲呢？我们现在可以做出如下推断:也许是这两首名曲难度大、要求高，演奏它们方能显示自己技艺之高超。虽然自己现在已是沦落天涯的长安"过气明星"，但依然要保持那份高贵的矜持。也许更是琵琶女情之难抑，"低眉信手续续弹，说尽心中无限事"，用音乐倾诉平生，而《霓裳》《六幺》就是她以为的最好选择。跌宕起伏的乐曲，坎坷曲折的人生，也只有这两首名曲才能"抒写"自己所有的往事，道尽心中所有的情感。她得偿所愿，"东船西舫悄无言"，所有的听众都是懂她的。其实，这两种推测学生经过一番思考应该可以得出，不过要想作出更为合乎情理的选择并进行有逻辑的推理就不是一件容易的事了。②

我们引入多文本，不仅探究了琵琶女借高难度曲目"自证价值"的心理，更理解了诗歌"天涯沦落"的悲剧内核。

教学需要艺术，解读需要匠心。语文多文本阅读教学应立足"双新"理念，平衡好传统与创新的关系，应该在教材编写不断优化的前提下，丰富对多文本阅读教学的认知，把培养学生的道德品质和思维品质、提升学生的阅读能力和语言运用能力当作最重要的目标追求，以主题整合、多模态资源、思辨性问题为突破口，推动课堂从"知识传递"转向"思维生长"。唯有如此，方能真正实现"以学生为中心"，让语文阅读教学成为素养落地的实践沃土。

Challenges and Solutions in Teaching Multi-Text Reading in High Schools

CHENG Zujin, TANG Xia

(Shanghai Minhang High School, Shanghai, 200240)

Abstract: Teaching multi-text reading is an important approach to cultivating students' critical thinking and cultural literacy. However, current high school Chinese teaching still faces such challenges as insufficient rationale in text combinations, conflicts between classes and teaching content, and outdated teaching concepts. Based on literature analysis and teaching practice, this paper proposes strategies centered around "thematic integration", "multi-modal resources", and "chains of critical questions". Research shows that reconstructing textbook logic, integrating diverse media, and designing in-depth questioning frameworks can effectively shift the classroom from "knowledge transmission" to "thinking development", thus promoting students' core literacy development.

Keywords: the "Double New" curriculum reform, high school Chinese, core literacy, teaching multi-text reading

---

① 程祖进，江梅:《看似寻常最奇崛——〈琵琶行〉备课札记》，《语文月刊》2021 年第 7 期，第 59 页。

② 程祖进，江梅:《看似寻常最奇崛——〈琵琶行〉备课札记》，《语文月刊》2021 年第 7 期，第 59-60 页。

《现代基础教育研究》
第59卷，2025年7月　　（Research on Modern Basic Education）　　Vol.59, Jul. 2025

基于深度学习的小学文言文教学探究

周雅芳

（上海市嘉定区教育学院，上海 201899）

摘　要：针对当前小学文言文教学中教材编排零散、教学方式浅层、教学评价单一等现实困境，文章基于深度学习理论，构建"目标—过程—思维"三位一体的教学改进路径：通过明确学习目标激发学习内驱力，借助深度参与促进学习活动建构，依托思维迁移实现学习能力进阶。据此，提出小学文言文深度教学的具体实施策略：构建文言单元，促进"精准性"目标定位；凸显活动交互，促进"卷入式"主动参与；创新教学方式，促进"激荡化"思维生成。

关键词：深度学习；小学文言文；语文核心素养

文言文作为中华民族几千年灿烂文化的结晶，承载着中国古代文化的精髓，是传承中华文明的重要载体。对于小学生而言，学习文言文不仅意味着接触古代文化知识，感受古人的智慧，更重要的是，它能够帮助学生形成文化自信，建立对中国传统文化的认同感和自豪感。文言文的学习更是一个提升核心素养的过程。语文学科核心素养包含文化自信、语言运用、思维能力和审美创造四个方面[①]，它们相互关联，共同构成语文学习的整体目标。学习文言文正是实现这一目标的重要途径。通过文言文的学习，学生可以接触到丰富的人文历史知识和思想智慧，提升文化素养，同时，文言文独特的语言表达方式和结构特点也能够帮助学生提高语言运用素养，促进审美创造能力。笔者认为，在素养为本的课程改革实践中，文言文学习要和文学、文化建立紧密的关联，还需为思维、审美建立坚实的桥梁，其中不得不提深度学习的重要性。

一、深度学习内涵及其对文言文学习的价值

1. 深度学习的内涵

"深度学习"的概念最初源于人工智能领域，是一种利用人工神经网络来自动分析和学习数据中的复杂模式。[②]日本教育学者佐藤学认为，"深度学习"是学习者能动地参与教学的总称，相对于"浅层学习"而言，它更强调知识的理解、应用与迁移，知识意义是主动探寻的而不是灌输的。在深度学习的过程中，学习者需要全身心地投入，更强调社会互动的作用。[③]对"深度学习"的研究，有学者强调学生在学习

作者简介：周雅芳，上海市嘉定区教育学院教研员，中学高级教师，主要从事小学语文教学研究。

① 中华人民共和国教育部：《义务教育语文课程标准（2022年版）》，北京师范大学出版社 2022 年版，第4-5页。
② 孙志军，薛磊，许阳明，王正：《深度学习研究综述》，《计算机应用研究》2012 年第 8 期，第 2806-2810 页。
③ 钟启泉：《深度学习：课堂转型的标识》，《全球教育展望》2021 年第 1 期，第14-33页。

过程中对知识的主动建构、批判性思维、创造性迁移以及高阶思维能力的培养。①基于以上认识,笔者认为,深度学习的内涵可以从三个角度来归纳和思考:从学习目标来看,深度学习以"高层次的目标、整体性的内容"为锚点,聚焦学生用核心知识来解决学科中、生活中的实际问题;从学习者来看,深度学习以"主体性、对话性和协同性"为标识,聚焦学生对安全的学习情境的融入和基于兴趣与挑战的学习任务的达成;从学习对象来看,深度学习以"意义联结的学习活动、反思评价的互动过程"为动力,聚焦在知识的主动探寻中形成的思维方式,以及对随之形成的可迁移能力的关注。

2. 深度学习对文言文学习的价值

第一,明晰文言文学习目标的聚合与分解。深度学习的目标有高层次的特点。这里的高层次有两方面寓意,一方面,具有单元的统领性,另一方面,体现"分析、评价、应用、创造"等高认知水平。因此,如何在教学中构建文言单元,既有文言单元学习目标的聚合意识,又能根据年段特点、文言文所在自然单元的要求,分解与制订分课时目标,是非常有必要的。

第二,思考文言文学习活动的被动与主动。没有学生提问,就没有真正的深度学习。就文言文本身而言,它们所描述的时代、刻画的人物、语言的表达等都是学生提出问题的资源,而尝试解决问题也是他们主动投入学习的契机。教师要充分重视文言文这一文体的特殊性,创设学习者主动探索的学习情境和空间,设计由学生问题联结而成的挑战性活动,以此来进一步强调学生在课堂中的主体性、对话性、协同性,促进社会性的发展过程。

第三,重视文言学习思维的建构与迁移。"思维能力"作为语文学科核心素养之一,其深刻性、独创性、批判性等特征得到进一步凸显。深度学习重视文言文学习思维的建构与迁移。针对文言文学习,"思维能力"可以一分为二:一是指向文体学习的策略性思维,即学生能够从学习文言文的过程中感悟面对同类型的文言文可以怎样读,学会迁移和运用阅读策略;二是指向内容学习的发散、辩证性思维,即针对某一篇文言文中情节、论点的深入探究,促使自己更深入地了解某一人物、某一事件等。这里学生要建构和迁移的是文言文内容与现实生活之间的关联。

二、当前小学文言文教学的现状

深度学习对文言文学习具有积极意义,但审思当前小学文言文教学现状,不难发现诸多问题,这些问题在目标设定、教学方式到思维培养等多方面影响文言文教学质量,亟待深入分析与解决。以下将对关键问题展开具体探讨,以明晰现状、梳理问题所在。

1. 目标不明确:教材编排零散导致单课目标制订偏差

小学语文统编版教材从三年级开始编排文言文,三年级每学期一篇,四五年级每学期两篇。教材没有集中编排这些文言文,而是将其零散地分布于三至五年级的不同单元中(见表1)。

表1 统编版小学语文教材文言文篇目一览表

年级	篇目	单元语文要素（阅读）
三上	《司马光》	学习带着问题默读,理解课文的意思
三下	《守株待兔》	读寓言故事,明白其中的道理
四上	《精卫填海》	了解故事的起因、经过、结果,学习把握文章的主要内容
		感受神话中神奇的想象和鲜明的人物形象
	《王戎不取道旁李》	了解故事情节,简要复述课文
四下	《囊萤夜读》《铁杵成针》	学习把握长文章的主要内容
五上	《少年中国说》	结合资料,体会课文表达的思想感情

---

① 张春莉,王艳芝:《深度学习视域下的课堂教学过程研究》,《课程·教材·教法》2021年第8期,第63-69页。

（续表）

年级	篇目	单元语文要素（阅读）
	《古人谈读书》	根据要求梳理信息，把握内容要点
五下	《自相矛盾》	了解人物的思维过程，加深对课文内容的理解
	《杨氏之子》	感受课文风趣的语言

从表 1 可知，这些古文所在的自然单元其单元要素各不相同，除此以外，还能发现两个问题：一是这些文言文所在的自然单元中的语文要素更多指向现代文阅读，很难在文言文阅读教学中得到有效落实。如《囊萤夜读》《铁杵成针》所在单元的语文要素为"学习把握长文章的主要内容"，但这两篇文言文前者仅有两个句子，后者略长，也仅有四句，呈现在教材页面上为两至三行，显然它们都不是"长文章"，很难在学习中实现"把握长文章的主要内容"的教学要求。二是其所在单元的教学目标各不相同，难以将三个年级中出现过的文言文有序关联，制订进阶式目标，这种碎片化教学自然缺乏文言文教学的整体性。因此，无法真正唤醒和迁移学生学习文言文的整体经验，也不利于教师制订文言文的单元教学目标。

2. 方式惯性化：浅层的教学方式代替了学生的主动参与

文言文在小学统编版教材中所占比重较少，导致教师的整体重视程度不高，对其教学要求并不非常明确。这也一定程度上反映在真实的课堂教学之中。据笔者观察，无论是哪一年段的文言文，教师基本按照"准确听读—理解词句—讲出大意—背诵文言"的方式来教学。由此也导致大多数学生在三年级学习第一篇文言文时兴趣盎然，而到五年级时已兴味索然，因为他们已经完全熟悉了教师的教学"套路"，没有了新鲜感，主动参与的热情自然也越来越低。

3. 思维难激活：学习评价单一加剧了思维的"标签化"

文言文教学目标不够精准，教学方式因循守旧，随之而来的就是文言文学习评价方式的单一化。多数教师将文言文学习简单等同于"背诵默写""掌握重点字词""了解人物特征"等表层要求，因此，在终结性评价中，试题设计也往往局限于这些内容。在这种教学导向下，文言文特有的语言魅力——词句的凝练之美、音韵的和谐之美、思想的深刻性以及情感的感染力等，要么在教学中被简单带过，要么被贴上"内容短小精悍、语言简洁凝练"等程式化标签而失去其丰富内涵。[①] 这种单一化的评价方式虽然看似解决了文言文学习中的某些具体问题，但实际上学生获得的仍然是碎片化、标签化的语文知识，难以形成对文言文本质的深入理解，更无法建立系统的文言文学习体系。

三、基于深度学习的小学文言文教学策略

1. 构建文言文单元，促进"精准性"目标定位

这里所说的单元，是指以文言文为主要学习内容，重构自成一体的文言文学习单元。教师自主构建文言文单元时，单元目标必须对照课程标准要求，即通过语调、节奏等体味文言文的内容和情感，汲取为人处事的智慧，从而形成一定的文化视野和底蕴。在此基础上，笔者发现，尽管文本不同，所在单元目标不同，但不同年段对文言文的学习要求几乎是一脉相承的：熟读成诵，讲述故事的主要内容，解释人物的行为或作者的观点等。这也进一步提示了文言学习的"结构化"特点及其相对稳定的阅读策略。同时，我们还需要根据年段的具体要求，做好文言文学习单元的目标分解、转化和衔接。在表 2 中，四年级"分析人物形象"和五年级"说明词句的表达效果"等均为相应教材自然单元的学习要求，也是学生在语言学习中"关注逻辑与推理，基于证据得出结论"的重要一环，指向的就是深度学习的关键目标。当然，在单元教学实施时，建议现阶段以同年级集中推进、跨年级分散实施的教学策略为主，也可以继续根据教材

---

① 赵源林：《小学文言文教学"标签效应"及助力真实学习的应对策略》，《语文教学通讯》2023 年第 10 期，第 58-59 页。

节奏同步推进。不管如何实施,教师都要通盘考虑文言文单课、自然单元、文言文学习单元目标之间的有机整合。

表 2 文言文学习单元视角下的年级目标

文言单元总目标	年级	年级目标
通过诵读涵泳,品味文言声韵节奏, 领会文意旨趣, 感悟古人情志, 从中汲取立身处世之道, 以涵养人文情怀,厚植文化根基	三	1. 知道文言文是中国古代的书面语言,它有行文简练的特点
		2. 能在教师的指导下,正确地读出文言文的语调和节奏,了解并讲述故事大意
	四	1. 能根据文言规律找到停顿,正确、流利地读好文言文的语调和节奏
		2. 能借助注释、扩词等方法解释句子的意思,讲述故事内容
		3. 能阅读古人小时候的故事,分析文言文作品中的人物形象
	五	1. 能正确、流利、有感情地读好文言文的节奏、语调
		2. 能借助相关资料理解句子的意思,用自己的话讲述故事
		3. 结合文言语境,说明文言文中相关词句的表达效果,分析人物的思维过程、作者的观点、情感等,并能结合生活环境总结启示

以四年级上册第八单元《王戎不取道旁李》一课为例,作为自然单元的开篇选文,承载着单元整体教学赋予的任务和价值。其对应的自然单元语文要素为“了解故事情节,简要复述课文”。但本课文言文仅有四句话,较为简洁,难以落实“简要复述课文”的教学要求。因此,教师可以综合考量单课特点、自然单元与文言文大单元之间的关系,将这一课的教学重点设定为“能结合注释,补充必要信息,理解课文内容并复述故事”。以文言文学习单元所对应的年段目标为主,以“补充必要信息”作为理解与复述故事的前提,将文言单元与自然单元目标无痕融合,真正做到“精准性”目标定位。

2. 凸显活动交互,促进“卷入式”主动参与

深度学习的活动设计,需以学生问题为起点,思考学习过程中的“情境、协同、支架、任务、展示、反思”。教师须基于精准目标引领,凸显文言文情境,设计文言文学习经历,建构相互关联的文言学习活动,持续不断地帮助学生实现“卷入式”主动参与,让学习从浅层走向深入。

(1)用对话来触发互动“卷入”

文言文本身就是学生要与之对话的“客体”,但无论是表达形式还是内容,文言文因其特殊性往往远离学生的真实生活。在《王戎不取道旁李》一文教学中,笔者通过一个“李”字勾起学生同客体对话的兴趣。课前,笔者准备了李子给学生品尝,学生情不自禁地产生疑问:“这是什么? 老师为什么要让我们尝? 它与今天要学习的内容有什么联系?”笔者顺势板书“李”字。当学生品尝了李子的味道并知道了主题后,进一步提问:“李子酸甜可口,味道不错,王戎为什么不去摘呢?”这一问题直接指向文本核心意思的理解,它预示着学生主动从真实的生活经验走向文本情境的探索,从具象思维走向抽象思维。再如,在《杨氏之子》这一对话体文言文教学中,教师可组织学生进行分角色朗读,生动再现杨氏之子与孔君平机智对答的场景。在朗读过程中,引导学生通过语气、节奏的变化体会文言对话的韵律美。朗读结束后,可围绕三个层面展开深度讨论:一是赏析对话的艺术技巧,分析“未闻孔雀是夫子家禽”的妙答智慧;二是揣摩人物形象,探讨杨氏之子“聪慧机敏”的性格特征;三是体会情感流动,感受趣味“反击”的情感交锋。通过这些互动学习活动,学生不仅能领悟文言文凝练典雅的语言特质,还能在历史语境中理解人物的行为逻辑,实现语言学习与文化体悟的双重收获。

(2)用任务来引发互动“卷入”

除了对话式主动卷入,学生还需要在挑战性活动中完成一定的探究式阅读任务,由此深入理解文言内容。在学习《守株待兔》时,教师可以鼓励学生用不同的顺序讲述这个故事。学生既可以按照事情的起因、经过、结果来讲,也可以先说经过,再解释人物行为的原因,最后讲结果。这一学习任务的完成要点是如何在改变情节顺序的情况下不影响故事的完整性,这正是学生读懂故事的体现。

小学教材中的文言文大多比较短小,创意表达类任务的设计可以锻炼学生的想象力、创造力,同时促进学生对文言词汇的运用。以《自相矛盾》为例,学生可以根据文中的情节,用文言文体裁来续写故事,还可以以故事接龙的方式展开创意表达。再如《杨氏之子》,同样可以用文言的方式补充增加故事结尾,假设"若你是杨氏之子,访客是李君平、黄君平等,你又该如何以幽默风趣的方式应对"。①

此外,教师可以围绕主题、体裁、人物等来安排拓展性阅读任务,构建群文阅读体系。如《古人谈读书》与《囊萤夜读》均以"勤学"为主题,教师可将其组成对比阅读单元,并设计阶梯式探究任务:主题对比,引导学生分析两篇文言文对"刻苦读书"的不同诠释;表达鉴赏,对比说理式与叙事的文体差异;人物评析,讨论孔子"学而不厌"与车胤"囊萤夜读"展现的精神品格异同。教师还可在学生完成以上任务后组织"古今读书法"辩论会,让文言文学习与当代生活产生联结。这种结构化对比阅读,既能深化学生对文言文思想内涵的理解,又能培养其批判性思维和文本互读能力。

3. 创新教学方式,促进"激荡化"思维生成

2022 年版语文课标将"思维能力"作为核心素养中重要的组成部分。语言学习既应重视学科内容,即知识维度的习得,还要重视"思维能力",即认知过程维度的训练,这也是深度学习的必要条件。

(1)学习支架协同化建构,在活动中激荡策略性思维

在阅读活动中,帮助学生搭建学习支架是解决问题的关键所在,也是渗透文言阅读策略、提升逻辑思维能力的重要抓手。此处所说的"支架",既包含普适性的、通用的文言学习方法,又指向针对"这一篇"文本可能遇到的个性化学习难点。如《王戎不取道旁李》故事性极强,常规的教学流程通常遵循"读通顺—说清楚—弄明白"三个步骤。然而,学生在"说清楚"这一环节往往遇到困难,这实际上是在考查两个方面的能力:一是对文言文字词的理解能力,二是对文本中人物事件关键信息的提取与整合能力。笔者将第一句"王戎七岁,尝与诸小儿游"的理解作为学习支架建构的锚点,指引学生"要知道人物干了什么,需要先找到事件""文言文的语言非常简练,找到动词往往就是找到了与人物相关的事件""动词一般出现在人物的后面"。学生受到启发,逐渐找到"确定人物—找出动作—明确事件"这样的学习支架。这一支架看似简单,却在这一类叙事性文言文阅读中有举一反三的作用。它能够帮助学生进一步厘清多个人物与事件的对应关系,从而达成"说清楚"的目标。当学生再次遇到同类型文本时,就能主动进行结构化的迁移与创造。

(2)成果展示的反思性推进,在评价中激荡辩证性思维

文言文教学中成果展示往往以文言文的读背诵讲为主要形式,从深度学习的视角看,这种成果展示远远不够。我们更期待以思维的结构性发展作为成果展示,让"反思""评价"成为阶段性学习的结束。如《王戎不取道旁李》一课最后的环节"简要复述故事",指向的是本单元的单元要素。在成果展示前,教师可以用两个问题来激活学生思维:第一个问题是"本篇文言文刻画的主要人物是王戎,那么除了通过王戎的行为表现刻画出他的'聪慧',是否可以把'诸儿'和'路人'这些人物的行为表现省略?"第二个问题是"复述故事时为了凸显王戎的'聪慧',还可以在哪些地方做必要的补充?"学生在对比尝试后,认为可以省略第一个问题中提到的人物行为,但省略后的故事缺少了起伏变化,无法凸显人物的特点,这样的故事味同嚼蜡,难以激发听者兴趣。针对第二个问题,学生对比后发现若适当补充时代背景和王戎的想法,故事情节就会更加清晰,人物的特点也会更凸显。

对文本的深入探究,其核心价值在于培养学生的辩证思维能力。教师通过引导学生思考"作者为什么要这样写""复述时哪些内容必须保留、哪些可以精简"等问题,以"情节取舍"为抓手,促使学生既反思文本内容,又审视自身表达。这样的教学设计,既是对单元语文要素的具体落实,也是对单课教学目标的深化拓展,最终推动学生在"评价—分析—应用"的思维循环中实现认知升级。

---

① 高子阳:《基于思维发展的课堂教学——以小学文言文教学为例》,《小学语文教学》2023 年第 12 期,第 8-11 页。

《现代基础教育研究》

第59卷，2025年7月　　　　　　　（Research on Modern Basic Education）　　　　　　Vol.59, Jul. 2025

建构主义视角下高中数学建模教学实践

桑晨怡

（上海师范大学附属外国语中学，上海 201600）

摘 要：数学建模是高中数学学科六大核心素养之一。以"潮汐的函数模拟"教学为例，教师搭建了以建构主义学习理论为依据的"情境—问题—活动"教学模式。通过创设真实情境，分解核心问题，引导学生开展合作探究的学习活动。在教学中，学生将完整的数学建模过程与课本知识的应用有机结合，提升了用数学思维解决现实问题的能力，发展了数学核心素养。

关键词：建构主义学习理论；情境；问题；活动；数学建模；三角函数

一、研究背景

《普通高中数学课程标准（2017年版2020年修订）》（以下简称"新课标"）实施后，探索培养学生核心素养的数学教学成为广大一线教师的共识。数学建模是高中数学学科六大核心素养之一，新课标指出："数学建模是对现实问题进行数学抽象，用数学语言表达问题、用数学方法构建模型解决问题的素养。"[①]数学建模活动作为高中数学课程中的一条主线，是综合提升学生数学核心素养的重要载体。数学建模连接现实世界与数学，有助于学生提升实践能力，体会数学应用之美。

笔者通过对某校数学教师访谈发现：大部分数学教师将数学建模等同于应用题，以传统应用题教学替代数学建模教学，缺少数学建模课程的教学经验；囿于应试，对数学建模的重视程度有待提高。学生缺乏完整的建模意识，既往的数学建模经验更强调模型的建立与求解，鲜有对模型的检验和应用。学生以往面对的大多是"理想化"的建模问题，只要分析问题、套用公式就能得到"正确且唯一"的结果，但现实生活中的问题更为复杂、数据庞杂，因此，让学生经历完整的数学建模过程，有助于他们获取解决现实问题的经验。

二、以建构主义学习理论为依据的教学框架

新课标将数学建模活动纳入高中数学课程后，不少学者对高中数学建模教学做了有益的研究。李明振、喻平解析了高中数学建模课程的实施背景，揭示实施中存在的问题，并提出了解决问题的有效对策。[②]章建跃等从课程论和教学论视角研究了数学建模的课程定位、教学要求和教材设计，其中提到选

作者简介：桑晨怡，上海师范大学附属外国语中学一级教师，硕士，主要从事高中数学教学研究。

① 中华人民共和国教育部：《普通高中数学课程标准（2017年版2020年修订）》，人民教育出版社2020年，第5页。

② 李明振，喻平：《高中数学建模课程实施的背景、问题与对策》，《数学通报》2008年第11期，第8-10页，第14页。

取教材适当内容呈现数学建模全过程。①冯永明、张启凡将中学数学建模分为简单建模、典型案例建模、综合建模三个阶段,提出"精心设计问题情境,选择时机让学生参与建模过程"。②汤晓春也认为"数学建模完整过程的各个环节应体现在课堂教学中"。③

建构主义认为,学习是学习者主动构建、与情境紧密联系的自主操作活动。《关于新时代推进普通高中育人方式改革的指导意见》强调:"在全面实施新课程、使用新教材的过程中,要积极探索基于情境、问题导向的互动式、启发式、探究式、体验式等课堂教学。"常磊、鲍建生指出"数学核心素养是学生在具有情境的数学活动中切实感悟、综合理解、反复强化逐渐形成的,主要来源是数学活动经验的积累"。④情境是活动的前提,问题是活动的核心。"情境—问题—活动"教学模式是以建构主义学习理论为依据而设计的,教师为学生创设一个真实的情境,学生从情境中提炼出数学核心问题,教师基于核心问题设计若干子问题和对应活动,以问题为导向,使学生在活动中进行知识构建、发展核心素养。

数学建模与现实生活联系紧密,更关注问题情境和问题引领,学生也能在活动中体验建模全过程。因此,笔者认为基于"情境—问题—活动"的数学建模教学实践具有研究意义。本文以沪教版高中数学必修第二册中"潮汐的函数模拟"为例,遵循"情境—问题—活动"教学模式,试论自己对于数学建模素养培养的做法与思考。

三、基于"情境—问题—活动"的教学流程

1. 知识结构分析

本节课的教学内容是沪教版必修第二册第 7 章"三角函数"的探究与实践"潮汐的函数模拟"部分。从单元教学设计和学科素养发展的角度来看,从实际问题中抽象出三角函数是一个非常典型的函数建模过程,也是数学建模、数学抽象、直观想象、逻辑推理等核心素养培育的重要平台。从育人价值来看,研究潮汐现象具有一定的现实意义,能渗透学科德育,同时使学生体验科学研究的过程。在"三角函数"单元学习后设计一节数学建模活动课,以数学建模的方式学习三角函数模型的应用,从而达到对三角函数知识的更深入理解,感悟数学与现实之间的联系,提升数学建模素养。

2. 学生认知分析

三角函数是刻画周期变化的基本模型,学生对周而复始的周期现象有一些生活经验,在物理中学习过简谐运动,已经掌握了三角函数的图像与性质,具备一定的知识储备。在函数大单元中,学生学习了从现实情境中抽象出数学问题、建立给定的函数模型等建模知识,但还未经历过完整的数学建模活动的全过程,面对陌生情境时,很难建立并检验数学模型。因此,教师需要在教学环节铺设台阶,以问题链为驱动,适时借助信息技术手段帮助学生理解与求解模型。

3. 教学流程的确定

数学建模强调数学与社会生活的联系,因此,数学建模素养的培育更关注问题情境和问题引领。⑤问题情境的创设应该关注学生的最近发展区,合乎学生认知水平,结合学生的生活实际或是关注的兴趣点。教师应关注问题链的设计,从情境中提出的问题应该具有可研究性。本节课以数学建模的一般过程为主线,通过"情境—问题—活动"的设置,将数学建模的各个环节分化到"情境—问题—活动"中,以"潮汐究竟有什么变化规律"为核心问题,将核心问题分解为若干个子问题,每个子问题配备对应的学习活动,引导学生合作探究,在课堂交流中诱发生生互动,引导学生关注数形结合,深入理解三角函数的概

① 章建跃,张艳娇,金克勤:《数学建模活动的课程理解、教材设计与教学实施》,《中学数学教学参考》2020 年第 13 期,第 13-19 页。
② 冯永明,张启凡:《对"中学数学建模教学"的探讨》,《数学教育学报》2000 年第 2 期,第 84-88 页。
③ 汤晓春:《高中数学教学培养学生数学建模素养的实践》,《教育理论与实践》2017 年第 26 期,第 62-64 页。
④ 常磊,鲍建生:《情境视角下的数学核心素养》,《数学教育学报》2017 年第 2 期,第 24-28 页。
⑤ 史宁中,王尚志:《普通高中数学课程标准解读》,高等教育出版社 2020 年版,第 195 页。

念,落实数学建模素养。图1为教学流程图。

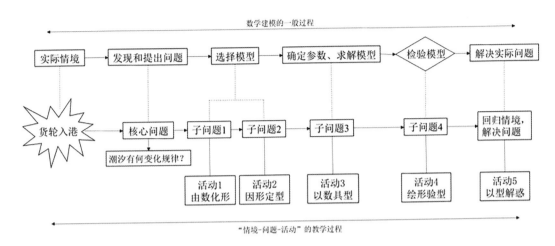

图1 "情境—问题—活动"教学流程图

四、高中数学建模的教学路径

1. 创设情境,提出核心问题

兴趣是问题探究的动力。教材的情境过于简洁,难以引起学生兴趣,因此,笔者结合时事,适当改编教材情境,创设发生在学生身边的真实情境,由此激发学生思考核心问题:"潮汐现象究竟有什么变化规律?"引出学生探究潮汐规律的好奇心和必要性。问题情境如下:

第七届中国国际进口博览会于2024年11月5日—10日在上海国家会展中心隆重举办,以"新时代,共享未来"为主题,有152个国家、地区和国际组织参展,创历史新高。大批进博会展品通过海运方式陆续运抵上海。一艘搭载巴基斯坦参展物资的中远纽约轮9月30日从卡拉奇港装船运出,历时半个多月,即将靠泊洋山深水港。请你根据潮汐规律估算货轮适宜何时进入港口?潮汐究竟有什么变化规律?

2. 分解问题,设置对应活动

教师将核心问题分解为四个子问题,再设置对应子问题的学习活动。学生围绕核心问题开展合作、探究等学习活动,经历完整的数学建模全过程。

活动1,由数化形:由实际数据,画散点图观察规律特点

为了较为直观地体会潮汐的周期性变化,笔者适当改编教材内容,将原先的4组数据增设为7组数据。教师向学生展示从中国海事服务网查找收集的洋山深水港潮汐表数据,如表1所示。教师提出子问题1,请学生根据数据,说明该港口潮汐变化的规律。学生表示表格中的数据较难发现规律,如果能画出散点图,数据就会呈现得更直观。因此,教师设计了活动1,请学生利用动态数学软件Geogebra画出散点图,得到潮汐高度随时间呈周期性变化的规律。学生由数化形,经历将实际问题转化为数学问题的过程,从中体会到数据的内在规律,发现并应用这些规律是数学学习的重要价值。

表1 洋山深水港某天记录的潮汐高度(m)与相应时间(h)的关系表

类别	数据						
时间/h	1.6	5.1	8.6	11.2	13.9	17.3	20.7
潮汐高度/m	6.0	4.5	3.6	5.0	6.1	4.6	3.4

活动2,因形定型:根据散点图,选择合适的函数模型

教师提出子问题2,请学生给出更符合潮汐变化规律的函数模型,并设计活动2。在活动2中,学生要进行小组讨论:如何结合学过的知识来选择一个适当的函数模型。教师预设并观察到学生构建了两种函数模型,分别为线性函数模型和三角函数模型。教师再次抛出问题:"哪种模型能更准确地反映潮汐高度与时间之间的函数关系? 为什么?"围绕着问题,学生结合生活中的潮汐曲线图和物理现象展开头脑风暴。他们讨论发现,增加的速度会越来越慢,直到变为0,最终达成一致,即三角函数模型更符合潮汐周期性的变化规律,此时,教师展示该天其余时段洋山深水港的潮汐数据,师生共同发现随着数据的增多,散点图的图像更趋于三角函数模型。

可见,建模问题的设计要具有开放性,在教师充分预设的基础上,发展学生的发散性思维,在互动和交流中思维的火花得到激发,数学核心素养得以培育。

活动3,以数具型:由表格数据,确定模型参数

教师提出子问题3,请学生写出潮汐高度 $y(m)$ 关于时间 $x(h)$ 的函数近似表达式,并设计活动3:结合表格数据,写出三角函数表达式。对建模有困难的学生,教师询问和倾听他们的想法,予以提示与帮助,鼓励学生使用信息技术解决复杂运算。完成后,教师用希沃授课助手请小组代表分享展示。在学生展示过程中,教师综合备课时预设的问题和学生的课堂生成,追问模型中如何确定参数的细节,在师生、生生交互中分解难点,解决如何求解模型的问题。

活动3的设计旨在使学生经历"分析问题—建立模型—确定参数—计算求解"的数学建模过程,鼓励学生在该环节运用数学语言表达数学建模的过程和结果。需要注意的是,教师的追问不仅要保证学生概念的再理解,还要有助于发展核心素养。例如,追问先确定哪个参数,能帮助学生回忆 A,ω,φ,B 在三角函数中的几何意义,学会把握模型的核心特征,简化模型。

活动4,绘形验型:做出三角函数图像,检验模型

针对各组学生函数表达式都有所差别的现象,教师提出子问题4,比较哪一组的三角函数模型更贴切实际。由此,教师设计活动4,引导学生利用 Geogebra 软件绘制图像,观察图像与实际数据的拟合程度。学生在观察图像的基础上,计算三角函数值与实际值的误差,比较误差大小,选出最优模型。同时也可以告诉学生,在统计学中有更为专业的检验拟合程度的方法,如离差的平方和等,学有余力的学生可以在课后进行探究。

通过不同模型的比较,学生形成了模型拟合的意识,体会到检验结果的重要性和必要性,并掌握了三角函数在刻画事物周期性中的作用,进一步达成学习目标。

活动5,以型解惑:运用模型,解决问题

在活动中,教师引导学生回归情境,解决之前提出的问题:已知一艘货轮的吃水深度(船底到水面的距离)为3.5米。安全条例规定至少要有1.5米的安全间隙(船底与海洋底的距离),该货轮何时能进入港口? 在港口能停留多久? 教师指导学生利用 Geogebra 软件计算结果,并追问:根据计算,思考货轮在此时刻驶入港口一定安全吗? 引导学生联系实际回答。

数学建模要求学生会用模型解决实际问题,借由三角函数的实际应用,使学生再次体会三角函数在解决实际问题中的作用,加深三角函数与实际生活的关联体验,懂得数学建模来源于生活,并服务于生活。

3. 回顾反思,归纳数学建模的一般步骤

请学生回顾本节课的研究过程,归纳概括数学建模的一般步骤,并用流程图(见图2)表示。

图2　数学建模流程图

在数学建模中，有时会进行模型假设，简化数学模型。但实际问题往往是复杂的，受多因素影响的，因此，需要不断检验模型是否合乎实际，从而修正完善模型。学生在课堂上对数学建模有了初步的认识。为了进一步帮助学生内化知识，领悟数学建模思想的价值，笔者设计了一份开放的课后拓展思考作业：

农谚中有"初一十五涨大潮，初八廿三见海滩"之说。住在海边的渔民都有这样的生活经验：一个月里面，通常初一、十五大潮，初八、二十三小潮。同学们今天建立的模型每天都是一样的振幅，显然与实际出入较大。请学生查阅资料，尝试修正完善模型。

学生在充分体验数学建模全过程的基础上，明确数学建模的一般步骤，形成完整的知识体系，使数学建模研究过程显性化。

五、建模教学的实践反思

1. 充分开发教材内容

"数学教材是促进学生进行数学学习的主要工具。"教师首先要回归课本，立足课本，深入挖掘教材内涵，理解教材中知识之间的内在联系，剖析教材背后丰富的数学思想和方法策略。教师只有充分理解教材内涵，才能传授给学生知识的本质，发展他们的数学思维，实现深度学习和提升数学素养。因此，在教学实践中，教师要做教材的开发者，关注教材中的探究实践、课后阅读、例题或习题，精选典型问题，改编成贴近现实生活、容易引起学生探究热情的数学建模问题，将数学建模全过程融合进平时的教学内容中，从而发展学生的数学建模能力。

2. 关注"最近发展区"

数学建模具有开放性，模型的选择、模型中参数的确定和模型的检验对学生来说有一定的难度。当问题处于"最近发展区"时，最能激发学生的学习动机，学习的效果也最好。[①] 本节课选自教材探究实践部分，题干简练易于理解，潮汐这一现实情境贴近学生生活。问题探究中将原先教材中的 4 个点增加为7 个点，降低学生起点，易于建立数学模型。面对学生有困难的建模环节，教师适时增设台阶，设计问题链，制造认知冲突，帮助学生突破难点，夯实基础。

3. 启发学生深度思考

教学的本质在于引起、维持和促进学生的自主自觉学习，因此，在教学中，教师不能控制整个过程，而是给予学生自主权，留给学生思考和交流的时间。教师要营造开放的课堂教学氛围，鼓励学生大胆用数学语言表达自己的观点。在求解模型时，参数的确定方法不唯一，因此，教师对学生提出的不同想法，要及时肯定。在检验模型时允许存在不同的判断方法，学生可以利用代数运算检验，也可以通过几何直观检验，因为过程比结果更重要，思维训练比考试技巧更重要。

---

① 赵建昕：《提高数学建模能力的策略研究》，《数学教育学报》2004 年第 3 期，第 50-52 页。

数字化赋能初中物理实验教学的创新实践

贾丽浈

(上海市世外中学,上海 200233)

摘 要: 数字化赋能物理教学是一项系统性工程,教师以物理实验教学为切入口,以学科核心素养为教学目标,整体设计初中物理单元教学,实现数字化技术与物理教学的深度融合,推动核心素养导向的课堂转型。教师运用数字化技术,丰富学生的学习体验,促成他们形成主要的物理学科观念;借助数字化器材,优化实验数据的采集与分析过程,助力学生发展科学探究能力;引入数字化平台,提供交流和分享观点的空间,推动学生达成物理核心素养。

关键词: 数字化;物理教学;核心素养

随着教育数字化转型的深入推进,如何在物理教学中有效利用数字化技术促进学生核心素养发展,成为当前教学改革的重要课题。本文以初中物理"物态变化"单元中的"熔化"一课为例,探讨了数字化赋能物理教学的设计与实践。通过数字化实验平台的应用,优化了实验数据的采集与分析过程,提升了课堂效率,并为学生提供了更加丰富的学习体验。为此,教师总结数字化赋能物理教学的核心要点,并展示如何在教学中通过数字化手段促进学生物理观念、科学思维和探究能力等核心素养全面发展。

一、数字化赋能初中教学的必要性

1. 教育强国建设要求教育数字化转型

随着信息技术的飞速发展,数字转型已经成为现代化教育的必然趋势,探索教学数字化转型、推动教学方式的变革成为当下的一项重要任务。《教育强国建设规划纲要(2024—2035 年)》明确提出,实施国家数字化战略,开发新型数字教育资源,推进智慧校园建设,探索数字赋能大规模因材施教、创新性教学的有效途径,主动适应学习方式变革。

2. 国家课程标准倡导教学方式多样化

《义务教育物理课程标准(2022 年版)》在对课程理念的描述中提到:义务教育物理课程以提升全体学生核心素养为宗旨,注重落实物理课程的育人价值,倡导教学方式多样化,鼓励教学中根据教学目标、教学内容、教学对象及教学资源等的实际情况,灵活选用教学方式,合理运用信息技术。[①] 数字化教学使物理教学方式更加丰富,教学内容更加生动,教学形式更加灵活,可以有效提高教师的教学能力。

3. 学生深度学习有赖于精细化技术分析

当代初中学生是伴随着信息技术飞速发展而成长的数字"原住民",同时他们对新鲜事物具有学习

作者简介:贾丽浈,上海市世外中学高级教师,硕士,主要从事初中物理教学研究。

① 中华人民共和国教育部:《义务教育物理课程标准(2022 年版)》,北京师范大学出版社 2022 年版,第3页。

的天性,对未知世界充满了好奇心和探究力。智能技术能够精细地分析学生的认知水平、学习偏好和习惯,自动演示学生的学习规律和预测他们的学习轨迹,并据此提供个性化的学习体验和反馈,为后续的深度学习打下坚实的基础。

二、数字化赋能初中物理教学的核心要点

1. 以物理实验教学为切入点

随着人工智能、数字化传感器等新兴技术的迭代升级,数字化技术引发了物理教学观念的转型突破,数字技术的介入呈现一个循序渐进、融合创新的过程。技术的每一次革新都会推动物理课堂教学形态的更新,但如果过度关注技术的形式,仅仅将技术与教学进行简单的融合,不充分考虑教学内容和实际学情,不深入挖掘数字化技术的功能和特色,就会失去教育的育人本质,也会给课堂教学带来一定的负面影响。

在数字化教学背景下,推动物理课堂数字化转型,更要强调运用新的技术全面赋予物理教学数字化。物理是一门以实验为基础的学科,数字化融入物理教学应着重体现如何为实验教学赋能。数字化教学平台中融合数字化实验,利用传感器将物理实验数字化,优化显示物理实验中的数据,呈现数据图像,助力学生对物理知识和概念的理解,激发学生学习物理的兴趣,为突破物理教学的重难点提供支架。如可以利用数字化的记录和放大等功能加强实验的可视化,让学生更加清晰地观察实验现象;可以利用数字化强大的处理数据的能力对实验数据进行筛选、排序、图表转换,让学生更好地总结实验结论;也可以利用数字实验的仿真功能开发模拟实验,帮助学生理解一些不易完成的实验。[①] 在此基础上实现对物理课堂教学全要素、全流程、全场域赋能,为学生提供更高效、更智能、更个性化的学习体验。学生在掌握物理概念和规律的同时,发展创新精神、数字素养和物理核心素养,从而促进终身学习和发展。

2. 以助力核心素养发展为目标

物理核心素养是教师设计教学的行动指南,发展学生的核心素养是物理教学的根本目标。物理学科的核心素养是物理观念、科学思维、科学探究、科学态度和责任。在数字化背景下,实施以物理核心素养为目标导向、以学生为中心的数字化教学活动,可以深化学生的自主体验,助力学生的实验探究过程。数字化教学活动旨在提升学生在真实情境中解决复杂物理问题,深化科学思想方法,迁移运用知识以及熟练运用数字化技术自主或合作探究科学问题的能力。因此,数字化赋能物理课教学,要紧扣以物理核心素养为核心的教学目标,精心设计教学内容,积极创新教法,科学制订评价指标与实施路径,确保物理课堂教学过程中的各个环节和要素都紧密围绕核心素养而展开,进而全面提升学生的综合素质。

三、数字化赋能初中物理教学的设计与实践

本文以沪科版(五四制)新教材初中物理八年级下册"物态变化"单元中"熔化"教学为例,阐述在学科核心素养目标的引领下,开展数字化物理教学设计与实践的过程。

1. 整体设计单元

单元设计是目前普遍认同的落实核心素养培育的重要路径。图1为"熔化"单元知识结构图,从中我们可以总结出"物态变化和温度、体积变化都是物体吸热或放热后的结果"。[②] 物态变化是物体吸收或放出热量后发生的变化,宏观上伴随温度和体积的变化,微观上利用分子动理论可以解释这些宏观物理量或者状态变化出现的原因。本单元要在学生头脑中形成的物理观念是物质观,这也是"熔化"一节

① 聂济敏:《基于数字化教学平台的高中化学教学转型实践——以"海水资源的开发与利用"为例》,《上海课程教学研究》2023年第7-8期,第103-109页。

② 贾丽涓:《指向物理观念建构的初中物理单元教学设计》,《上海课程教学研究》2023年第7-8期,第70-76页。

内容最重要的核心素养目标。除此之外,这个单元主要涉及固态、液态、气态之间的转化以及转化过程所必需的条件,本节课的核心素养目标还包括:通过实验探究物态变化的条件,总结物态变化的特点,并在探究过程中发展推理和证据意识。因此,在单元整体视角下,教师提炼出"物体被加热时可能发生哪些变化"这一单元的核心问题,从物质观念的角度串联和整合教材内容,引导学生认识物质的状态,了解物质的微观结构和基本特征,在思考并解决核心问题的过程中逐步实现建构物质观的学科核心素养。

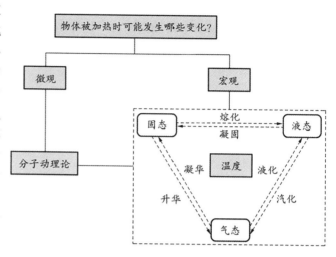

图1　"熔化"单元知识结构图

在物理学科核心素养的指引下,教师从问题出发,将"熔化"教学子任务设定为"探究熔化的条件"。在子任务驱动下,教师围绕物质观、探究熔化特点、运用证据推理三个主要核心素养目标,确定本节课的教学目标如下:

通过生活中的熔化现象,知道物质的固态和液态之间可以转化,建立熔化概念;

经历固体熔化时温度变化规律的探究活动,知道晶体与非晶体的区别,初步具有运用证据解释、交流实验结论的意识;

运用熔点表解释"盐溶于水中不是熔化",进一步理解宏观现象与微观结构的联系。

2. 融入数字化教学

本节课教学融入数字化的重点是熔化实验的自动化采集和数据分析。学生开展熔化实验是本节最重要的活动,因此,数字化教学首先要从"学生实验"环节切入。重构后的教学过程增加了一个"熔化活动",以助力学生物质观念的形成。为了更清晰地体现这些变化,图2呈现的是原有教学设计和融入数字技术后的学习活动设计。

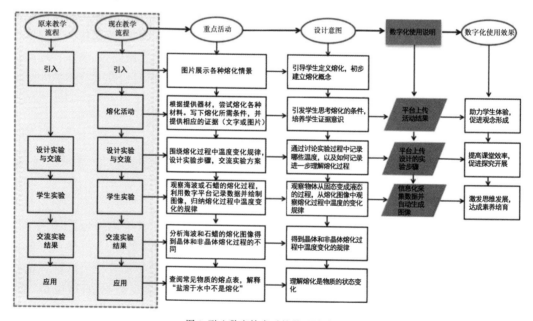

图2　融入数字技术后的学习活动设计

同时，本节课还运用了数字化平台实时上传学生学习数据。学生利用数字化平台，既可以阅览图文资料，又可以同步看到多组同伴的数据或表达。数字化平台可以将收集的学习数据经过科学处理后呈现出来，实现教学过程可视化、数据化分析[①]，由此丰富学生的学习体验，实现学生思维的扩容。在数字化平台上，学生能从更多的数据中获取证据，有利于他们自主建构学习规律，发展思维品质，养成核心素养。

3. 数字化赋能的效应分析

（1）数字技术丰富学生体验，形成物理观念

这节课融入数字化教学后，教师利用数字实验节约出的时间增加了一个"熔化活动"，活动的内容是提供盐、巧克力、铁钉以及黄沙等材料，并配一杯热水，让学生尝试熔化这些物体。学生需要在上海"三个助手"数字化平台上记录熔化的条件及提供相应证据。这一设计旨在让学生在真实体验中建立熔化概念，基于科学论证初步形成物理观念。

在活动过程中，学生主动发现并提出了基于经验的真实问题。有学生将盐倒入热水中，发现盐的数量减少，部分颗粒似乎消失，误认为是熔化现象并拍摄下来作为证据。同伴对此提出质疑，认为这可能是溶解而非熔化，但无法给出明确理由。这引发了学生对"熔化"和"溶解"等概念展开更多的辨析与讨论。有学生提出"溶解是一种物质溶解到另一种物质中，而熔化是一种物质的状态发生变化"，这一观点得到大家共同认可。同时，活动还引发学生更多的思考，如"不同物体熔化所需温度为何不同，熔化过程中物体吸热时温度如何变化"等问题。这些问题能够引导学生继续设计实验探索。科学家们做研究时，往往也是通过预设实验，厘清要研究的对象和相关因素，再通过实验进一步证实真假。

因此，学生只有通过体验活动，梳理清晰相关名词和概念，才能真正体会到"熔化是一种物质受热后产生的物态变化"。学生再对周围事物进行观察时，自然能够将"熔化"与其他现象加以区分和解释，进而发展物质观。

（2）数字器材提高实验效率，推动能力发展

数字化赋能之前，教师一般会采取探究实验的具体步骤为，指导学生观察实验现象和记录实验数据，采取水浴法加热海波和石蜡使其熔化，学生需一边观察物质的状态，一边每隔相同时间记录相应温度值，并将数据描点绘图，再利用绘制的图像研究熔化过程中温度的变化情况。这样的实验花费时间长，且由于人工操作有误差，每次记录温度对学生有一定难度，导致状况不断：有的学生将主要精力放在记录温度上，来不及观察物质的状态变化过程；有的学生难以精准把握间隔时间，往往会错过突变的温度值，无法得出合理的实验结论。

数字化赋能之后，教师在引导探究实验时，选用了温度传感器和红外加热炉等实验器材。这些先进的实验器材充分利用数字实验信息采集的技术，不仅显著提高了实验效率，还让学生能够更加深入地专注于观察实验现象和探究实验规律。数字化实验和红外加热炉的预热功能使实验时间从 15 分钟减少到 5 分钟左右，保证了课堂时间得到有效利用，极大地提高了课堂效率，也给课堂前面的"熔化活动"过程留出了时间。

温度传感器的自动采集功能，确保了实验数据的精准和完整，这些数据以直观的图像形式呈现。因为实验操作难度降低了，学生可以专注于仔细观察物质状态变化，同时利用红点在图像上标注出关键的时刻（比如物质开始熔化和完全熔化的时刻）和对应的温度。如图 3 所示，这种标注方式既简洁又清晰，又有助于学生更好地把握实验的关键节点。

在实验过程中，通过观察物质状态的变化和标注图像，学生能够更深入地理解物质的熔化全过程，主动探究物质状态与温度之间的紧密关系。在顺利完成实验的同时，学生也发展了现场观察能力、数据分析能力和严谨探究能力。

---

① 肖佳雯、李艳光：《运用"三个助手"培育地理核心素养——以沪教版初中地理教材七年级上册"长江"教学为例》，《上海课程教学研究》2023 年第 12 期，第 59—64 页。

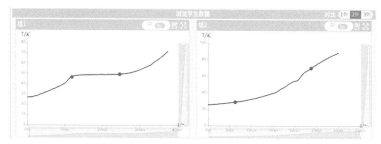

图3 温度传感器自动采集数据标注关键节点

（3）数字平台激发思维碰撞，达成素养培育

在实验教学过程中，哪些数据能构成证据，成为深入思考的焦点。基于此，本节课设计了讨论任务，要求各组学生在数字平台上提交实验步骤。学生借助数字化平台的公开展示功能，汇聚集体智慧，各组都认同熔化过程需要加热，并提到了"记录温度"的重要性。然而，各组在"记录哪些温度"上出现了分歧，有的组认为只需记录开始熔化的温度或全部熔化后的温度，也有的组认为应该记录整个熔化过程的温度，以便更全面地了解熔化过程中温度变化的规律。这一分歧体现了本节课的核心——不同物质在熔化过程中温度变化规律不同，教师以此为契机，引导学生展开深入的课堂交流和讨论。

在课堂讨论中，学生对实验中需要收集的证据有了更为明确的认识，要细致观察物质状态变化的全过程和对应的温度变化。这一讨论不仅加深了学生对实验目的和步骤的理解，也为后续的实验图像分析奠定了基础。通过仔细观察实验过程和熔化图像，学生能够更直观地理解不同物质在熔化过程中温度差异的成因，进而认识到这与熔化物质自身结构密切相关。借助数字化平台，通过设计有效的互动交流，学生成功激活了思维，形成了宏观与微观相联系的物质观，无形中培育了学科素养。

四、数字化赋能初中物理教学的经验提炼

在数字化转型背景下，初中物理教学迎来了新的发展机遇，同时也对教师教学提出了更高要求。为落实国家教育数字化战略，提升教学实践的科学性和可操作性，本文基于物理实验教学实践，从三个方面提炼关键经验，为数字化赋能物理教学提供路径参考。

1. 以单元设计为引领，整体确定素养目标

数字化教学的有效实施离不开系统化的教学设计。在"熔化"一课中，教师从单元整体视角出发，将数字化技术与教学目标深度融合，确定了"物质观"的核心素养目标。这种整体设计确保了数字化工具的运用始终围绕核心素养展开，避免走入"唯技术论"的误区。未来，教师需进一步强化单元整体意识，在教学设计中明确数字化工具的定位与功能，确保技术服务于素养培育的根本目标。

2. 以数字化赋能实验为突破，系统优化探究过程

实验是物理教学的核心内容，探究能力是物理学科重要核心素养，数字化技术的引入为实验教学注入了新的活力。"熔化"一课的实验选用了温度传感器，确保了实验数据采集的精准和完整，同时数字化平台对数据的图像化处理及时且准确，显著提高了实验数据分析的效率。数字化实验的引入，为课堂各环节的时间优化提供了可能。然而，当前数字化实验资源仍显不足，亟须建立数字平台优秀案例共享机制，降低数字技术运用的门槛，推动数字化实验的普及与创新。

3. 以教师数字化能力为支撑，促进课堂数字化转型

数字化教学的成功实施离不开教师对技术工具的熟练掌握与灵活运用。这也对教师的数字化技术运用能力提出了更高要求：一方面，教师需及时掌握平台新功能，避免技术操作影响整体教学效果；另一方面，面对课堂生成的多样化问题，教师需要跳出教学"预设"，迅速调整教学策略并给予反馈，要具备更强的即时评价与引导能力。因此，教师可以建立教研学习共同体，互相分享技术应用经验，形成"学习—实践—反思"的良性循环，从而提高自己的数字化能力。

基于乡土资源的高中历史跨学科主题学习研究

郝海萍

(上海市彭浦中学,上海 200443)

摘　要：依托乡土资源的高中历史跨学科主题学习,对于提升学生的核心素养、实现协同育人以及培育家国情怀具有深远影响。主题学习的设计思路遵循以下原则：依托选择性必修课程,构建多样化的实施框架；精准设定学习目标；精心设计学习任务；推行多元评价体系。其实施策略包括：以大概念规划课程内容,基于情境制订学习目标,任务驱动推动乡土实践；量规检验教学成效。此外,综合实践活动、长周期作业和相关主题教研也是重要的补充措施。

关键词：乡土资源；高中历史；跨学科主题学习；实施策略

《义务教育历史课程标准(2022年版)》首次将跨学科主题学习这一综合实践活动正式纳入课程内容。高中虽未直接提出开展跨学科主题学习的教学要求,但《普通高中历史课程标准(2017年版2020年修订)》(以下简称"新课标")提出了促进学科整合、培养学生运用知识解决实际问题的能力、组织探究活动、开展项目学习等要求,如倡导人文学科之间及其与信息技术课程的整合,在具体的教学提示中提到的"教师可与其他学科的教师开展合作,了解不同学科的重要历史人物和成就"。[①]笔者认为,在高中阶段开展跨学科主题学习,是培养学生综合素养和创新能力的重要途径。

目前,开展高中历史跨学科主题学习存在以下瓶颈：在内涵界定上,如何区分跨学科教学与跨学科主题学习；在设计理路上,如何结合具体校情、学情构建实施框架；在实施策略上,如何确定恰当学习主题、目标和任务,如何制订科学合理的评价量规；在课程资源上,如何充分开发和利用身边的课程资源。鉴于此,笔者以乡土资源为载体,在跨学科主题学习活动中尝试突破上述瓶颈问题,探究高中历史跨学科主题学习的价值意蕴、设计理路和实施策略。

一、价值意蕴

所谓"乡土资源"指家乡为当地人们的生产生活、文化传承和社会发展提供的各种资源,包括自然资源、人文资源和社会资源等,属于身边的课程资源。基于乡土资源的高中历史跨学科主题学习符合"生活即教育,教育即生活"的理念,符合立德树人根本任务,顺应学生素养发展和多学科协同育人的客观需

基金项目：2024年上海市教育科学研究项目"基于大概念的历史跨学科主题学习设计与实施研究"(项目编号：C2024110)；2024年度上海市教育科学研究项目"基于文物资源的高中历史跨学科主题学习研究"(项目编号：C2024060)。

作者简介：郝海萍,上海市彭浦中学高级教师,主要从事中学历史教学研究。

① 中华人民共和国教育部：《普通高中历史课程标准(2017年版2020年修订)》,人民教育出版社2020年版,第28页。

求。它引导学生突破课堂与校园的界限,丰富实践经验,实现乡土性"小历史"和全局性"大历史"的相互融合与补充。

1. 提升思维能力,发展核心素养

学科实践是学科素养显性化的表现,让学生参与学科探究活动中,经历建构知识、创造价值的过程,体会学科思想方法。[①] 乡土资源具有很强的实践导向和资源优势,例如,以学业质量水平中"探究历史和现实问题"的成就表现为导向,高中学生可以走进本地博物馆、档案馆、图书馆、历史遗迹等场所,开展参观考察、史料研读、设计创作等学习活动,从中提升历史材料的搜集应用能力、历史事实的理解阐释能力、历史现象的再现再认能力、历史问题的分析评价能力、历史知识的应用迁移能力[②],并增强批判性思维和创新性思维,进一步发展学生的历史学科核心素养。

2. 丰富学科体验,实现协同育人

跨学科学习可通过设计不同的任务、问题与情境,实现各学科的观念和思维方式的内在整合,由此帮助学生创造性解决问题,发展理解力。高中历史跨学科主题学习的设计以历史学科为基石,紧密联系思想政治、语文、地理、艺术等学科,通过学科融合实践,旨在实现跨学科协同育人的目标。依托乡土资源的协同育人模式,一方面,充实学生的学科实践经验,提升学科感知;另一方面,驱动教师从整体育人的视角重新审视本学科的意义与价值,进而助力学生提升解决问题的能力,促使多学科教师秉承育人为本的理念,构建有机的育人共同体。

3. 增强责任担当,涵养家国情怀

学生深入探究家乡的历史沿革与社会变迁,能够更加深刻地认识到个人与社会、民族、国家的紧密联系,从而激发他们为家乡、民族、国家发展贡献力量的强烈意愿。这种责任感不仅表现在学生对家乡的热切关注,还体现在对国家与民族未来的深层次思考。以乡土资源为媒介的历史跨学科主题学习是对基础课程内容的深度拓展,它能够将学科知识与学生的生活经验紧密融合,有效整合相关学科资源,从而高效解决问题。这不仅能够唤起学生对家乡的深情关注和热爱,强化民族认同感与国家认同感,还有助于培养其人本情怀、社会责任感和历史使命感。

二、设计理路

相较于初中历史跨学科主题学习配有专门课时和丰富多样的活动主题,高中学段则结合课程标准、历史教科书内容以及校情、学情,因地制宜地构建跨学科主题学习框架,这对于高效推进相关主题学习活动的深入开展具有深远的战略意义。下文将探讨这一多样化实施框架的构建,并在此基础上,依托高中历史选择性必修课程和乡土资源,系统阐述其目标设定、任务设计及评价体系推行的科学设计思路。

1. 依托选择性必修课程,构建多样化的实施框架

高中历史必修课程重在把握历史发展的脉络,选择性必修课程旨在引领学生从多角度认识历史的发展与变迁,其中,选择性必修2的教学内容与地理条件、人们的社会活动及实际生活有密切联系;选择性必修3激励学生结合已学的历史知识,在新情境下运用多种类型材料,对历史上的文化交流与传承进行探究。[③] 鉴于此,结合高中学段课时安排及学生的学习兴趣,以课程为载体,构建"片断—整课—课程"的实施框架,适用于新授课、复习课、活动课及校本课的多维度学习。新授课采用片断式教学,遵循"问题提出—探究实践—迁移运用"的三步法。复习课、活动课和校本课则借鉴小型课题研究和项目化学习的经验,形成"主题确定—目标设计—任务实施—展示评估—反思提升"的五步法(见图1)。总体而言,这一差异化实施框架有效整合各类课型,有助于学生逐步转变学习方式,并全面提升师生综合能力。

① 夏雪梅:《"新课标"如何不变成"旧实践":论义务教育"双新"对学校教学的挑战》,《上海教育科研》2022年第4期,第11页。

② 吴坚,於以传,李峻:《识史明道——中学历史教学教研的探索与实践》,上海教育出版社2025年版,第23页。

③ 中华人民共和国教育部:《普通高中历史课程标准(2017年版2020年修订)》,人民教育出版社2020年版,第10页,第28页,第32页。

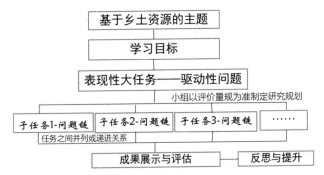

图 1 "主题确定—目标设计—任务实施—展示评估—反思提升"的五步法

2. 结合主题、素养和任务，精准设定学习目标

作为跨学科主题学习的起点，师生依据课程标准及全套教科书，契合学生兴趣与需求，精心选取与现实生活紧密相连且具备跨学科特征的课题，以此融通多学科的知识与技能。围绕选定主题，设计明确且适切的学习目标，既能映射真实情境，亦能有效引领主题学习，从而显著提升成果质量。同时，目标的设定需紧密结合具体学情，深入了解学生已掌握的知识、技能及其需求，并评估目标载体的可操作性，例如是否选用与内容相匹配的乡土资源等。在确立学习目标时，首先，考虑历史学科的核心素养与核心概念，结合知识内容及乡土资源，对历史学科的核心素养目标进行细致分解和具体化；其次，融合所跨学科的核心素养及核心概念，在此基础上构建跨学科素养目标。此外，目标可由具体任务引导，将总体目标细化为具体可操作的任务，以具体任务作为阶段性目标，有序指导跨学科主题学习活动的推进，并为评估提供坚实依据。

3. 针对学习目标和具体学情，精心设计学习任务

有效的跨学科主题学习除了要有一个紧扣主题的总任务以外，还要将总任务分解为可以推进课时学习活动的阶段任务。[1] 在复习课、活动课和校本课中，根据学习目标、资源载体和具体学情，精心设计表现性大任务（即总任务），并构建问题情境。在任务实施阶段，可将大任务分解为若干并列或递进的子任务，形成由大任务和子任务构成的学习任务群。每个子任务需确保具体且可操作，通过问题链逐级推进，促进学生的学科实践和跨学科理解。教师在推进学习任务时，一方面需及时掌握学生的知识与技能水平，另一方面需及时提供多样化的学习支持，如学习资源包、学习支架等。在任务驱动下，学生的实践活动不仅包括讨论、展示等课内活动，还涵盖参观考察、社会调查、史料研读、作品制作等融合校内外课程资源的多样化活动。总之，大任务贯穿主题学习始终，通过子任务的持续推进，不断提升学生解决问题的能力，最终达成学习目标。

4. 锁定目标与成果，推行多元化评价体系

制订跨学科主题学习目标通常采用内容分析法和结果倒推法，前者依据跨学科主题学习活动的知识图谱分析历史学科和所跨学科的核心素养，后者以学习活动结果倒推学生获取的知识、技能、方法、观念等。[2] 师生依据学科核心素养和跨学科素养目标或不同类型的成果，构建多元评价体系，例如，表现性评价与档案袋评价的相互补充可以全面且客观地反映学生的学习状况。具体而言，一是评价方式多元化，将过程性评价与终结性评价相结合，作业评价与表现性评价相融合；二是评价维度多元化，过程性评价形成针对不同方面的评价量规，如表 1、表 2 所示的课堂学习评价量规分别指向历史学科核心素养和跨学科素养，终结性评价则可根据不同成果形式、评价内容和评价对象设计个性化评价量规；三是评价主体多元化，如师生共同参与评价，本组学生、他组学生与教师评价相结合。以目标和成果为核心，实

---

① 江如蓉、刘智彬、苏瞳瞳：《强调有效驱动的跨学科主题学习任务设计——以"以诗证史：〈全唐诗〉中的全景大唐"为例》，《历史教学》（上半月刊）2024 年第 13 期，第 41 页。

② 叶小兵、侯桂红：《跨学科主题学习实践指导》，北京师范大学出版社 2023 年版，第 16 页。

施多元化评价体系,指导学习任务的设计,从而强化"教、学、评"三者之间的协调一致性。

表1 课堂学习中历史学科核心素养达成度的评价量规①②

评价维度	评价标准	评价主体		
		本组评	他组评	教师评
唯物史观	1. 能了解和掌握唯物史观的基本观点和方法	☆ ☆ ☆	☆ ☆ ☆	☆ ☆ ☆
	2. 能将唯物史观运用于学习、探究历史,并将其作为认识和解决现实问题的指导思想			
时空观念	1. 能把握相关史事的时间、空间联系,并用特定的时间和空间术语对较长时段的史事加以概括和说明	☆ ☆ ☆	☆ ☆ ☆	☆ ☆ ☆
	2. 在对历史和现实问题进行独立探究时,能将其置于具体的时空框架下			
	3. 能选择恰当的时空尺度对史事进行分析、综合、比较,在此基础上做出合理的论述			
史料实证	1. 在探究特定历史问题时,能对史料进行整理和辨析,能利用不同类型史料,对所探究的问题进行互证	☆ ☆ ☆	☆ ☆ ☆	☆ ☆ ☆
	2. 能比较、分析不同来源、不同观点的史料,能在辨别史料作者意图的基础上利用史料			
	3. 对历史和现实问题进行独立探究时,能恰当地运用史料对所探究问题进行论述			
历史解释	1. 能尝试从历史的角度解释现实问题	☆ ☆ ☆	☆ ☆ ☆	☆ ☆ ☆
	2. 能尝试从来源、性质和目的等多方面说明导致不同历史解释的原因并加以评析			
	3. 在独立探究历史问题时,能在尽可能占有史料的基础上,尝试验证以往的说法或提出新的解释			
家国情怀	1. 能从历史中汲取经验教训,更全面、客观地认识历史和现实社会问题	☆ ☆ ☆	☆ ☆ ☆	☆ ☆ ☆
	2. 能将历史学习所得与家乡、民族和国家的发展繁荣结合起来,立志为新时代中国特色社会主义建设、中华民族伟大复兴做出自己的贡献			

综合评分: ☆ ☆ ☆

表2 课堂学习中跨学科素养达成度的评价量规

评价维度	评价标准	评价主体		
		本组评	他组评	教师评
问题意识与创造能力	1. 能主动发现问题,提出问题,分析问题和解决问题	☆ ☆ ☆	☆ ☆ ☆	☆ ☆ ☆
	2. 对问题有独特的看法			

---

① 评价量规的评价标准编制,参见《普通高中历史课程标准(2017年版2020年修订)》中的"历史学科核心素养水平划分",第70-72页。
② 完全符合评价标准获三颗星,部分符合标准获两颗星,不符合标准获一颗星。下同。

（续表）

评价维度	评价标准	评价主体		
		本组评	他组评	教师评
学习态度与团队协作	1. 学习动力持久，善于总结和反思学习经验 2. 积极参与小组讨论，在团队中发挥核心作用	☆☆☆	☆☆☆	☆☆☆
自我表达与接纳能力	1. 能自信、清晰、富有逻辑地表达想法 2. 能站在他人的角度思考问题，对他人的不同意见做正面回应	☆☆☆	☆☆☆	☆☆☆
综合评分：☆☆☆				

三、实施策略

从新授课、复习课、活动课到校本课，以乡土资源为媒介的高中历史跨学科主题学习形成系统化、进阶式的框架体系，推动实践创新，在实践中探索行之有效的实施策略。

1. 依托乡土资源，以大概念系统规划课程内容

校本课程"考古上海"依托本土资源，融合多种课型的优势，通过多课时、任务群的设计，完整地展现跨学科主题学习的全貌，适合以大概念为核心而统摄课程。通过大概念的引领，设计和实施系列跨学科主题学习课程，不仅有助于师生构建结构化的课程认知，还能激发学生的深度探究兴趣，有效促进学生对概念的把握和方法的运用。以上海交通大学即将迎来建校130周年校庆为契机，师生共同研讨，确定"从南洋公学到上海交通大学"为学习主题。依据历史和思想政治教科书的单元主题，选定"文化传承与创新"作为跨学科大概念，并以此为核心来联结多学科。在跨学科大概念的引领下，历史学科的大概念聚焦"社会存在决定社会意识"，并从三个层次深度阐释概念性理解的逐步形成。为使概念性理解的指向更加明确，将大概念具体化为课程内容主旨。整个课程设计依托交大丰富的校史资源，整合碎片化知识，从校史中窥见近代中国高等教育的阶段性、地域性特征以及校园文化的传承与创新（见图2）。

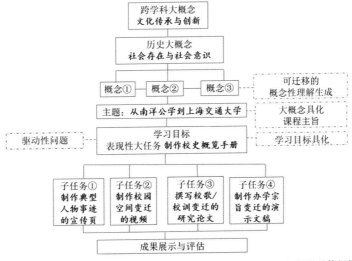

图 2 大概念引领下跨学科主题学习"从南洋公学到上海交通大学"的总体规划

2. 创设乡土情境,制订切实可行的学习目标

跨学科主题学习目标设定应遵循任务导向原则,全面考量历史学科及其跨学科的知识内容和素养表现,将总体目标细化为具体且可操作的任务,并依据任务逻辑进行目标撰写。"从南洋公学到上海交通大学"以上海交大百余年发展为背景,通过参观校史博物馆和实地考察交大校园等形式,引导学生深度融入真实情境。跨学科主题整合历史、思政等学科的核心知识和素养目标,设定学习目标为:"通过上海交通大学典型人物、校园空间、校歌校训及办学宗旨等视角,洞悉变迁背后的时代脉搏;理解学校在文化传承、保护与创新中的作用,以及价值观形成与时代环境的紧密联系;感悟个人、学校与国家命运的交织,厚植家国情怀、远大志向及社会责任感。"基于真实情境的学习目标显著提升了学生的情感体验,从而更有效地指导学习活动的顺利开展。

3. 贴近学生最近发展区,借助任务驱动推动乡土实践

结合学生的认知水平、学习兴趣及所搜集的乡土资源,围绕目标设计学习任务群和问题链,对于有效推进历史跨学科主题学习活动至关重要。依据学生的实际情况和具体学习任务,开展综合多学科的乡土实践活动,旨在促进学生个性化发展,并提升其社会责任感与社会适应能力。在"从南洋公学到上海交通大学"的跨学科主题学习中,师生实地考察上海交通大学徐汇校区及校史博物馆、走访校友、研读校史资料等,将学习任务设定为制作校史概览手册。为更有效地创设真实且具有挑战性的任务,设计驱动性问题如下:"2026 年是上海交通大学 130 周年校庆,你将如何展示其在文化传承、保护和创新中发挥的重要作用?"以此激发学生的探究热情。在学习目标的指引下,跨学科主题学习的大任务被细化为涵盖学校典型人物、校园空间布局、校歌校训及办学宗旨等多个子任务和相应的问题链,全方位展现校园文化的传承、保护与创新。

4. 借助不同形式的评价量规,检验学习与指导的成效

依据不同成果形式设定评价量规具有个性化特点,如表 3 所示,研究论文评价量规的评价维度分为观点、内容、论证、展示四个方面,文稿演示和视频的评价量规设定"技术"的维度,宣传页和校史概览手册的评价量规设定"设计"的维度。以上海交通大学"校歌"成果的制作和展示为例,学生以评价量规为指导,开展学科实践,基本掌握论文的写作方法。然而,学生在初次展示论文时仍显经验不足,尽管观点具有引领性,却因想法过多且缺乏层次,导致内容连贯性欠佳。在修改论文的过程中,学生在教师的指导下逐步掌握从"是什么""为什么"到"怎么样"的思维路径和写作方法。首先,深入剖析校歌内容所蕴含的办学宗旨、特色及育人追求的演变;继而,从时代背景、创作者意图及社会思潮等多视角探寻其成因;最后,在理论层面提炼校歌的核心价值。通过评价反馈,学生不断提高作品质量,教师也积极探索更有效的指导方法,例如在指导视频成果前,事先审核包括旁白、字幕、素材等在内的视频制作大纲。多样化的评价量规契合学习活动的个性化发展需求,有效提升了学生的反思能力与自我评价能力。

表 3 研究论文的评价量规

评价维度	评价标准	评价主体		
		本组评	他组评	教师评
论文观点	1.提出两个或两个以上的观点, 观点新颖	☆☆☆	☆☆☆	☆☆☆
	2.观点有价值引领			
论文内容	1.内容选取契合主题, 内容充实, 材料来源多样	☆☆☆	☆☆☆	☆☆☆
	2.内容结构完整, 包括引言、主体、结论等, 前后内容一致			
论证过程	1.论据与论点之间有清晰的逻辑联系, 能用两个以上材料论证一个观点	☆☆☆	☆☆☆	☆☆☆
	2.能够对问题进行抽象的概括, 从理论的高度来分析问题			

（续表）

评价维度	评价标准	评价主体		
		本组评	他组评	教师评
现场展示	1.展示形式恰当，内容准确	☆ ☆ ☆	☆ ☆ ☆	☆ ☆ ☆
	2.表达清晰，能够有效吸引听众注意力			
综合评分：				

四、思考与展望

依托乡土资源的高中历史跨学科主题学习，当前仍处于探索阶段。如何高效推广并给予有力支撑，是一个值得深入探讨的课题。笔者基于实践经验进行反思，提出具体措施：

1. 开展将学科学习、学生兴趣、社会热点紧密结合的综合实践活动

基于乡土资源的高中历史跨学科主题学习，旨在将历史学习与乡土资源、学生兴趣、社会热点及未来发展紧密结合，从而有效提升师生的参与度。除上述主题学习活动之外，还可以组织学生参与跨学科的工作坊、文化节、社会实践项目、微论文征集等活动，这些活动不仅能拓宽学生的视野，还能丰富学习体验，提升研究能力。例如，学生参与的"未来杯"上海市高中阶段学生社会实践项目，专注于上海经济社会发展的核心领域及热点问题进行深入调研；参与"进馆有益"微论文征集活动，走进本地文博场馆开展课题研究。基于此，适时开展丰富多样的综合实践活动，借助拓展课程、社团课程等平台强化教师指导，有助于显著提升探究活动的质量，并有效推动高中历史跨学科主题学习的普及。

2. 利用长周期作业延展跨学科主题学习的时空尺度

长周期作业是由课堂内延伸至课堂外、以真实性任务为主要形式的持续性作业。教师通常在节假日、寒暑假布置给学生，具有综合性、开放性、主题性和主体性。[1]具体而言，项目化长周期作业的实施流程与复习课、活动课及校本课相仿。教师可以利用寒暑假和小长假，引导学生以小组为单位，选择感兴趣的乡土资源进行探究。在此过程中，教师需设计流程图和评价量规，以确保学生探究活动有序进行。基于乡土资源的长周期作业不仅能深化学生对家乡的认知与认同，还能有效培养其实践能力和创新意识，进而全面提升信息素养、团队协作精神及人文关怀等综合素养。

3. 建立跨学科主题学习的教研机制

通过跨学科性的教研活动，历史教师可以借鉴其他学科的理论框架和研究方法，丰富历史研究的层次和维度。目前，比较符合校情的方式是以项目或课题为依托，设计专项任务的跨学科主题学习教研，在项目组或课题组长的带领下开展多学科教师参与的教研活动。此外，区级历史学科教研活动亦可探索开发更多跨学科教研主题。构建跨学科主题学习教研机制，不仅能够提升教师的专业素养，还能推动学校特色发展，为深化高中历史跨学科主题学习奠定坚实基础。

---

① 张芬：《发现·实践·创新：项目化长周期作业设计研究》，《上海教育》2023年第Z2期，第196页。

基于化学认知模型构建的学习活动设计研究

赵　婷[1]，陆　艳[2]

（1. 上海师范大学附属中学闵行分校，上海 201112；2. 上海市闵行区教育学院，上海 201199）

摘　要：在高中化学学科中，认知模型是化学知识的一种类型。从认知模型的构建，到将认知模型转化为学习活动设计思路，再到每一个学习活动的设计，可以为学生搭建问题支架，促进思维活动发生，形成了课堂学习活动系统。以烷烃学习活动设计为例，基于认知模型构建的学习活动，能够使学生在较高层次上分析认识对象，自主构建认知结构，形成可迁移的、稳定的认识方式，实现复杂问题的解决，提升化学学科核心素养。

关键词：化学认知模型；认知模型构建；学习活动设计；烷烃

自《普通高中化学课程标准（2017 年版 2020 年修订）》（以下简称"新课标"）中明确提出"模型认知"这一化学学科核心素养以来，将模型运用于化学教学、关注模型认知能力的培养已成为研究的热点。认知模型的构建使学生在学习中将概念和理论具体化、形象化，有利于提升复杂情境下的问题解决能力，形成良好的思维品质，提升化学学科核心素养。笔者尝试以教材中有机化合物中烷烃的知识内容为载体，通过学习活动的系统设计，探究基于化学认知模型构建的化学教学。

一、化学认知模型及其构建

"模型意指表征与认知（包括对物体、事件、想法和现象），是链接科学思维与经验的重要媒介。其可以使表征对象抽象化与简化，达到对物质的描述、解释和预测。"[1][2]新课标将"模型认知"作为化学学科核心素养的主要内容，具体是指"以通过分析、推理等方法认识研究对象的本质特征、构成要素及其相互关系，建立认知模型，并能运用模型解释化学现象，揭示现象的本质和规律"。[3] 马伏清根据模型特征，将化学模型的类别分为概念模型、物理模型和数学模型。[4]

沪科版高中化学新教材必修第二册第 7 章 7.1"饱和烃"中涉及"烷烃、同分异构体、同系物"等核心概念，同时学生可使用球棍模型开展实践活动。教学内容主要涉及概念模型和物理模型两种类型，通过

作者简介：赵婷，上海师范大学附属中学闵行分校高级教师，主要从事高中化学教学研究；陆艳，上海市闵行区教育学院教研员，中学高级教师，主要从事高中化学教学研究。

① 赵萍萍，刘恩山：《科学教育中模型定义及其分类研究述评》，《教育学报》2015 年第 1 期，第 46-53 页。
② 刘雅丽，濮江，周青：《发展学生建模能力的教学案例研究》，《化学教学》2019 年第 9 期，第 39-43 页。
③ 中华人民共和国教育部：《普通高中化学课程标准（2017 年版 2020 年修订）》，人民教育出版社 2020 年版，第 4 页。
④ 马伏清：《模型在高中化学教学中的应用研究》，《华夏教师》2019 年第 3 期，第 55 页。

活动设计引导学生对知识系统中的关键信息进行简化和关联概括。

　　烷烃在组成和结构上是最基础的有机物,是产生其他衍生物的碳骨架基础,烷烃作为有机物母体和碳骨架基础这两个属性,决定了在教材编排和教学中烷烃的认知模型具有普遍适用的意义和价值。[①] 本文参照秦林及其研究团队提出的有机化合物结构的认识模型[②],尝试从核心概念、认识方式、化学问题和思维活动活动类型四个维度构建烷烃认知模型,见图1。通过在活动任务中将认识方式、核心概念、思维活动类型相融合,解决化学问题(推测烷烃的结构和性质),从而构建烷烃认知模型。认知模型是动态的,有机化合物认知模型则在烷烃认知模型的基础上,随着学生学习知识的不断丰富和深入,可以不断完善并构建。

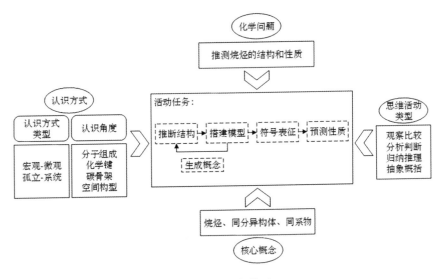

图 1 "烷烃"认知模型

二、基于认知模型构建的活动设计

　　从化学知识到化学认知是需要转化的,认知模型是将知识转化为认知的重要媒介,是认知外显化、结构化的表征。"构建认知模型就是把各种事实、现象和内部关系一同纳入到一个抽象有组织的系统中的过程。"[③] 当然,"建构主义指出学生自己才是认知的操纵者和主宰者,因此,老师不再简单地、机械化地输出自己的知识,而是意义建构的帮助者和引导者;学生也不再不加思考地就去接受外界提供的信息,而是采取主动建构的方式去得到想要的知识。"[④] 教师若将认知模型以静态科学事实的方式传授给学生,则无法使学生建构认知模型。

　　1. 学习活动设计思路

　　新课标中明确搭建球棍模型为学生的必做实验,本节课的实践活动主要有搭建烷烃球棍模型和用化学用语表征烷烃分子。笔者立足烷烃认知模型的构建,结合建模教学的主要特征,将图1"烷烃认知模型"中的认识方式(认识角度)、核心概念、思维活动类型、化学问题有机统整,转化形成烷烃学习活动设计思路,见图2。其中包括一条从活动1到活动5的实践活动主线以及思维活动主线,最终实现核心概念理解和化学问题解决的学习目标。

　　① 郭震:《从"认识甲烷"到"认识有机化合物"——解析人教版高中化学教材中有机物的通性和烷烃》,《化学教育》2022 年第 1 期,第 11–13 页。

　　② 秦林,胡久华,支梅,等:《促进学生有机化合物结构认识方式发展的模型搭建活动教学研究》,《化学教育》2021 年第 23 期,第 62–69 页。

　　③ 邹俏俏:《有机化合物认知模型构建及教学研究》,山东师范大学硕士学位论文,2021 年,第 4 页。

　　④ 张凤影:《元素化合物认知模型的探索及其教学应用研究》,广西师范大学硕士学位论文,2017 年,第 6 页。

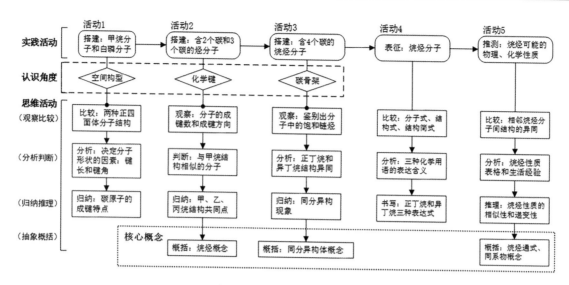

图 2 "烷烃"学习活动设计思路

　　活动 1 到活动 3 中,学生动手搭建烷烃球棍模型,将微观分子实物化,以认识角度为切入口,观察物理模型,对烷烃结构进行分析;活动 4 表征烷烃分子则是学生用符号简化表达有机化合物分子,将烷烃球棍模型分别用三种化学用语表达出来,将实物模型书面化,通过比较分子式、结构式、结构简式在表达分子组成和结构时侧重表达的意义不同,深化对烷烃结构的认识;活动 5 学生根据烷烃之间结构相似的特点,可以推断得到更复杂的烷烃结构,并结合甲烷性质和生活经验预测烷烃性质。在思维活动中,注重问题设计,帮助学生在活动中逐步自主归纳核心概念。该设计将散点式的烷烃知识转化为系统学习活动,凸显知识中的关键要素及其转化关系,使思维外显化、结构化,助于学生构建化学认知模型。

　　2. 驱动性问题设计和学习过程分析

　　在课堂上,驱动性问题解决是让学生达到思维活跃状态的有效方法,能够激发学生主动探究的积极性。通过精心设计驱动性问题,搭建思维活动的支架,学生能够进行有意义的学习。烷烃学习活动中的问题设计和学习过程分析,如表 1 所示。

表 1 驱动性问题设计和学习过程分析

学习活动（实践、思维）及驱动性问题设计		学习过程分析	
		学生学习过程	认知构建
活动1	搭建:甲烷分子和白磷分子 —— 问题①:甲烷和白磷分子具有怎样的结构? 比较:两种正四面体分子结构 —— 问题②:两种正四面体型分子有什么差异? 分析:决定分子形状的因素:键长和键角 —— 问题③:差异产生的原因是什么? 结论:白磷分子的四个磷原子在顶点,键角60°。甲烷分子的碳原子在中心,四个氢原子在顶点,键角109°28′;分子中的原子因半径不同导致键长差异。 归纳:碳原子的成键特点 —— 结论:碳原子位于正四面体中心,与氢原子形成的碳氢键从中心到顶点呈放射状。		学生从空间构型视角,分析甲烷和白磷分子中原子个数虽不同,但分子的外形却相同,这种冲突能够激发学生的好奇心。学生带着疑惑在动手拼插两个分子模型中感知C、H、P原子的成键方式不同,即两种分子内部原子的成键数、键长、键角差异,导致分子内部结构差异。通过比较寻找原因,强化学生对甲烷中碳原子成键特点的认识	建立"空间构型"视角

（续表）

学习活动（实践、思维）及驱动性问题设计		学习过程分析	
		学生学习过程	认知构建
活动2	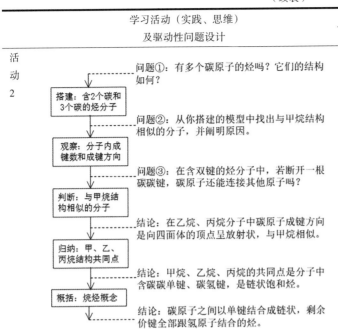 问题①：有多个碳原子的烃吗？它们的结构如何？ 问题②：从你搭建的模型中找出与甲烷结构相似的分子，并阐明原因。 问题③：在含双键的烃分子中，若断开一根碳碳键，碳原子还能连接其他原子吗？ 结论：在乙烷、丙烷分子中碳原子成键方向是向四面体的顶点呈放射状，与甲烷相似。 结论：甲烷、乙烷、丙烷的共同点是分子中含碳碳单键、碳氢键，是链状饱和烃。 结论：碳原子之间以单键结合成链状，剩余价键全部跟氢原子结合的烃。	学生从化学键视角，根据碳成四键特点，可能搭建出乙烷、乙烯、乙炔、氯乙烷、环丙烷、丙烯、丙烷、丙二烯等分子模型。在问题引导下，与甲烷相比，观察发现：氯乙烷有氯原子不属于烃；含碳碳双键、叁键、碳环的分子中碳原子的成键方向发生改变；不饱和碳双键破坏一根碳碳键后还能连接氢原子。学生将乙烷、丙烷从众多分子中区分判断出来，再将甲烷、乙烷、丙烷放在一起归纳结构中的共同点，便生成了烷烃概念	建立"化学键"视角；归纳生成"烷烃"概念

学生搭建含2个碳和3个碳的烃分子时呈现的作品：

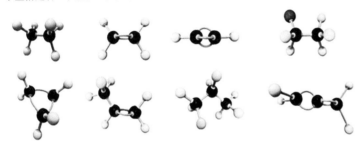

活动3	问题①：烷烃中的碳链还能更长吗？ 问题②：在你搭建的模型中，哪些是烷烃？ 问题③：正丁烷、异丁烷结构中有哪些的"同"和"异"？ 结论："同"——碳、氢原子个数、化学键种类和数目；"异"——碳骨架结构，正丁烷是一条碳的直链、异丁烷中有支链。 结论：有机物分子的分子式相同、结构不同的现象，称为同分异构现象。 结论：具有相同分子式而结构和性质不同的化合物，互称为同分异构体。	学生从碳骨架视角，根据烷烃成键的规律，可能搭建出丁炔、环丁烷、正丁烷、异丁烷等分子模型。问题引导学生应用烷烃概念在多个分子模型中进行烷烃分子的判断，将正丁烷和异丁烷甄别出来，再次巩固对烷烃结构的理解，同时发现同样含4个碳原子的烷烃可以有两种不同结构，主要差异在碳骨架不同，通过分析正丁烷和异丁烷的"同"和"异"，概括出同分异构体、同分异构现象的核心特征，同时生成同分异构体概念	建立"碳骨架"视角；归纳生成"同分异构体"概念

（续表）

学习活动（实践、思维）及驱动性问题设计	学习过程分析	
	学生学习过程	认知构建

学生搭建含 4 个碳原子的烷烃时呈现的作品：

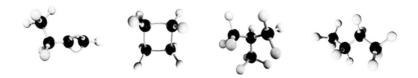

活动 4	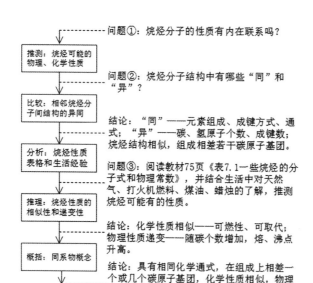 问题①：如何用化学语言表达烷烃分子？ 书写：用三种方式书写乙烷分子 问题②：分子式、结构式、结构简式分别侧重表达分子结构的哪些方面？ 比较：分子式、结构式、结构简式 分析：三种化学用语的表达含义 结论：分子式侧重表达元素组成和原子构成；结构式侧重表达原子结合的方式和顺序；结构简式是结构式的简写形式。 书写：丙烷、正丁烷、异丁烷	学生通过动手搭建深入理解烷烃结构特点，参照甲烷分子，鼓励学生将乙烷模型转化为分子式、结构式和结构简式书写出来，并对比分析三种表达式书写方式不同，侧重表达的结构含义也不同，因此，在不同应用场景，可据此选择合适的表征方式，学会符号表征方法，理解化学用语是为合理的分子表达服务的	化学用语表征有机化合物分子，区分表征含义
活动 5	问题①：烷烃分子的性质有内在联系吗？ 推测：烷烃可能的物理、化学性质 问题②：烷烃分子结构中有哪些"同"和"异"？ 比较：相邻烷烃分子间结构的异同 结论："同"——元素组成、成键方式、通式；"异"——碳、氢原子个数、成键数；烷烃结构相似，组成相差若干碳原子基团。 分析：烷烃性质表格和生活经验 问题③：阅读教材75页《表7.1一些烷烃的分子式和物理常数》，并结合生活中对天然气、打火机燃料、煤油、蜡烛的了解，推测烷烃可能有的性质。 推理：烷烃性质的相似性和递变性 结论：化学性质相似——可燃性、可取代；物理性质递变——随碳个数增加，熔、沸点升高。 概括：同系物概念 结论：具有相同化学通式，在组成上相差一个或几个碳原子基团，化学性质相似，物理性质随碳原子数的增加而规律性变化的化合物系列中的各化合物，互为同系物。	问题②驱动学生观察相邻烷烃间结构的异同，从而找到不同烷烃分子间的结构关系：结构相似、组成相差若干碳原子基团。问题③引导学生分析表格材料，结合生活经验，推测烷烃可能的物理、化学性质，发现烷烃分子间宏观的性质关系：化学性质相似、物理性质递变。学生从微观到宏观，解答出烷烃性质内在联系的同时，完成了从甲烷到烷烃的认识，并生成同系物概念	运用"宏观—微观"、"孤立—系统"认识方式；归纳生成"同系物"概念

三、学习活动设计反思

化学学科认知模型是化学知识的一种类型，本节课将烷烃认知模型作为重点内容展开教学。围绕烷烃认知模型，以学生认知构建为主线，将烷烃中抽象、零散的核心概念设计成系统的学习活动，增强学生的自主体验。基于化学认知模型构建的教学，能够使学生在较高层次上分析认识对象，自主构建认知结构，形成可迁移的、稳定的认识方式，实现更复杂问题的解决。化学认知模型的构建可以通过以下四个方面达成：

1. 认识方式的建立

本节课学生借助宏观模型分析微观结构、用宏观符号表征微观结构、用微观结构推测宏观性质，通过这些实践深刻体验了"宏观—微观"结合的化学认识方式，发展了"宏观辨识与微观探析"的素养；学生依次认识"甲烷→2—3个碳的烃→4个碳的烷烃→烷烃→同系物"，明确了烷烃家族内不同分子之间的内在联系，通过实践内化了"孤立—系统"化学认识方式。

2. 思维活动的训练

实践活动中的活动内容和探究问题虽各有不同，但都基本符合观察比较、分析判断、归纳推理、抽象概括的思维活动路线，思维活动相互衔接连贯、环环相扣、层层递进。学生从观察比较实验现象、物质模型、符号表征等，到形成新旧认知冲突后，结合已有知识的分析判断，归纳推理出化学物质结构的共同特征或普遍规律，再到最后抽象概括出关键要素，从浮于表面到深入本质，从具体到抽象，逐渐达成对核心概念的理解。学生在形成概念前开展了连续的思维活动，经历了建构的学习过程。

3. 核心概念的生成

本节课有三个核心概念：烷烃、同分异构体、同系物，这三个概念是有机化合物学习的重要基础。"烷烃"概念是在比较甲烷、乙烷、丙烷的结构共同点中生成的，"同分异构体"概念是在比较正丁烷和异丁烷的结构异同点中生成的，"同系物"概念则是在比较相邻烷烃分子之间结构的异同点中生成的。课堂上教师没有采用直接讲授的方式，而是通过实践活动和思维活动，最终促使学生自主建构对概念的理解。

4. 化学问题的解决

学生在活动中解决了两类化学问题：一类是结构推断，以甲烷结构出发，从空间构型、化学键、碳骨架视角认识烷烃的结构特点，按碳原子由少到多的规律，推断多碳烷烃结构；另一类是性质预测，以甲烷性质为基础，读取教材上关于烷烃物理性质的信息，结合对生活中常用烷烃的了解，预测多碳烷烃的性质，并总结出同系物中"组成相差、结构相似"决定了"物理性质递变、化学性质相似"的规律。

指向深度学习的高中通用技术教学路径

陈　希

（上海市上海中学，上海 200231）

摘　要： 在以发展学生核心素养为目标的普通高中通用技术课堂中，存在因追求知识单一目标、采用载体拿来主义、忽视教师有效引导等问题，导致习得知识丧失延展性、活动体验缺乏自主性、自主实践陷入形式化等课堂教学误区。立足于学生本位，在普通高中通用技术课程教学实践中采用大概念大项目统整学科知识、基于生活经验与能力水平设计活动载体、构建师生协同的自主学习场域等策略，从而引导学生走向深度学习。

关键词： 深度学习；通用技术；普通高中；教学设计；学生为本

一、引言

《普通高中课程方案（2017 年版 2020 年修订）》明晰了推动人才培养模式的改革创新，着力发展学生的核心素养。深度学习凸显学习者对知识学习的深层理解与建构，强调学习者在学习过程中的主动性与批判性，注重新旧知识之间的联结，强调对知识的整合、建构、迁移与运用[1]，为发展学生的核心素养提供了重要抓手。深度学习侧重学习的思维方式，指向学生的主动参与学习，以培养学生高阶思维与问题解决能力为主，这也是普通高中通用技术课程培育核心素养的重要价值取向。通用技术学科强调现实情境中的问题解决，关注解决问题的方法和思路，在解决问题的过程中促进思维能力的发展和提升，这正是深度学习的要义。促使课堂深度学习的发生和持续推进，是落实普通高中通用技术核心素养和实现育人方式转变的有效途径。

本文基于深度学习理论，立足学生发展，以《通用技术（必修）——技术与设计 2》"结构"单元模块中"结构与强度"内容为例，对其进行重构设计，探索走向深度学习的有效路径。

二、课堂教学的误区与原因分析

1. 追求知识单一目标，习得知识丧失延展性

由于普通高中通用技术学科在义务教育阶段没有明确的独立课程与之相衔接，因而对于高中生来说，通用技术学科是相对陌生的，相应的知识和技能几乎是"零储备"。教师往往为了教学进度，只关注

基金项目： 2022 年度上海市青年教师教育教学研究课题"深度学习视域下基础工程教育实践研究"（项目编号：Y2022A1059S1620V10556）。

作者简介： 陈希，上海市上海中学高级教师，博士，主要从事高中通用技术教学研究。

① 李洪修，丁玉萍：《深度学习视域下在线教学的审视与思考》，《课程·教材·教法》2020 年第 5 期，第 64-70 页。

学生是否掌握相应的知识,重视的是符号化的事实性知识和概念性知识,忽视了对知识内在联系的挖掘。有些教师甚至认为,讲解有难度的知识就能发生深度学习,便运用高等教育阶段的工程教学内容和教学方式来讲授高中通用技术课程。因此,在"显性知识至上"[1]的教学目标下,学生接收到的是大量碎片化甚至是超越认知水平的知识,无法理解知识之间的内在逻辑关系,更无法形成对学科知识本质的清晰认识。在对知识内在关系缺乏分析挖掘的情况下,学生难以有机整合新旧知识,并将所学迁移到新的情境中,更加难以将知识转化为自身技能。因而,在问题解决的过程中,学生仍缺少思路和方法,习得的知识缺乏延展性。例如,在"结构及其设计"单元中,学生尽管已学习了结构力学相关的知识,但在面对"简单结构设计"的实践任务时,仍然不知如何利用结构力学相关知识来解决结构设计问题,只能"凭感觉"堆砌材料,学生在思维能力、情感与价值观上的获得更是无从谈起。

2. 采用载体拿来主义,活动体验缺乏探究性

通用技术学科是立足实践的课程,通过教学活动载体,即技术实践对象,可以让教学内容以更生动、具体的形式呈现,帮助学生领悟技术理论、理解技术原理和方法。教材采集了大量的技术案例,为课程教学提供了丰富的素材资源。以人民教育出版社教材《通用技术(必修2)》第一单元为例,活动载体包括蛋壳、硅胶棒、三脚架、人字梯等。然而,教材给予教学的是框架、参考和指引,教师若抛开学生的能力水平、教学的硬件条件、地方文化风俗等情况,不对活动载体进行适当的改造,而是简单的"拿来主义",往往在课堂中只会充斥多个零散的、缺乏内在相关性的活动载体。而在有限的课堂实践内要完成多个相对独立的实践活动,学生只能在教师设定的活动材料、工具和步骤下操作,机械僵化地获得设定的结论,这导致学生的认知过程和学习体验产生"断层",缺乏自主的设计与思考,课堂只是表面的"热闹",教学脱离了技术与工程的实践与应用属性。

以教材中"结构与强度"教学内容为例,教材将影响结构强度的因素归纳为结构的形状、使用的材料和构件之间的连接方式。在探究因素"结构的形状"时,教材建议进行不同横截面形状构件受力形变的试验;对于"使用的材料"以钢筋和混凝土两种材料复合使用提升结构强度的案例,说明材料对结构强度的影响;对于"构件之间的连接方式"则是对铰连接和刚连接的特点和常见用途进行了介绍。总体来说,针对三种影响结构强度的因素,教材都提供了较为典型的案例。但在课堂教学中,若直接利用三个不同的活动载体,课堂内容会显得零散,学生需要多次经历对教学载体的适应理解,这样会影响学习体验。其中,对于不同横截面形状构件受力形变的试验,常见的教学方法是教师设定几种不同横截面形状的构件,让学生通过弯曲试验得到它们的强度,从而得出横截面形状是影响结构强度的因素的结论。实质上,学生是在既定的步骤操作下得到既定的结论,整个过程造成学生兴趣索然,难以将知识结论转化为自身技能,实践活动趋于浅表化。

3. 忽视教师有效引导,自主实践陷入形式化

通用技术作为一门立足实践的课程,更加强调学生的参与性、主动性和创造性。课堂的教学方式在教育改革的大背景下已逐渐发生改变,"自主实践"也在教师的教学意识中生根发芽。然而,教学实践中往往会产生另一种极端的"自主学习"现象,它将学生自主探究、自主实践简单地等同于学生自学,教师完全放手。学生看起来是自主实践的课堂"主体",实际上会因为缺乏教师的有效引导而陷入形式化、表面化和简单重复的学习中。

三、走向深度学习的路径

1. 采用大概念大项目统整学科知识,激发深度学习

基于学科大概念,设计科学问题,采用项目任务驱动学生的内在学习动机,并依据学科概念的内在

---

① 郭亦荣:《深度学习的本质、困境及策略》,《教学与管理》2018年第34期,第1-4页。

联系与本质,将大项目形成一系列有意义的学习任务,形成任务链。学生在任务驱动下,能够主动把握知识的内在联系与本质,对知识进行深度加工,由本质衍生无穷的变式,实现知识的迁移与应用。通用技术必修 2 第一单元以"结构"大概念为主题,以"桥梁结构的设计与制作"项目为单元任务主线,将结构的类型、受力与形变、结构与强度、结构与稳定性等知识点整合融入项目活动中,学生围绕"桥梁结构"开展项目式学习,总课时数为 6 课时。每课时在单元任务"桥梁结构设计"的统整之下,分解形成难度不断提升的任务链。前三课时,学生以习得结构相关的基本知识为主;后三课时学生利用所学知识,围绕"桥梁结构设计"任务,经历结构设计的一般过程,巩固知识与技能,全面提升技术意识、创新设计、工程思维、图样表达及物化能力五大核心素养。

"结构与强度"是"结构"单元的第三课时,具有承上启下的作用。"结构强度及其影响因素"是学生成功完成单元任务必备的知识基础。学生不仅要了解影响结构强度的因素,而且需要通过亲身体验"猜想""探究",主动建构认知并对知识进行深度理解和加工,实现在单元任务中的迁移与应用。因而,"结构与强度"课时任务设计为"木桥加固",与后续的桥梁结构设计形成了有机链接,驱动学生在问题解决的过程中主动探究和体悟影响结构强度的因素,从而归纳出提高结构强度的方法,在下一课时"桥梁结构设计"中可进行迁移应用。该课时的教学流程如图 1 所示。

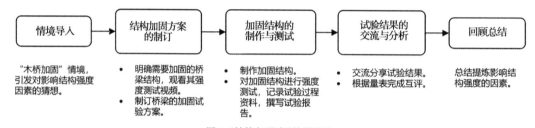

图 1 "结构与强度"教学流程

2. 基于生活经验与能力水平设计活动载体,促进深度学习

维果斯基认为学生的发展有两种水平:一种是学生的现有水平,是独立活动时所能达到的解决问题的水平;另一种是学生可能的发展水平,即通过教学所能获得的潜力,两者之间的差异就是最近发展区。[①]

要确立最近发展区就要先确定学生的现有水平,要明确学生现在知道什么、能完成什么样的任务、对什么有兴趣等。高中生往往已有相对丰富的个人经验,既包括日常生活经验,又包括以往所学知识的内化并在生活中得以实践的经验。对于注重创造实践的通用技术课程,这些学生已储备的经验非常重要且宝贵。在学习"结构与强度"之前,学生对结构强度的概念及其影响因素已具备一定的生活经验和直觉,并且具有结构的受力与形变方面的基本知识,能够对简单结构进行概念性的受力分析。同时,学生已学习了必修技术与设计 1,掌握了技术试验的常用方法和实施步骤,学会了如何撰写试验报告,具有运用技术设计方法解决技术问题的基本能力和基本经验。通过进一步的学习,这些方法和技能得到了复习和巩固。

因而,为了唤醒学生已有经验,"结构与强度"这节课从农村危桥情境导入木桥加固的行动,引导学生思考"哪些因素会影响结构的强度",使之自觉进入教学。学生在发表自己对"影响结构强的因素"的见解后,同伴和教师会对从经验而来的结论产生"质疑"。学生为了"自证"或"反证",要对探究影响结构强度因素的活动产生强烈的内驱力。继而在试验方案的设计、试验模型的制作、测试、试验结果的分析过程中力求科学严谨,在"大胆猜测,小心求证"的过程中进一步提升核心素养。

若让学生在没有任何示例或提示的情况下自行设计试验载体,难度较大,会导致在试验设计环节耗费过多时间精力。因而,在此阶段,以情境中的"农村危桥"为统一的教学起点,教师为学生提供相同的

---

① 胡谊,郝宁:《教育心理学(第三版)》,华东师范大学出版社 2020 年版,第 36 页。

基础桥梁模型,学生尝试加固桥梁,探究影响结构强度的因素。这种方法能够适配学生的能力水平,且为下一阶段的设计挑战奠定基础。

3. 构建师生协同的自主学习场域,达成深度学习

高中通用技术课标强调通用技术学科是立足于实践的课程,其关键在于学生的自主学习、主动参与、主动探寻。[①] 学生要成为学习的主体,而不是被动的知识接收器,这就要求有活动的机会,有亲身经历知识发现(发明)、形成、发展过程的机会。[②] 然而,亲身实践活动并不是简单动手做,而是要丰富活动的形态和方式。同时,深度学习的场域可以是多人共同参与的场域。学生活动以小组合作形式为宜,以团队合作为纽带,组内成员在对不同解决方案的对比探讨过程中,以集体智慧带动个人新观点的生成。课堂中的组内或组间交流、师生或生生评价是持续推进深度学习的动力。师生形成学习共同体,相互质疑、辩论、补充,从而获得知识建构和能力发展,并逐渐实现深层理解、运用、分析、评价和创造等复杂认知过程。

"结构与强度"这节课以学生自主"猜测—验证"影响结构强度的因素的活动为主线,围绕"木桥加固"的任务,设置了小组合作形式展开的设计活动、制作活动、试验活动和技术交流活动。"影响结构强度的因素"不再是教材上静态的文字,学生在加固成功的欣喜中亲身体验这些"因素"对结构强度的作用,将其变成自己成长的养分。当深度学习在课堂中发生时,学生的获得则不止于教师设计的教学目标。在"加固危桥"的任务中,有学生还从课时任务迁移到单元任务,得到了"平板形式的桥梁难以达到形变控制目标"的结论。

学生自主活动建立于教师精心设计的教学内容和活动方式。在"加固桥梁"的任务中,教师为学生提供了多种材料类型、横截面形状的杆件,以及不同的连接材料,材料的多样性丰富了学生实现结构加固目标的技术路径。同时,学历案的借助可以给学生提供学习资源,明确学习目标和学习任务,辅助学生的课堂活动。学历案是内隐思维显性化的有效手段,不仅能帮助学生记录解决问题的路径和方法,还能帮助教师掌握学生的思维过程和了解思维障碍点。这节课的评价交流活动设计贯穿于整个活动过程,各小组对自己在各个活动环节中的表现进行自我评价,并相互评价其他小组的试验报告。课堂的自评和他评内容设置为能快速判断"有"和"无"的量标,课后评价侧重客观描述,帮助学生回顾实践过程,总结实践经验,启发思考。通过学生自评、生生互评、师生互评并举的方式,教师多角度全方位地掌握学生的学习情况,可持续推进深度学习的发生。

---

① 中华人民共和国教育部:《普通高中通用技术课程标准(2017年版2020年修订)》,人民教育出版社2020年版,第1页。

② 刘月霞,郭华:《深度学习:走向核心素养(理论普及读本)》,教育科学出版社2021年版,第51页。

图书在版编目（CIP）数据

现代基础教育研究. 第59卷 ／ 洪庆明主编. ——上海：上海三联书店，
2025.7. ——ISBN 978-7-5426-8995-5

Ⅰ.G639.2

中国国家版本馆CIP数据核字第20255TS760号

现代基础教育研究　　第59卷

主　　编 ／ 洪庆明

责任编辑 ／ 殷亚平

装帧设计 ／ 徐　徐

监　　制 ／ 姚　军

责任校对 ／ 王凌霄

出版发行 ／ 上海三联书店

　　　　　　（200041）中国上海市静安区威海路755号30楼

邮　　箱 ／ sdxsanlian@sina.com

联系电话 ／ 编辑部：021-22895517

　　　　　　发行部：021-22895559

印　　刷 ／ 上海盛通时代印刷有限公司

版　　次 ／ 2025年7月第1版

印　　次 ／ 2025年7月第1次印刷

开　　本 ／ 889mm×1194mm　1/16

字　　数 ／ 430 千字

印　　张 ／ 15

插　　页 ／ 2页

书　　号 ／ ISBN 978-7-5426-8995-5 / G·1773

定　　价 ／ 50.00元

敬启读者，如发现本书有印装质量问题，请与印刷厂联系021-37910000

锻造新时代"大先生"

——上海师范大学重塑师范教育新范式

大思政课程育人,教育家精神铸魂。在"教育强国"战略引领下,上海师范大学确立"一个定位、三个特性、五大素养"的师范生成长路径,强调教师要扎根基层、转识成智、分寸有度,涵养现代师德、高阶学科素养、数智能力、创新能力和全球胜任力。学校将"大思政课程群"与《教育家精神》课程作为育人核心,为新时代基础教育锻造具有人格力量和思想引领力的"大先生"。

林在勇书记与师范生交流思政教育方法

★项目化改造学程,荣誉制激发潜能。从大二起,每周设立"留白课程",为学生提供"自主性项目化学习"时间。同时设立"荣誉学子制度",通过挑战型任务激发师范生成长动能,构建"挑战—反思—创造"的高阶发展循环。

袁雯校长为师范生开讲《教育家精神》第一课

★人工智能融全程,AI立方促改革。学校打造"AI立方教育体系",将30%的课程、教学内容与教学环节深度嵌入人工智能内容。全国首创的"MetaClass教师实训平台",让师范生在大模型驱动的虚拟场景中模拟教学、生成反馈、个性化调整,形成"学生—智能体—教师"三元结构的课堂新生态。

★模块群聚合能力,小学分激活前沿。2025版培养方案围绕"胜任力导向",构建"课程群+能力模块"新结构,每个模块由3—5门精品课程组成。引入"小学分制",推进课程轻量化与灵活性,增强课程响应力与学生获得感。

★实践链全面贯通,三场景支撑成长。在"理实融合—技能进阶—教学整合"三大教学场景中,构建贯通式实践体系。借助附属中小学资源,实施"临床紧密型培养"机制,让师范生从入学起即融入真实课堂,保障未来教师胜任一线教学工作。

★工程化科学教育,锚定未来师资链。学校设立全国首个"科学与工程教育学"博士点,构建基础教育阶段STEM新范式。通过整合科学探究、工程设计、人工智能等要素,培养具备系统思维、工程素养与跨学科课程开发能力的未来科技教师。

★国际化拓宽视野,培养全球胜任力。依托联合国教科文组织教师教育中心和STEM一类中心,学校构建"本土—区域—国际"三层次实践网络,开设"STEM全球胜任力"课程,开展"一带一路"沿线国家支教与联合课程开发,全面提升师范生的全球胜任力与跨文化教育素养。

今天的"大先生"培养,就是明天的基础教育质量。上海师范大学正为新时代提供一个可示范、可借鉴、可推广的教师教育"中国方案"。

项目化学习贯穿师范生成长全程

一柱中流：上海市上海中学160周年的世纪答卷

1966届（初）校友、原国家副主席李源潮校友回母校与基础科学实验班学生交流

"龙门发轫进无疆，一柱中流海上。"上海市上海中学（以下简称"上中"）是以上海这座城市名字命名的中学，今年迎来了建校160周年。上中发轫于1865年的龙门书院。1865年，在内外交迫的历史洪流中，上中怀揣着"救国兴校"理想应运而生，不以举业为课程，培养出了一大批地理海防人才和近代实业人才。

潮起东方，中流击水。上中努力回答着跨越世纪的时代之问：我们要办一所怎样的高中？上中人，这个响亮的名字，充满着家国情怀又胸怀理想，舞动着为中华崛起而奋斗的青春。据不完全统计，从上中走出的中国科学院、中国工程院院士达57名，中国人民解放军将军30余名，省部级领导100余名，大学校级领导200余人，各行各业专家难以尽计。上海中学1954届校友、2018年度国家最高科学技术奖获得者、全国道德模范、"八一勋章"获得者、"感动中国2022年度人物"钱七虎院士说："奋斗一甲子，铸盾六十年，了却家国天下事，一头白发终不悔，这是母校在我心里点亮的火种。"

新时代的上中始终高扬素质教育的旗帜、深化五育融合，将"固本铸魂、立德树人"的资优生德育放在首位，形成了独具特色的大思政、大德育课程体系。上中关注多领域优秀创新

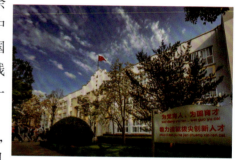

校园一角

人才早期培育已有30多年；上中开展"课程图谱改革"已25年，"高立意、高思辨、高互动"教学改革探索30年，开展野外生存训练持续30多年……不盲从、不动摇，不忘教育本原和育人使命。以百年为尺，丈量着教育的深度；以梦想为帆，引领着学子的航向。

让每一位学子都能在上海中学的校园里，找到属于自己的闪亮成长舞台；让每一位教师在学校创设的创新型平台、研究性氛围中，努力提升自身基于实践的教学学术，展现自身在师生研修共同体中的教师智慧、学校发展风采。学校正在努力描绘中国式教育现代化新图景与探索拔尖创新人才早期培育的上中方案，与世界名校比肩、与未来教育衔接。

一柱中流海上，是波澜壮阔的从容，是滴水相拥的接力，是磅礴澎湃的理想。"勇往，上中青年勇往！重光，炎黄神胄崇光！"跨越160年，上海中学征程再启。

2025年五学科竞赛获奖学生与指导教师合影

协同助成长 情境育素养

——上海市徐汇区向阳小学基于校家社协同的劳动项目设计与实施

上海市徐汇区向阳小学积极探索劳动教育新路径,以校家社协同为依托,设计并实施小学服务性劳动项目。结合地域特色与学生需求,开发了涵盖现代服务业劳动、公益劳动与志愿服务的课程体系,通过真实情境下的实践活动,培养核心素养。

向幼儿园小朋友介绍小学生活

一、多方合作强化"真实情境"

学校与周边单位开展深度合作,共建"真实情境"的项目实践平台。三年级学生在"我来为你点外卖"项目中体验从制作糕点到线上点餐的全过程;在"小小手霜 传递温暖 向劳动者致敬"项目中学习如何自制护手霜。四年级学生在"我是故居讲解员"项目中担任故居讲解员与小导游,为游客提供导览服务;在"社区图书馆服务行"项目中开展图书分类、整理等服务性劳动。

与点心师一起制作烧麦

五年级学生在"梧桐树下劳动最美"和"我是小导师"项目中走进幼儿园,向幼儿园小朋友介绍小学的学习与生活。学校引导家长在活动中给予学生帮助与指导,不仅促进了亲子关系,更形成了家校社协同育人的良好氛围。

二、课程设计凸显"劳动素养"

学校以劳动学科核心素养培育为指向,针对不同年级学生的身心特点开展项目设计,体现多样化、进阶式的课程特性。三年级的项目引导学生熟悉劳动流程,掌握劳动技能,养成良好态度,树立劳动光荣的价值观;四年级的项目引导学生增强管理与团队协作能力,提升人文素养,促进人际交往,进一步增强文化传承和社会服务意识,深化劳动观念;五年级的项目锻炼学生的组织能力,培养关心关爱他人品质和社会责任感,促进综合实践能力的全面提升。每个年级的项目都围绕劳动素养培育并形成了螺旋上升的序列。

三、优化实施创新"星火模式"

在课程实施方面,学校创新设计了"星火模式",每周二安排为"阳阳乐行日",包含劳动、综合实践活动、校本课程各一节,以此探索统筹实施路径。"星火模式"借助"聚是一团火,散是满天星"的涵义,突出统筹实施的特点。"聚"是将相关活动集中安排在"阳阳乐行日",确保项目实施连贯性;"散"则因专职教师日常排课无法全部集中在"阳阳乐行日"下午,日常课时处于"散"的状态,开展劳动项目时再将相关课程统筹安排在星期二下午,实现课时高效利用。通过"星火模式",学校不仅优化了课程实施,还提升了教师的协同育人能力,为劳动教育的深入开展提供了有力保障。

开展故居导览服务

勇攀高峰 创见未来

——上海市铁岭中学简介

智汇教博 科艺生辉

上海市铁岭中学创办于1964年,目前系杨浦区办学规模最大的公办初级中学。学校占地面积32亩,现有教学班41个、学生1700余名,在编教职员工138名,其中区学科名师2名、区学科带头人1名、区学科中心组成员7名、区骨干教师15名。2023年,学校加入上海市杨浦区教育学院教育集团,2024年成为同济大学基础教育集团成员校,不断书写教育新篇章。

学校以"勇攀高峰,创见未来"的办学理念为引领,致力于建设一所"生命力蓬勃向上,发展力无限生长,在攀登中持续进阶"的高品质学校,涵养"心中有爱、眼里有光、科技见长、向美气质"的铁岭好少年。

作为"上海市义务教育新课程新教材实施研究与实践项目学校",学校以项目为驱动,提炼出指向科学素养培育的学校课程愿景:构建以学生为核心、注重学科实践、促进合作探究、助力思维进阶的"攀岭"课程,形成"成长领航""创思进阶""尚美至善"三大校本课程群,开启学生通往知识殿堂的大门。学校还以《基于学习者视角的学科实践活动的设计与实施》《指向初中生科学素养培育的学校支持系统建设》《义务教育新课标背景下校内外协同推进艺术课程统整的实践研究》等多个研究项目为驱动,探索五育融合下的"铁岭好少年"培育路径。

天创智能 创想无界

强教必先强师。学校通过"双岭计划",打造"双轮驱动"的教师培育体系。基于"攀岭计划——青年教师引育项目"和"越岭计划——骨干教师涌动发展项目",为教师提供成长平台,通过"理念认同铸魂、项目赋能提质、实践驱动增效"三大路径,助力教师成为高素质专业化创新型人才。2024年,学校获评上海市青年教师培育基地,承担上海市"双名工程"攻关计划等培训项目。

书香铁岭 校园大道

学校积极构建贯通式育人场景。融合高校、社会优质资源,聚焦初中学段学生科学素养培育,开展"科学+劳动""科学+艺术"等多元文化活动,建设高品质科创社团,探索创新人才贯通培养模式。学校还联合上海展览中心、四平路街道、长阳创谷、笔墨宫坊等企事业单位,构建"校—家—社"协同育人机制,共建"人民城市·大思政课"育人实践基地,共同培育兼具家国情怀、科学素养与社会担当的时代新人。2024年,学校参加了第二十一届"科学引领未来,教育助力强国"上海教育博览会,进行科学教育特色主题展示。2025年,"天创"机器人社团荣获2025RoboCup机器人世界杯中国赛机器人舞蹈项目中学组季军。